JN097994

日本経済の再構築

小黒一正
OGURO KAZUMASA

日本経済新聞出版社

日本経済の再構築

小黒一正

はじめに

「平成」という時代が終わり、「令和」という新たな時代が始まった。1991年3月のバブル崩壊以降、金融機関の不良債権問題・破綻再編や大震災・原発事故といった深刻な問題に直面する一方で、日本経済は様々な構造改革などを進めてきたが、これから本格的に到来する人口減少・少子高齢化社会に適合したものに変革するには至っていない。

それは国民の多くも薄々感じとっていると思われる。実際、50年後の日本の未来は、現在と比べて明るいと思うか、それとも暗いと思うかという世論調査の質問に対し、「明るいと思う」と回答した者の割合は33%（「どちらかといえば明るいと思う」を含む）だけで、「暗いと思う」と回答した者の割合は60%（「どちらかといえば暗いと思う」を含む）にも達する（詳細は内閣府「人口、経済社会等の日本の将来像に関する世論調査」〈2014年度〉を参照）。

将来を悲観する理由は様々だが、最も深刻なのが財政である。財務省は「2019年度予算の編成等に関する建議」（2018年11月20日財政制度等審議会）において、平成財政の総括として、次のようなメッセージを発信している（傍線は筆者）。

平成時代の財政は、長年の懸案とされていた消費税の導入の実現とともに始まった。平成に入って実質的に初の編成となった平成2年度（1990年度）予算では、15年もの歳月と多大な歳出削減努力を経て、特例公債からの脱却が達成された。（略）

しかし、今や、その特例公債の発行額は平成30年度（2018年度）当初予算ベースで27・6兆円にも及ぶ。現在の世代のみが受益し、その費用の負担を将来世代に先送ることとの問題点については今更多言を要しないが、少子高齢化によってその深刻さは増している。（略）そして、今年度末には平成2年度（1990年度）末の5・3倍に当たる883兆円もの公債残高が積み上がり、一般政府債務残高は対GDP比238％に達しようとしている。歴史的にみても、足下の債務残高対GDP比は、（略）第2次世界大戦末期の水準に匹敵している。

平成という時代は、こうした厳しい財政状況を後世に押し付けてしまう格好となっている。かつて昭和の政治家は戦後初めて継続的な特例公債の発行に至った際に「万死に値する」と述べたとされるが、その後先人達が苦労の末に達成した特例公債からの脱却はバブルとともに潰えた一時の夢であったかのようである。

より見過ごせないことは、平成14年（2002年）から財政健全化に向けた出発点となる指標として掲げている国・地方合わせたプライマリーバランスの黒字化という目標すら、15年を超える歳月を経てもいまだ達成されていないことである。

地球温暖化を含む環境問題について、所有権が存在せず、多数の主体がアクセス可能な資源が過剰に利用され枯渇するという「共有地の悲劇」が指摘されることがあるが、財政にもまた「共有地の悲劇」が当てはまる。現在の世代が「共有地」のように財政資源に安易に依存し、それを自分たちのために費消してしまえば、将来の世代はそのツケを負わされ、財政資源は枯渇してしまう。

悲劇の主人公は将来の世代であり、現在の世代は将来の世代に責任を負っているのである。先人達や、新たな時代そして更にその先の時代の子供達に、平成時代の財政運営をどのように申し開くことができるのであろうか。(略)

平成に入ってからの債務残高の累増要因の約7割は、社会保障関係費の増加及び税収の減少によるものであり、更に地方交付税交付金等における一般会計からの補塡部分を含めれば、約8割を占める。我が国の社会保障制度は、国民自らが高齢や疾病等のリスクを分かち合い支え合うとの考え方の下、受益と負担の対応関係が明確な社会保険方式を基本としている。

しかし、現実には保険料より公費への依存が増しており、しかも本来税財源により賄われるべき公費の財源について、特例公債を通じて将来世代へ負担が先送られているため、受益と負担の対応関係が断ち切られている。負担の水準の変化をシグナルと捉えて受益の水準をチェックする牽制作用を期待できないまま、給付(受益)の増嵩が続いており、我が国財政の悪化の最大の要因となっている。(略)

地方交付税交付金等については、そもそも地方交付税は、法定率分も含め、地域住民の受益を国民全体で負担する仕組みであり、地域で受益と負担の対応関係が完結しない。特に国の一般会計による補塡部分については、その増減自体が社会保障関係費の増加や税収の減少の影響も受けるが、特例公債を財源として負担が将来世代に先送られるため、受益と負担の結びつきは地域どころか世代を超えて断ち切られる。

このように地方団体が住民と向き合って自主的・自律的に財源を調達するという理想的な姿から程遠い地方税財政の実情は、地方団体における財政規律を働きにくいものとし、地方の歳出歳入差額の増加圧力を通じて、その財源を補塡する国の財政負担に影響をもたらしている。（略）より問題を根深くしているのは、財政問題の解決には国民の理解が不可欠であるにもかかわらず、受益と負担の乖離が、国民が財政の問題を自らの問題として受け止めることを困難にし、財政問題の解決をさらに遠のかせてしまっているおそれがあることであり、憂慮に堪えない。新たな時代においては、財政健全化どころか一段と財政を悪化させてしまった平成という時代における過ちを二度と繰り返すことがあってはならず、手をこまねくことは許されない。

内容に異論はないが、問題の本質は何か。残念ながら、財政のみの問題ではない。第1章で説明するとおり、問題の本質は「人口減少・少子高齢化」「低成長」「貧困化」である。財政再建は前提だが、それが実現できても、２０５０年に向けて我々が直面する課題を解決できるとは限らない。

財務省の「平成財政の総括」では、社会保障や地方交付税交付金の問題を取り上げているが、解決のためには、社会保障や、地方交付税交付金を含む国と地方の関係を含め、日本の経済システムを抜本的に改める必要がある。人口減少・少子高齢化が本格化する中で、「我々は歴史的な大きな転換点にいる」という認識こそが最も重要である。

我が国の歴史上、日本のシステムを大きく転換させる契機になった出来事は3つあると考えられる。第1は「白村江の戦い」、第2は「黒船の襲来」、第3は「太平洋戦争での敗戦」である。

まず第1の「白村江の戦い」である。中国を統一した唐は、朝鮮半島で百済・高句麗と敵対する新羅と同盟を結び、倭国（当時の日本）が支援する百済を６６０年に滅ぼす。倭国は朝鮮に援軍を数回派遣するが、残党の百済と倭国の連合軍は、６６３年の「白村江」（朝鮮半島・南西部）の戦いにおいて、唐・新羅の連合軍の圧倒的な軍事力の下で大敗する。それまで倭国は百済に「任那の調」を課していたが、百済での権益を失うことになる。その後、倭国は、唐との関係の正常化を模索しながら、その侵略に備えるために日本列島の防衛体制の強化（例：大宰府の水城、北部九州沿岸に防人を配備）を図る。

白村江の戦い以前から、倭国は中国大陸で強大化する唐の情勢を把握しており、国内外の緊張の高まりや対外政策の対立を受けて、蘇我氏暗殺の６４５年（乙巳の変）から６４９年頃にかけての「大化の改新」など、豪族を中心とした地方分権的な政治体制から天皇中心の中央集権的な政治体制への移行を徐々に進めていた。しかし、「白村江の戦いでの大敗」以降、700年頃に国号を「倭」から「日本」に改め、701年に「大宝律令」が完成するまで、中国大陸の諸制度を参考としながら、日本は封建制での中央集権的な律令国家の建設（例：太政官や大蔵省等の二官八省の設置）を急ぐことになる。

第2は「黒船の襲来」である。周知のとおり、19世紀では産業革命に成功した列強諸国が市場開拓のためにアジアに勢力を伸ばしていたが、日本でも江戸幕府に開国を迫るため、1853年、アメリカのペリー提督が率いる海軍東インド艦隊が浦賀沖に来航する。それを契機に、1868年に明治維新が起こり、江戸幕府が締結した不平等条約の解消を目指し、版籍奉還や廃藩置県などで封建領主による地方分権的な体制を改め、殖産興業・富国強兵をスローガンとして、欧州の諸制度や技術を参考にしながら、中央集権的な国民国家の建設を急ぐことになる。

第3は「太平洋戦争での敗戦」である。太平洋戦争末期の1945年7月下旬、アメリカ・イギリス・中国の3カ国が、日本に降伏を求める「ポツダム宣言」を発表する。しかしながら、当時の日本政府は受け入れず、1945年8月にアメリカは日本の広島市と長崎市に原子爆弾を投下し、広島では約14万人、長崎では約7万人以上が死亡した。ソ連の宣戦布告などもあり、1945年8月14日にポツダム宣言の受諾を決定し、翌15日の昭和天皇の「玉音放送」で終戦する。なお、日本が大きな対外戦で敗北したのは、白村江の戦い（663年）と太平洋戦争での敗戦（1945年）の2回しかない。

1945年の敗戦後、日本は一時的にGHQの占領統治下に置かれるとともに、財閥解体や農地解放、主権在民・戦争放棄・基本的人権などを規定した「日本国憲法」が1946年に公布され、戦後復興をスローガンとして、アメリカ民主主義を参考に中央集権的な民主主義国家に転換し、平和主義的な貿易立国を推進する。

この転換で日本は戦後の焼け野原からの見事な復興を成し遂げ、1960年代、70年代の高度成長を経て、1980年代には「日本の奇跡」「ジャパン・アズ・ナンバーワン」といわれたが、奇跡は長くは続かなかった。1990年のバブル崩壊以降、日本経済は低成長に陥ることになる。人口減少・少子高齢化や貧困化も進行し、日本経済は閉塞感に覆われているが、日本の経済システムは、いま第4の転換を行うべき時期にきているのではないか。

第4の転換が難しい理由の一つは、参考となるモデルが存在しないためである。第1の転換では中国大陸（唐）、第2は西欧（特にドイツ・フランス）、第3はアメリカというように、過去の転換では参考とするモデルが必ず存在したが、人口減少・少子高齢化のトップ・リーダーは日本であり、我々自らがその答えを探し出すしかない。

また、改革の契機となる「トリガー」も重要である。「白村江の戦い」「黒船の襲来」「太平洋戦争での敗戦」後のいずれの転換も、「中国大陸を支配する唐の脅威」や「アメリカの開国要求」「ポツダム宣言の受諾」といった外圧のトリガーが主因であるが、第4の転換も外圧が主因となるのか、現時点で筆者に予測する能力はない。

しかしながら、我が国は巨額の政府債務残高を抱えており、アメリカなど海外発の何らかのショックが原因で急激な円安が起こり、長期金利が上昇するシナリオも確率ゼロではない。このようなシナリオを「外圧」といえるのかは分からないが、長期金利が上昇すれば、政府債務の利払い費が増加し、それは財政を直撃する。長期金利が1％上昇すると、利払い費は約10兆円増加する。長期金利の上昇幅などに依存するために断定はできないが、最悪のケースでは財政が破綻する可能性もある。

ただ、その時に本当に問題になるのは財政ではない。いずれ財政の混乱がおさまっても、その背後にある問題が解決するわけではない。むしろ財政赤字で先送りしてきた問題が顕在化し、「少子高齢化が進む中で社会保障をどうするのか」「人口減少が進む中で地方をどうするのか」「貧困化が進む中で再分配をどうするのか」といった問題に直面するはずだ。

すなわち、財政再建は前提だが、「人口減少・少子高齢化」「低成長」「貧困化」といった問題にどう立ち向かうのかという視点が最も重要である。それに対応するため、日本の経済システムをどう再構築するかという議論を深める必要がある。その際、「誰もが安心して暮らせ、競争力が高い国をどう構築するか」というテーマの下、新たな社会保障の哲学を含め、改革案の「たたき台」を示すことが本書の目的である。各章の構成は以下のとおりである。

第1章では、環境変化に対応してシステムの修正が必要であるが、環境が変わっても変えてはいけない「守るべき価値」が何か認識することも重要であり、その考察を簡単に行うとともに、「人口減少（少子高齢化）」「低成長」「貧困化」の現状や課題を概観している。

第2章では、日本財政の現状や、社会保障給付の将来予測や財政の長期推計などを概観し、厳しい財政の姿を明らかにしている。

第3章では、日銀と政府の関係を考察している。具体的には、日銀は〝異次元〟の金融政策で大量に国債を買い取り、長期金利を極めて低い水準に抑制しているが、それが財政規律を弛緩させている。約1000兆円もの政府債務の利払い費を約10兆円に抑制できているが、金融政策の副作用も徐々に顕在化し始めており、地域銀行への影響や財政との関係を含め、金融政策の現状と課題の概観を行っている。

第4章では、年金の現状と課題を考察している。人口減少や少子高齢化が進み、支え手である現役世代が減少する中、年金制度の維持可能性を高めるためには、給付水準を削減する必要があるが、そこで明らかとなるのは、低年金・無年金の貧困高齢者の急増問題である。年金改革の議論では、モデル世帯の所得代替率のみに着目しても意味がなく、限られた予算の下で貧困高齢者の政策対応の検討を深めるためには、まず財政検証において、20年後・30年後・50年後の年金分布がどう変化していくのかを明らかにする重要性などを示している。また、現在の年金制度において、積立方式への移行が必ずしも不可能ではない理由も説明している。

第5章では、医療保険財政の現状と課題を考察している。公的医療保険制度については、これまでも様々な改革を実行しているが、期待通りの成果を十分に上げず、医療費（対ＧＤＰ）は増加を続けている。公的医療保険が担う基本的役割を堅持しつつ、財政再建を行うためには、改革のコアは給付範囲の哲学の見直しが必要であり、その改革の簡易試算や医療版マクロ経済スライドの構想などの説明を行っている。

第6章では、国と地方の関係をテーマに、道州制の受け皿としての「地方庁」構想を説明している。人口減少や少子高齢化が進み、政治の役割が「負の分配」に転換したにもかかわらず、それに対応できない政治が機能不全に陥りつつある。転換には地方分権（道州制を含む）が必要だが、「総論賛成・各論反対」で中途半端なものになってしまう。この問題を解決するためのスキームなどの提案を行っている。

第7章では、成長戦略と格差是正をテーマに、データ金融革命のほか、働き方改革や奨学金の所得連動型ローンなどを説明している。第4次産業革命等の成否を最初に握るのは「データ」であり、ＩＣＴ革命の次は「データ産業革命」という認識が世界トップ層で密かに浸透しつつあるが、この本丸は「金融」、中でも「デジタル通貨」や「情報銀行」などを中心とするデータ金融革命であり、日銀が発行するデジタル通貨（仮称「J-coin」）の発行などの提言を行っている。

第8章では、「社会保障の新しい哲学」として、3つの哲学を提案している。具体的には、「〈哲学1〉まず、リスク分散機能と再分配機能を切り分ける。その上で、真の困窮者に対する再分配を強化し、改革を脱政治化する」「〈哲学2〉透明かつ簡素なデジタル政府を構築し、確実な給付と負担の公平性を実現する」「〈哲学3〉　民と官が互いに『公共』を創る」という哲学である。この哲学をベースとして、年金・医療などの社会保障改革の方向性のほか、デジタル政府の方向性や公設寄付市場などの提案を行っている。

第9章では、残された課題としての財政再建や選挙制度改革などを議論している。財政再建と社会保障の再生のため、財政の長期推計や世代会計の推計・公表などを担う「独立財政機関」の設置や、社会保障予算のハード化などの提言を行っている。また、ドイツやフランスでは、公務員の議員兼職が認められており、会社員や公務員・大学教官等の身分を留保した形での議員兼職を認める「政界出向制度」や兼職のままでの議会活動を認める制度の導入などの提言も行っている。

なお、本書の各章は互いにつながりがあるが、それぞれが比較的完結する内容となっている。このため、自らの関心に応じて、どの章から読み始めても一定の理解が可能なはずである。「人口減少・少子高齢化」「低成長」「貧困化」といった問題にどう立ち向かうのかという視点をもち、興味がある章から読み、日本の経済システムをどう再構築するべきか、一緒に考えてもらいたい。

2019年から新たな元号「令和」がスタートした今こそ、日本経済システムの再構築に関する議論が深まり、本格的に到来する人口減少・少子高齢化社会に適合したものに変革できることを期待したい。

日本経済の再構築　目次

第1章　人口減少、低成長、そして貧困化

第2章 財政

第3章 日本銀行と政府の関係

第4章 年金

第5章 医療

第9章　残された課題——財政再建と選挙制度改革

第1章

人口減少、低成長、そして貧困化

システム改革で守るべき3つの価値

「誰もが安心して暮らせ、競争力が高い国をどう構築するか」というのが本書のテーマの一つだが、我々人間がその歴史の中で創り上げてきた様々な規制や制度が不変なものであるはずがなく、この世に不変なものは基本的に存在しない。なぜならば、規制や制度といった「システム」は、我々が過去に直面した環境に適応する形で歴史的に構築されたものに過ぎないためである。当然の話だが、環境が変化すれば、それに対応してシステムも修正する必要がある（**図表1－1**）。

一方で、環境が変わっても変えてはいけない「守るべき価値」を深く認識することも重要である。この価値を探るため、我々は歴史（伝統・慣習を含む）を学ぶ。その究極的な思想が保守主義だが、歴史が重要なのは、過去の人類の教訓を生かし、民主主義や資本主義のあり方を含め、我々が絶対に「守るべき価値」を見出すためである。筆者は、「自由の尊重と責任」「多様性と寛容性」「支え合い・分かち合いの精神」の３つではないかと考えている。

このうち、「自由の尊重と責任」は自由主義思想の根底であり、個人が自らの考えに基づき、その所有する資源（例：能力や資産）を最大限に生かして活動する自由を尊重することを指す。自由権は我々人間が誰しも等しく有する基本的権利である。選択や活動には責任を伴うが、新たな創造の源泉である自由な活動は経済発展を促し、貧困問題を含めて様々な問題を解決する潜在力を有する。

図表1-1　日本の「システム」をいかに改革すべきか

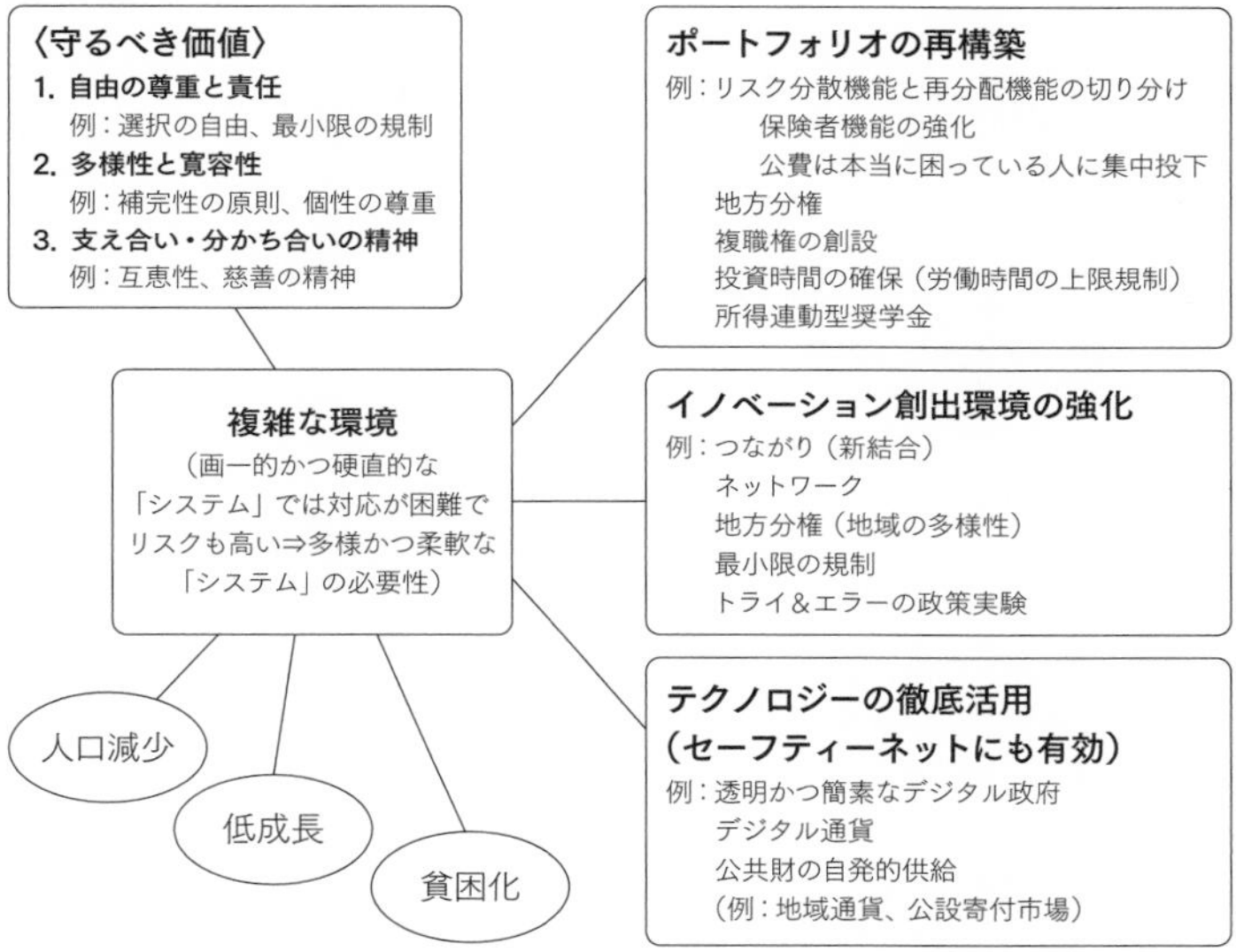

（出所） 筆者作成

　では「多様性と寛容性」はどうか。我々人間は一人ひとりが異なるのであり、多様な考えをもち、個々人が違う活動をするからこそ、社会に一層多くの貢献ができる。考え方が大きく異なる他者に対しても、その個性を尊重し、我々一人ひとりが寛容になれるか否かが多様性の幅広さや深みに決定的な影響を及ぼす。社会全体のポートフォリオにおける多様性の水準が高いほど、環境の変化に対し、より柔軟かつ迅速に対応できる。多様性は様々な資源や知識などの「つながり」（新結合）を生み出し、新たなイノベーションが起こる可能性を高め、経済発展を促す。

また、リスク分散機能を担う社会保険や、再分配を担う生活保護なども、社会全体のポートフォリオとして最も重要な機能を担う。このうち、生活保護は、資産や能力などすべてを活用しても生活に困窮する国民のうち一定要件を満たす者に対し、無差別平等の原則に基づき、困窮の程度に応じて必要な保護を行い、健康で文化的な最低限度の生活を保障する制度である。また、社会保険は要件を満たす国民は加入が義務付けられる一種の強制保険であり、疾病や高齢化・失業・介護などのリスクに備えて、事前に加入者が保険料を拠出することで、保険事故の費用（の一部）を給付する仕組みである。

もっとも、このようなポートフォリオのみでは社会が抱えるすべてのリスクに対応できるとは限らない。環境が急速に変化し、複合的かつ複雑なリスクが増えていく状況では、典型的なリスクのみでなく、新たなリスクにも柔軟かつ迅速に対応可能なシステムが必要となる。

そのような状況では、「支え合い・分かち合いの精神」が重要な社会的価値となる。分配というと、政府が誰かから税などを取り立てて、それを別の誰かに移転する政策を思い浮かべるケースが多いが、民間主導の寄付行為や慈善活動なども分配であり、その基盤となるのが「支え合い・分かち合いの精神」である。寄付行為や慈善活動などは「公共財の自発的供給」に相当し、公共サービスの提供を担うのは政府部門のみとは限らない。複合的かつ複雑なリスクが増えていく状況では、典型的なリスクへの対応を想定している画一的かつ硬直的なシステムでは様々なリスクに対応するのは難しい。

この問題を解決するためには、環境が変化しても、それに柔軟かつ迅速に適応できるシステムを構築するという選択が重要な鍵を握る。では、環境変化に対し、柔軟かつ迅速に適応できるシステムを構築するためには何が必要か。

まず、政府の規制を最小限にする必要がある。環境が変化すれば、それに対応してシステムを修正する必要があるが、システムを迅速に修正できるとは限らない。なぜなら、システムが一度構築されると、それと同時に様々な既得権も発生するため、修正しようとしても政治的な利害調整の摩擦が大きいケースも多いからである。

このため、できる限り自由な活動をするためには、政府が行う規制は最小限とし、個人が有する「選択の自由」を守る必要がある。自由の尊重は多様性を守る重要な価値観であるが、現実には状況によって政府は規制の網を広げ、自由権（の一部）を徐々に抑制する傾向がある。画一的で過剰な規制は社会を硬直的なものとし、環境変化に適応できない脆弱なものに変えてしまう。

また、「補完性の原則」（可能な限り小さい単位で決定や自治などを行い、その単位で対応ができないことのみをより大きな単位で補完していくという概念）を徹底し、国の権力（の一部）をできる限り我々の身近なところ（例：地方政府）に移譲する必要がある。

環境変化で不要になった規制を迅速に改廃できないのは、新たな規制やその改廃の決定を行う政府が直接的に我々の制御可能な領域から遠すぎるからである。環境変化に柔軟かつ迅速に対応するためには、各地域での異なる規制を可能とし、地域の多様性が高まれば、新たなイノベーションを生み出す土壌にもなる。画一的で硬直的なシステムでなく、多様で柔軟なシステムは、環境が変化する段階で、社会全体のポートフォリオの一つとしても機能する。多様で柔軟なシステムの構築が必要であり、その一つが「補完性の原則」に基づき権限を地方に移譲し、できる限り地方で対応することである。もう一つが民間主導での公共財の自発的供給であり、政府はテクノロジーを徹底的に活用し、その環境整備を行う必要がある。

ただ、寄付行為などの公共財の自発的供給は外部性をもち、その供給量が過少となる可能性があり、政府が分配政策に関与する妥当性が生まれてくる。困窮者を本気で減らすつもりがあるならば、それだけを目的にしたプログラムを用意し、公費は本当に困っている人々に集中投下するのが適切で、それ以外は社会保険や民間活力などで対応するべきである。にもかかわらず、政治的な要請から政府の役割や守備範囲が肥大化し、本当に救済すべき人々への分配が過少となるケースも多い。

なお、規制や制度といったシステムの柔軟性が重要なのは、経済学が分析の対象とする資源配分・生産・所得・分配などが、その影響を大きく受けるためである。経済学では市場メカニズムによる資源配分を重視するが、取引する財・サービスについて、法で所有権や損害賠償請求権などが認められているために安心して取引ができる。この意味で、「市場」も様々な規制や制度に依存し、その影響を受けて機能している。本書では、社会保障や財政、国と地方の関係などを考察しているが、これらは規制や制度の固まりといっても過言ではないだろう。

しかしながら、規制や制度といったシステムの柔軟性が弱く、それが環境に上手く適応できなくなると、イノベーションや経済成長を低下させるとともに、再分配の機能も弱めてしまう可能性がある。このため、政治の最も重要な役割は、環境変化に適応するようにシステムを修正し、効率性を重視する経済と公平性を担う再分配の「重心」を制御することにあるが、「市場の失敗」を理由に政治が市場メカニズムで効率的な資源配分を行うべき経済の領域に過剰なまでに介入し、市場を歪めたり市場メカニズムを妨げてしまうケースがある。一方で、「政府の失敗」を理由に政治が責任をもって担うべき再分配の機能を弱めたり放棄し、不平等の拡大が政治的な不安定性を高めてしまうケースもある。

経済と再分配の重心で最も重要なのは、環境が変化しても、その変化に柔軟に対応しながら成長が促進でき、救済が本当に必要な人々を迅速かつ的確に把握し、その人々に集中的な分配が可能なシステムとはどのようなものかという視点であろう。

3つの大きな環境変化

ところで、いま我が国は様々な諸問題を抱えているが、10年~30年先の将来を見渡すとき、経済的に最も深刻な問題で大きな環境変化は「人口減少（少子高齢化を含む）」「低成長」「貧困化」という3つに絞られよう。経済力が低下すれば、外交・安全保障の基盤も揺らぐ可能性もある。「人口減少」「低成長」「貧困化」という3つの問題が深刻なのは、マクロ・レベル（例：国・地方・企業）やミクロ・レベル（例：家族）において、我々がこれまで生活するときにその収入や分配の原資として依存していた様々な「基盤」が徐々に壊れていくためである。

人口増で高成長の時代と異なり、これらの問題に対し、画一的かつ硬直的な「日本経済システム」（例：社会保障制度や税制、国と地方の関係を含む統治機構）が効率的に対応できなくなっている現状が、生活や雇用を含む我々の身の回りで様々な問題を引き起こしている。

例えば、人口減少で空き家が増加する地方では都市のスポンジ化が進み、インフラは朽ち果て、域内の人口流出の勢いが増す可能性がある。低成長で企業の競争は激化する一方、終身雇用や年功賃金が代表とされる日本型雇用は揺らぎ、その生活保障機能は低下する。高齢化や未婚で単身世帯が増加する中で家族の姿は多様化し、その扶養機能が低下するとともに、孤立が進む。地域や家族・企業が担う機能が脆弱化し、様々なリスクが複合化する中で、従来型の社会保障では対応できない複合的かつ複雑なリスクが社会的弱者に襲いかかる。低成長で格差が拡大する中で、社会保障の機能不全で貧困が一層拡大する。

特に社会保障の機能不全は深刻である。従来の社会保障では、『自助』を基本とし、大数の法則でリスク分散ができる生活上のリスク（例：寿命の不確実性・疾病・要介護リスク）は『共助』（社会保険）で備える。共助が自助を支え、自助や共助では対応できない困窮などの状況に対しては『公助』（例：生活保護）が補完する」という基本哲学の下、人生において直面する典型的リスクを想定し、それに対応する形で共助・公助の仕組みが構築されてきたが、もはや従来型システムが限界をむかえていることは明らかではないか。

このような状況において、本書の主な目的は、新たな社会保障の哲学を含め、これらの問題に対応するための日本経済システムの再構築の方向性を模索することにある。まず、第1章では、「人口減少（少子高齢化）」「低成長」「貧困化」の現状や課題を確認する。

静かな有事の人口減少

まず、「人口減少（少子高齢化を含む）」である。人口減少と少子高齢化は相互の関係もあるが、このうち、人口減少について最初に概観しよう。

周知のとおり、日本の総人口は今後100年間で急激に減少し、2080年頃には2010年と比較して人口が半減することが見込まれている（**図表1－2**）。しかも、国立社会保障・人口問題研究所の「将来推計人口」（平成29年版、出生中位・死亡中位）によると、人口減少のスピードは今後勢いを増していく。2017年の人口減少率は年率0・24％に過ぎないが、2025年は0・50％、40年は0・79％、60年には1％となる。「減少率」で見ると大きな減少に見えないものの、「減少数」で把握すると印象が異なる。

2025年の人口減少数は62万人、40年は88万人、60年は94万人という予測である。62万人という減少数は、現在の東京都江戸川区の人口に近く、94万人という減少数は現在の千葉県千葉市の人口（約96万人）や東京都世田谷区（約90万人）に近いもので、時間の経過に伴い、人口減少

図表1-2　長期的な人口の推移と将来推計

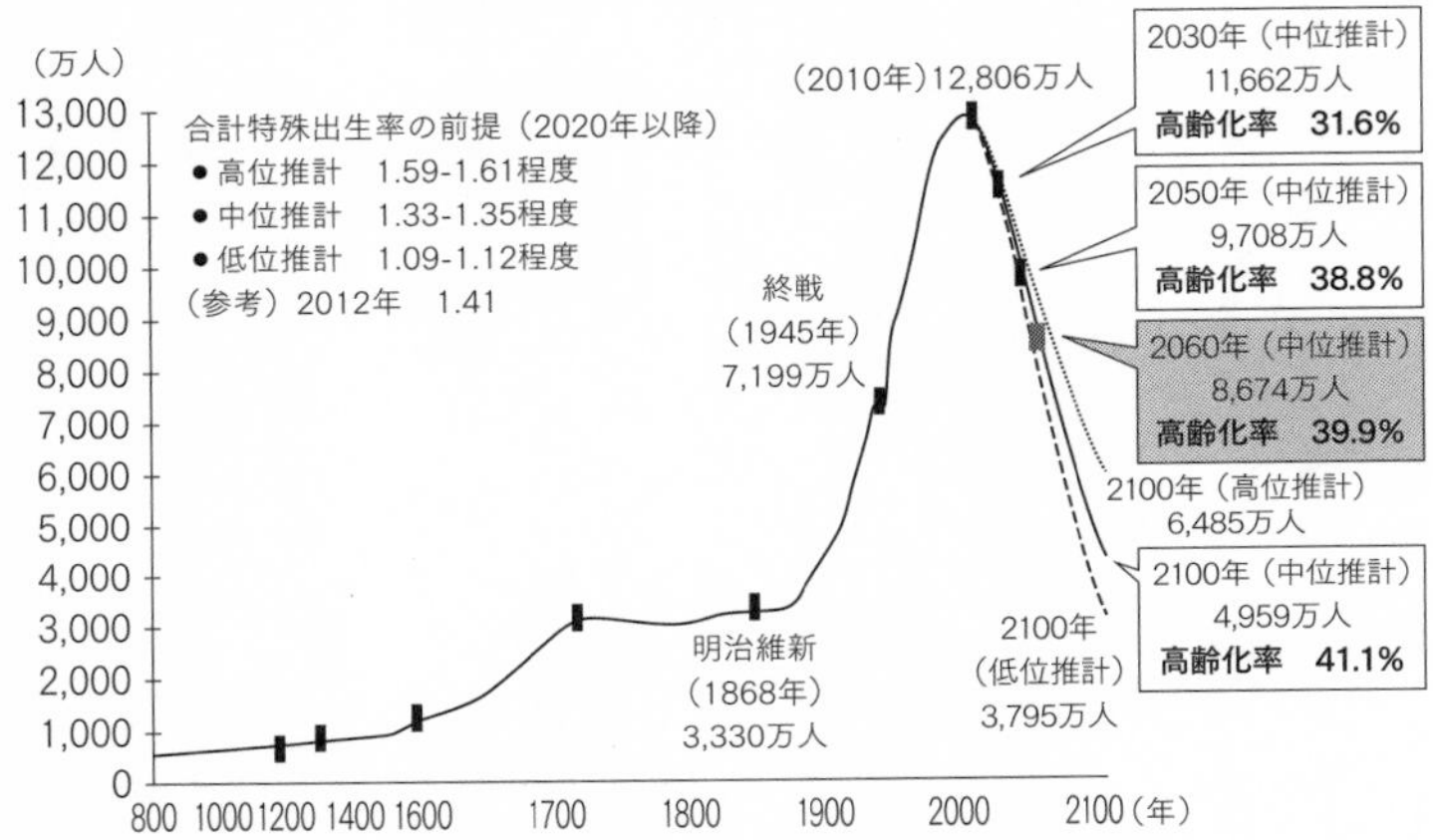

（備考） 国土交通省「国土の長期展望」（2011年）をもとに作成。
2010年以前の人口：総務省「国勢調査」、国土庁「日本列島における人口分布の長期時系列分析」（1974年）
それ以降の人口：国立社会保障・人口問題研究所「日本の将来推計人口」（平成24年1月推計）

や労働人口減少の影響は大きくなる。すなわち、現在のところ、人口減少のスピードはまだ緩やかだが、今後は加速していく。例えば、２０２５年から２０４０年の期間では、生産年齢人口（20歳以上65歳未満）が１０９２万人も減少する。これが人口減少は「静かな有事」とも言われる所以である。

また、地域別に見ると、人口減少のスピードは人口規模が小さい地域ほど加速的に大きい。例えば、国土交通省が２０１４年７月に公表した「国土のグランドデザイン２０５０〜対流促進型国土の形成〜」では、２０５０年の人口が２０１０年と比較して半分以下となる地点（全国を「１㎢毎の地点」で見る）が、現在の居住地域の６割以上（＝44％

図表1-3　市町村の人口規模別の人口減少率（2010年→2050年）

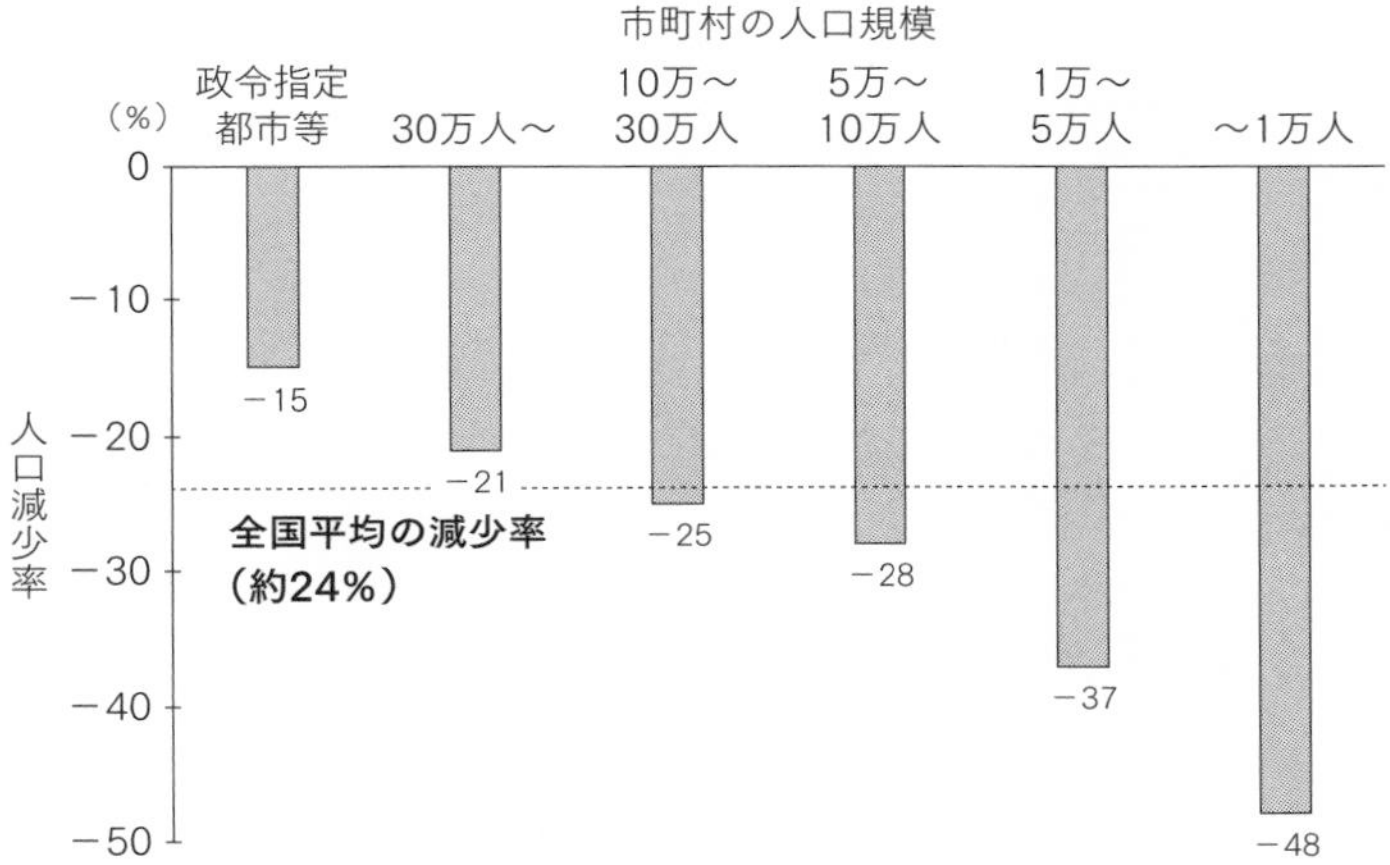

（出所） 国土交通省（2014）「国土のグランドデザイン2050」から抜粋

＋19％）を占めることを明らかにした。そして、人口が半分以下となる6割以上の地点のうち約2割が無居住化することを予測している。これを「市区町村の人口規模別」（図表1−3）に見ると、人口規模が小さい地域ほど人口減少率が高い。現在の人口が1万人未満の市区町村は人口が約半分に減少し、人口規模が小さい自治体ほど財政基盤が危機に直面する可能性がある。また、2010年との比較で総人口が半減するのは約70年後の2080年頃であるが、約40年間（2010年→2050年）で人口が半分以下になる地域は、全国平均の2倍以上のスピードで減少することを意味する。

では、我々は何らかの方法で人口減少

という状況を脱出することはできるだろうか。人口を増やす一つの方法は、出生率を引き上げることであり、もう一つは移民政策を行うことである。筆者は両方とも重要であるが、それでも人口減少を脱出するのは容易ではないと判断している。

理由は次のとおりである。まず、出生率の引き上げであるが、それは「出生率の基本方程式」で把握できる。この方程式は筆者が時々利用しているもので、「合計特殊出生率＝（1－生涯未婚率）×夫婦の完結出生児数」という簡単な関係をいう。合計特殊出生率は、一人の女性が生涯に産む子どもの数をいうが、日本では婚外子は約2％しかおらず、女性の大部分は結婚して出産する。このため、一人の女性が生涯に産む子どもの数である「合計特殊出生率」は、平均的に見て、夫婦の完結出生児数（夫婦の最終的な平均出生子ども数）に「有配偶率」を掛けたものに概ね一致する。有配偶率は「1－生涯未婚率」と等しいため、「合計特殊出生率＝（1－生涯未婚率）×夫婦の完結出生児数」という関係式が成立する。例えば、生涯未婚率が30％、夫婦の完結出生児数を2とするならば、出生率の基本方程式により、合計特殊出生率は1・4になる。

厚生労働省「出生動向基本調査」によると、夫婦の完結出生児数は1972年の2・2から2010年の1・96、2015年の1・94まで概ね2で推移してきたことが読み取れる。それにもかかわらず、合計特殊出生率が低下してきている主な理由は、生涯未婚率が上昇してきたためである。例えば、35歳－39歳の未婚率は1970年の男性4・7％・女性5・8％から2015年で男性35％・女性23・9％まで急上昇してきた（国立社会保障・人口問題研究所「人口統計資料（2018年版）」）。つまり、出生率低下の主な要因は未婚率の上昇（晩婚化を含む）にあり、結婚と出生の意思決定に関する同時性にも注意が必要だが、出生率増には未婚率を引き下げる政策が中心となろう。

日本の合計特殊出生率は2005年に過去最低水準の1・26となったが、2011年に1・39、2015年は1・463に若干上昇している。この要因の分析を行う価値があるかもしれないが、2016年の合計特殊出生率は1・44、2017年は1・43、2018年は1・42に低下しつつある。また、1975年以降、出生率は恒常的に2を下回るとともに、1989年の1・57ショックを含め長期間にわたり低下傾向にあり、第3次ベビー・ブームは起こらなかったという現実も直視する必要がある。[1]

なお、2018年の出生数は91・8万人であったが、2019年12月下旬、厚労省が人口動態統計を公表し、2019年の出生数が86・4万人となったことを明らかにした。1899年の統計開始以後、初めての出生数90万人割れであり、国立社会保障・人口問題研究所の「将来推計人口」（平成29年推計）では、2023年に出生数が約86万人になるとの予測であったため、予測よりも4年も前倒しする形で少子化が進行しつつある姿を示した。

いずれにせよ、2010年の平均理想子供数は2・4人であり、未婚率が現状のままでも、「出生率の基本方程式」に従うならば、少子化対策で夫婦の出生数を理想子供数に近づけられれば、出生率を1・6程度まで回復できる可能性はあるが、出生率が2を下回り続ける限り、いず

図表1-4　「補充移民」の試算結果
（国連経済社会局人口部・2000年公表）

シナリオ	I 中位推計 （1998年 国連改訂予測）	II 1995年以降移民なし	III 1995年以降移民なき場合の総人口ピーク維持	IV 同　ピーク時の15～64歳人口維持	V 同　ピーク時の15～64歳人口÷65歳以上人口の比率維持
	A.（必要）移民数累計（2000年～2050年）				
フランス	325	0	1,473	5,459	89,584
ドイツ	10,200	0	17,187	24,330	181,508
日本	0	0	17,141	32,332	523,543
韓国	－350	0	1,509	6,426	5,128,147
イギリス	1,000	0	2,634	6,247	59,722
アメリカ	38,000	0	6,384	17,967	592,572

（注）単位：1000人

れにしても人口減少を脱することは難しい。

次に、移民政策である。移民で人口減少をどの程度補うことができるのかを把握するのに役立つのが、**図表1－4**である。この図表は、国連が、先進国を対象に人口水準の維持や高齢化進行の回避に必要な移民流入数の推計をしたものである。

この推計では5つのシナリオを分析している。具体的にはシナリオⅠからシナリオⅤで、このうち「シナリオⅠ」は、1998年改訂の国連人口予測における中位推計をベースラインとするものである。また、「シナリオⅡ」は1995年以降に移民の流入がないもの、「シナリオⅢ」は1995年以降における総人口ピークの水準を維持するものである。また、「シナリオⅣ」はシナリオⅢと同様にピーク時の15～64歳人口を維持するもの、「シナリオⅤ」は同様にピーク時の15～64歳人口の65歳以上人口に対する割合を保つものである。

各々のシナリオについて、必要な移民流入数を推計し、2050年までの移民総数や平均年間移民数を比較している。このうち、総人口ピークの水準を維持するシナリオⅢでは、日本が必要とする移民数は2050年までの累計で1714万人（年間平均34万人）であり、生産年齢人口（15～64歳人口）を維持するシナリオⅣでは累計3233万人（年間平均65万人）もの移民を必要としている。

また、高齢化進行の回避を目指すシナリオⅤでは、2050年までに累計5億2354万人、期中の年間平均でも1047万人の移民の流入が必要で、その回避には、非現実的な水準の移民数を必要とする。

column

フィンランドの出生率急減

人口減少からの脱出が難しい一つの証拠はフィンランドの出生率だ。あまり知られていないが、フィンランドの2010年の合計特殊出生率は1・87という高い値であったものの、2018年には1・41まで急降下している。2018年の日本の合計特殊出生率は1・42なので、それよりも低い値であり、2019年のフィンランドの合計特殊出生率は1・35にまで低下するという予測もある。わずか8－9年という短期間で出生率が急降下したことを意味する。

フィンランドと日本のTFR（合計特殊出生率）の推移

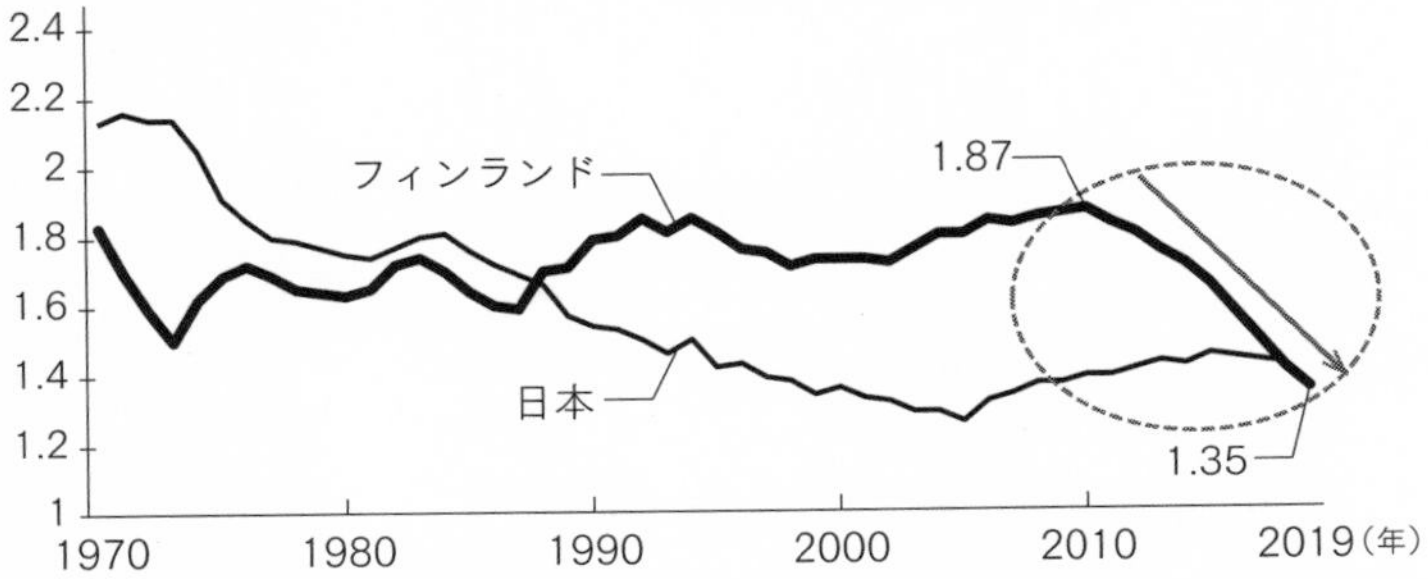

（出所） 厚生労働省「人口動態統計」および Statics Finland から筆者作成

フィンランドなどの北欧諸国では少子化対策が充実しており、それが高い出生率を維持しているという一種の「神話」があった。その象徴は、２０１９年12月に誕生したフィンランドの女性首相サンナ・マリン氏（当時34歳）だろう。フィンランドでは３人目の女性首相だが、新内閣は女性12人・男性７人で、彼女は世界で最も若い首相だ。２０１７年の社会保障費（対ＧＤＰ）が30・９％（家族及び子育て支援９・６％、失業対策７・１％、住宅２・７％、疾病・保健22・１％、障害者支援９・４％、高齢者支援41・７％、その他３％）を占めるフィンランドの出生率の急降下は、神話の再考を迫るものかもしれない。

低成長と収束仮説（例外としての高度成長）

以上の人口減少・少子高齢化に関する問題のほか、我が国で大きな問題として存在するのが「低成長」の問題である。政府は「2019年1月の月例経済報告」等で、2012年11月からスタートした景気回復の期間について「戦後最長となった可能性がある」[2]としているが、そもそも、日本経済の実力を示す「潜在成長率」は1％程度しかない。内閣府の推計によると、1980年代の潜在成長率は4・4％、90年代は1・6％であったが、その後はずっと低下傾向にあり、2007年度から2011年度の0・6％以下の期間を除き、1％程度にまで低下してきている。

これは足もとの潜在成長率だが、全要素生産性などが上昇しない場合、中長期の視点で見ると、実質GDP成長率は恒常的にマイナスに陥る可能性がある。実際、50年後の日本経済を展望する、政府の「選択する未来」委員会の最終報告書（2014年11月公表）は、人口減少を放置し、生産性も低迷した場合、2040年以降、年平均でマイナス0・1％程度の低成長に陥るとの試算を明らかにしている。

すなわち、潜在成長率が1％程度の現状では、実質GDP成長率がゼロまたはマイナスに陥ったとしても、直ちに不況と判断するのは早計で、各種の経済指標を総合的かつ冷静に見て判断する必要がある。

なお、人口減少下でも、適切な成長戦略を推進すれば、一人当たり実質GDPを高めることが

図1-5　日本経済と「成長の壁」

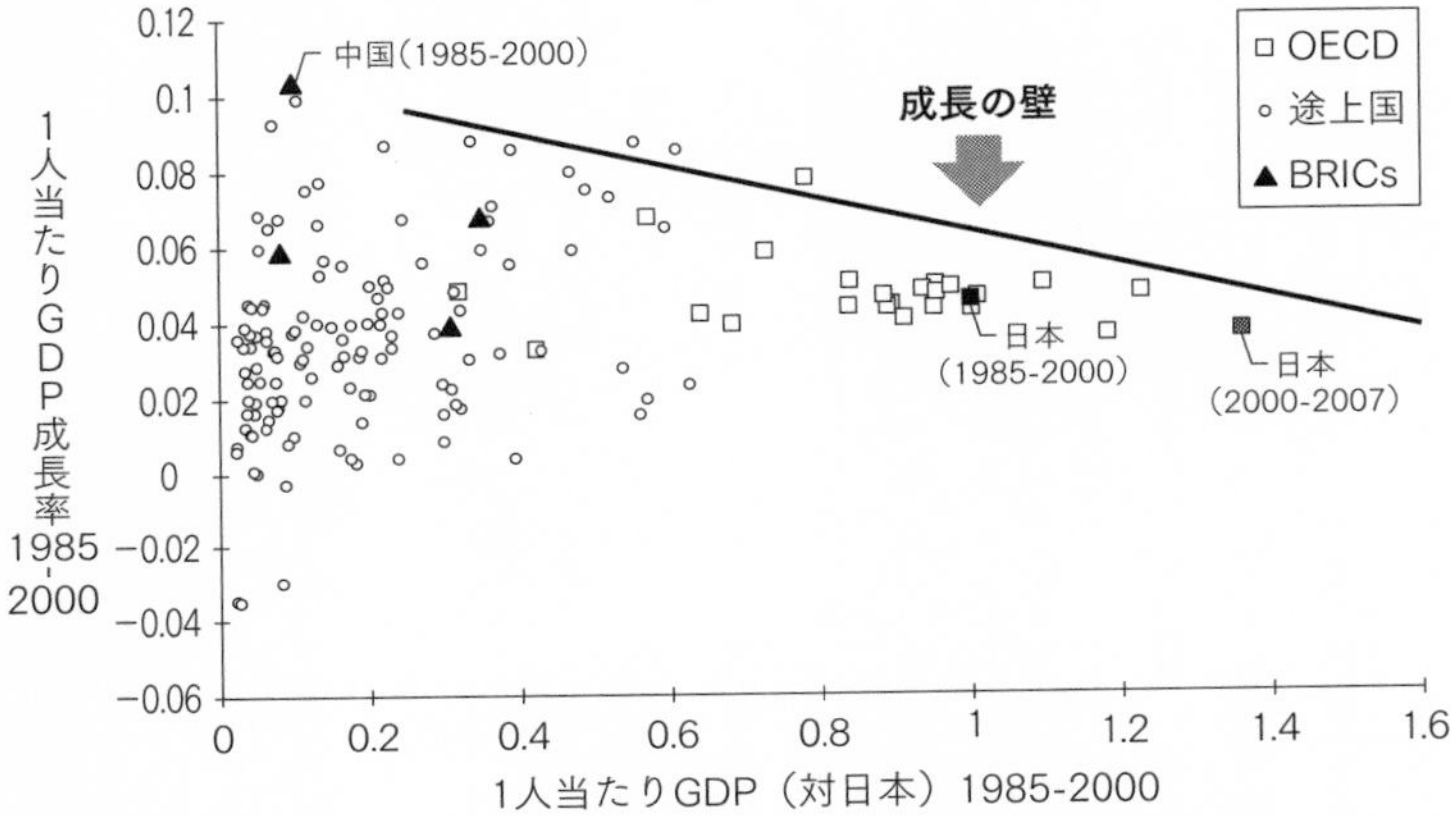

（出所） United Nation等データから筆者作成

できる。しかし、先進国である日本が、高水準の一人当たり実質GDP成長率を実現できるかというと、それはまた容易でない。というのは、先進国の一人当たりGDP成長率には、いわゆる「成長の壁」が存在するためである（**図表1－5**）。

成長論では「収束（convergence）」と呼ばれる現象がデータで観察され、「生活水準の低い途上国ほど、その後の経済成長は高くなり、先進国との所得格差は次第に収束していく」という仮説が存在する。実際、日本も戦後の焼け野原から立ち上がり、欧米へのキャッチアップを目指した、いわゆる高度成長期の成長率は高かったが、キャッチアップが終わった段階では成長率は鈍化した。

すなわち、1970年代の高度成長は例外で、いまの日本の姿が普通ということだ。収束仮説の妥当性については、実証分析との関係でかつて論争となったが、バロー（Barro, R.J）とサラ・イ・マーティン（Sala-i-Martin, X）という経済学者は、政治体制や教育など似た前提条件の国々で比較すると、「収束」が成立していることを示している。

このため、この理論が妥当とすると、日本のような先進国経済では「成長の壁」に突き当たり、その成熟度に従って、次第に成長率は下降トレンドを示していくことになるから、このトレンドを脱却するのは容易でない。

「そんなはずはない。先進国だって、もっと高い成長を実現できるはずだ」という意見もあるだろう。確かに、アメリカ経済は一時期、ITと金融工学を活用して、その成長率を押し上げることに成功したが、最終的にそのバブルは崩壊し、いまやこのトレンドに戻っている。このことが示すように、「成長の壁」を持続的に突破するのは容易ではない。

なお、標準的な経済学では、生活水準の向上は「一人当たり実質GDP」の増加で表現するのが適切とされている。また、「収束仮説（一人当たり所得が相対的に低い経済の成長率は高く、所得水準が上昇するに従って成長率は低下するという仮説）」が妥当ならば、経済の成熟に伴い成長率が鈍化するのは自然である。次ページの**図表1－6**のとおり、実質GDP成長率が低下傾向にあるのは確かだが、それだけで過度に悲観する必要はない。

例えば、2003～2012年における一人当たり実質GDP成長率の平均値（年率）は、日本が0・82％、アメリカが0・92％、フランスが0・45％、ドイツが1・31％、イタリ

図表1-6　GDP成長率（対前年度比）

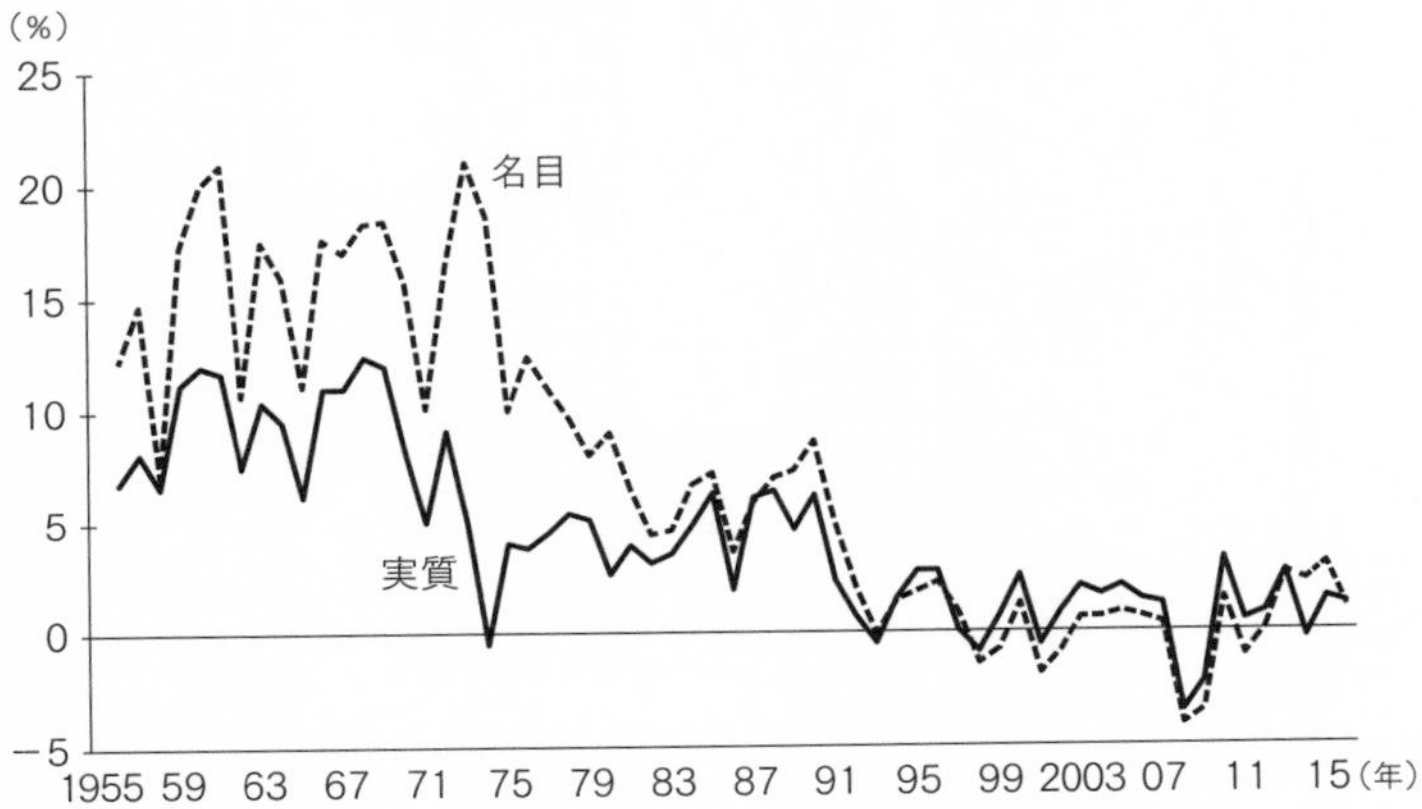

（出所） 内閣府SNAデータ

アがマイナス０・６７％、イギリスが０・６４％、オーストラリアが１・４％であったが、この中で日本は中位（４番目）の成長率である。なお、日本経済はこの期間に、東日本大震災（２０１１年3月11日）という特異な影響を受けており、２０１１年を除いた一人当たり実質ＧＤＰ成長率の平均値（年率）は日本もアメリカも０・９４％である。

これは、欧米と比較しても、一人当たりで見れば日本は中程度の成長をしていることを示唆している。つまり、重要なことは生活水準の向上を表す「一人当たり実質ＧＤＰ」の増加ペースが他の先進国と比較してどの程度かという視点でも分析してみることである。

「低成長で再分配の原資はない」は本当か？

この関係で、人口増加経済では誤解を招かなくても、人口減少経済では誤解を招く指標が多い。その一つが「経済成長率」ではないか。経済成長率といっても「名目」の値でなく、「実質」の値での指標である。名目の年収が3倍で物価が1・5倍になるとき、購入可能な財・サービスの量は2倍になり、「豊かさ」は2倍になる。だが、名目の年収が3倍になっても物価が3倍になってしまったら、購入可能な財・サービスの量は同じであり、「豊かさ」に変化はない。このため、「実質」の値である「実質経済成長率」が、本当の豊かさの伸びとなる。

では、実質経済成長率が低迷し、いわゆる「低成長」に陥った場合、それで「再分配の原資ゼロ」と決めつけることは妥当な判断であろうか。結論を先に述べると、そう決めつけるのは間違いである。以下、順に説明しよう。

まず、「再分配の原資」に関する議論を行うとき、そもそも「再分配の原資とは何か」についての定義が重要となる。通常の議論では、「再分配の原資＝経済成長で拡大したパイの部分」（以下「定義1」という）を無意識に想定しているケースが多いと考えられる。「定義1」は例えば、現在の実質ＧＤＰが５００で、それが５％の経済成長で５２５に増加するとき、拡大したパイの部分に相当する25（＝５２５－５００）が再分配の原資という見方である。だが、これは本当に正しい見方であろうか。

この見方が正しい場合、経済成長がマイナスに陥ってしまうと、再分配の原資はゼロになってしまう。だが、経済成長がマイナスでも、一人当たりの経済成長がプラスのケースはあり得る。

例えば、現在の実質ＧＤＰが５００、人口が５であるとき、その後に経済成長がマイナス４％で、人口が４になったとする。このとき、現在の一人当たり実質ＧＤＰは１００、その後の一人当たり実質ＧＤＰは１２０（＝５００×（１－０・０４）÷４）であり、一人当たり実質ＧＤＰは20％も増加している。このため、一人当たり実質ＧＤＰの増分に相当する20（＝１２０－１００）に人口４を掛け、80を「再分配の原資」と定義することも可能である。

すなわち、「再分配の原資＝一人当たりの経済成長で拡大したパイの合計」（以下「定義２」という）と修正すると、経済成長がマイナスでも再分配の原資が存在するケースが出てくる。

他方、「定義２」では再分配の原資がゼロの場合でも、「定義１」では再分配の原資が存在するケースもある。例えば、現在の実質ＧＤＰが５００、人口が５であるとき、その後に経済成長が８％で、人口が６になったとする。このケースは経済成長がプラスの事例であるが、このとき、現在の一人当たり実質ＧＤＰは１００、その後の一人当たり実質ＧＤＰは90（＝５００×（１＋０・０８）÷６）であり、一人当たり実質ＧＤＰは10％も減少している。このため、「定義２」では再分配の原資はゼロとなるが、「定義１」では、拡大したパイに相当する40（＝５００×０・０８）が再分配の原資となる。

標準的な経済学では「生活水準」は「一人当たり実質ＧＤＰ」が表すから、定義１が正しい見方とすると、生活水準が低下（一人当たり実質ＧＤＰが減少）するケースでも再分配の原資があると判断するのは矛盾であり、「定義２」が正しい見方となる。

そして、「定義2」（再分配の原資＝一人当たりの経済成長で拡大したパイの合計）の場合、再分配の原資は一人当たりの経済成長（例：一人当たり実質ＧＤＰ成長率）がプラスである限り、再分配の原資は存在する。その際、**図表1－7**（日本を含むＯＥＣＤ諸国データから作成）の通り、一人当たり実質ＧＤＰ成長率がマイナスの値をとる確率もあるものの、一人当たり実質

図表1-7　1人当たり実質GDP成長率のヒストグラム（OECD諸国）

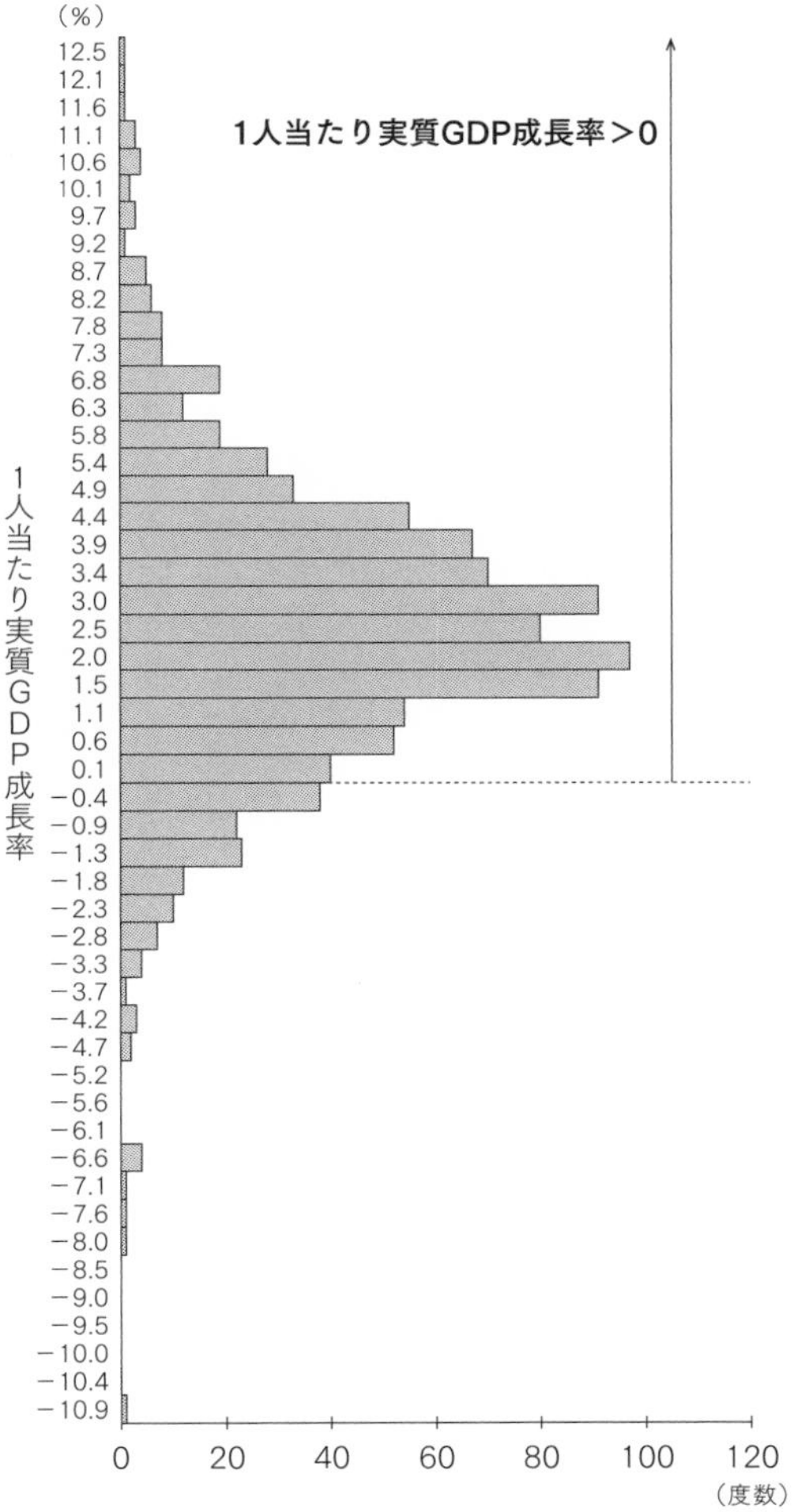

（出所） OECDデータから筆者作成

ＧＤＰ成長率の「中央値」や「平均値」は「プラスの領域に位置する」という視点も重要である。

もっとも、一人当たり実質ＧＤＰ成長率がプラスの値でも、人口規模が縮小すると、定義２における再分配の原資が減少する（急速な人口減少の過程では再分配の原資が枯渇していく）ことには注意が必要であるが、低成長（実質ＧＤＰ成長率が低迷）でも基本的に再分配の原資が存在する確率（一人当たり実質ＧＤＰ成長率＞０）が高いのである。

非効率な日本の所得再分配

考え方によっては再分配の原資はあるのだから、増税を含めて財源を調達し、適切な再分配を行えばよいという意見もあろうが、増税に対する反対は多い。例えば、時事通信の調査（２０１７年10月22日の衆院選出口調査）では、２０１９年10月に予定する消費増税について、反対は43・３％、賛成33・９％であった。この理由は何か。その一つのヒントは、ＯＥＣＤの２００８年の報告書にある。

この報告書では、現金給付や税負担等の観点から、所得の最も低い階層に対する所得再分配を２０００年代半ばで国際比較している表があり、日本はアメリカ並みの再分配しかしていないことが読み取れる（**図表１－８**）。

この表を見ると、例えば次のことが把握できる。まず、政府から受け取る現金給付（対、家計の可処分所得）の平均は、オーストラリア14・３％、フランス32・９％、デンマーク25・６％、

図表1-8　所得の最も低い階層に対する再分配（2000年代半ば）

	政府部門から家計に対する移転			家計による直接税や社会保険料の負担			
	「移転÷家計の可処分所得」の平均（①）	最下層に対する移転÷移転の総額（②）	最下層に対する移転割合（③＝①・②／100）	「直接税等の負担÷家計の可処分所得」の平均（④）	最下層の負担÷負担の総額（⑤）	最下層の負担割合（⑥＝④・⑤／100）	最下層に対するネットの移転（③－⑥）
オーストラリア	14.3	41.5	5.9	23.4	0.8	0.2	5.8
オーストリア	36.6	13.9	5.1	33.4	5.4	1.8	3.3
ベルギー	30.5	24.1	7.3	38.3	3.9	1.5	5.8
カナダ	13.6	25.7	3.5	25.8	2.3	0.6	2.9
チェコ	24.3	23.0	5.6	21.6	3.5	0.8	4.8
デンマーク	25.6	36.0	9.2	52.5	6.1	3.2	6.0
フィンランド	14.4	32.9	4.7	30.1	4.0	1.2	3.5
フランス	32.9	16.2	5.3	26.0	5.6	1.5	3.9
ドイツ	28.2	17.4	4.9	35.5	2.1	0.7	4.2
アイルランド	17.7	30.8	5.4	19.4	0.9	0.2	5.3
イタリア	29.2	12.6	3.7	30.2	1.8	0.6	3.1
日本	19.7	15.9	3.1	19.7	6.0	1.2	2.0
韓国	3.6	24.9	0.9	8.0	5.8	0.5	0.4
ルクセンブルク	30.6	13.9	4.3	23.8	5.9	1.4	2.8
オランダ	17.1	31.5	5.4	24.7	3.4	0.8	4.5
ニュージーランド	13.0	34.0	4.4	29.0	1.8	0.5	3.9
ノルウェー	21.7	27.7	6.0	33.2	4.6	1.5	4.5
ポーランド	35.8	9.0	3.2	27.7	6.0	1.7	1.6
スロバキア	26.0	19.0	4.9	20.0	5.0	1.0	3.9
スウェーデン	32.7	25.9	8.5	43.2	6.5	2.8	5.7
スイス	16.0	29.2	4.7	36.0	12.4	4.5	0.2
イギリス	14.5	31.4	4.6	24.1	1.7	0.4	4.1
アメリカ	9.4	24.8	2.3	25.6	1.6	0.4	1.9
OECD-23	22.0	24.4	5.4	28.3	4.2	1.2	4.2

（出所） OECD（2008）"Growing Unequal？：Income Distribution and Poverty in OECD Countries"から抜粋

日本19・7%、アメリカ9・4%となっており、日本は福祉が手厚いフランスやデンマークほどではないが、これらの国々と小さな政府であるアメリカの中間程度の現金給付を全体で行っている。

しかしながら、その現金給付の行き先を所得階層別に見ると、現金給付の総額のうち所得の最も低い階層が受け取っている割合は、オーストラリア41・5%、フランス16・2%、デンマーク36%、日本15・9%、アメリカ24・8%である。

このため、所得が最も低い階層が受け取っている現金給付（対、家計の可処分所得）は、オーストラリア5・9%、フランス5・3%、デンマーク9・2%、日本3・1%、アメリカ2・3%となり、日本はアメリカに近い状況となっている。

では、税金や社会保険料といった負担はどうか。まず、政府に支払う税金や社会保険料（対、家計の可処分所得）の平均は、オーストラリア23・4%、フランス26%、デンマーク52・5%、日本19・7%、アメリカ25・6%となっており、日本の負担は全体で見ると、オーストラリアやフランスだけでなく、アメリカよりも低い。この他にも現物給付などもあるため、これは日本では財政赤字で政府支出の一部を賄っている姿を表す。

しかも、税負担等の総額のうち所得の最も低い階層が負担している割合は、オーストラリア0・8%、フランス5・6%、デンマーク6・1%、日本6%、アメリカ1・6%である。

このため、所得が最も低い階層が負担する税負担等（対、家計の可処分所得）は、オーストラリア０・２％、フランス１・５％、デンマーク３・２％、日本１・２％、アメリカ０・４％となっており、日本で所得が最も低い階層が負担する税負担等は、福祉が手厚いフランスに近い負担となっている。だが、既に説明した通り、所得が最も低い階層が受け取っている現金給付（対、家計の可処分所得）は、フランス５・３％にもかかわらず、日本３・１％という状況である。

その結果、ネットの再分配（＝現金給付－税金や社会保険料といった負担）で評価すると、所得が最も低い階層への再分配（対、家計の可処分所得）は、オーストラリア５・８％、フランス３・９％、デンマーク６％、日本２％、アメリカ１・９％となってしまう。

すなわち、この数値は、日本の再分配はアメリカ並みしかなく、再分配政策のターゲットが中・高所得階層にも大幅に拡大しており、非効率な再分配を行っている可能性を示す。これが、高所得層のみでなく、低所得層においても増税に反対が多い理由の一つではないか。

急増する貧困高齢者

最後に、貧困化の実態を見ておこう。憲法25条では、「⑴すべて国民は、健康で文化的な最低限度の生活を営む権利を有する。⑵国は、すべての生活部面について、社会福祉、社会保障及び公衆衛生の向上及び増進に努めなければならない」とし、最低限のセーフティーネットとして生活保護を張っている。一般的に「生活保護」というと、他人事のように思われがちだが、生活保護の被保護人員は１９９５年頃の88万人をボトム（底）に、現在（２０１７年）は２１４万人に

図表1-9　年齢階層別・被保護人員の推移

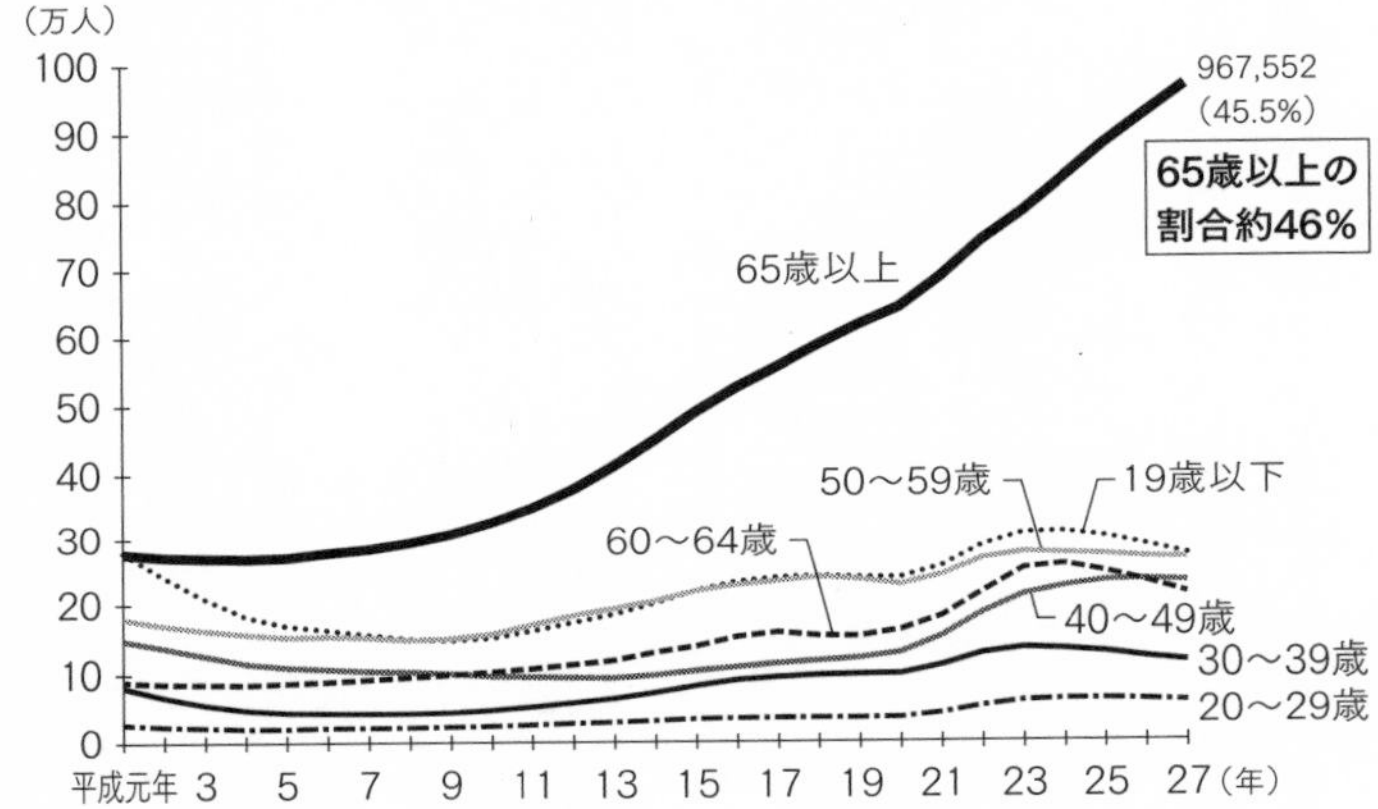

（出所） 厚生労働省「被保護者調査」

増加している（図表1―9）。

このうち貧困高齢者が急増し、生活保護の受給者のうち約半分が高齢者になっている。例えば厚生労働省「被保護者調査」によると、2015年において、65歳以上の高齢者は約3380万人いたが、そのうち2・9％の約97万人が生活保護の受給者である。すなわち、100人の高齢者のうち3人が生活保護を受ける貧困高齢者である。1996年では、約1900万人の高齢者のうち、1・5％の約29万人しか生活保護を受給していなかったので、貧困高齢者は毎年3・5万人の勢いで増え、20年間で約70万人も増加したことを意味する。

高齢者の貧困化が進んでいる背景には、低年金・無年金が関係していることは明らかだが、50歳代の約5割が年金未納であり、今後も増加する可能性がある。

図表1-10　貧困高齢者数の予測と生活保護費の簡易推計

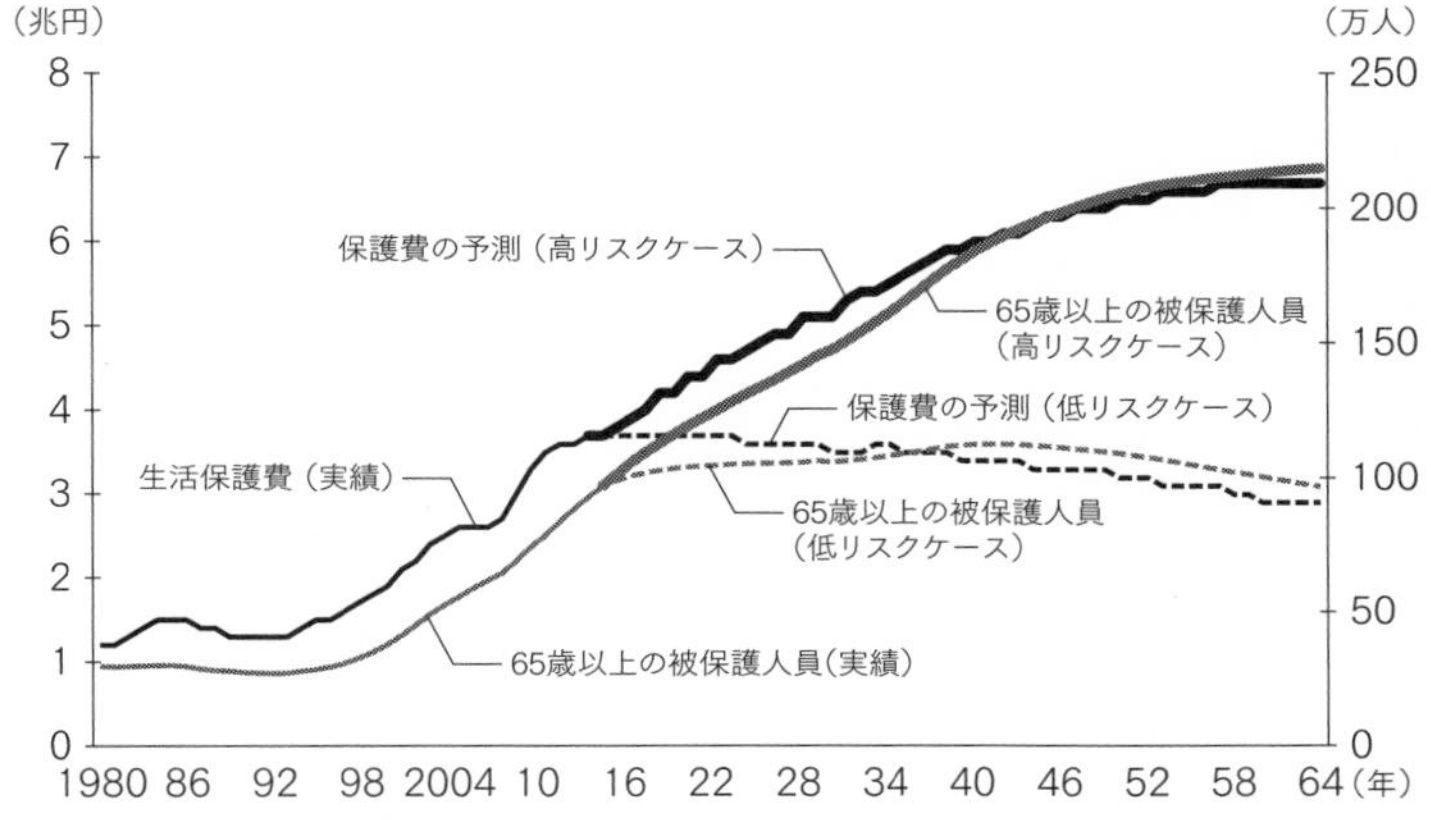

（出所） 厚生労働省「被保護者調査」等から筆者推計

では、今後、貧困高齢者はどう推移するのか。正確な予測は難しいため、一定の前提を置き、簡易推計を行ってみよう。まず一つは「高リスクケース」である。65歳以上高齢者の「保護率」（65歳以上人口のうち生活保護の受給者が占める割合）は、1996年の1・5％から2015年で2・9％に上昇しており、その上昇トレンドが今後も継続するというケースである。

もう一つのケースは「低リスクケース」で、65歳以上高齢者の「保護率」が2015年の値と変わらずに一定で推移するというケースである。

以上の前提の下で、国立社会保障・人口問題研究所の「将来推計人口」（平成29年推計、出生中位・死亡中位）を利用し、65歳以上の被保護人員（生活保護を受給する高齢者）を予測したものが、**図表1－10**である。

低リスクケースでは、65歳以上の被保護人員は、２０１５年の約97万人から２０５０年に約１１０万人に微増するだけだが、高リスクケースでは２０４８年に２００万人を突破し、２０６５年には２１５万人にも急増する。２０６５年の65歳以上人口は約３３８０万人であるから、２１５万人は６・４％で、１００人の高齢者のうち６人が生活保護を受けている状況を意味する。

しかも、現実はもっと厳しい可能性もある。現在、現役世代の３人に１人は非正規労働者であり、65歳未満の「保護率」（65歳未満人口のうち生活保護の受給者が占める割合）についても、１９９６年の０・５％から２０１５年で１・２％に上昇している。このため、65歳以上の高齢者と同様、65歳未満についても２つのケースが考えられる。

まず一つは「高リスクケース」で、65歳未満の保護率の上昇トレンドが今後も継続するケースである。もう一つは「低リスクケース」で、65歳未満の「保護率」が２０１５年の値と変わらずに一定で推移するケースである。このうち、高リスクケースでは、２０１５年の約１１５万人であった「65歳未満の被保護人員」は、２０３０年に１５０万人を突破し、２０６５年には１７６万人にも急増する。２０６５年の65歳未満人口は約５４００万人であるから、１７６万人は３％で、１００人の65歳未満人口のうち３人が生活保護を受けている状況を意味する。

では、生活保護費の総額はどう推移するか。２０１７年度における生活保護費の総額は約３・

8兆円で、約214万人が生活保護を受給している。一人当たり平均の生活保護受給額（名目）が一定で変わらないという前提の下、既述の「高リスクケース」と「低リスクケース」で生活保護費の総額を簡易推計したものについても**図表1―10**に描いている。低リスクケースでは2025年頃までは概ね4兆円弱であるものの、それ以降では緩やかに減少し、2065年には2・9兆円になる。だが、高リスクケースでは、2029年に5兆円を突破し、2067年には6・7兆円にまで増加する。

ところで、長寿化や高齢化の象徴する数値の一つを筆者が挙げるとすれば、「71238」という数字が最も適切と考える。この数字は、厚生労働省「百歳以上高齢者等について」（2019年9月13日公表）という調査に基づくもので、2019年における百寿者（100歳以上の高齢者）の人数を表すが、2014年から1453人増加し、百寿者数は初めて7万人超に到達した。

19年における百寿者の男女の内訳は男性8463人、女性6万2775人であり、百寿者が8人いると、男性は1人で残りの7人は女性であるという事実や認識も重要である。つまり、百寿者の多くは女性であり、貧困高齢者の多くは女性といっても過言ではない。

人口10万人当たりの百寿者は全国平均で56・34人だが、都道府県別で見ると、1位の高知県は101・42人、最下位の埼玉県は33・74人という具合に「ばらつき」が大きい。また、都道府県別で百寿者の人口が最も多いのは東京都の6059人であり、2位の神奈川は3933

人、3位の大阪3648人と続く。

なお、厚生労働省の資料によると、百寿者数が1万人を超えたのは1998年であり、約17年前と比較的最近である。これは、98年から19年までの間、平均で毎年3000人もの百寿者が増えてきたことを意味する。他方、2020年夏に東京オリンピックを開催予定だが、前回の東京オリンピックが開催された1964年の百寿者数は191人に過ぎず、この約20年間の長寿化や高齢化の進展がいかに著しいか把握できよう。

だが、この傾向は今後も続く。その象徴が団塊の世代がすべて75歳以上になる2025年以降である。国立社会保障・人口問題研究所の「将来推計人口」（平成24年1月推計）によると、2025年の百寿者は約17万人、2050年は約70万人に到達することが予測されている。70万人は現在の千葉市の人口（約90万人）の3分の2超、東京都大田区や岡山市の人口などに相当する。

長寿化や高齢化は、医療技術の進歩や生活水準の向上等がもたらした日本が誇るべき功績ともいえるが、この功績を活かすためにも、今後の超高齢化に備え、持続可能な社会保障制度の構築に向けた抜本改革が急がれる。

column

公的扶助の国際比較——日本の生活保護は効率化の余地がある

数年前に、お笑い芸人の母親の生活保護受給が発覚し、多くのメディアが生活保護に関する特集を行った記憶は残っているだろうか。これら特集では冷静な議論がある一方で、感情的な議論も多かった。

このコラムでは、公的扶助（生活保護）の国際比較を通じて、日本の現状について概観してみたい。その際、以下では、①扶養義務の範囲、②公的扶助総額（対GDP）、③公的扶助の給付水準（対平均所得）の比較から、簡単な考察を行う。

まず、「扶養義務の範囲」である。日本の民法では「配偶者間、直系血族、兄弟姉妹、その他の三親等以内の親族」に扶養義務を定めているが、欧米では「配偶者間と未成年の子」が主流である。実際、フランスでは「配偶者間と25歳未満の子」、イギリスでは「配偶者間と16歳未満の子」、スウェーデンでは「配偶者間と18歳未満の子」となっており、アメリカも州によって異なるが同様である。

この点で日本の扶養義務の範囲は世界標準ではなく、伝統的な家族主義の名残から、貧困リスクに対して、家族間でのリスクシェアを前提としている可能性が高い。もっとも、「配偶者間、直系血族、兄弟姉妹、その他の三親等以内の親族」のうち、「その他の三親等は家庭裁判所が認めたとき」、また、「未成年の子以外は生活に余裕があるとき」に扶養義務を課すこととなっており、比較的緩い運用がなされてきた事実も重要である。

だが、現在のところ「生活に余裕があるとき」の基準は曖昧であり、基準を今後厳格に適用す

図表1-11　公的扶助総額（対GDP）と相対的貧困率

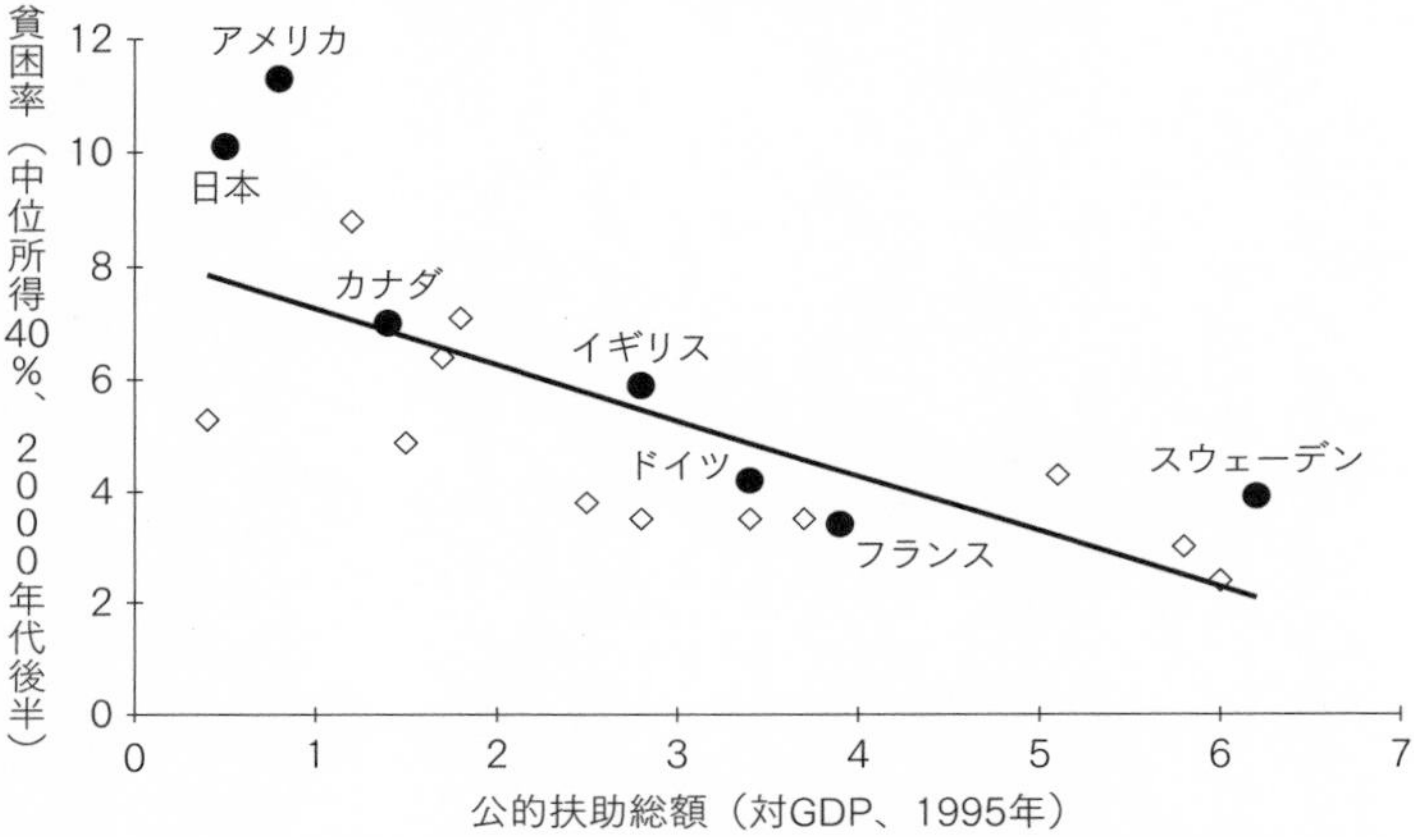

（出所） World Bank(2002) “Survey of Social Assistance in OECD Countries”およびOECD StatExtractsから作成

る場合、扶養義務の基準に該当する貧しい親族を多くもつ個人とそうでない個人がいるとき、個人の意思決定とは無関係に出生の環境が異なるだけで、前者に過重な負担をもたらす可能性がある点を慎重に議論する必要がある。

なお、どの個人も一定の確率で貧困に陥るリスクがある場合、経済学的には、「大数の法則」によってリスクシェアを行うプールは大きい方がよいのは明らかである。その場合、配偶者間と未成年の子を除き、リスクシェアを社会全体で行おうとする欧米式の扶養範囲の方が合理的である。

次に、「公的扶助総額（対GDP）」である。**図表1-11**の横軸は、日本を含むOECD加盟の19カ国の「公的扶助総額（対GDP）」（1995年）を表す。また、縦軸は、これら19カ国において、中位所得40%以下の所得階層ボリュームが

図表1-12　公的扶助の給付水準（対平均所得）

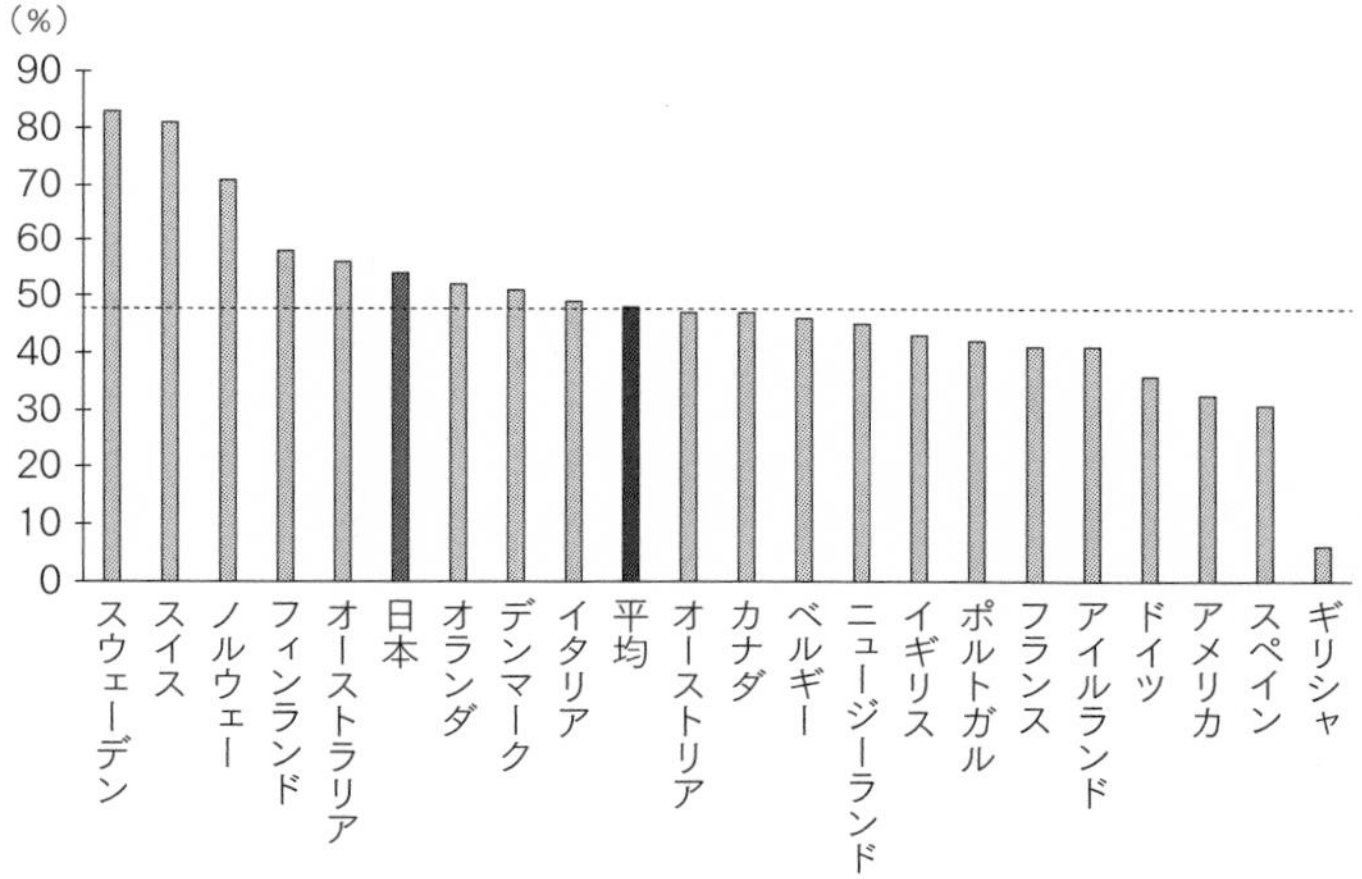

（出所） UK Department of Social Security(1996) “Social Assistance in OECD Countries” から作成

全所得階層に占める割合、すなわち「相対的貧困率」に近い指標を表す。**図表1－11**には各プロット点の回帰直線を描いているが、「カナダ」「イギリス」「ドイツ」「フランス」は概ねこの直線上に存在する。

しかし、例えば「日本」「アメリカ」は回帰直線から大きく乖離している点は興味深い。1995年の日本の公的扶助総額（対GDP）は0・5％、アメリカは0・8％であり、回帰直線上に存在するときの相対的貧困率は8％弱、7％強であるはずである。だが、実際には、日本の相対的貧困率は10・1％、アメリカは11・3％となっており、公的扶助の仕組みが非効率となっている。また、論争があるものの、捕捉率（生活保護を利用する資格のある者のうち現に利用している者の割合）の国際比較をすると、ドイツ（64・6％）・フランス（91・6％）・イギリス（47〜90％）・スウェーデン（82％）に対し、日本（15・3〜18％）が異常に低いという指摘もある。

この理由は何か。一つの理由としては、大雑把に見ると、「公的扶助総額＝公的扶助の給付水準×受給者数」であるから、公的扶助の給付水準が若干高い場合、必要な受給者に給付が行き渡っていない可能性がある。例えば、２０１４年のＯＥＣＤ調査によると、日本の一人親世帯（9割弱が母子家庭）の相対的貧困率は50・8％であり、[3] ＯＥＣＤ諸国33カ国中でワースト1位である。

そこで、最後に「公的扶助の給付水準（対平均所得）」を確認する。**図表1－12**は「子ども２人をもつ標準世帯」が受け取る公的扶助の給付水準と平均所得の比率を表す。図表において、日本の値は上から6番目の54％となっており、ＯＥＣＤ諸国21カ国の平均48％よりも6％も高い。他方、アメリカの値は下から3番目の33％となっており、平均48％よりも相当低い。このため、アメリカの公的扶助の効率化には限界があるものの、日本の公的扶助については効率化の余地がまだ残っているように思われる。

なお、給付水準が低いアメリカの相対的貧困率が**図表1－11**の回帰直線よりも高い理由は不明であるが、相対的貧困率は所得分布の影響も受ける。そのため、アメリカの相対的貧困率が回帰直線よりも高い理由は、公的扶助の効率性よりも、その所得分布が日本や欧州諸国以上に二極化しており、相対的に低所得層が多すぎるためかもしれない。

いずれにせよ、以上の国際比較から、2点が確認できる。まず一つは、日本の扶養義務の範囲は厳しく、欧米と比較して国際標準でないということである。もう一つは、日本の公的扶助の給付水準は国際的にも若干高いことから、それをＯＥＣＤ諸国21カ国の平均値に近づけることで、公的扶助総額（対ＧＤＰ）を一定に維持しても、必要な受給者に給付を拡大し、相対的貧困率を低下させる余地が残っているということである。

【注】

1 日本の合計特殊出生率（ＴＦＲ）は低いが、それ以上に低い国も存在する。例えば、２０１７年のＴＦＲで、スペイン・イタリアは１・３４、シンガポールは１・１６、台湾は１・１３、韓国は１・０５であった。このうち最も深刻なのは韓国で、韓国統計庁によると、２０１８年のＴＦＲは初めて１・０を割り込み、世界最低水準の０・９８となり、２０１９年は０・９２で一層低下している。

2 ２０１２年11月からスタートした景気回復が本当に戦後最長か否かは、内閣府経済社会総合研究所「景気動向指数研究会」の正式な判断を待つ必要がある。

3 ２０２０年度の税制改正では、未婚のひとり親に対する税制上の措置及び寡婦（寡夫）控除の見直しが行われた。この改正により、未婚のひとり親にも、寡婦や寡夫（配偶者と死別や離婚したひとり親）と同様、所得税の軽減措置が適用されることになった。この改正の流れは、２０１３年９月４日の最高裁判決で、婚外子の法定相続分を嫡出子の２分の１とする民法の差別的な規定につき、憲法14条１項（法の下の平等）に違反すると判断したことから始まった。地方税（住民税）については、２０１９年度税制改正で寡婦控除を適用拡大し、未婚のひとり親にも、一定の年収以下の場合は非課税とすることが決まった。そして、国税（所得税）についても、２０２０年度の税制改正で寡婦控除の適用拡大が決まった。

第2章

財政

歴史的水準に到達した日本財政の姿

2019年10月1日、消費税率が10％に引き上げられ、2000年代半ばに始まった「社会保障・税一体改革」が終了した。急激な高齢化が進む中で、膨らみ続ける社会保障財源の確保や財政赤字の縮減を目的として、消費税は1989年4月1日に3％で導入された。消費税導入以前では、いわゆる贅沢品に対して個別に課税する物品税が存在したが、それを廃止し、消費税がスタートした。その後、1997年4月1日に消費税率は3％から5％に引き上げられたが、それから約20年も経って税率が10％に引き上げられた。

これで財政再建が終了すればよいが、今回の増税は止血剤に過ぎない。財政赤字が恒常化する中、現在、国・地方を合わせた政府の総債務残高（対GDP）は200％超にも達しており、我が国の財政状況は、歴史的にも極めて特異な状況にある。というのも、この水準は、太平洋戦争のための国中の資源が総動員された第二次世界大戦の末期である1944年度をも超えるレベルにあるからである。まさに歴史的水準といっても過言ではないだろう（図表2－1）。

しかも、現在の日本財政の現状は、考え方によっては、第二次世界大戦末期よりも深刻であるともいえる。第二次世界大戦末期の債務は、すべて戦争という「過去の原因」に基づくものであり、戦争さえ終われば、後は改善の方向に向かっていく。しかし、現状は、足下ですでに莫大な債務があるのみならず、財政赤字が恒常化しており、今後将来に向かって、高齢化の進展等によるさらなる財政悪化圧力が生じていくのである。

図表2-1　1890年度以降の総政府債務残高のGDP比の推移

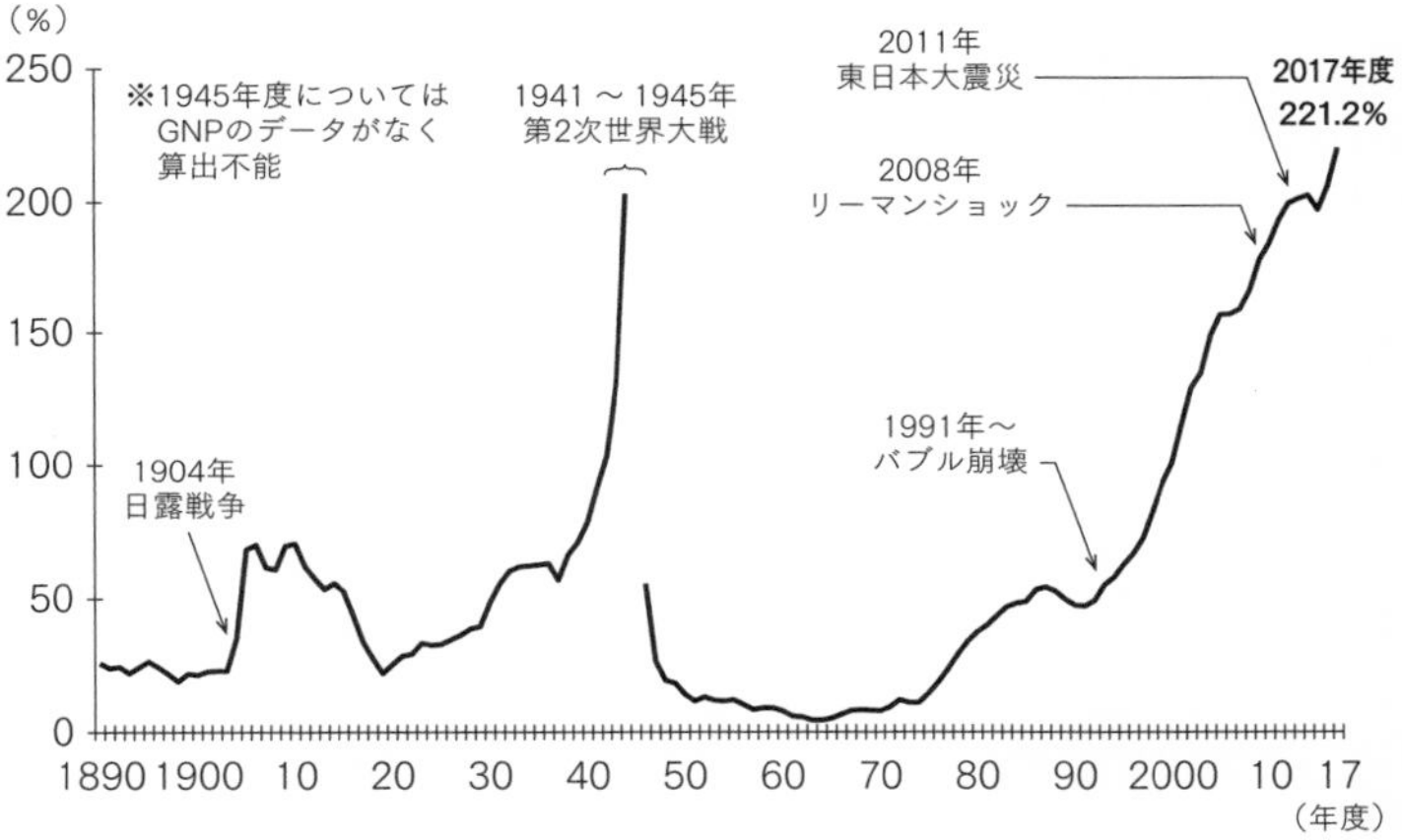

（出所） 財務省

このため、「日本財政は持続可能でなく、やがて破綻する」等といわれることも多いが、実際のところはどうなのか、改めて日本財政の現状を概観してみよう。

2020年度の一般会計予算（当初）は、臨時・特別の措置の約2兆円を含め、約102兆円となっている（**図表2－2**）。その歳入の内訳は、税収の63・5兆円とその他収入の6・5兆円で70兆円である。残りの約32兆円は公債金収入、つまり借金で賄っている。

一方、歳出は、社会保障関係費や文教及び科学振興費など、国の基本的な事業にかかる「一般歳出」が63・5兆円であり、地方自治体に配分される「地方交付税交付金等」が16兆円である。そして、国債の元利払いに相当する国債費が23兆円となっている。

図表2-2　国の一般会計予算（2020年度、当初）

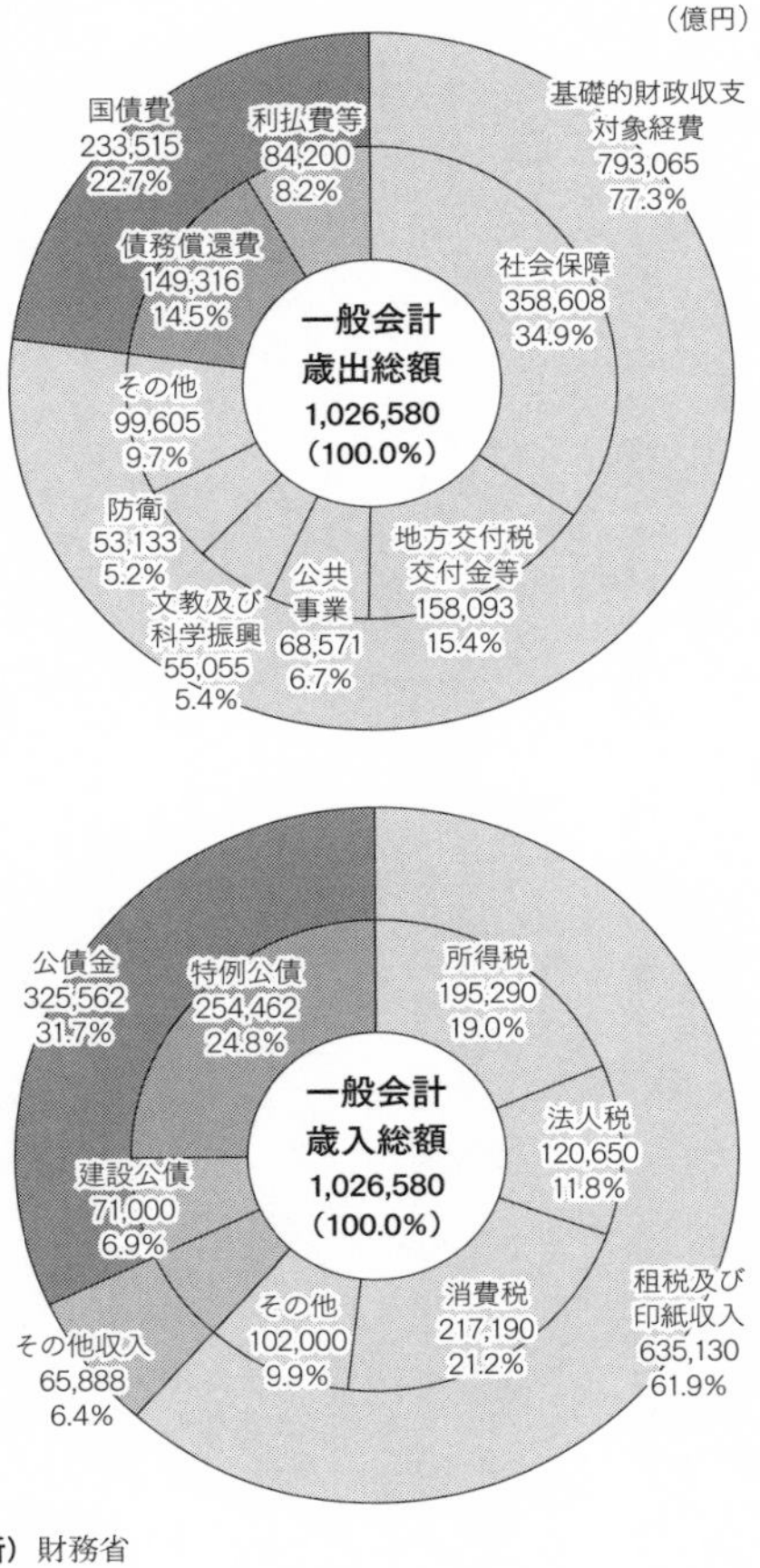

（出所） 財務省

これを家計に喩えてみれば、より実態を把握しやすくなろう。仮に月収（税収＋税外収入）が30万円の家計であるとすると、月々の支出（歳出）が44万円もあり、差額の14万円を毎月借金（公債金収入）で賄っているような状態に相当する。

では支出の内訳は何かといえば、生活費一般（一般歳出）に27万円、田舎への仕送り（地方交付税交付金）に7万円、ローンの元利払いに10万円といった具合になる。
このような家計で借金を重ねていれば、当然ながら累積債務も莫大になる。２０２０年度当初予算での普通国債残高は９０６兆円（２０２０年度当初予算）であるが、これに借入金、政府短期証券などを加えた国の債務残高は、１２５０兆円（２０１９年度末見込み）にも達する。この１２５０兆円という債務を同じく家計に喩えるならば、約６４３０万円のローン残高を背負っているような状態である。月収30万円（年収３６０万円）と考えれば、身の丈に合わないことは明らかである。

では、国の債務残高が累増した主な原因は何か。これは、１９９０年度と２０１７年度における国の一般会計予算（当初）を比較すると分かる（**図表２－３**）。

図表２－３において、歳入のうち、１９９０年度と２０１７年度の税収は概ね58兆円で変化していない。税収以外の収入である「その他収入」についても、１９９０年度の２・６兆円から２０１７年度の５・４兆円に若干（２・８兆円）増加しているが、大きな変化は見られない。また、歳出のうち、１９９０年度と２０１７年度の「公共事業・防衛・文教・科技等」は概ね25兆円、交付税は概ね15兆円で変化は少ない。

しかしながら、１９９０年度から２０１７年度において、社会保障費は11・６兆円から32・５兆円に膨張し、この期間に20・９兆円も増加している。また、この期間において、国の債務残高が累増する中で、国債の元利払いに相当する国債費も14・３兆円から23・５兆円に膨張し、９・

図表2-3　1990年度と2017年度予算の比較（国の一般会計、当初）

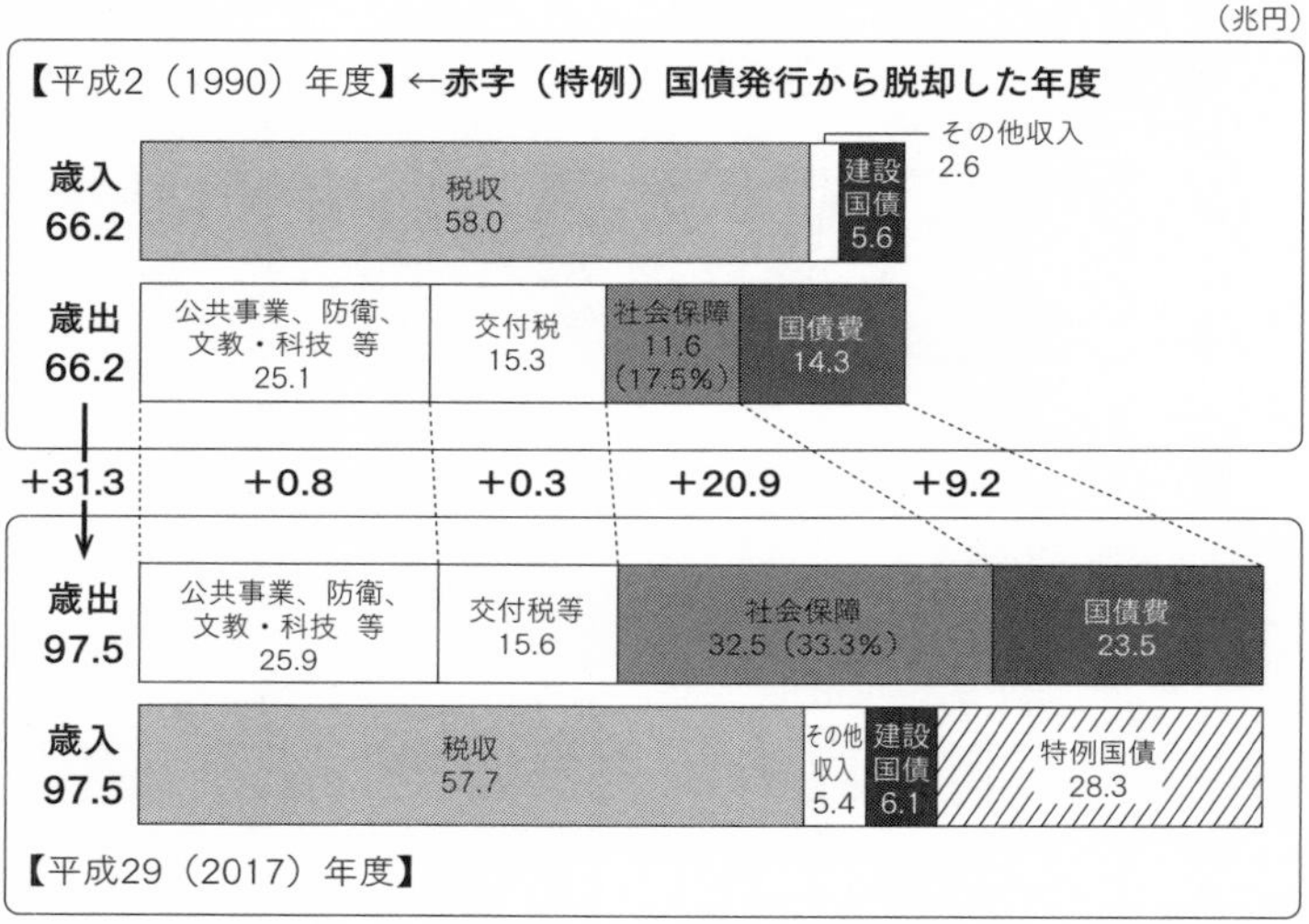

（注）いずれも当初予算ベース。

２兆円も増加している。

この結果、債務残高が累増したわけである。すなわち、歳出と税収等（その他収入を含む）のギャップは公債金収入で穴埋めすることになるが、１９９０年度における歳出66・２兆円と税収等60・６兆円のギャップである「公債金収入」（建設国債の発行）は５・６兆円に過ぎなかった。しかしながら、２０１７年度における歳出97・５兆円と税収等63・１兆円のギャップである「公債金収入」（特例国債と建設国債の発行）は34・４兆円に増加したのであり、この増加の主な原因は社会保障費の増加と国債費の増加である。

なお、一般的な議論では、国の一般

図表2-4　社会保障給付費の推移

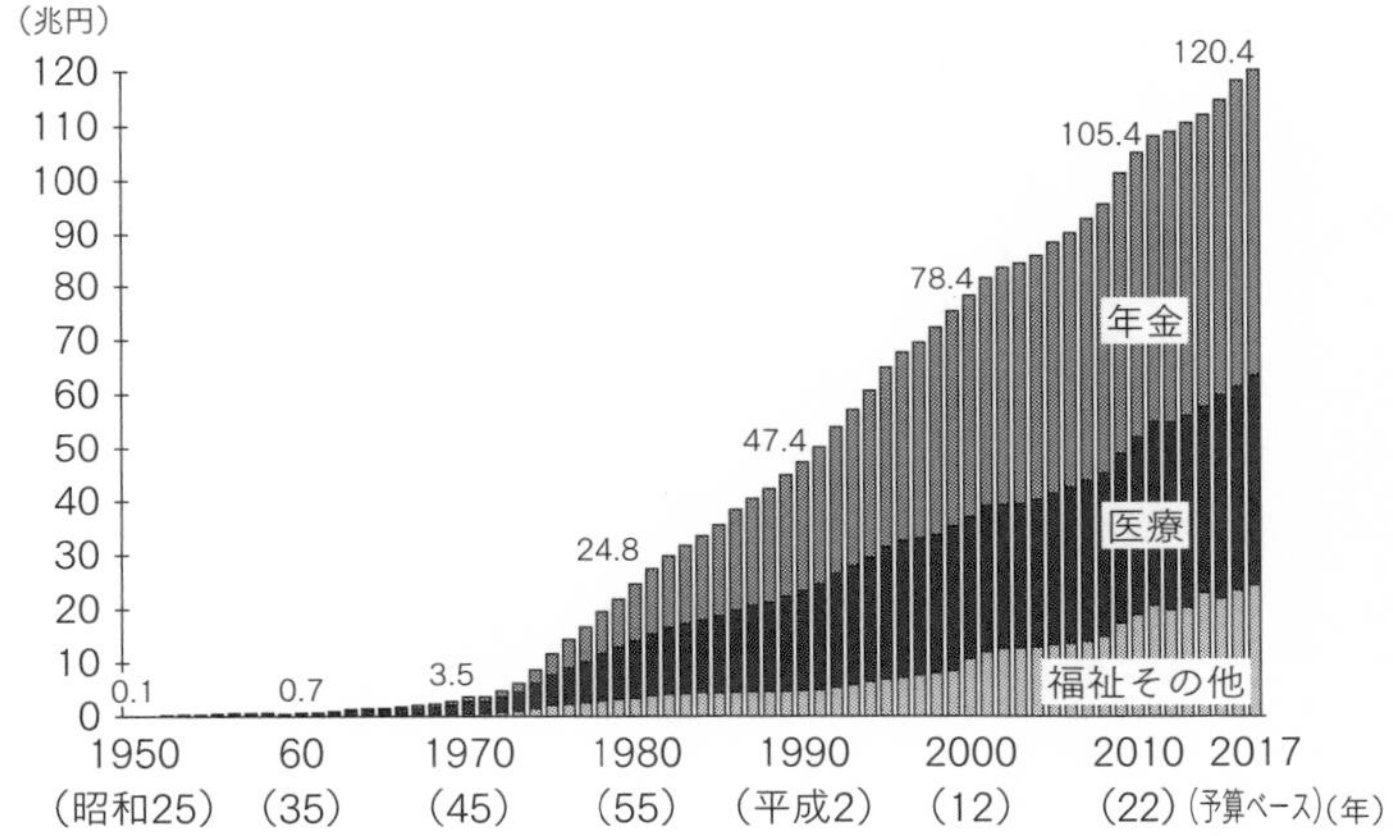

（出所） 国立社会保障・人口問題研究所「平成27年度社会保障費用統計」等から作成。ただし、2016年度、2017年度（予算ベース）は厚生労働省推計

（注） 図中の数値は、1950,1960,1970,1980,1990,2000及び2010並びに2017年度（予算ベース）の社会保障給付費（兆円）

会計予算における社会保障費（正式名称は「社会保障関係費」）の伸びのみに注目が集まるが、**図表２－４**の通り、国や地方等が負担する「社会保障給付費」の伸びの方が重要である。２０１８年度の社会保障給付費は約１２１・３兆円（内：年金56・７兆円、医療39・２兆円、介護10・７兆円）であるが、この財源は保険料収入70・２兆円や国庫負担33・１兆円、地方負担13・８兆円等で賄われている。

国の一般会計予算で注目する社会保障関係費は、基本的に社会保障給付費の国庫負担に相当し、社会保障給付費の一部に過ぎない。しかも、国や地方等が負担する社会保障給付費は、２００６年度から２０１５年度の10年間で約26兆円、つまり年平均で約2・6兆円のペースで増加していた。様々な改革努力で最近は、2010年度（105・4兆円）から2018年度（121・3兆円）の9年間で約1・8兆円まで抑制できているが、消費税率1％の引き上げで手に入る税の増収分は約2・8兆円と言われており、社会保障給付費は一時、消費税率1％の増収分に相当するスピードで伸びていた。

column

軽減税率は世界の潮流でない

政府・与党は、2019年10月の消費税率の引き上げ（8％→10％）と同時に軽減税率を導入したが、軽減税率は世界の潮流でない。

というのは、Ebrill, et al. (2001) "The Modern VAT" という世界の付加価値税（消費税）を国際比較した専門書があるが、この中に興味深い図表がある（p.69の Table 7.2）。これをグラフにしたものが**図表2－5**である。

この図表は、「1989年まで」「1990年－94年まで」「1995年以降」の3期間で付加価値税（消費税）を導入した国々のうち、「単一税率」で導入した国の数（薄いアミの棒グラフ）と、「複数税率」で導入した国の数（濃いアミの棒グラフ）を表している。

図表を見ると一目瞭然であるが、複数税率で導入する国は急激に減少し、1990年以降は単一税率で導入する国が大勢を占めている。つまり、軽減税率を導入する試みは、いまや世界の潮流ではないのである。

図表2-5　単一税率vs複数税率

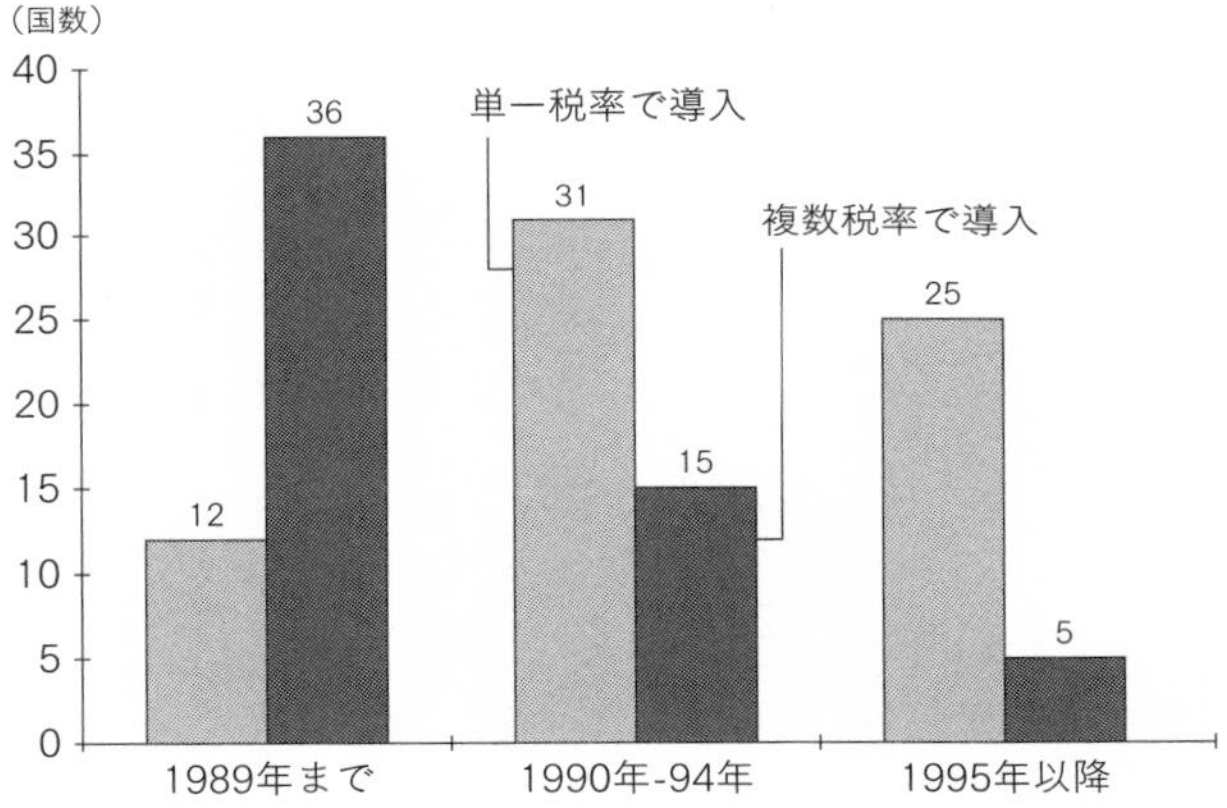

（出所） Ebrill, et al.(2001)“The Modern VAT,” International Monetary Fund.

公共経済学では、最適課税理論で有名な「ラムゼイ・ルール」（個別の財に対する税率はその財に対する需要の価格弾力性に反比例するように決定されるのが望ましい）が存在する。この場合、付加価値税をかけても価格弾力性が低い生活必需品には高税率を適用し、価格弾力性が高い奢侈品には低税率を適用するのが望ましくなる。だが、このような対応は低所得層と高所得層の間の公平性を阻害する可能性があることから、現実には対応不可能である。

このため、低所得者対策として軽減税率の導入が検討課題となるが、生活必需品に軽減税率を導入しても、高所得層もその恩恵を受けてしまい、所得再分配の効果は極めて薄い。また、軽減税率の導入はどの財を軽減するかを巡って政治的な対立や新たな政治的利権を生み出す可能性が高い。さらに、欧州では、軽減税率の線引きを巡って税務当局と事業者との間で訴訟も頻発している。

このような事情から、「マーリーズ・レビュー」（Mirrlees Review）では、単一税率の付加価値税を導入しつつ、低所得者対策は「給付付き税額控除」で対応する方式が最も望ましいと提言している（注：マーリーズ・レビューは、イギリスのノーベル経済学賞受賞者であるジェームズ・マーリーズ卿を座長に世界トップクラスの経済学者チームによって作成された税制改革指針をいう）。給付付き税額控除の実施には、各個人の所得などを正確に把握する必要があるが、日本では2016年1月からマイナンバー制度の利用が始まっており、この対策も既に可能となりつつある。

膨張する社会保障給付費と今後の増税幅

すなわち、財政再建の本丸は社会保障改革といっても過言ではないが、社会保障費は今後どう推移するのか。政府は2018年5月21日の経済財政諮問会議において、中長期的な観点で社会保障改革に関する「国民的」議論を行うための「土台」として、「2040年を見据えた社会保障の将来見通し」（以下「給付と負担の見通し」という）を公表した（**図表2－6**）。

この試算は、年金・医療・介護といった社会保障の「給付と負担の見通し」等を示すもので、2018年度から2040年度における社会保障給付費（対GDP）等の推計を行っており、約6年前の厚生労働省「社会保障に係る費用の将来推計の改定について」（平成24年3月）の改定版に相当するものである。前回の試算は2012年度から2025年度であったが、今回は2040年度まで拡張している。

図表2-6　社会保障給付費の将来予測（ベースライン・ケース）

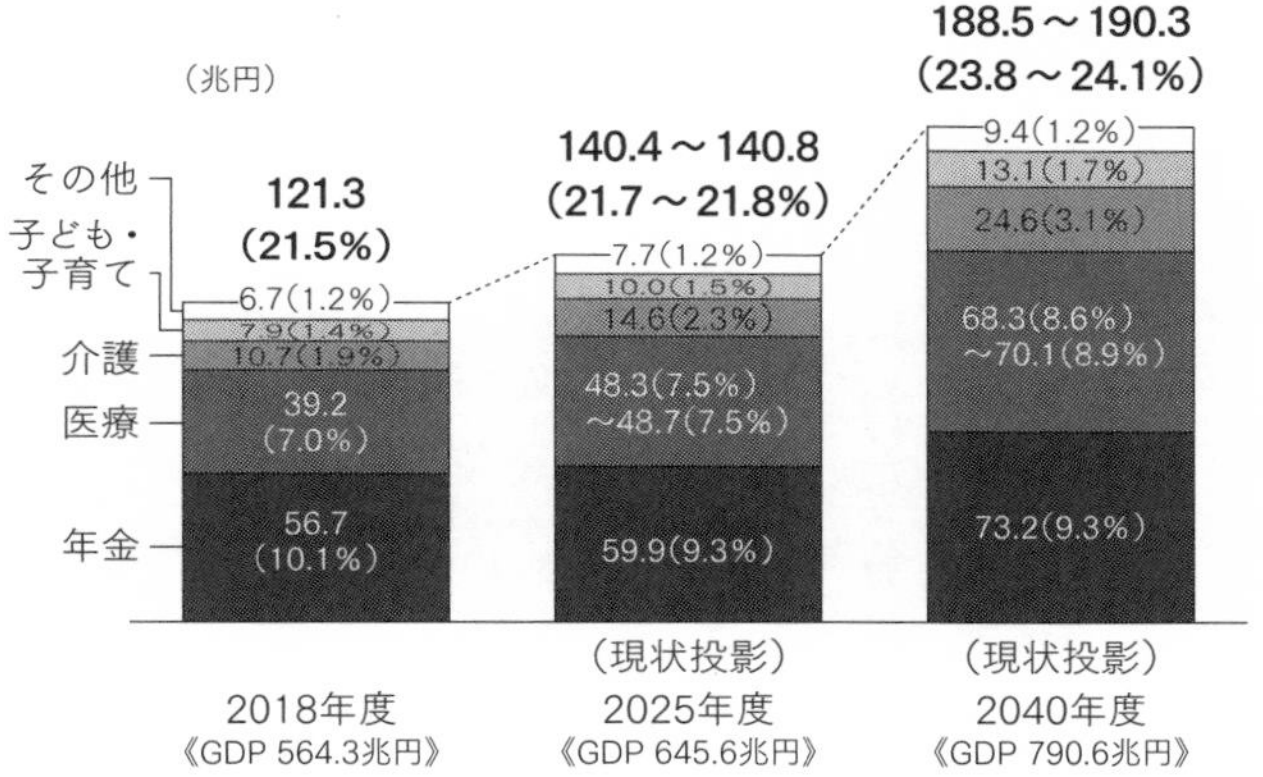

（出所） 内閣府等（2018）「2040年を見据えた社会保障の将来見通し」から抜粋

では、今回の試算が意味するものは何か。一言でいうならば、非常に厳しい社会保障の姿を示す。まず、本章では、その説明を行う前に、推計の前提を簡単に確認しておこう。推計に利用した人口は、国立社会保障・人口問題研究所の「日本の将来推計人口（２０１７年推計）」（出生中位〈死亡中位〉推計）である。また、名目ＧＤＰ成長率や物価上昇率としては、２０２７年度までは内閣府「中長期の経済財政に関する試算」（２０１８年１月版）、２０２８年度以降は公的年金の「２０１４年 財政検証」に基づいた前提値などを利用している。

例えば、成長実現ケースでは、２０２７年度の名目ＧＤＰ成長率は３・５％、２０２８年度以降は１・６％としており、ベースラインケースでは、２０２７年度の名目ＧＤＰ成長率は１・７％、２０２８年度以降は１・３％としている。

しかしながら、1995年度から2018年度の約20年間において、名目GDP成長率の平均は0・39%しかない。成長率が予想を上回る場合は問題ないが、名目GDP成長率が今後その3倍以上に上昇するという前提で改革を検討するリスクは本当にないか。

以上の前提の下、ベースラインケースでも、2018年度に対GDP比で21・5%であった社会保障給付費（年金・医療・介護等）は、2040年度に約24%に増加するというのが今回の試算のポイントである。すなわち、社会保障給付費（対GDP）は約20年間で2・5%ポイント上昇する。[1] 現在（2018年度）のGDPは約560兆円であるため、いまの感覚でいうと、この社会保障給付費の増加は約14兆円（＝560兆円×2・5%）に相当する。

消費税率1%の引き上げ（軽減税率の影響を除く）で概ね2・8兆円の税収が得られるから、仮に消費増税でこの増加に対応するには、消費税率を約5%も引き上げることを意味する。それに加えて、財政赤字（約20兆円）の縮小も考慮すると、2040年度において、消費税率は10%から22%にまで引き上げる必要があることになる。

なお、財務省の「我が国の財政に関する長期推計（改訂版）」（平成30年4月6日）も参考となる。この推計は、2014年4月における財務省の財政制度等審議会財政制度分科会において、起草検討委員の提出という形で初めて公表されたものであり、2015年10月と2018年4月に長期推計の改訂版を公表している。この2018年4月版によると、医療・介護費（対GDP）は、2020年度頃に約9%であったものが、2060年度頃には約14%に上昇する

図表2-7　「年齢関係支出」（例：年金、医療、介護）の長期推計

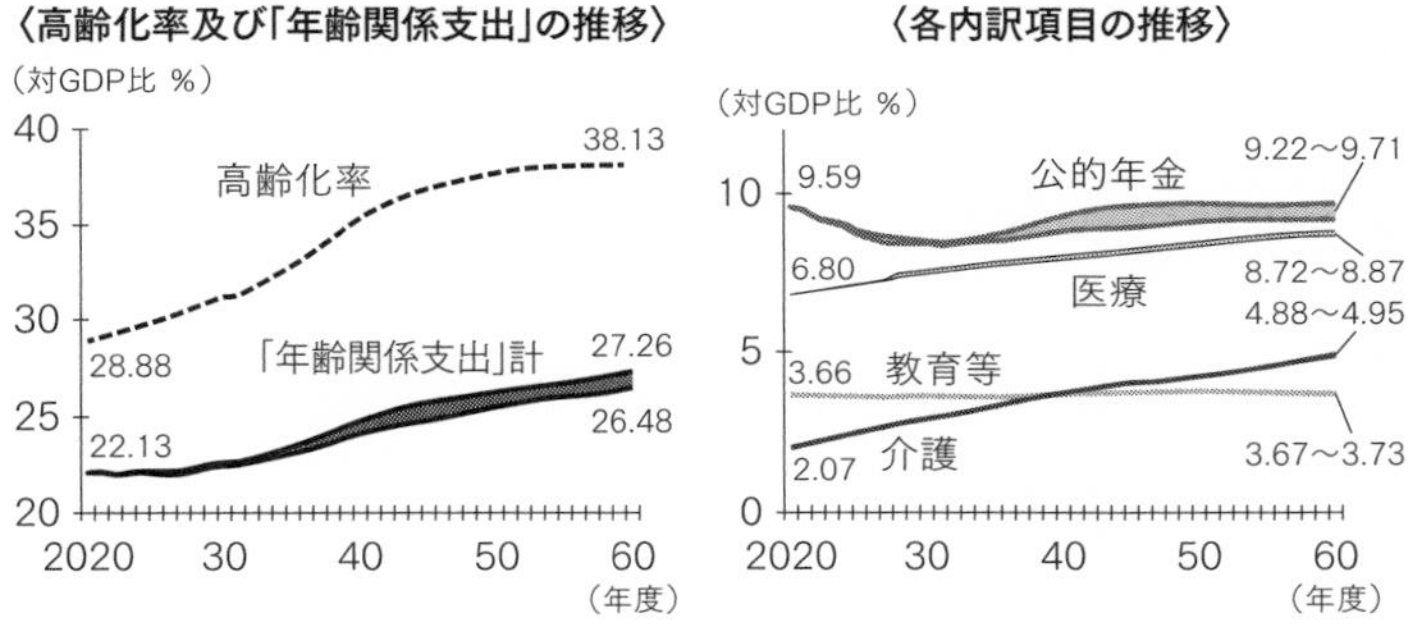

（注） 財務省（2018）「我が国の財政に関する長期推計（改訂版）」（平成30年4月6日）

（図表2－7）。40年間で医療・介護合計では約5％ポイントの上昇で、2020年度から2040年度までの20年間では約2・5％の上昇のため、内閣府等の今回の試算と整合的なものとなっている。仮に財務省の長期推計が妥当であれば、社会保障給付費（対GDP）は2040年度から60年度までに、さらに2・5％ポイントも上昇することを意味する。

これは、消費税率をさらに約5％も引き上げる必要があることを示唆する。債務の利払い費が増すリスクもあるので、社会保障の抜本改革を行わない限り、財政安定化のためには、最終的に消費税率を最低でも30％程度に引き上げる必要性が高いことを意味する。具体的な改革案は第8章で提案するが、OECDも2019年4月中旬に公表した対日経済審査報告書において、日本経済の人口減少に警鐘を鳴らし、財政安定化のためには消費税率を最大26％に引き上げる必要性を強調しており、消費税率30％という数値はその内容とも概ね一致する。

column

増税判断と解散権

議院内閣制を採用するイギリスでは、日本と同様、伝統的に首相が下院の解散権を有していたが、1990年代以降に議会の任期を固定するべきという論調が強まり、2011年の議会任期固定法を成立させ、その解散権を封印した。この法案により、自主解散（下院の定数の3分の2以上の賛成による特別多数決が必要）や政権に対する不信任決議案が下院で可決された場合または新政権に対する信任決議案が可決されなかった場合を除き、下院の総選挙は基本的に5年ごとの所定の日に行われる。

改正の背景には、政権与党が有利な時期に解散するという戦略が、選挙の実施体制の公平性に反し、野党が一方的に不利な立場に置かれることに対する是非が問われ始めたことが関係する。

では、日本ではどうか。周知のとおり、日本国憲法では、69条解散と7条解散が存在する。このうち、憲法69条では「内閣は、衆議院で不信任の決議案を可決し、又は信任の決議案を否決したときは、十日以内に衆議院が解散されない限り、総辞職をしなければならない」とし、内閣不信任案の可決（あるいは信任案の否決）での解散を規定している。この解散に学説上の異論はないが、問題となるのは7条解散の妥当性である。

憲法7条では「天皇は、内閣の助言と承認により、国民のために、左の国事に関する行為を行う」とし、3号で「衆議院を解散すること」と記載しているが、これは天皇の国事行為を定めたもので、天皇は政治的権能を有しない（憲法4条）ため、この条文を根拠に解散することは違憲ではないかという指摘も多い。実際、憲法草案に携わったＧＨＱは「解散は69条のみに限定される」との解釈を示していた。

しかしながら、いわゆる「苫米地事件」に対する最高裁判決（１９６０年6月8日）では「衆議院の解散は、極めて政治性の高い国家統治の基本に関する行為であって、かくのごとき行為について、その法律上の有効無効を審査することは司法裁判所の権限の外にありと解すべきことは（略）あきらかである」とし、違法性に関する憲法判断を回避している。

その結果、現在のところ、憲法7条で内閣に実質的な解散決定権が存在するという慣行が成立している。7条解散を合憲とする立場では、「天皇の行う解散は、内閣の助言と承認によりなされるものであって、天皇は形式的儀礼的にこれを行うのであるから、解散権は内閣にあり、事実上、内閣の長である内閣総理大臣が解散権を握っている」との解釈を採用する。

現行憲法下で衆議院の解散は計24回（２０１９年4月時点）であるが、そのうち4回のみが69条解散（内閣不信任案の可決での解散）であり、残りの20回は7条解散である。最近の事例では、消費税率10％引き上げの延期やその財源の使途変更に対する信を問うため、安倍晋三首相は２０１４年11月と２０１７年9月に7条解散に踏み切ったが、このような形での解散権の行使を疑問視する声もある。

ドイツでは、ワイマール憲法下での大統領緊急命令権と議会解散権を利用してヒトラーが独裁体制を握ったことから、内閣による解散は厳しく制約している。解散権論争を含む憲法7条の問題は、「そもそも憲法の条文の不備に由来するもの」（芦部信喜著『憲法』岩波書店）との指摘もあり、日本においても、イギリスの議会任期固定法やドイツ等の諸外国の仕組みも参考に、7条解散のあり方（解散権の封印を含む）について検討を深める時期にきているのではないか。

内閣府の中長期試算とドーマー命題が示すもの

では、現行制度の延長線で、中長期的な日本財政の姿はどうなるだろうか。2019年10月に消費税率が10％に引き上がったが、日本財政の現状は厳しい。この現実は、我が国の財政に関する2つの試算から読み取れる。一つは、内閣府の「中長期の経済財政に関する試算」（以下「中長期試算」という）であり、もう一つは、財務省の「我が国の財政に関する長期推計」（以下「長期推計」という）である。

このうち、内閣府の中長期試算は毎年2回公表する。例年夏（7－8月）と冬（1－2月）の2回である。2020年1月17日に公表した中長期試算では、「成長実現ケース」では2023年度以降の実質GDP成長率を2％程度、「ベースラインケース」では2022年度以降の実質GDP成長率を1％程度と見込んでいる。

この経済前提の下で、2019年10月の消費増税の影響も試算に織り込み、2029年度までの財政の姿を予測したものが**図表2－8**である。この試算によると、国と地方を合わせた基礎的財政収支（PB）の対GDP比は2019年度で2・7％の赤字であるが、2029年度において、成長実現ケースでは0・5％に黒字化し、ベースラインケースでも1・3％まで赤字が縮小する予測となっている。また、国・地方の公債等残高（対GDP）は2019年度で192・4％であるが、2029年度において、成長実現ケースでは157・8％、ベースラインケースでも190％まで縮小する予測となっている。

図表2-8　内閣府「中長期試算」での財政の予測

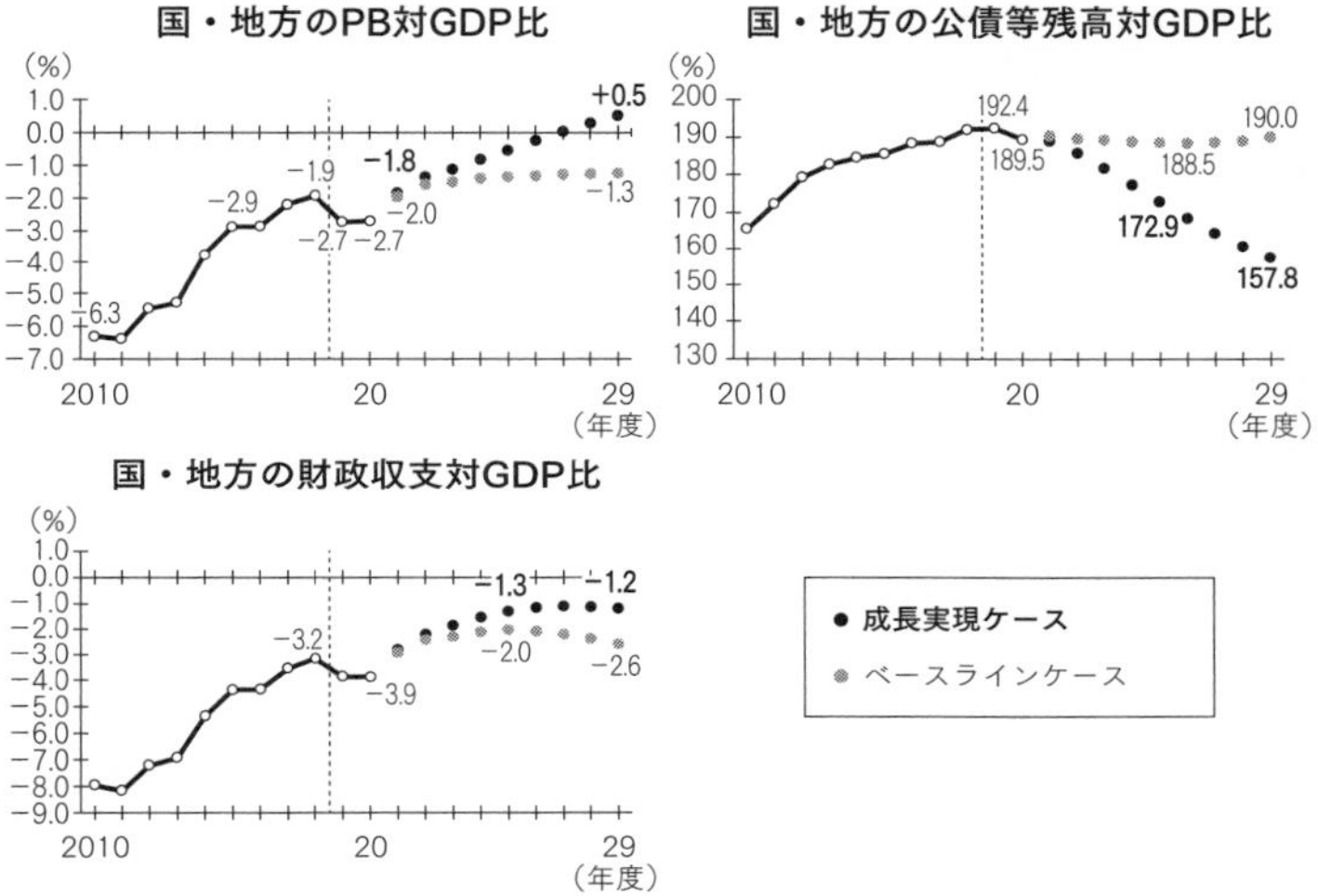

(出所) 内閣府「中長期の経済財政に関する試算」(2020年1月17日)

内閣府の中長期試算が妥当ならば、財政問題は解決に向かっている可能性が高いが、何らかの死角はないだろうか。この関係で重要なのは、中長期試算では示していない２０２８年度以降の財政の姿である。記事の重要性にもかかわらず、あまり注目されなかったが、２０１７年４月１日、「ニューズウィーク」日本版に『債務ＧＤＰ比23年度以降に反転上昇も、自民が内閣府試算を検証』という記事が掲載されている。

この記事は２０２０年１月版の中長期試算に対するものではないが、現在でも内容の本質は変わっておらず、記事には次のような記述がある（傍線は筆者）。

「内閣府が今年2月にまとめた経済財政の中長期試算について、自民党の財政再建に関する特命委員会が2日の会合で、独自の検証、分析結果を提示することが1日、わかった。経済成長とともに国内総生産（GDP）に対する国・地方の債務残高の比率は低下するが、2023年度には底を打ち、反転上昇するとの試算を示す。試算は、自民党の河野太郎・行政改革推進本部長が内閣府の中長期試算を独自に検証し、導き出した。内閣府の中長期試算では、高成長が続けば債務残高対GDP比が15年度の195・1％から20年度に186・0％となり、23年度までは右肩下がりの改善を続ける姿となっている。これに対し、河野氏の検証では、日銀が量的・質的金融緩和政策からの出口戦略を採り、すでに発行した利付国債も含む加重平均金利の上昇は避けられないと判断。23年度以降は悪化に転じると結論付ける。複数の政府、与党筋が明らかにした」

この記事が意味することとは、国・地方の公債等残高（対GDP）が一時的に縮小してもそれが反転し、中長期的には公債等残高（対GDP）が上昇していくという現実である。

なお、この現実は、経済学の「ドーマー命題」を利用しても簡単に確認できる。ドーマーの命題とは、「名目GDP成長率が一定の経済で財政赤字を出し続けても、財政赤字（対GDP）を一定に保てば、債務残高（対GDP）は一定値に収束する」というものである。

ドーマー命題の詳細は81ページのコラムをご覧頂きたいが、財政赤字（対GDP）をq、名目GDP成長率をnとすると、「債務残高（対GDP）の収束値＝q／n」という関係式が成り立つ。例えば、財政赤字（対GDP）が3％（q＝0・03）で、名目GDP成長率が5％（n＝0・05）のとき、債務残高（対GDP）の収束値は60％（q／n＝0・6）となる。

では、内閣府の中長期試算における名目GDP成長率や財政赤字の見通しはどうか。

まず、高成長を前提とする「成長実現ケース」の名目GDP成長率は2023年度以降で3・2％程度を見込むが、バブル崩壊後から11年度までの平均成長率はマイナス0・1％であり、1995年度から2019年度における名目GDP成長率の平均は0・44％しかない。このため、成長実現ケースの名目GDP成長率の前提は現実的でない（**図表2－9**）。

他方、慎重な成長率を前提とする「ベースラインケース」では、2021年度以降、名目GDP成長率の平均は1・1％程度を見込む。1・1％という成長率は、1995年度から2019年度の平均成長率（0・44％）の約2・5倍であり、このような前提でも、2029年度の財政赤字（対GDP）は2・6％までしか縮小しない。

すなわち、ドーマー命題で、財政赤字（対GDP）の見通しをベースラインケースの2・6％、名目GDP成長率の平均的な見通しを0・44％とすると、債務残高（対GDP）の収束値は約590％（＝2・6％÷0・44％）にも達してしまう。

なお、名目GDP成長率を1％に嵩上げできても、**図表2－9**より、成長実現ケースでもベー

図表2-9　名目GDP成長率の推移と試算の前提

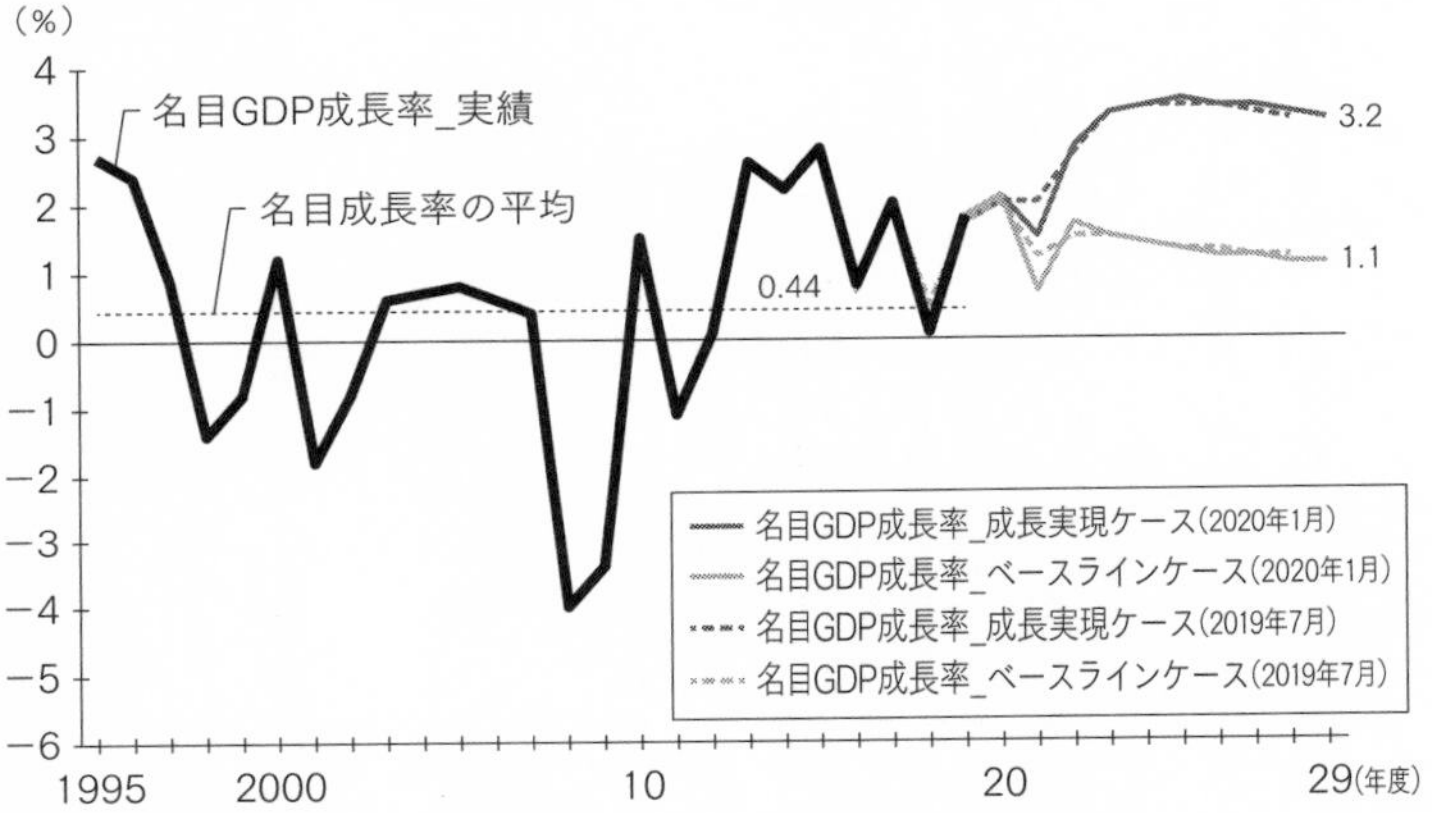

（出所） 内閣府SNAデータ及び「中長期の経済財政に関する試算」から作成

スラインケースでも、２０２９年度以降、財政収支（対ＧＤＰ）の赤字幅は拡大していくことが読み取れるはずである。すなわち、長期的な財政赤字（対ＧＤＰ）は２・６％よりも大きくなる可能性が高い。このため、仮に名目ＧＤＰ成長率の見通しが１％で、財政赤字（対ＧＤＰ）の見通しが３％であるならば、ドーマー命題による同様の計算で、債務残高（対ＧＤＰ）の収束値は約３００％（＝３％÷１％）になる。

以上は厳しい現実であるが、財政再建を果たすためには、財政赤字（対ＧＤＰ）を一定水準まで抑制する必要があり、社会保障改革を含め、歳出削減や追加の増税が不可避であるということを意味する。なお、政府は国と地方の基礎的財政収支（ＰＢ）の黒字化を２０２５年度に実現するという目標を掲げているが、２０１９年度と比較して、２０２０年度の国のＰＢ赤字は拡大している。

というのは、国の一般会計予算（当初）において、税収等は２０１９年度が68兆７９６６億円、２０２０年度が70兆１０１８億円であり、臨時・特別の措置を含む政策経費は２０１９年度が77兆９４８９億円、２０２０年度が79兆３０６５億円になっている。このため、２０１９年度の国のＰＢ赤字は９兆１５２３億円、２０２０年度は９兆２０４７億円であり、国のＰＢ赤字は５００億円くらい拡大している。２０１９年に消費税率を引き上げたものの、「臨時・特別の措置」を除いた１００兆円超えは初めてで、増税しても歳出が膨張しては財政赤字の縮小幅が低下し、財政再建が遠のくだけであろう。

column

内閣府の成長率予測、的中率は28%しかない

内閣府が推計する名目GDP成長率の予測は、中長期の財政再建計画を含め、さまざまな政策決定に利用される。このため、非常に重要な推計であるが、その予測の的中確率はどうか。

図表2－10は、内閣府の「国民経済計算（SNA）」や「経済見通しと経済財政運営の基本的態度」等から、内閣府が予測した名目GDP成長率とその実績を比較したものである。この図表では、1998年度から2018年度までの21回分の予測と実績を掲載しているが、この21回のうち、実績が予測を上回っているのは6回（2000年度、2002年度、2003年度、2004年度、2010年度、2015年度）のみで、残りの15回は実績が予測を下回っている。すなわち、内閣府の成長率予測の的中確率は28%（＝6回÷21回）しかないことがわかる。

しかも、1998年度から2018年度における成長率予測（名目GDP）の平均は1・6%であるが、1998年度から2018年度の実績の平均は0・16%しかなく、予測は実績の10倍もの値となっている。

繰り返しになるが、内閣府の成長率予測の的中確率は28%しかない。予測と実績の乖離に関する検証や改善方法を検討する必要があることはいうまでもないが、楽観的な成長率の前提に依存することなく、慎重かつ適切な財政再建計画の検討を期待したい。

図表2-10　名目GDP成長率の予測と実績

（％）

（年度）	予測（政府経済見通し）	実績	結果
1998	2.4	－1.4	×
99	0.5	－0.8	×
2000	0.8	1.2	○
01	1	－1.8	×
02	－0.9	－0.8	○
03	－0.2	0.6	○
04	0.5	0.7	○
05	1.3	0.8	×
06	2	0.6	×
07	2.2	0.4	×
08	2.1	－4	×
09	0.1	－3.4	×
10	0.4	1.5	○
11	1	－1.1	×
12	2	0.1	×
13	2.7	2.6	×
14	3.3	2.2	×
15	2.7	2.8	○
16	3.1	0.7	×
17	2.5	2	×
18	2.5	0.5	×
平均の成長率	1.6	0.16	的中確率28％

（出所） 内閣府SNA及び「経済見通しと経済財政運営の基本的態度」等から作成

そして、名目GDP成長率nがプラスの値のとき、簡単な計算により、公的債務残高（対GDP）の収束値は初期時点の公的債務残高（対GDP）には依存せず、以下の値となる。

公的債務残高(対GDP)の収束値＝q /n ……………………………… ⑶式

⑶式において、財政赤字（対GDP）が3%（q＝0.03）かつ、名目GDP成長率が5%（n＝0.05）のとき、公的債務残高（対GDP）の収束値は60%（q /n＝0.6）となることから、上述の＃が確認できる。

また、ドーマーの命題やその導出の過程は、経済学的に様々な示唆を与えてくれる。例えば、名目GDP成長率の符号の重要性である。数学が得意な読者なら既に気づいていようが、⑵式で名目GDP成長率がマイナスの場合、公的債務残高（対GDP）は雪ダルマ式に膨張し、その極限は発散する。

少子高齢化で急速に労働人口が減少する中、各機関における最近の試算では、2020年～40年代で、日本の実質GDP成長率はマイナスに陥る可能性があるという試算が出てきている。

「名目GDP成長率＝実質GDP成長率＋インフレ率」であるから、もし実質GDP成長率がマイナスに陥っても、それを上回るインフレ率を実現できれば、名目GDP成長率をプラスに維持できる。

しかし、インフレ率を思い通りに制御するのは容易でない。過度に悲観する必要はないが、もし名目GDP成長率がマイナスに陥る場合には財政赤字は許容されず、公的債務残高（対GDP）を一定に維持するためには、対GDP比で「－n×d」の財政黒字を生み出す必要がある。

column

ドーマー命題

単一通貨ユーロの参加に必要な収斂条件は、マーストリヒト条約に定められ、以下の4つの条件が存在する。

① 物価安定：直近1年間のインフレ率が加盟国中最も低い3カ国の平均値を1・5%ポイント以上上回っていないこと

② 財政安定：原則として、財政赤字（対GDP）が3%以下で、公的債務残高（対GDP）が60%以下であること

③ 金利安定：名目長期金利が、加盟国中最もインフレ率が低い3カ国の平均値を2%ポイント以上上回っていないこと

④ 為替安定：加入前の2年間、通貨切下げを実施せず、直近1年間で通貨が欧州為替相場メカニズム（ERM）の許容変動幅内にあること

この4条件のうち、2番目の「財政赤字（対GDP）が3%以下」という条件は、名目GDP成長率が5%以上の場合、「政府債務残高（対GDP）が60%以下」という条件と整合的（#）である。これは、「ドーマーの命題」から直ちに分かる。

ドーマーの命題とは、「名目GDP成長率が一定の経済で、財政赤字を出し続けても、財政赤字（対GDP）を一定に保てば、公的債務残高（対GDP）は一定値に収束する」というもので、次の債務の動学式から導出することができる。

$$d(t+1)-d(t)=-s(t)+(r-n)\times d(t) \quad \cdots\cdots (1)\text{式}$$

ここで、d(t) はt期の公的債務残高（対GDP）、s(t) はt期の基礎的財政収支（対GDP）、rは長期金利、nは名目GDP成長率である。財政赤字（対GDP）は「$-s+r\times d(t)$」であるから、一定に維持する財政赤字（対GDP）をqとすると、(1)式は以下に変形できる。

$$d(t+1)=q+(1-n)\times d(t) \quad \cdots\cdots (2)\text{式}$$

財務省の長期推計

内閣府の中長期試算は２０２９年度までの予測であるが、より長期的な視点で財政の持続可能性を判断するためには、財務省が公表する「我が国の財政に関する長期推計」が参考となる。

この推計は既述のとおり、２０１５年10月と２０１８年４月に長期推計の改訂版を公表しているが、高齢化による社会保障費等（年齢関係支出）の増加が将来の財政に与える影響を分析するため、２０６０年度までの財政の姿を予測し、財政安定化に必要な基礎的財政収支（プライマリーバランス＝ＰＢ）の改善幅を試算している。

具体的には、欧州委員会の分析方法に倣い、２０６０年度以降に債務残高対ＧＤＰ比を安定させるために必要なＰＢの恒久的な改善をある年度において１回で行うと仮定したときのＰＢ改善幅を試算している（**図表２－11**）。

直近の長期推計（２０１８年４月版）では、次の２つのケースを試算している。

ケースＡ：現行制度を前提として２０２０年度時点で必要なＰＢ改善幅を国・地方ベースで試算

ケースＢ：２０２０年度までに国・地方のＰＢが均衡すると仮定し、そこからさらにその時点で必要なＰＢ改善幅を国・地方ベースで試算。その上で、国・地方ＰＢの均衡年度を２０２７年度まで１年ずつ後ろ倒し、必要なＰＢ改善幅を試算することにより、ＰＢが均衡する時期の遅れによるコストを分析

このうち、「ケースＡ」では、２０２０年度時点で必要なＰＢ改善幅（対ＧＤＰ比）は６・２

図表2-11　ケースAの試算結果

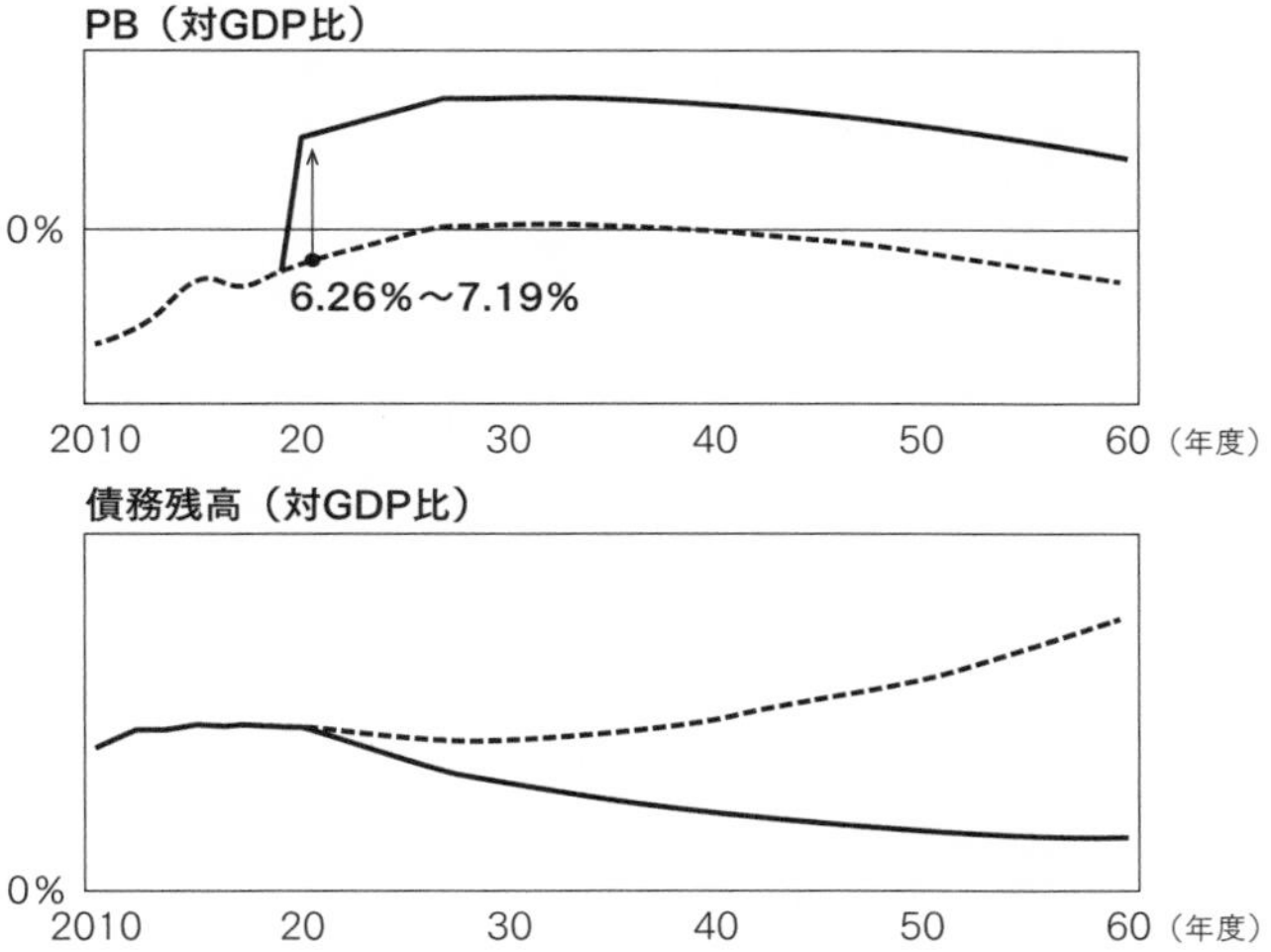

（出所） 財務省（2018）「我が国の財政に関する長期推計（改訂版）」から抜粋

６％～７・１９％であることを明らかにしている。また、２０２０年度のＰＢ均衡を仮定する「ケースＢ」では、長期的な債務残高（対ＧＤＰ）の安定に必要なＰＢ改善幅は３・９３％～４・７８％と推計しており、ＰＢ改善を１年間遅らせると、その分だけ債務残高が増加し、その後に（毎年度）発生する追加的コスト（対ＧＤＰ）は平均０・１６％（約１・０～１・２兆円）であることを明らかにしている。

なお、２０１８年４月版の長期推計では、国・地方に社会保障基金を加えた「一般政府」ベースで、ドイツやフランス等の欧州主要国との比較も行っている。この比較によると、ドイツの要ＰＢ改善幅は１・２％、フランスは１・

1％、スペインは1・2％、イタリアは0・6％、スウェーデンは0・5％、イギリスは2・1％となっている。欧州委員会では、要PB改善幅が6％以上の国を「高リスク」に分類しているが、我が国の要PB改善幅（対GDP）は8％〜9・1％で、債務残高（対GDP）を2060年度以降に安定させるために必要なPB改善幅が欧州主要国と比較して突出している現状も示している。

自己実現的期待と国債利回り

ところで、身の丈に合わない財政運営を続けていけば、将来において財政危機に陥る可能性も否定できないが、現在のところ、日本財政にそのような兆候はない。しかし、海外の事例でも明らかな通り、2010年以前にギリシャが財政危機に陥ると予測していた者は、はたしてどれほどいるだろうか。経済のグローバル化やIT技術の進展に伴って、国際的金融取引ネットワークは複雑化するとともに、その取引のスピードは従来とは比較にならないほど速くなり、将来予測はますます難しくなっている。

そのような状況の中で、アメリカでは2007年、「サブプライムローン問題」が発生した。アメリカの低所得者向けの住宅ローン債権のリスクを世界中に分散するという金融工学の発展が、アメリカの不動産バブルを加速させた。さらに、住宅価格の下落が住宅ローンの焦げ付きリスクを高め、この問題をさらに深刻にした。その影響は、アメリカ、欧州の大手金融機関に及んだ。2008年には、米大手証券会社リーマン・ブラザーズが倒産し、2010年には、財政破綻とは無縁と考えられていた欧州のギリシャが財政危機に陥った。その後、ポルトガル、アイルランド、スペイン、イタリアと財政危機の連鎖が続き、欧州は政府債務危機の影響をいまだに乗り越えられないでいる。

こうした一連の危機は、市場の変化の激しさを再認識させるものである。2007年以前は金融市場も安定し、誰もサブプライムローン問題、米大手証券会社の破綻、ユーロ圏諸国の財政危機の発生を予見できなかった。しかし、一旦危機が発生すれば、直ちに危機を脱することは困難となり、長期にわたって多大なコストを払うことが必要となる。

市場のこのような急激な変化は、市場における「自己実現的期待」(self-fulfilling expectation)と関係している。実現可能な均衡がいくつか存在するとき、どの均衡が実現するかは人々が将来をどのように予想するかによって左右される。日本で1985年頃に発生し、1990年をピークに崩壊した、かつての土地・株のバブルも、自己実現的期待が大きく影響している。

国債市場における自己実現的期待と国債償還額との関係を考えると、日本が抱える本当の財政リスクが浮き彫りになる。確かに、財政破綻リスクが高いにもかかわらず、国債は市場で順調に消化され、長期金利は低い水準にとどまっている。市場は、「消費増税を含む一体改革法案が成立したから、財政の持続可能性は最終的には保証される」と考え、政府の財政運営を信認しているのかもしれない。多くの投資家は「当面、国債暴落は発生しない」という期待を抱き、それが自己実現的に長期金利を低い値に留まらせるという「均衡」をもたらしているとも考えられる。しかし、こうした期待はどこまで安定的だろうか。

これまで政府債務残高が増加しても利払い費があまり増加してこなかったのは、過去の高金利で発行した国債を低金利で借り換えられるという、「金利低下ボーナス」が存在したためである。しかし、金利はこれ以上低下できない。金利低下ボーナスは終了しており、これから利払い費は確実に増加していく。

したがって、消費税率が10％超に引き上げられたとしても、何らかの要因で国債市場における投資家の期待が突然変化する可能性もある。以下では、国債市場における投資家の期待が変化した場合、投資家が国債を購入しなくなる条件を考えてみる。ただし、議論を簡略化するため、国債はすべて1年物と想定する。このとき、政府の予算制約式は、

時点tにおける国債発行額
＝－基礎的財政収支＋（1＋国債利回り）×時点$t-1$における国債残高　(1)

と表現できる。右辺第2項は、時点tにおける国債償還額を示している（国債はすべて1年債であることに注意）。第1項の基礎的財政収支は、税収と歳出（利払い費を除く）の差額であり、

この値がプラスであれば国債の償還に充てられる。

いま、この(1)式を念頭に置いて、投資家が時点tにおいて「次期（時点t＋1）になると、国債は購入されなくなる」と予想していると想定しよう。このとき、時点tにおいて投資家が予測する、時点t＋1の政府の予算制約式は、

時点t＋1の国債発行
＝0＝－基礎的財政収支＋（1＋国債利回り）×時点tの国債残高　(2)

で与えられる。この式での重要なポイントは、時点t＋1において、投資家が国債を購入しないために政府は国債を発行できず、左辺がゼロになっていることである。政府は国債を償還する必要があるが、その分は国債発行ではなく、基礎的財政収支を黒字にして調達する必要がある。そこで、(2)式を満たす基礎的財政収支を、「財政調整後の基礎的財政収支」（primary balance after fiscal consolidation）と呼ぶことにする。

したがって、(2)式から、国債利回りは、

国債利回り＝財政調整後の基礎的財政収支÷時点tの国債残高－1　(3)

として計算される。こうして得られる国債利回りが市場収益率より低い場合、時点tにおける投資家は国債を購入しない。その極端なケースが、国債利回り、つまり(3)式の値がマイナスの場合である。市場利子率はプラスだから、投資家は確実に国債を購入しない。現在、市場利子率はゼロにかなり近いので、国債利回りが計算上だけでもマイナスになるかどうかは現実的な意味をもつ。

国債利回りがマイナスとなる条件は、(3)式より、

財政調整後の基礎的財政収支 ∧ 時点tの国債残高　(4)

と表現できる。ここで、財政調整後の基礎的財政収支の意味を改めて考えてみよう。増税を伴う税制改正は国会の議決が必要だから、財政危機にすぐには対応できない。したがって、最も容易な方法は、国債償還以外の歳出をすべて凍結し、税収をすべて国債償還に充てることである。つまり、財政調整後の基礎的財政収支は税収に等しいと考えてよいから、(4)式は、

税収 ∧ 時点tの国債残高　(5)

と書き換えられる。

図表2-12　国債（市場向け）の償還額の税収対比（中央政府　2008年）

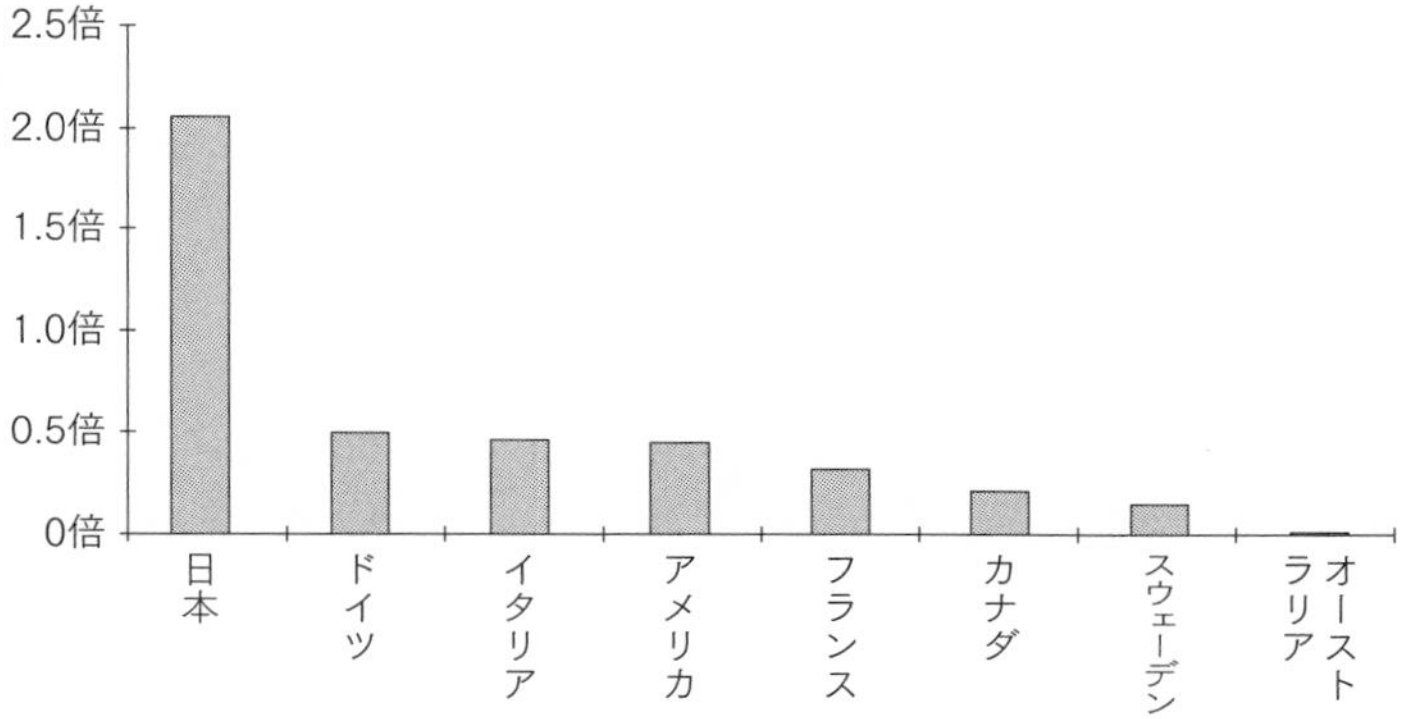

（注）国債（市場向け）の償還額は、OECD Central government debt statisticsより算出（同統計では国債（市場向け）に係る総発行額と純発行額が示されており、総発行額－償還額＝純発行額であるため、総発行額から純発行額を控除して償還額を算出）。なお、短期金融商品は含まない。中央政府の税収はOECD Revenue statisticsより社会保障負担を除いて算出。アイルランド、フィンランド、ギリシャ、ニュージーランド、イギリスはデータが欠落しているため掲載していない。

それでは、実際にはどうなっているだろうか。これまでは国債は1年債だけで構成されると想定してきたが、実際にはそうなっておらず、(5)式等に登場する国債残高は国債償還額と読み換える必要がある。そこで、国債償還額に対する税収比率を調べてみよう。**図表2－12**がそれを各国で比較したものだが、ここからも明らかなように、国債償還額が税収を上回っているのは日本だけであり、しかも日本のその比率は突出して高い。したがって、日本では、国債が暴落すると投資家が予想すると、その予想が実現する可能性がほかの国より高いことになる。

ところが、日本の財政がフロー・ストック面のどちらで見ても極めて悪化

図表2-13　純債務（対GDP）と純利払い（対GDP）の関係

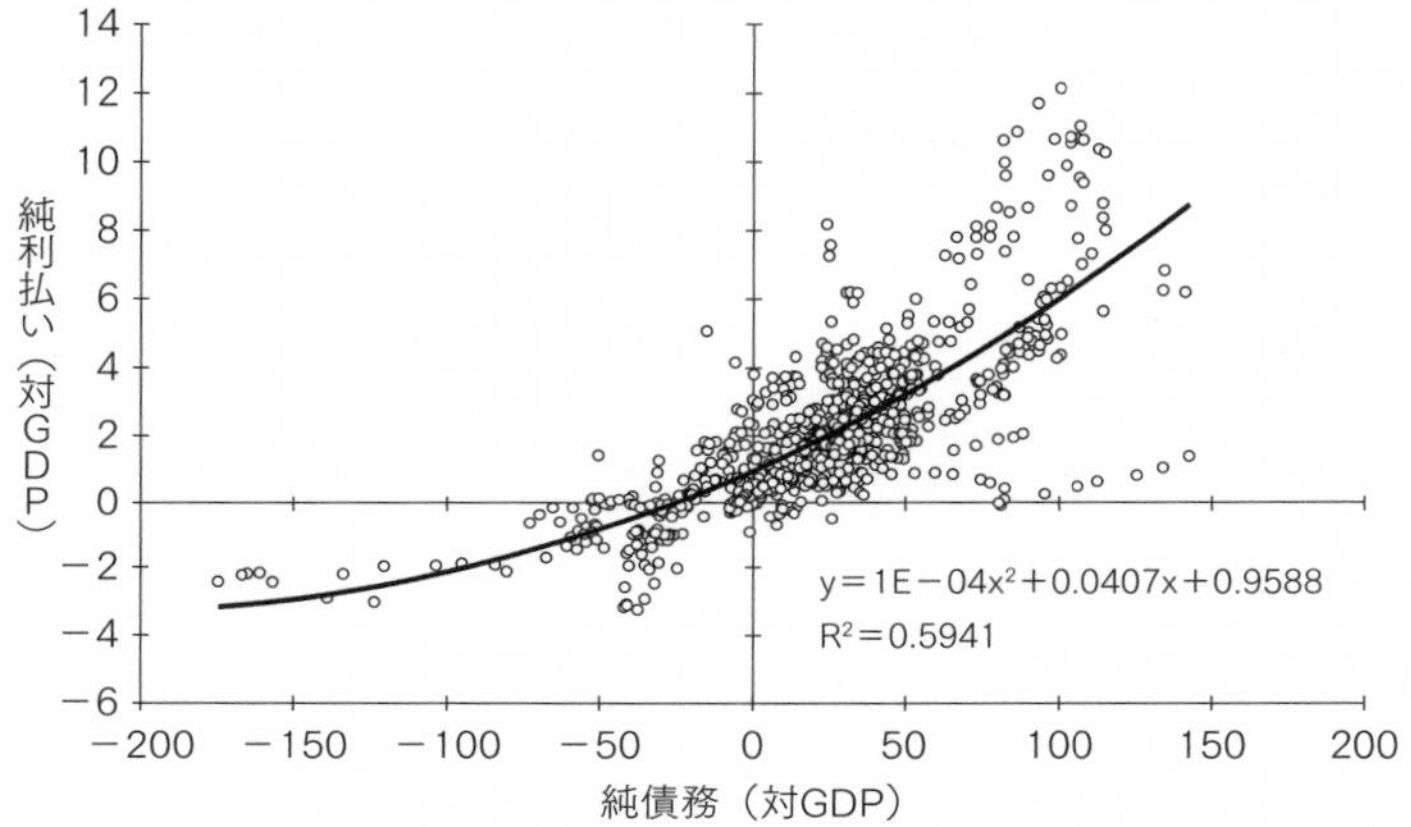

（出所） OECDデータ

しているにもかかわらず、国債利回りは極めて低い水準で安定している。しかし、国債の金利が低いことは、将来においても、日本に財政危機が発生しないということを意味しない。例えば、２０１１年夏から７％を超えるまで急上昇したイタリアの2年債の金利は、２００９年夏から２０１０年の初めにかけて１％台半ばで推移していた。

以上の議論が示唆するように、市場の期待が急激に変化して国債利回りが一気に高騰し、財政が破綻する危険性がある。これは、政府債務とその利払いの関係が線形でなく、非線形である可能性を示唆する。**図表2－13**は、ＯＥＣＤ加盟諸国における政府純債務（対ＧＤＰ比）とその純利払い（対ＧＤＰ比）の関係をプロットしたものである。この図には、両者の関係に最もフィットする2次曲線を描いている。この曲線の傾きは右に行くほど大きくなり、政府純債務が膨らむと純利払いがそれ以上のスピードで膨張することを示唆する。

column

国債の資金調達に限界はあるか

国債発行での資金調達の限界を予測するのは極めて難しいが、判断の一つの指標となるのが「国民貯蓄（対GNI）」の推移である（**図表2－14**）。図表の「国民貯蓄」は、民間貯蓄と政府貯蓄の合計から「固定資本減耗分」を除いた純貯蓄を表すが、バブル崩壊後の1990年以降、少子高齢化の進展によって国民貯蓄は次第に減少し、ついに2009年ではマイナスに転落した。その後、2017年には5％程度まで一時的に回復したが、1980年代の10％超という水準と比較すると現在の水準は格段に低い。

国民貯蓄率は今後もプラスの水準を維持できるであろうか。頭の体操であるが、次のような可能性も考えられる。

まず、人口高齢化が進み、年金・医療・介護といった社会保障費には膨張圧力がかかる。にもかかわらず、その財源が十分に確保できない場合、政府貯蓄の赤字幅は拡大する。そのような状況で、民間貯蓄が少子高齢化の影響で減少もしくは横這いで推移していくと、国民貯蓄（＝民間貯蓄＋政府貯蓄－固定資本減耗）が再びマイナスに陥り、その赤字幅が拡大するシナリオも否定できない。

図表2-14　日本の国民貯蓄（対GNI）の推移

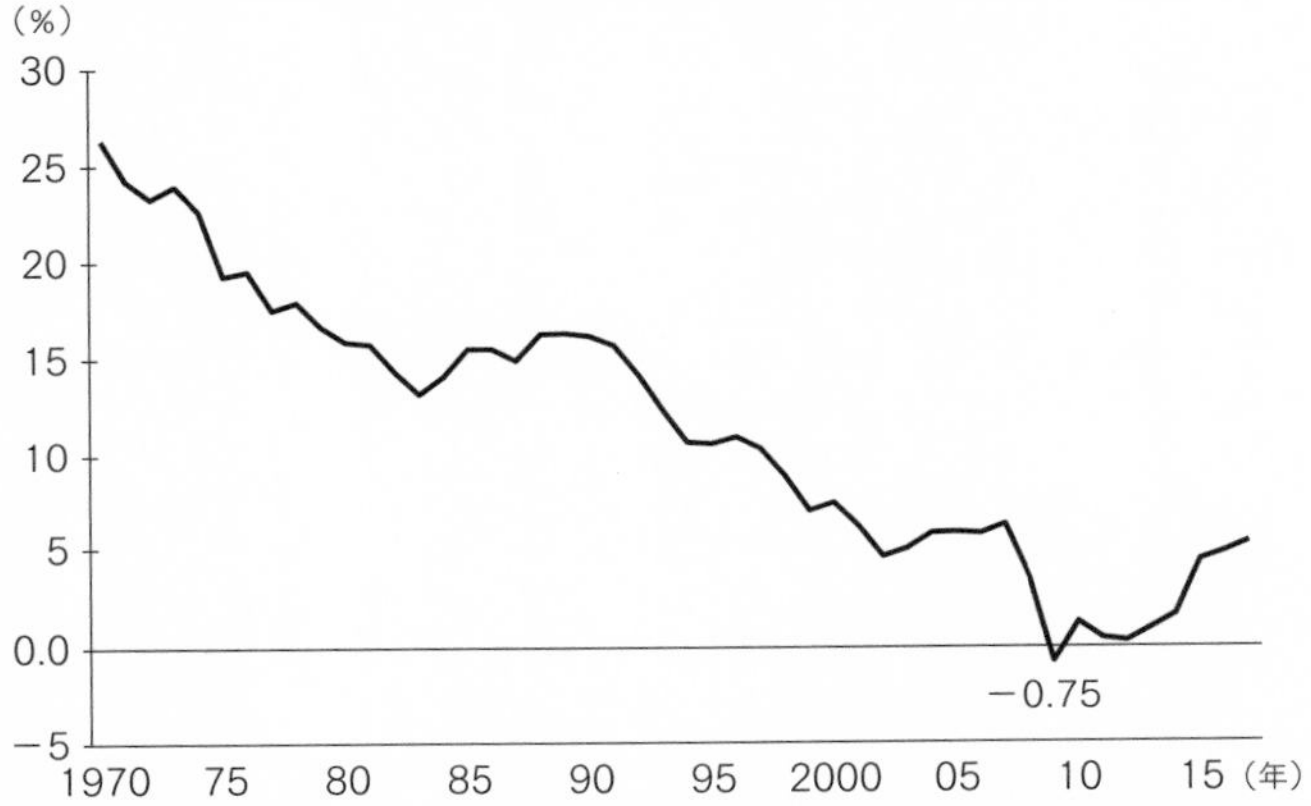

（出所） 世界銀行「World Development Indicators」（2010年12月版・2017年3月版・2019年4月版）から筆者作成

国民貯蓄のマイナスが恒常化すると、何が起こるのか。まず、貯蓄と投資の均衡から、「国民貯蓄＝（投資－固定資本減耗）＋経常収支」という「ＩＳバランス式」が導ける。現在のところ、我が国の経常収支は黒字であり、そのような状況（経常収支＞0）で、国民貯蓄がマイナスになると、ＩＳバランス式から「投資－固定資本減耗」がマイナスになるしかないことが分かる。「国民貯蓄＝民間貯蓄＋政府貯蓄－固定資本減耗」であるため、これは「財政赤字を賄うための国債発行が民間貯蓄を食い潰し、もはや民間で資本ストックの更新費用までを賄うことができない状況に日本経済が陥ってしまうこと」を意味する。すなわち、国民貯蓄の減少は、本格的に資本ストックの食い潰しが始まることを意味し、最終的には国内の生産が縮小していくというシナリオが予測される。

なお、アメリカの国民貯蓄がマイナスで

も弊害が少ないのは、ドルは基軸通貨であるために国際市場の支払手段として他国がドルやドル債券を保有する動機があり、経常収支の赤字を維持できるからだ。その際、ＩＳバランス式において、「経常収支の赤字幅＞国民貯蓄の赤字幅」という関係が成り立つ限り、「投資＞固定資本減耗」となり、民間で資本ストックの更新費用が賄えない状況には陥らない。しかし、基軸通貨国でない日本は異なる。特に、経常収支が黒字の日本の民間貯蓄がマイナスで、それが継続するということは、資本ストックの食い潰しが進むことを意味する。

他方、資本ストックを維持するため、国内投資を過去の蓄えである対外純資産（累積経常収支）の取り崩し（または海外からの借り入れ）で賄うこともできるが、その場合、国内投資の収益率が借り入れ利子率よりも低ければ、恒常所得の低下を意味する。また、資本ストックの維持には最低限、その固定資本減耗に見合う投資が必要であるが、国民貯蓄がマイナスの場合、ＩＳバランス式で無理に「投資＝固定資本減耗」とすると、国際経済において日本の「富」の象徴であった経常収支は赤字となってしまう。

これは、資本ストックを維持しようとすると経常収支は赤字に転落し、経常収支の赤字を回避しようとすると資本ストックが食い潰され国内の生産が縮小していくというジレンマに陥り、もし前者を選択するならば、それは「双子の赤字」（財政赤字と経常赤字）に直面し、日本経済の弱体化が一層進むことを示唆する。

ところで、国債の資金調達に関する問題は、しばしばフローの変数である「経常収支」等との関係（フロー・ビュー）で議論されることが多いが、ストックの変数である「家計の純金融資産」等との関係（ストック・ビュー）についても理解を深める必要がある。

図表2-15　各部門の金融資産及び金融負債の内訳
（1990年度末　⇒　2016年度末）

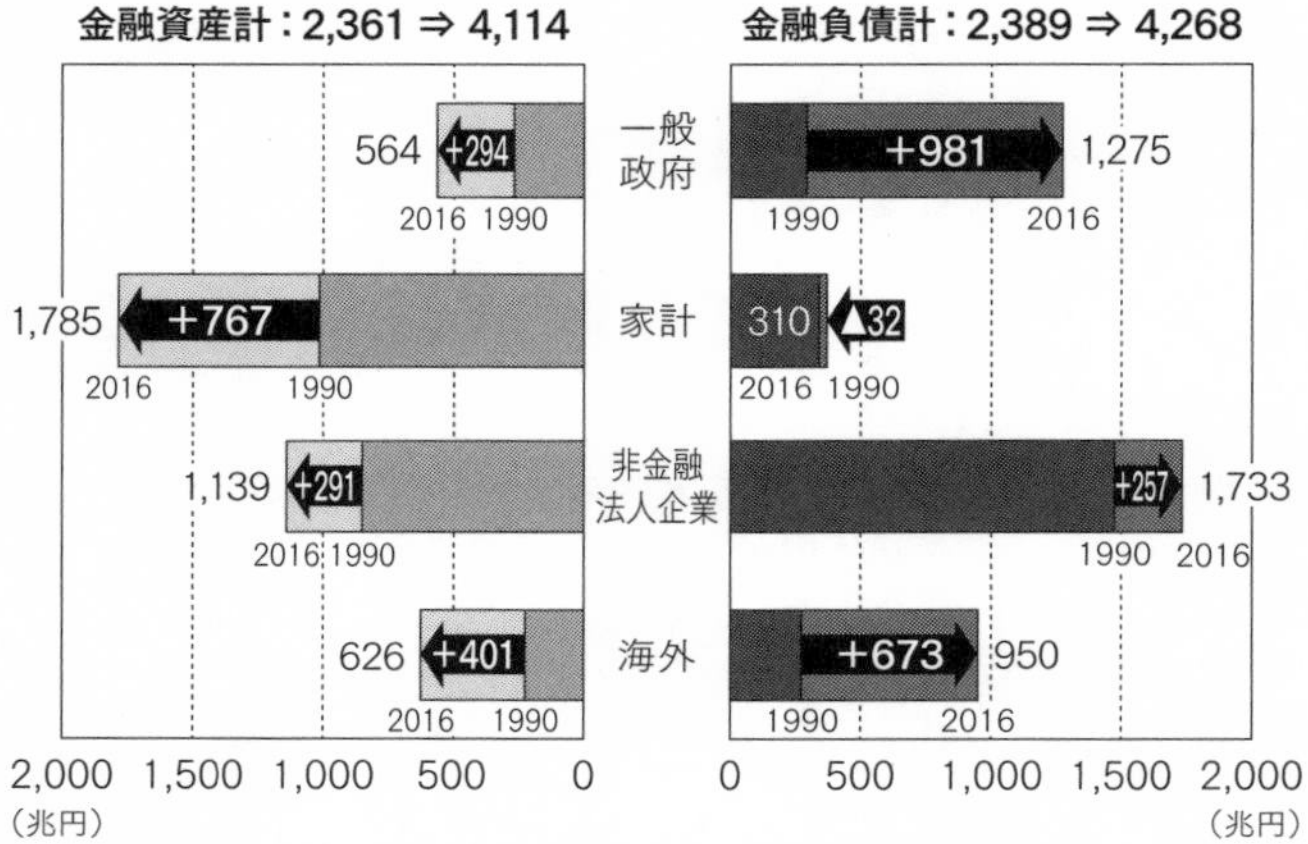

（出所） 財務省（2018）「日本の財政関係資料」（平成30年10月）から抜粋

「フロー・ビュー」の立場で国債の資金調達の限界を把握する一つのヒントになるのが、「一般政府部門」「企業部門（非金融法人）」「家計部門」「海外部門」の金融資産・負債の構造的変化である。一般的に資金の貸し手は家計部門であるが、**図表２－15**においても、金融資産と金融負債の差額である「ネット」で見ると、資金の貸し手は「家計部門」であり、その他の「一般政府部門」「企業部門」「海外部門」は資金の借り手となっている（注：国によっては海外部門も資金の貸し手になるケースもある）。

実際、２０１６年度末において、「家計部門」はネットで１４７５兆円（＝１７８５兆円－３１０兆円）の金融資産超過である一方、「一般政府部門」はネットで７１１兆円（＝１２７５兆円－５６４兆円）の金融負債超過となっている。同様に、「企業部門」と「海外部門」

図表2-16　一般政府総債務と家計金融純資産の推移

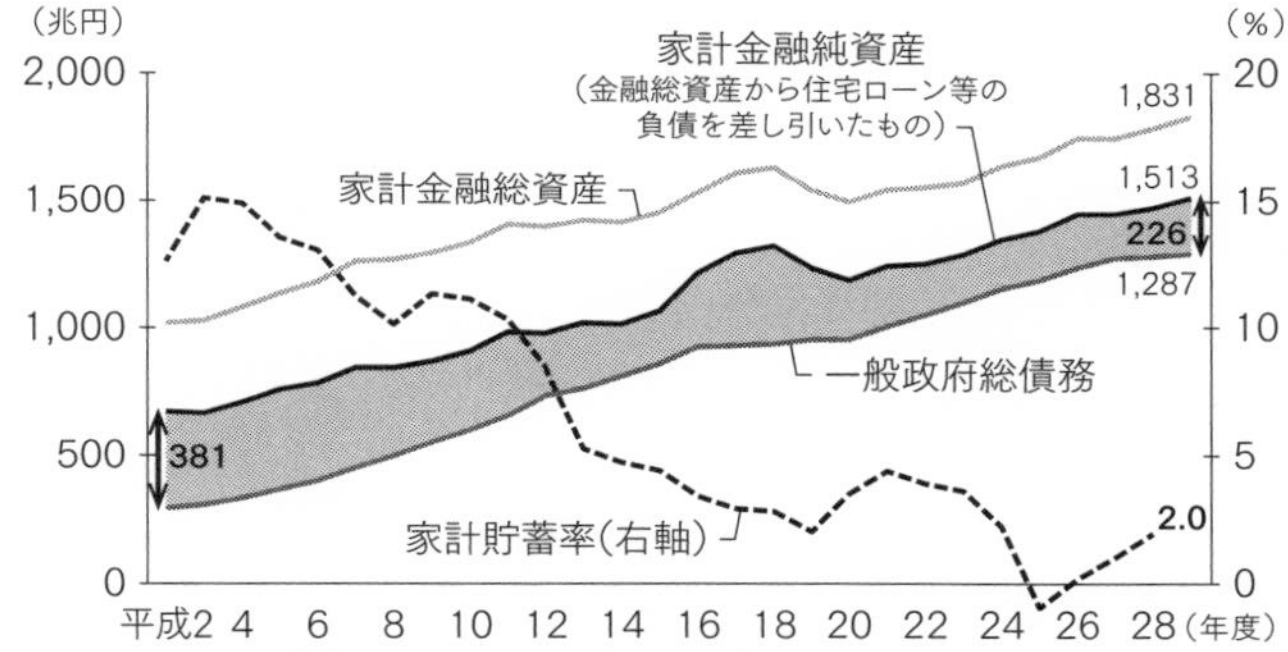

（出典）日本銀行「資金循環統計」、内閣府「国民経済計算」
（注）　一般政府債務と家計金融資産については、各年度末の数値。

（出所） 財務省（2018）「日本の財政関係資料」（平成30年10月）から抜粋

は各々、ネットで594兆円と324兆円の金融負債超過である。なお、「海外部門の金融純負債」は対外純金融資産を意味し、その値がプラスの値であるとき、日本は海外に対し金融負債よりも金融資産を多く保有している状況を表す。

ところで、各部門の金融資産の合計額と金融負債の合計額は基本的に一致し、「一般政府部門の金融資産＋海外部門の金融資産＋家計部門の金融資産＋企業部門の金融資産＋その他部門の金融資産＝一般政府部門の金融負債＋企業部門の金融負債＋家計部門の金融負債＋海外部門の金融負債＋その他部門の金融負債」という関係式が成立する。

これは、「家計部門の金融純資産＋その他部門の金融純資産＝一般政府部門の金融純負債＋企業部門の金融純負債＋海外部門の金融純負債」という関係式と同等でもある。**図表2－15**では「一般政府部門」「企業部門」「家計部門」「海外部門」という4部門しか登場していないが、これらの他にも、資金仲介を担う「金融機関部門」や、非営利活動を行うＮＰＯ等の「対家計民間非営利団体部門」という2部門が存在し、この両部門が上記の関係式に登場する「その他部門」である。

なお、上記の関係式は、「家計部門の金融純資産＝一般政府部門の金融負債＋△」とも表現できる。この△は、「企業部門の金融純負債＋海外部門の金融純負債－（一般政府部門の金融資産＋その他部門の金融純資産）」を簡略的に表記したものだが、図表2－15の数値を利用すると、△は200兆円となる。企業部門の金融純負債などが変化すると△の値も増減するが、この△が最小となる値（プラスの値）を「△最小値」と表記すると、「一般政府部門の金融負債＜家計部門の金融純資産－△最小値」という不等式が成立する。これは、一般政府総債務の上限は「家計金融純資産－△最小値」となることを示唆し、財政の持続可能性との関係で「△最小値」は極めて重要な変数となる。

では、「△最小値」はどの程度の値であろうか。これは、なかなか予測が難しい問題だが、極端なケースとして、例えば「△最小値」がゼロ兆円となるケースを考えてみよう。

このとき、△のうちの「一般政府部門の金融資産」や「その他部門の金融純資産」が大幅に増加しない限り、「企業部門の金融純負債」や「海外部門の金融純負債」が合計で200兆円も減少する必要があるが、現実的な減少幅ではないと思われる。

理由は単純で、企業は基本的に資金の借り手であり、「企業部門の金融純負債」はプラスの値であるが、これが大幅に減少すれば、国内生産が大幅に低下してしまうためである。また、「海外部門の金融純負債」（対外金融純資産）についても、今後、人口減少や少子高齢化が進む日本においては、国内投資よりも海外投資が増加する可能性も高いため、「海外部門の金融純負債」が大幅に減少するとも思えない。

仮に「△最小値」がゼロ兆円のときは、「一般政府部門の金融負債＜家計部門の金融純資産」という不等式が成立し、一般政府総債務の上限は家計金融純資産となる。すなわち、このような前提の下では、一般政府総債務は、家計金融純資産を超えてまで膨張することはできない。

図表2－16は、1990年度（平成2年度）から2017年度（平成29年度）までの「一般政府総債務」や「家計金融純資産」の推移を示すものである。1990年度における家計金融純資産と一般政府総債務の差額は381兆円であったが、2017年度では226兆円まで縮小している。27年間で155兆円も縮小しており、年間平均6兆円程度のスピードで縮小してきたことを意味する。現状のペースで縮小すると、現在の差額（2017年度の226兆円）は約38年後の2055年度にゼロになってしまう。一般政府部門のうち、国の公債残高（国の普通国債残高）だけでも約900兆円があり、長期金利の1％上昇で、その利払い費は9兆円程度も増加する。その結果として、財政赤字（一般政府総債務の増加）が9兆円増えると、年間6兆円の縮小スピードは年間15兆円に加速する可能性がある。このとき、同様の前提で、現在の差額（2017年度の226兆円）は約15年後の2032年度にゼロになることも簡単に試算できる。もっとも、2025年には団塊の世代がすべて75歳以上になり、医療費や介護費が増加すれば、財政赤字はさらに拡大するため、様々なシナリオを想定し、財政・社会保障の改革を検討する必要がある。

世代会計が示す現実（財政的幼児虐待）

最後に、コトリコフ（L. J. Kotlikoff）らが打ち立てた、「世代会計（Generational Accounting）」という概念を紹介しておきたい。そもそも、年金・医療・介護といった社会保障の給付水準や社

図表2-17　世代会計（世代ごとの受益と負担の構造）

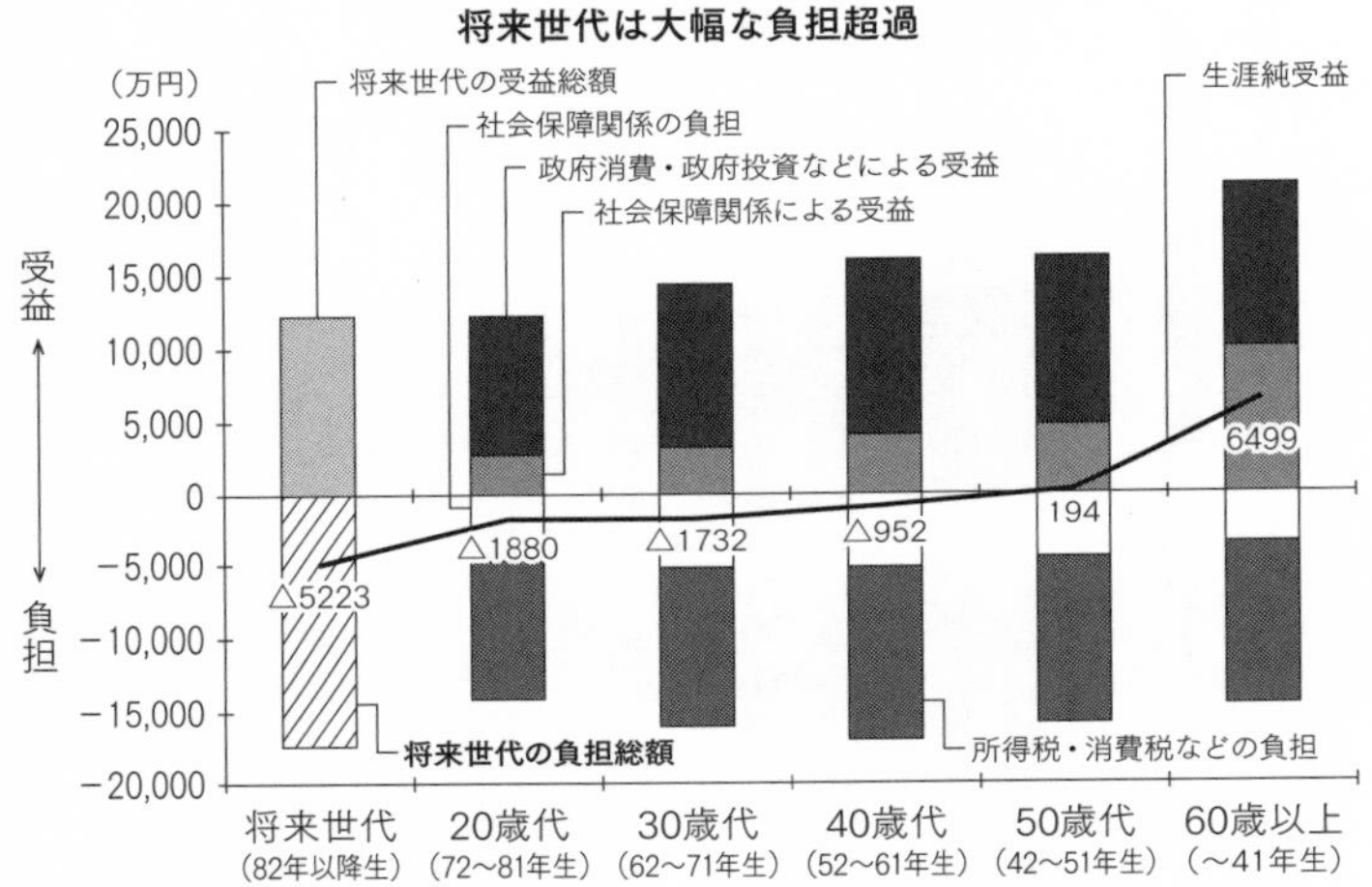

（出所） 内閣府「経済財政白書」（2003年度版）

会保険料の負担を含め、政府が提供する公共サービスや国民に求める負担は、世代によって大きく異なる。このため、財政政策の評価にあたって財政収支や政府債務などの指標のみを把握するのではなく、世代ごとに評価する発想が出てくる。このような発想に基づき、各世代が、その生涯を通じて、政府に支払う負担（例：税・社会保険料の負担）と、政府から受け取る受益（例：年金・医療・介護等の社会保障給付）を推計し、財政のあり方を評価する仕組みを「世代会計」という。

図表2―17は、内閣府「経済財政白書」（2003年度版）での世代会計で、概ね次のような方法で推計している。

まず、政府が提供する公共サービスのうち、その受益が世代ごとに帰着し、受益水準が世代ごとに大きく異なる社会保障給付などについては、年齢階級別のデータ（例：家計調査や全国消費実態調査）等に基づき、各世代の人々に按分する。防衛や警察・消防、道路などの政府消費や政府投資のように、世代ごとに受益の水準が大きく異ならず、国民全体に等しく受益が及ぶものについては、各世代の人々に均等按分する。

また、税や社会保険料などの負担についても、年齢階級別のデータ（例：家計調査）等に基づき、各世代の人々に按分する。さらに、将来における各世代の受益と負担構造については、現時点の現在世代が享受している年齢別の受益と負担構造が将来も不変で維持されるものとする。このような前提の下で、各世代の生涯にわたる受益と負担を割引現在価値として求め、世代ごとの生涯純受益（＝生涯受益－生涯負担）等を定量的に推計している。

図表２－17では、60歳以上の世代は生涯で６４９９万円の受益超過、50歳代の世代は１９４万円の受益超過である一方、40歳代以下のすべての世代は生涯で負担超過となっている。30歳代の世代は１７３２万円の負担超過、20歳代の世代は１８８０万円の負担超過、将来世代は５２２３万円の負担超過となっており、生涯での負担超過は若い世代ほど大きい。特に、60歳以上の世代と将来世代を比較すると、生涯純受益の格差は1億円以上もあることが明らかになる。すなわち、世代会計は、社会保障制度や税制・公債発行などの個別政策のほか、財政政策の全体がどの世代に有利でどの世代に不利な効果を有するかを含め、世代間の公平性を定量的に評価する上で有用な情報を提供する。

では、このような世代間格差が発生する主な原因は何か。そもそも、こうした著しい格差は世代間の公平という観点で問題が多いが、それは、社会保障制度（年金・医療・介護）が賦課方式となっていることや、高齢化の進展で社会保障給付費が急増する中、その安定財源が十分に確保できず、財政赤字で負担を将来に先送りしている財政の現状が大きく関係している。

なお、世代会計は、制度改革での効率的な改善を除き、あらゆる世代の負担を改善する政策は理論的にあり得ず、世代間の負担に関するゼロ・サム的な性質を有することも明らかにする。というのは、債務の動学式である「今期の政府純債務＝−基礎的財政収支＋前期の政府純債務×（1＋金利）」から導出できるが、政府の通時的予算制約式において、各期の政府支出や税収を各世代に割り振ると、次の関係が成立する。

現在世代の生涯純負担の総額＋将来世代の生涯純負担の総額＝政府純債務

この式の右辺（政府純債務）は不変なので、世代間格差を是正するため、将来世代の負担を軽減するならば、現在世代が追加的な負担を増やす必要があることを示唆するが、それは世代間の生涯純負担に関するゼロ・サム的な性質をもち、現在世代と将来世代との間や現在世代間といった世代間の利害対立を顕在化してしまうことを意味する。

また、世代会計に対する批判や限界を指摘する意見もある。例えば、バローの中立命題が成立する場合、世代間の公平性を評価する世代会計の考え方は意味をもたなくなってしまう。なぜなら、すべての家計が合理的で子孫の効用を考慮する利他的なものであるならば、現在世代よりも将来世代の負担増が予測できる場合、現在世代が将来世代に遺産や生前贈与などを増やし、負担増を相殺してしまうためである。

しかしながら、バローの中立命題が完全に成立していると想定することは極端である。そもそも、すべての家計が同質的で異質性がないという前提は現実的ではなく、子どもをもたない家計も存在し、我々が子孫の効用を十分に考慮して行動しているとは限らないため、将来世代の負担増を相殺するだけの遺産や生前贈与などを子孫に残さないかもしれない。このため、やはり、世代会計の考え方は一定程度の説得力をもつ指標となる。

column

過去の増税ショックの比較と評価

2019年10月に消費税率が10％に引き上げられたが、2014年4月1日の消費税率引き上げ（5％→8％）が経済成長に及ぼした影響はどうであったのか。

結論からいうと、意外にも、それは十分時間が経過した段階で概ねニュートラルであったと判断できるが、増税を巡る今後の議論や判断の参考とするため、増税の影響を改めて整理しておくのが望ましい。そもそも、消費増税が経済成長率に与えた影響を把握するためには、トレンド成長率（約10年間の実質成長率の平均）と比較する必要があり、それは「実質成長率－トレンド成長率」で評価できる。つまり、増税後の実質成長率がトレンド成長率を上回れば増税の影響はな

図表2-18　「実質成長率－トレンド成長率」の推移

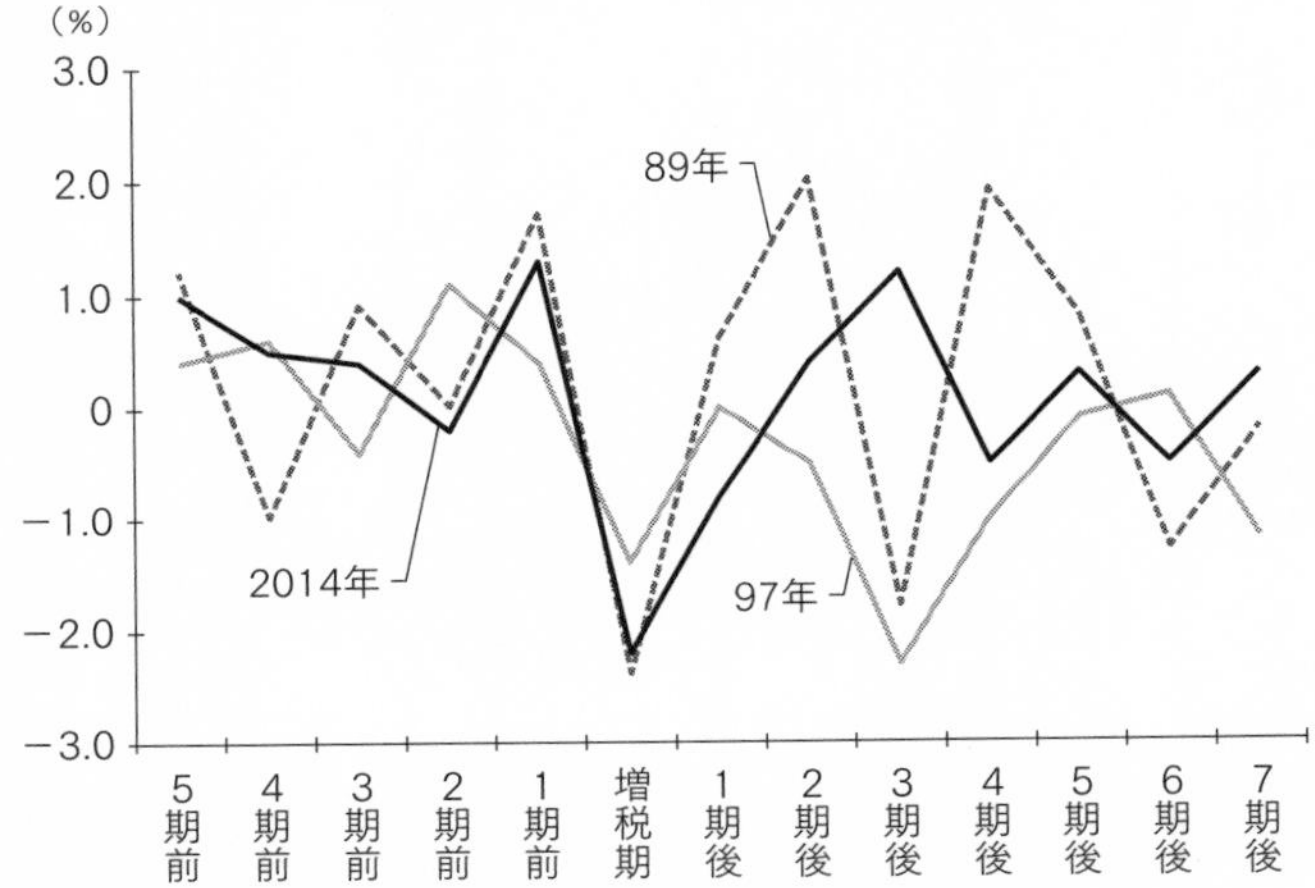

（出所） 内閣府「四半期別GDP速報」データ等から筆者作成

く、下回ったとすれば増税の影響は大きかったと判断することができる。

消費増税は、２０１４年４月の他に、１９８９年（０％→３％）、97年（３％→５％）と、合わせて過去3回行われている。それぞれの時期のトレンド成長率については内閣府の推計があり、１９８０年代のトレンド成長率は４・４％、90年代は１・６％、直近は０・５％として、消費増税の影響を検討する。そして、内閣府「四半期別ＧＤＰ速報」データ等を利用し、過去3回の増税の５四半期前から７四半期後までの「実質成長率－トレンド成長率」を試算したのが、**図表２－18**である。

この図表によると、増税期（４～６月期）における実質成長率の屈折幅は「89年（２・４％減）＞２０１４年（２・１％減）＞97年（１・４％減）」となっている。

２０１４年の増税が与えた負の影響は、97年より大きいが、89年より若干小さいこと

図表2-19　実際のGDPとトレンドGDPの推移
（2014年の増税前後）

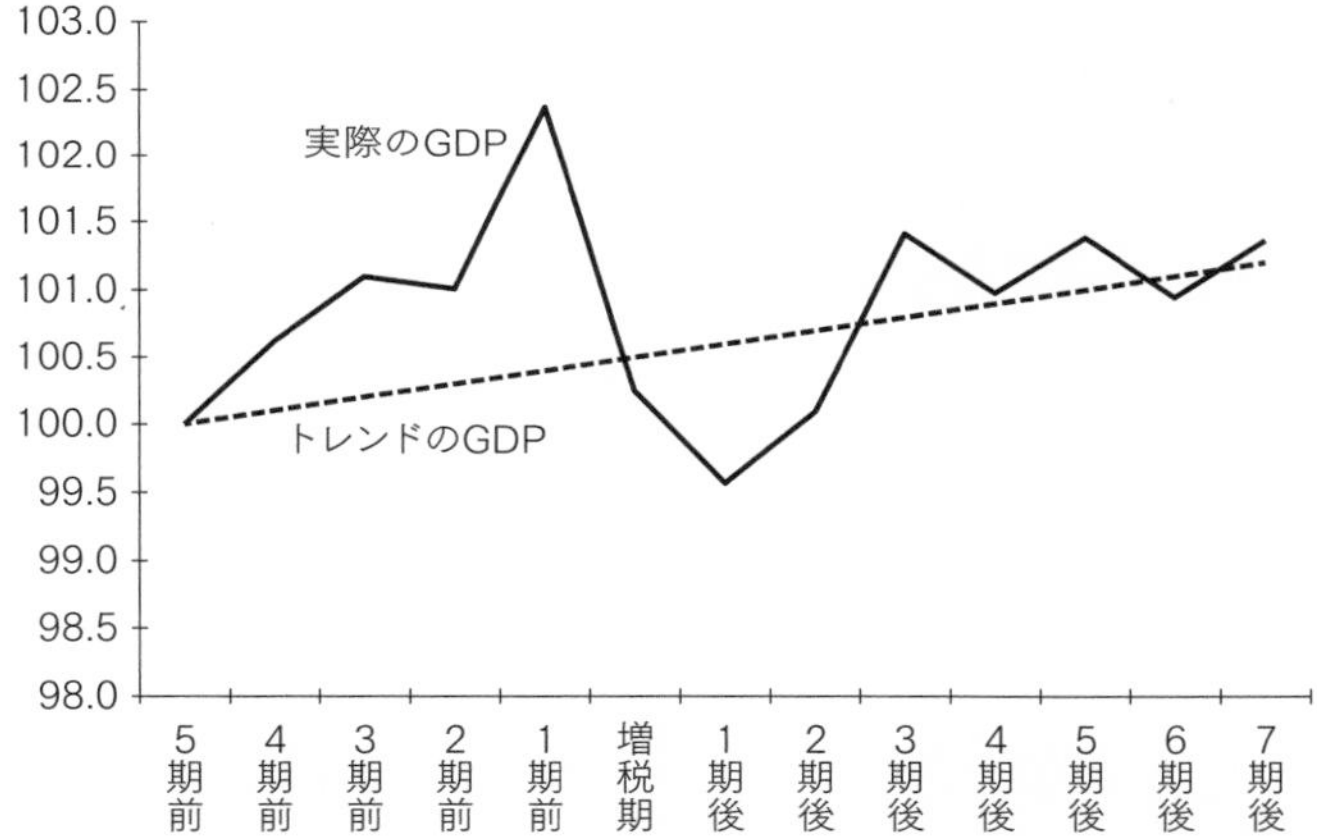

（出所） 内閣府「四半期別GDP速報」データ等から筆者作成

が分かる。

しかし、その後の折れ線が上下に振動しているため、この図表のみでは増税の影響をスムーズに読み取れない。そこで２０１４年の増税の影響を把握しやすくするため、増税５期前（２０１３年１～３月期）の実質ＧＤＰを１００とし、その後の実質ＧＤＰと「トレンドＧＤＰ」（トレンド成長率に沿って伸びたと仮定したときの実質ＧＤＰ）を比較したのが**図表2－19**である。

この図表を見ると、２０１５年10～12月期（増税６期後）のＧＤＰはトレンドＧＤＰを若干下回ったものの、増税７期後は概ね同水準の範囲を動いていることが読み取れる。

また、３回の増税時について、同じく増税５期前の実質ＧＤＰを１００に基準化し、トレンドＧＤＰと実際の実質ＧＤＰの乖離を描いたのが**図表2－20**である。

図表2-20 「実際のGDP－トレンドGDP」の推移

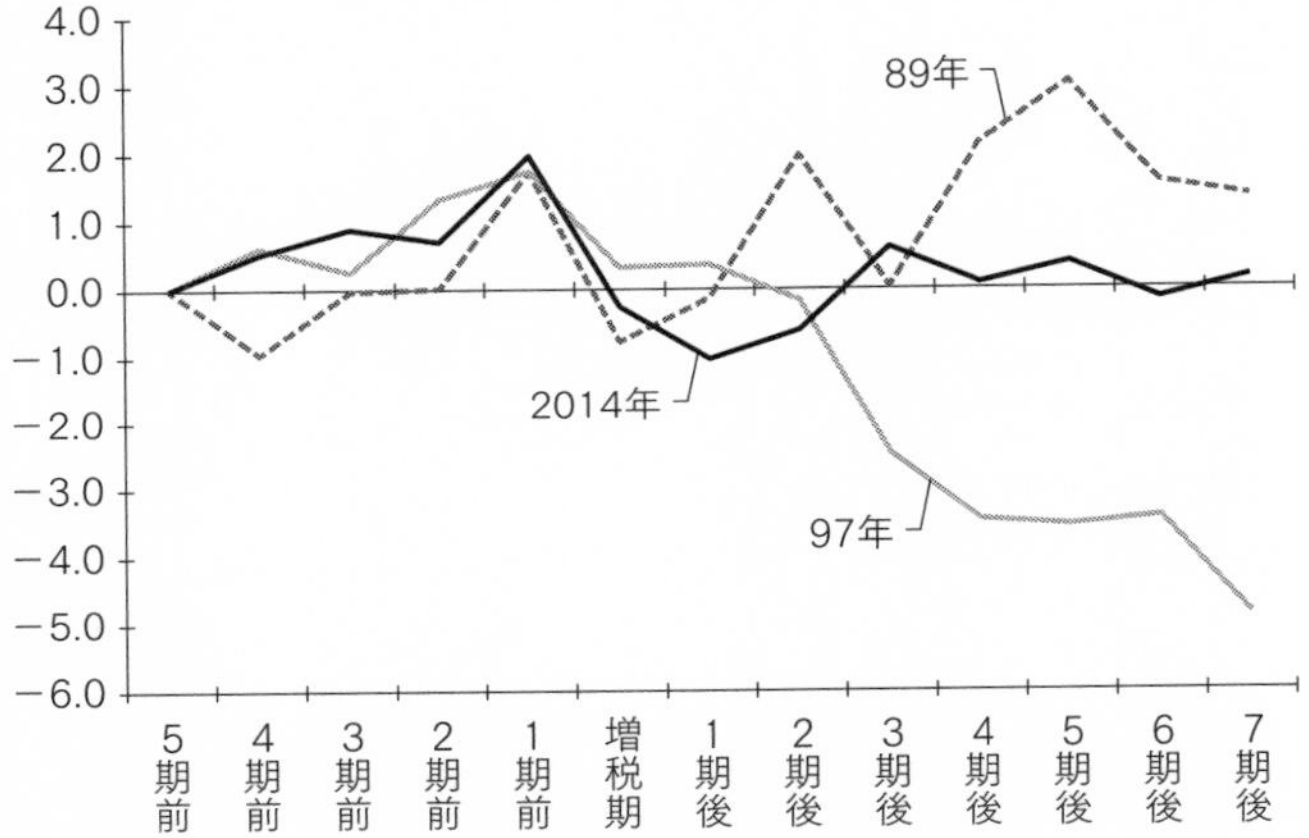

（出所）内閣府「四半期別GDP速報」データ等から筆者作成

このうち89年のケースを見ると、増税期と増税1期後（1989年7－9月期）は「実際のGDP＜トレンドGDP」であったが、増税4期後（1990年4～6月期）には大きく逆転している。また97年のケースでは、増税期と増税1期後（1997年7～9月期）は「実際のGDP＞トレンドGDP」であったが、2期後（1997年10～12月期）には「実際のGDP＜トレンドGDP」となり、それ以降もその差が拡大していることが分かる。ただ、これは、97年11月の三洋証券の破綻から始まった「平成の金融危機」の影響が少なからずあると考えられる。他方、2014年の増税時については、増税3期後以降、実際のGDPとトレンドGDPの乖離は縮小方向にあることが読み取れるため、増税が経済成長に及ぼした影響は概ねニュートラルであった可能性がある。

【注】

1　今回の試算では、高成長（成長実現ケース）と低成長（ベースラインケース）の2ケースで、社会保障給付費を推計している。このうち低成長のベースラインケースでは、2018年度で121・3兆円（対GDP比21・5％）の社会保障給付費が、2025年度で約140兆円（対GDP比21・8％）、2040年度で約190兆円（対GDP比24％）となる。2040年度までに対GDP比で2・5％ポイント（＝24％－21・5％）しか伸びず、改革を急ぐ必要はないとの意見もあるが、2019年度の社会保障給付費（予算ベース）は対前年2・4兆円増の123・7兆円、対GDP比22・1％で、2025年度の予測値（21・8％）を既に上回っている（注：2019年度GDPは内閣府7月試算を利用）。また、1970年度から2018年度における社会保障給付費の増加スピードは年平均2・5兆円程度（消費税率1％に相当）である。ここ数年間の伸びは2・5兆円よりも緩やかだが、このスピードが継続する前提で、2040年度までの社会保障給付費を予測すると、2025年度の給付費は約138兆円、2040年度の給付費は176・3兆円となる。2040年度の給付費（176・3兆円）は今回の政府試算よりも低い値だが、成長率が低下すると、対GDP比での給付費も上昇する。これは、将来の名目GDPを計算する成長率の予測に不確実性があるためだが、既述のとおり、ベースラインケースでも、2029年度以降の名目GDP成長率を1・3％と見込む。1・3％の成長率は、1995年度から2018年度の平均成長率（0・39％）の3倍以上もある前提である。このため、2019年度以降の成長率を0・5％に下方修正し、社会保障給付費が年平均2・5兆円で増加する前提で、給付費（対GDP）を試算すると、2040年度の値は28％に上昇する。なお、成長率が1％の前提では、同様の計算で、2040年度の社会保障給付費（対GDP）は25・1％となり、成長率1・3％のときの政府推計（24％）に近いが、成長率が0・3％ポイント低下するだけで対GDP比の給付費は約1％ポイントも跳ね上がる。

第3章

日本銀行と政府の関係

急増する本業赤字の地域銀行――大規模金融緩和の副作用か

第2章でも説明したとおり、人口高齢化で社会保障費が急増し、財政赤字が恒常化する中、GDPの2倍以上の債務を抱える日本の財政は極めて厳しい状況である。にもかかわらず、財政の持続可能性に対する国民の危機感は弱い。この理由の一つには、日銀が〝異次元〟の金融政策で大量に国債を買い取り、長期金利を極めて低い水準に抑制できていることも大きな影響があろう。その結果として、国債の利回りが1％程度（発行済み国債の加重平均金利）で済んでおり、約1000兆円もの政府債務の利払い費が約10兆円に抑制できている。しかし、未来永劫、金融政策で長期金利を低い水準に抑制できるだろうか。

金利を低水準に抑制できているのは、2％物価目標が存在するためである。2％物価目標を達成するため、日銀は2013年4月から異次元緩和（量的・質的金融緩和）をスタートしたが、約7年を超えても、いまだに達成する見込みは立たない。

現在に至るまで、2014年10月に追加緩和、2016年1月にマイナス金利を導入する等、様々な対策を実行してきたが、異次元緩和の限界が明らかになる一方であった。

このような状況の中、日銀は、金融政策の重心を「量」から「金利」に移す政策変更を行うため、2016年9月下旬、「長短金利操作付き量的・質的金融緩和」に舵を切り、現在に至っている。いま金融政策の重心は明らかに「金利」であり、日銀は、国債オペレーション等を通じて、短期金利をマイナス0・1％、長期金利（10年物国債の利回りに相当）を0％程度に制御する政策を実行している。

問題はこの政策がいつまで継続できるかだ。大規模金融緩和の副作用や歪みがどこかに潜んでいないのか。筆者は少なくとも2つの副作用や歪みがあると考えている。

第1は、財政規律の弛緩だ。通常、財政赤字の拡大や債務の累増で財政が悪化すれば、市場メカニズムで長期金利が上昇し、利払い費の増加を通じて、それは財政を直撃する。しかし、現在のところ、長期金利が上昇する気配はない。政府部門の債務残高（対ＧＤＰ）は２００％超も存在し、いまも増加を続けているにもかかわらず、見かけ上、日本財政は安定化している。この理由は単純で、日銀の大規模金融緩和で長期金利の上昇圧力が抑制され、債務の利払い費が抑制できているからである。それは財政的に居心地がよい状況だが、政治的に財政規律を弛緩させ、財政再建や社会保障改革を遅らせてしまい、いつか長期金利が上昇し始めたときに顕在化する財政危機の「マグマ」を蓄積してしまう可能性がある。

第2は、超低金利の長期化で進む金融機関の収益悪化だ。例えば、銀行の本業は預金を集め、資金を必要とする企業等に貸し出しをすることだが、その収益は貸出金利と預金金利の「利鞘」で決まる。預金金利は短期金利、貸出金利は長期金利（10年物国債の利回りに相当）に連動する傾向があるが、日銀の大規模金融緩和により、長期金利と短期金利の「利鞘」が縮小している。この結果として、貸出金利と預金金利の「利鞘」も大幅に縮小しており、銀行など金融機関の収益が悪化している。特に、体力の弱い地域銀行の収益が急速に悪化している。

図表3-1　地域銀行の本業利益と本業赤字銀行数の推移

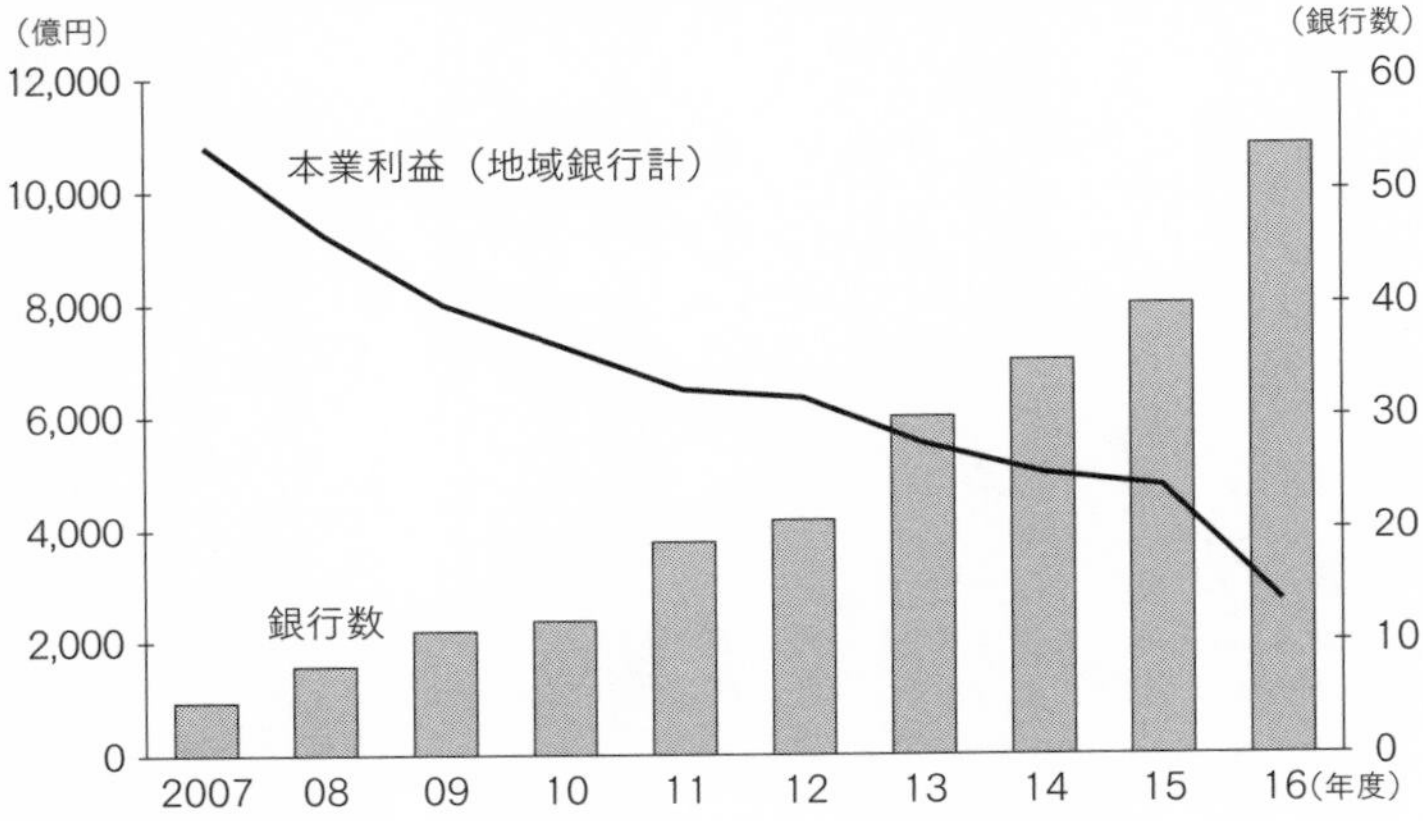

（資料） 金融庁

この事実は、金融庁が２０１８年４月に公表した「地域金融の課題と競争のあり方」という資料からも確認できる。この資料の８ページには**図表３－１**があり、その本文中には「本業（貸出・手数料ビジネス）の利益は悪化を続けており、２０１６年度の決算では地域銀行（１０６行）の過半数の54行が本業赤字となっている」旨の記載がある。

このような現状については、日銀の黒田総裁も十分に認識しているように思われる。実際、先般（２０１８年11月５日）の講演（於：名古屋）でも、「日本銀行としても、金融緩和の継続が、貸出利鞘の縮小などによる収益力低下を通じて、金融機関の経営体力に累積的な影響を及ぼし、金融システムの安定性や金融仲介機能に影響を与える可能性があることは十分に認識している。すなわち、低金利環境や厳しい競争

図表3-2　住宅ローン残高の推移（大手銀行・地域銀行・信金）

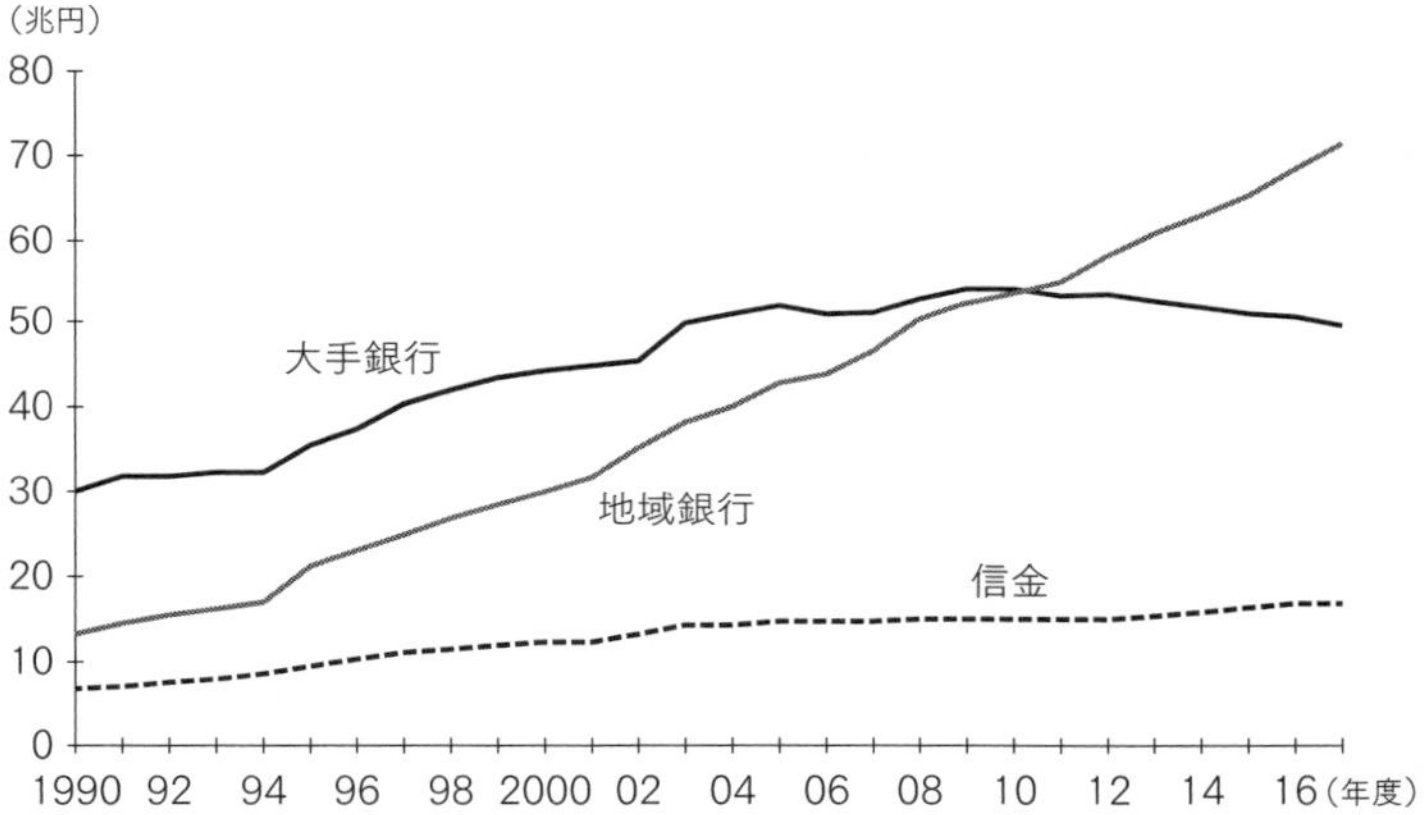

（出所） 日本経済研究センター（2018）「異次元緩和下で地域銀行の金利リスク量が増大―2019年3月期から国内基準行に金利リスクの新基準―」（2018年度金融研究班報告②：地域金融機関の抱えるリスク）から抜粋

環境が続く中、金融機関が、収益確保のためにリスクテイクを一段と積極化すれば、将来、万一大きな負のショックが発生した場合、金融システムが不安定化する可能性がある。また、低金利環境が続くもとで、金融機関収益の下押しが長期化すると、貸出姿勢が消極化するなど、金融仲介が停滞方向に向かうリスクもある」旨のメッセージを発信している。

「週刊エコノミスト」（２０１８年12月4日号）でも、２０１８年３月期の公開情報に基づき、地方銀行64行の預貸業務の収益性を分析し、その８割が赤字になっているとの試算結果を掲載している。バブル崩壊で１９９０年代後半に顕在化した金融危機は納税者の負担で処理したことは多くの国民の記憶に残っているはずだ。大手銀行の住宅ローン残高は2010年度をピークに減少傾向にあるが、図表3－2のとおり、地域銀行や信金では住宅ローン残高が増加を続けている。現在の金融緩和の副作用や歪みがどのような形や経路で顕在化するか、現時点では筆者も予測不可能だが、マグマが滞留しつつあることは明らかであり、「金融政策の正常化」の方法につき、冷静かつ真剣な議論を行う時期にきている。

物価の問題は構造的な問題

では、物価が上昇しない理由は何か。筆者は以前から、物価の問題は構造的な問題であると指摘してきた。それはアメリカと日本の「消費者物価指数」（CPI）の中身を比較すると、一目瞭然であるからである。

図表3－3は2016年8月時点でのアメリカと日本のCPI（対前年比）を比較したもので、右側が「サービス全体」、左側が「モノ全体」の物価を表す。また、右側の一番下の段には、サービス全体とモノ全体を合わせた「総合」や「総合（除く食品・エネルギー）」の対前年比を記載している。このうち、一般的に前者を「CPI総合」、後者を「コアコアCPI」というが、どちらもアメリカの物価上昇率の方が日本より高くなっている。例えば、CPI総合の物価上昇率は日本がマイナス0・5％でデフレーションの状況であったが、アメリカは1・1％でインフレーションの状況であった。

しかしながら、興味深いのは、左側の「モノ全体」の物価上昇率である。モノ全体であればア

図表3-3　CPI前年比の日米比較（2016年8月）

（%）

	アメリカ	日本		アメリカ	日本
財（モノ）全体	−2.2	−1.2	サービス全体	3.0	0.2
耐久消費財	−2.0	−1.3	レストランでの外食[4]	2.4	0.8
テレビ	−20.6	−15.3	洗濯代[5]	3.3	0.8
パソコン[1]	−6.8	1.8	理髪料	1.9	0.0
電話機等[2]	−9.6	−0.8	家事関連サービス	1.0	0.1
自動車[3]	−0.7	−0.1	ホテル	2.5	−0.4
一般家具	−2.9	−0.1	入場料[6]	3.7	1.3
玩　具	−7.9	−1.6	携帯電話通話料	−0.7	−2.8
文　具	−2.6	1.8	駐車料金[7]	2.9	0.2
婦人洋服	−0.4	3.4	鉄道運賃[8]	2.4	0.0
男性洋服	1.1	3.7	上下水道	3.7	0.4
履　物	−0.5	3.9	保育所保育料	2.7	−0.8
医薬品	4.7	−0.4	介護料[9]	3.7	0.0
ガソリン	−17.8	−12.5	大学授業料[10]	2.3	0.5
食品(米,パン,麺など穀類)	−0.7	1.6	病院サービス[11]	6.2	1.1
食品（肉）	−4.4	1.7	住居家賃[12]	3.4	−0.4
食品（魚介類）	−1.0	1.4	帰属家賃	3.3	−0.4
			総合	1.1	−0.5
			総合(除く食品・エネルギー)	2.3	0.2

(注) 1) 日本はデスクトップとノートの平均，2) 日本は携帯電話機，3) 米国は新車，4) 日本は一般外食，5) 日本は洗濯代AとBの平均，6) 映画，スポーツ観戦など，7) 日本は車庫と駐車の平均，8) 米は都市間，日本はJR，9) 米は介護ホーム，10) 日本は国立と私立の平均，11) 日本は診療代，12) 日本は民営家賃。

メリカの方が日本よりもデフレーションであった。実際、日本の物価上昇率はマイナス1・2%であったが、アメリカはマイナス2・2%で、アメリカの物価下落率の方が大きい。アメリカの方がグローバル経済を利用して、賃金の安い東アジア等でモノを製造し、自国に輸入する戦略を採用しているためである。例えば、その典型が台湾の鴻海精密工業に製造を委託し、中国などでiPhoneを生産するアップル（Apple）である。

しかしながら、右側の「サービス全体」で見るとアメリカの物価上昇率の方が日本よりも高い。実際、日本の物価上昇率は0・2％しかないが、アメリカは3％で、アメリカの物価上昇率の方が大きい。この主な理由は「サービス全体」の物価上昇率の中身を比較すると読み取れる。例えば、大学授業料の物価上昇率では日本は0・5％しかないが、アメリカは2・3％もある。また、病院サービスでは日本は1・1％であるが、アメリカは6・2％も物価上昇率があり、介護料や保育所保育料、上下水道なども同様である。これらは、日本では「官製市場」として政府が価格統制（例：診療報酬や介護報酬）等をしている領域であり、そのようなサービスの領域で物価上昇率が低いことが、全体の物価上昇率を押し下げている。すなわち、物価の問題は規制構造の問題などの影響もあり、金融政策だけの問題ではないということである。

日銀が国債を買い切っても財政再建は不可能

現在のところ、2％物価目標は達成できる兆候は見られないが、2018年9月時点で、国債発行残高に占める日銀の保有比率は45％を超えている（図表3－4）。大規模な金融政策を継続して日銀が大量に国債を買い続けていけば、市場に流通する国債がゼロになる可能性もある。

このような状況の中、「日銀が国債をすべて買い切れば、国民負担なしで財政再建が終了する」

図表3-4　国債発行残高における保有額と比率（2018年9月）

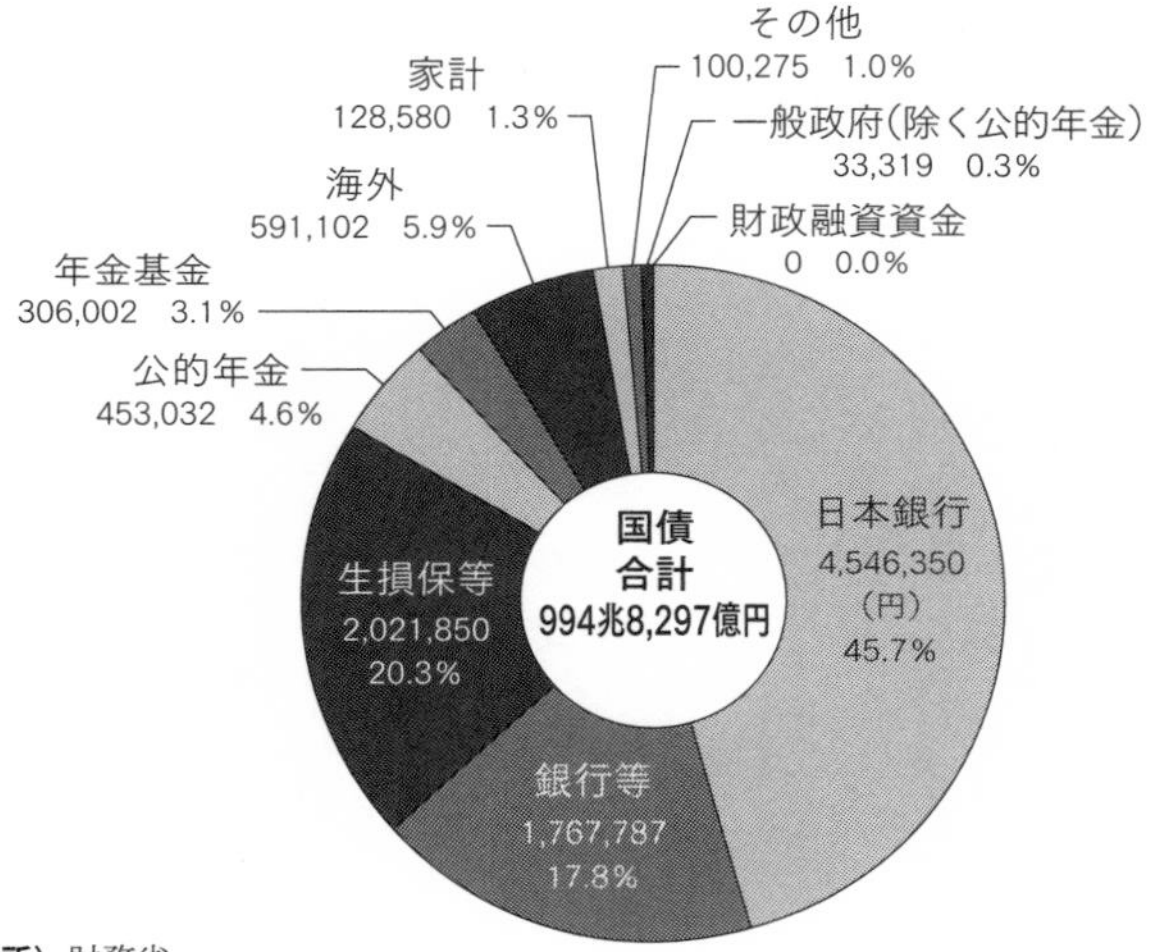

（出所） 財務省

旨の主張も存在するが、経済学の重要なメッセージは、「ノー・フリーランチ」（ただ飯はない）というもので、この主張は誤解である。日銀が国債を買い切っても、財政再建ができるわけではない。財政と日銀との関係を議論する前提として、この事実を深く理解しておくことは極めて重要であり、まずはこの理由を以下、順番に説明しておこう。

第1の理由は、金融政策は資産の「等価交換」で、日銀が買い取る国債を支えているのは主に我々の預金であるためである。この意味を理解するため、次のような簡易ケースで考察してみよう。

まず、現実の経済にはいくつもの異なる家計や企業、銀行等の金融機関が存在しているが、政府部門・日銀のほか、一つの民

図表3-5　日銀等のバランスシート（国債の買いオペ前）

政府部門

資産		負債	
政府預金	50	国債	800

日銀

資産		負債	
国債	400	現金	100
		政府預金	50
		準備	250

民間銀行

資産		負債	
準備	250	預金	1600
国債	400		
貸出	950		

間銀行しか存在しないものとする。

　また当初、政府部門・日銀・民間銀行のバランスシートは**図表３－５**の通りとする（注：簡略化のため、日銀が保有する国債以外の資産や自己資本ほか、民間銀行の自己資本などは無視する）。

　上記の日銀バランスシートの負債側にある「現金」は市中に流通している日銀券残高を意味し、「準備」は中央銀行が民間銀行から預かっている預金（＝日銀当座預金）を意味する。

　このとき、金融政策で国債の買いオペレーションを行い、日銀が民間銀行から、国債１００を買い取ってみよう。この政策は「国債と準備を等価交換」する措置であり、日銀は国債購入の対価として、民間銀行の日銀当座預金を１００増やす。つまり、日銀バランスシート上では資産側の国債が１００増加、負債側の準備が１００増加する一方、民間銀行バランスシート上では資産側の準備が１００減少、国債が１００減少す

図表3-6　日銀等のバランスシート（国債の買いオペ後）

政府部門

資産		負債	
政府預金	50	国債	800

日銀

資産		負債	
国債	500	現金	100
		政府預金	50
		準備	350

民間銀行

資産		負債	
準備	350	預金	1600
国債	300		
貸出	950		

る。その結果、政府部門・日銀・民間銀行のバランスシートは**図表3－5**と**図表3－6**の通りとなる。

図表3－5と異なる部分が網掛けの部分であるが、**図表3－6**は何を意味するのだろうか。まず、民間銀行のバランスシートを見てみよう。このバランスシートの資産側には準備350、国債300、貸出950があるが、これらの合計1600を負債側の預金1600が支えている。つまり、負債側にある預金の一部（350）が資産側の準備350を支えている。次に、日銀のバランスシートを見てみよう。このバランスシートの負債側には現金100（＝市中に流通している日銀券）、政府預金50、準備350があり、それらの合計500が資産側の国債500を支えている。つまり、負債側の準備350が資産側にある国債の一部350を支えている。

その結果、民間銀行バランスシートの負債側にある預金の一部（350）が、資産側の準備350を通じて、日銀のバランスシートの資産側にある国債の一部350を間接的に支えている構図になる。なお、日銀バランスシートの資産側で大部分を占める「国債」は「日銀の財務省に対する債権」、負債側で大部分を占める「準備」は「民間銀行の日銀に対する債権」（日銀から見ると負債）である。このため、債権債務の関係から、日銀保有の国債と準備を一般的に相殺することはできないが、例えば**図表3－6**で、財政再建を図る観点から、仮に日銀保有の国債の一部（350）と準備（350）を互いに相殺すると、それは政府部門が準備350に100％課税を行う政策と実質的に同等であり、最終的に民間銀行に預けている我々の預金の一部（350）が消滅してしまう。

ところで、政府が発行する国債残高を賄っている原資は基本的に預金であり、金融政策はその原資を増やすものではないという事実も重要である。この事実は、日銀と民間銀行の統合バランスシートから簡単に理解できる。まず、**図表3－6**の日銀バランスシートと民間銀行バランスシートを統合し、資産側・負債側の両方に記載のある準備を相殺すると、**図表3－7**となる。この統合バランスシートは、負債側の現金100（＝市中に流通している日銀券）、政府預金50、我々の預金1600が、政府が発行した国債残高800、企業等への貸出950を支えていることを意味する。

また、**図表3－5**で日銀と民間銀行のバランスシートを統合し、資産側・負債側の両方に記載のある準備を相殺しても、**図表3－7**と全く同じバランスシートが得られる。この事実は、政府

図表3-7　日銀＋民間銀行のバランスシート

政府部門

資産		負債	
政府預金	50	国債	800

日銀＋民間銀行

資産		負債	
国債	800	現金	100
貸出	950	政府預金	50
		預金	1600

が発行する国債残高を賄っている原資は基本的に預金であり、金融政策はその原資を増やすものではないことを意味する。

第2の理由は、もし金利が正常化する中で、市場金利との比較で、「超過準備」の付利を適切な水準まで引き上げずに抑制する場合、政府部門と日銀の統合政府で見ると、それは預金課税を行っているのと実質的に同等なためである。また、「超過準備」の付利を適切な水準まで引き上げる場合、統合政府で見ると、「超過準備」は実質的に国債発行（短期国債の発行）と概ね同等になるためである。この意味について、順を追って説明しよう。

まず、この理解を深めるため、**図表3－5**と**図表3－6**の各ケースについて、政府部門と日銀の統合政府バランスシートを考えてみよう。統合政府（政府部門＋日銀）バランスシートの資産側と負債側の両方に記載がある政府預金や国債を相殺すると、各ケースにつき、**図表3－8**が得られる。

図表3－8から読み取れる事実のうち、最も重要な視点は2つある。一つは、**図表3－8**の(1)・(2)のどちらのケースも、統合政府（政府部門＋日銀）バランスシートの負債側にある「国債」と「準備」の合計650は、

図表3-8　統合政府（政府部門＋日銀）のバランスシート

（1）図表3-5のケース

政府部門＋日銀

資産		負債	
		現金	100
		国債	400
		準備	250

民間銀行

資産		負債	
準備	250	預金	1600
国債	400		
貸出	950		

（2）図表3-6のケース

政府部門＋日銀

資産		負債	
		現金	100
		国債	300
		準備	350

民間銀行

資産		負債	
準備	350	預金	1600
国債	300		
貸出	950		

民間銀行バランスシートの資産側の「国債」と「準備」の合計６５０に一致し、その資産を支えているのは民間銀行バランスシートの負債側にある我々の「預金１６００」であるという視点である。

もう一つは、統合政府（政府部門＋日銀）バランスシートの負債側にある「現金」「国債」「準備」のうち、現金の金利コストは「ゼロ」、国債の金利コストは「長期金利（例：10年国債の金利）」、準備の金利コストは「付利」であるという視点である。

もっとも、デフレ下で名目金利が概ねゼロである状況では、国債の金利コスト（＝長期金利）も、準備の金利コスト（＝付利）も概ねゼロであるから、**図表３－８**の(1)ケースと(2)ケースにおける統合政府（政府部門＋日銀）の負債コストは概ね同等となる。

他方、国債の金利コスト（＝長期金利）と準備の金利コスト（＝付利）が大きく異なれば、**図表３－８**の⑴ケースと⑵ケースにおける統合政府（政府部門＋日銀）の負債コストは大きく異なってくる。例えば、長期金利よりも付利をずっと低い状態に維持できれば、統合政府（政府部門＋日銀）の負債コストは**図表３－８**の⑴ケースよりも⑵ケースの方が低く、負債コストを軽減できる。

では、金利が正常化した場合でも、長期金利よりも付利をずっと低い状態に維持すると、何が起こるだろうか。結論を先に述べると、統合政府（政府部門＋日銀）で見る場合、それは預金課税と同等になる。

なお、以下では議論を分かりやすくするため、少し極論だが、将来の一定期間、短期金利は一定（例：３％）であるとしよう。その場合、長期金利も一定（例：３％）になり、これは「イールドカーブ」がフラットの状況に相当する。また、民間銀行の利潤はゼロとし、貸出金利や預金金利の区別がなく、市場の名目金利が一つしかないものとする。

このとき、例えば市場の名目金利が３％に上昇していけば、市場の裁定が働き、長期金利（＝10年国債の金利）や貸出金利も３％に上昇していくので、付利も３％に引き上げる必要が出てくる。

もし付利を３％に引き上げない場合、預金金利も３％を割ってしまう。例えば、**図表３－８**の⑵ケースで考えてみよう。長期金利（＝国債の利回り）や貸出金利が３％で、もし付利がそれよりも低い1％であれば、民間銀行が得る金利収入は41（＝350×1％＋300×3％＋950×3％）になる。民間銀行の利潤はゼロとして、この金利収入のすべてを預金者に還元する場合、預金金利は2・56％（＝41÷1600）と計算できる。付利が1％よりも低いゼロであれば、預金金利は2・34％になる。

なお、「純粋期待仮説」（長期金利は将来の短期金利の期待値で決まるという仮説）に従えば、この状況では裁定取引が可能なので民間銀行から預金が流出する可能性があり、市場金利の再調整が起こるはずであるが、「市場分断仮説」（長期金利と短期金利は別々の市場で、各期間の金利に対する資金需給により決定されるという仮説）が一定の妥当性をもつならば、預金金利を低めに抑制できるかもしれない。いずれにせよ、このような形で付利を市場の名目金利よりも引き下げて抑制する場合、預金金利が低下し、それは預金課税を行っているのと実質的に同等であることを意味する。

では、金利が正常化した場合、付利を適切な水準まで引き上げると、何が起こるだろうか。この場合も、長期金利や短期金利、貸出金利や預金金利の区別がなく、市場の名目金利が一つしかないケースで考えると、物事が分かりやすくなる。例えば、長期金利（＝国債の利回り）や貸出金利が3％のとき、付利を3％に引き上げる場合を考えてみよう。この場合、図表3－8の⑴・⑵のどちらのケースにおいても、統合政府（政府部門＋日銀）バランスシートの負債側にある国債と準備のコストは同じ3％になる。厳密には、超過準備の付利は、短期国債の利回りやコールレート等の「短期金利」と同水準であり、これは統合政府で見ると、「超過準備」は実質的に国債発行（短期国債の発行）と概ね同等になることを意味する。もっとも、厳密には短期金利と長期金利の区別はあるので、金利が正常化した場合、長期金利よりも付利を若干低い水準に維持できる可能性もあるが、資金の貸借市場の需給が需要増に傾くと、短期金利の下限であるコールレートも長期金利と同様の水準まで上昇する。

なお、日銀が保有する国債は償還年限があるため、十分時間が経ち、何もしないと、国債は日銀バランスシートから落ちていく。その場合、民間銀行などが保有する国債や市場に流通する国債が増加する。つまり、国債市場の需給関係が供給増に変化し、長期金利に上昇（国債の価格に下落）の圧力がかかる。長期金利が上昇すれば政府債務の利払い費が増加し、財政を直撃するため、最終的に財政再建が求められる。

すなわち、「日銀が国債をすべて買い切れば、国民負担なしで財政再建が終了する」旨の主張はウソであり、財政の持続可能性を確保するためには、財政再建をしっかり進める必要がある。

column

日銀が保有するETFをどうするか

日銀は2016年7月下旬の金融政策決定会合で、それまで年間3・3兆円のペースで買い入れてきた上場投資信託（ETF）の購入額を約6兆円に増やす決定を行い、いまもETFの買い入れを継続している。

「2019年4～9月期の日銀の決算」（2019年11月27日公表）によると、日銀が2019年9月末時点でそのバランスシートに保有していたETFは時価ベースで31・6兆円、簿価ベースは27・6兆円で、含み益は3・98兆円であった。GPIF（年金積立金管理運用独立行政法人）は約40兆円もの日本株を保有するが、日銀はそれに次ぐ大株主である。「日本経済新聞」（2018年6月27日付）等では「2018年3月末時点で上場企業の約4割で上位10位以内の『大株主』になった」旨の報道もあるが、東証1部の時価総額は約607兆円（2019年2月末時点）で、日銀のETF買い入れを通じた保有割合は約4・7%となる。

また、上場企業の発行済み株式数の5%超を保有する株主は、金融商品取引法に基づき、原則として5%超を保有することになった日から5日以内に、内閣総理大臣に「大量保有報告書」を提出する義務があるが、2018年9月末に日銀の間接的な保有比率が10%以上になる株式銘柄数は30超、5%以上は130超もある。

日銀が年間6兆円のペースでETFの買い入れを継続する場合、単純計算で、2025年頃には70兆円超のETFを保有し、GPIFを超えてトップの大株主になるが、それは株価下落に対し日銀のバランスシートの脆弱性が増すことを意味する。

この関係では、2019年3月12日の参議院・財政金融委員会において、日銀の雨宮正佳副総裁は、ETFの買い入れにつき、「日経平均株価が1万8000円程度を割り込むと、日銀の保有ETFの時価が簿価を下回る」旨の発言をしている。日銀が保有する約30兆円超ものETFの売却は容易ではなく、保有するETFを売却すると、株価急落を招く可能性が高い。また、最近は徐々に買い入れを減らす動きもあるが、年間6兆円のETF買い入れを完全に停止する場合、株価に下落圧力がかかるリスクもあり、将来の手仕舞いの方法を早急かつ慎重に検討する必要がある。

日銀が抱える損失や潜在的リスク

以上のほか、日銀が金融政策で国債を大量に買い取る中で、いまの日銀が独自に抱えている損失や潜在的リスクもある。その最も代表的な事例の一つが、デフレ脱却後における金融政策の出口で被る損失リスクである。日銀は2017年7月下旬の金融政策決定会合において、物価目標2%の達成時期を「2018年度頃」から「2019年度頃」に1年先送りしたが、物価目標先送りは2015年4月以降、6回目であり、現在も物価2%を達成する見込みはない。このため、デフレ脱却は現在のところ難しく、かなり先の話となる可能性も高いが、物価目標の2%が達成されると、日銀が「逆鞘」で債務超過に陥るのではないかという懸念が広がっている。

もっとも、本当に日銀が「逆鞘」で債務超過に陥るか否かは、デフレ脱却後における日銀の利上げスピードに依存する。このため、以下では簡単な「頭の体操」を行ってみよう。

図表3-9　日銀における主な運用資産の利回り

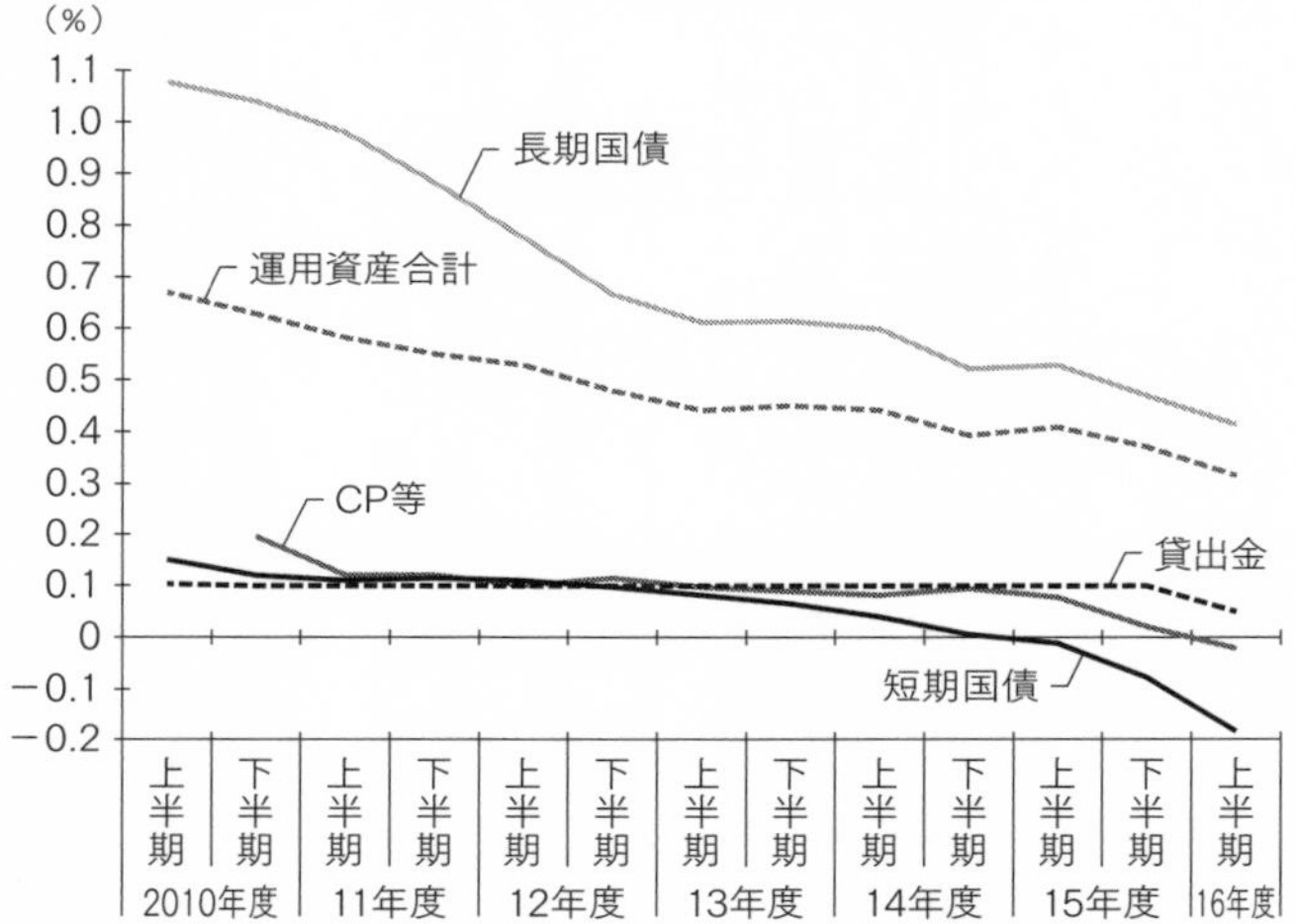

（出所） 日銀決算資料から作成

まず、**図表3－9**のように、日銀における運用資産の利回りは低下を続けており、運用資産合計の利回りは直近で約0・3％である。2020年1月20日時点でのバランスシート約570兆円の資産のうち約480兆円が国債であり、デフレ脱却で金利が正常化して市場金利に徐々に上昇圧力がかかっても、債券の一種である国債のクーポン（利回り）は固定されているため、日銀における運用資産の利回りはすぐに上昇しない。

他方、デフレ脱却で2％の物価目標を実現すると、さらなる物価上昇を抑制するため、日銀は金利を引き上げる必要がある。このとき、日銀には主に2つの方法がある。

まず、第1の方法は、日銀が保有する国

債を売却し、金利上昇を誘導する方法である。国債を売却すれば、その対価として民間銀行等から超過準備の支払いを受けることができ、日銀のバランスシートは縮小するが、金利上昇で国債価格に下落圧力がかかる中で国債を売却するため、日銀はキャピタルロスを計上する可能性がある。また、1000兆円もの巨額債務を抱える日本財政も、金利上昇で債務の利払い費が急増するリスクに直面する。

第2の方法は、日銀が超過準備の付利を引き上げて、金利上昇を誘導する方法である。超過準備の付利は、短期国債の利回りやコールレート等の「短期金利」と同水準であるから、付利を引き上げれば、短期金利にも上昇圧力がかかる。

この場合でも、金利上昇で国債価格が下落し、日銀はキャピタルロスを被る可能性があるが、会計基準として、日銀はいま「償却原価法」(そのロスを国債の償還まで毎年均等に会計処理する方式)を採用しているため、日銀が国債を満期まで保有すれば、キャピタルロスを計上する必要はない。

むしろ、損失が発生するのは、日銀が逆鞘になったときである。すなわち、日銀の運用資産の大部分を占める国債の利回りよりも、負債の大部分を構成する超過準備の付利が上回ると、日銀の損失が顕在化する。

例えば、日銀の資産が400兆円の国債でその運用利回りが0・3%、日銀の負債が100兆円の発行銀行券のほか、超過準備300兆円で付利を含む負債コストが0・1%のケースを考えてみよう。このとき、運用資産から1・2兆円（＝400兆円×0・3％）の利息を受け取りながら、負債コストとして0・3兆円（＝300兆円×0・1％）の金利を支払い、1・1兆円の純利益を得ることができる。法人税などの税金を支払った後の最終利益の95％は原則として国庫納付するルールになっており、それは国の一般会計の歳入の一部となっている。

しかしながら、物価上昇の抑制のために付利を引き上げるケースはどうか。物価上昇率がマイナス0・5％～1％の範囲で付利は0・1％としているから、物価上昇率が2～3％で実質金利が同じくらいの値をとるには、付利は1・1％～3・6％の範囲に引き上げる必要があると想定するのが自然であろう。

このとき、国債の利回りはしばらくの間は0・3％近くに留まるため、運用資産からの利息収入は概ね1・2兆円のままである一方、負債コストは3・3兆円～10・8兆円（＝300兆円×1・1％～3・6％）に膨らみ、逆鞘で日銀は2・1兆円～9・6兆円の損失が顕在化する。数年間、このような損失が継続すると、日銀は債務超過に陥ってしまう。

なお、超過準備に対する付利は、短期国債や政府短期証券、コール市場での資金運用と概ね同じ意味をもち、それは「短期金利」と同水準となる。また、日銀が保有する大部分の国債の利回りは、「長期金利」に相当する。このため、日銀が金融政策で民間銀行から国債を買い取り、民間銀行に準備を供給する政策は、統合政府の負債コストの一部を「長期金利」から「短期金利」に置き換える操作を意味し、統合政府の負債コストは金利上昇に脆弱になる。

逆鞘による損失を回避するには、長期金利を短期金利より先に引き上げていく方法もあるが、長期金利の上昇は政府債務の利払い費を増加させることを意味し、財政当局や政治が日銀の動きを牽制あるいは束縛する可能性もある。

もっとも、海外ではチェコ中央銀行が一時的（1990年代－2015年）に債務超過に陥ったが問題が顕在化していないケースもあり、日銀が一時的に債務超過に陥っても本質的な問題が発生するとは断定できない。

Stella（1997、2002）[1]等によると、中央銀行が債務超過に陥った事例はいくつも存在する。例えば、ドイツ連邦銀行（Bundesbank、1977年－1979年）、ベネズエラ中央銀行（1980年代－90年代）、ジャマイカ銀行（1980年代－90年代半ば）、旧フィリピン中央銀行、チリ中央銀行（1997年－2000年）、インドネシア中央銀行（1997年－98年前後）、等である。

このうち、ベネズエラ中央銀行、ジャマイカ銀行、旧フィリピン中央銀行の債務超過ケースでは、物価安定の目標を中央銀行が達成することが困難になり、高いインフレが発生している。一般的に、中央銀行が債務超過を自力で解消に努める場合、貨幣供給を増加させて追加的な通貨発行益を確保することが多く、それが物価上昇を加速してしまう。

もっとも、財政当局が損失補塡を行い、中央銀行の債務超過を解消することも考えられるが、それは国民負担の増加を意味することから、損失補塡の規模や方法につき、財政当局や政治の介入が強まり、中央銀行が目指す物価安定目標と整合的でない条件が課される可能性もある。

例えば、物価上昇を抑制するために金融引き締めを行えば、どうしても長期金利の上昇を許容する必要があるが、巨額の政府債務が存在する中、それは利払い費の増加を通じて財政を直撃する。

日銀には政治的な独立性が認められているが、日銀総裁や幹部は国会対応もあり、選挙で選ばれる政治家と一段しか離れておらず、世論やマスコミから批判を浴び、政治的な強い風圧にもさらされることも確実である。そうなると、日銀は国債購入を通じて長期金利の上昇抑制を優先し、その結果、貨幣供給が拡大してしまい、これは日銀が直接責任を問われる物価安定の放棄を意味する。

つまり、日銀は直接責任を問われる実際の物価上昇の抑制か、財政の救済か、二者択一を迫られる。この関係で、例えば、シカゴ大学のジョン・コクラン教授は最近の論文（２０１４年）において、「歴史的に見ると、インフレは貨幣的現象というよりも財政的現象である」という主張をしている。

なお、拡張的な金融政策の裏側で緊縮的な財政政策を行ったため、チリ中央銀行やインドネシア中央銀行等のように、中央銀行の債務超過が高いインフレを引き起こさなかったケースもある。

いずれにせよ、政府と日銀を一体で考えたとき、日銀が国債を保有していても、統合債務の負債コストは基本的に変わらないという視点の方が重要である。現在は金利が概ねゼロのために負債コストが顕在化していないが、デフレ脱却後、日銀のバランスシートの負債側にある現金と準備は、物価が何倍にもならなければ維持不可能なものであり、日銀はバランスシートを縮小するために保有国債を減少させるか、バランスシートの規模を維持する代わりに準備に対する付利を引き上げる必要などが出てくる。

そのとき、財政赤字を無コストでファイナンス可能な状況は完全に終了し、巨額な債務コストが再び顕在化するわけで、金融政策の出口や限界を考慮する場合、異次元の金融緩和リスクや将来コストを十分に考える必要がある。

column

ＭＭＴ（現代貨幣理論）は本当に新しい理論か

ニューヨーク州立大のステファニー・ケルトン教授などが「ＭＭＴ（Modern Monetary Theory＝現代貨幣理論）」という理論を提唱し、アメリカを中心に徐々に広がりを見せ始めている。一方で、アメリカのハーバード大学のケネス・ロゴフ教授やローレンス・サマーズ元米財務長官といった主流派の経済学者は、「ＭＭＴは様々なレベルで間違っている」とし、ＭＭＴの理論的な妥当性を強く批判している。

どちらの見解が正しいのだろうか。結論を先に述べると、ハーバード大学のロゴフ教授やサマーズ元米財務長官らの指摘の方が正しい。理由は、MMTは、財政の民主的統制の難しさを深く考察していないためである。以下、順番に概説する。

まず、議論を簡略化するために閉鎖経済で考えよう。このとき、「民間貯蓄（S）＝民間投資（I）＋財政赤字（G－T）」というISバランスが成立するが、経済学の正統派ではISバランスが成立しない場合、市場原理で金利が変動し、ISバランスが自動的に成立するものとする。しかし、MMTでは、完全雇用のときの民間純貯蓄（S－I）は構造的に決まっており、市場メカニズムのみではISバランスが成立しないケースがあり、その場合では財政赤字が必要になると主張する。

この主張は、有効需要の原理を重視する伝統的なケインズ派の理論に近く、別に目新しいものではない。むしろ、目新しいのは財政赤字を賄う財源として法定通貨の発行を主張することであろう。

すなわち、「財政ファイナンス」の積極的な活用である。このため、MMTでは、①政府支出の拡大や減税＝法定通貨の新規発行、②増税や政府支出の削減＝法定通貨の回収を意味し、完全雇用のときの民間純貯蓄（S－I）にマッチするように、財政赤字（G－T）を制御する政策を提案する。

そもそも、いまの日本のように、失業率が低く、コンビニ等の労働力不足が懸念される状況で本当に有効需要の原理が機能するのか否かという考察も極めて重要だが、この財政ファイナンスを積極的に活用する発想は本当に目新しいのか。

実は、ブキャナンとワグナーの名著『赤字の民主主義―ケインズが遺したもの』（日経BPクラシックス）（原題はBuchanan and Wagner（1977），"*Democracy in Deficit: the Political Legacy of Lord Keynes*", New York : Academic Press）で、ブキャナンらが既に約40年前に指摘しており、これも目新しいものではない。

例えば、同書の76－77ページには次の記述がある（傍線は筆者）。

> 意図的な財政赤字の創出――支出はするが課税はしないというあからさまな決定――は、ケインズ政策の特徴だが、（略）ケインズ派が――大半のケインズ派が――通貨の増発を選ばず、古典的な公債負担論に挑戦する道を選んだのは、今もって意外である（略）需要不足という環境では、政府の追加支出の機会費用は完全にゼロである。これは直ちに、必要な財政赤字を補てんするために通貨を創造しても、純コストは発生しない＝つまりインフレの恐れはない――ことになる。したがって、政治・制度上の制約がない場合は、意図的に財政収支を赤字にし、通貨発行だけで赤字を補てんすることが、ケインズ派の理想的な景気対策になるはずだ。

財政学者であれば周知の事実だが、ノーベル経済学賞を受賞したブキャナンらは「ケインズがいなければ、１９６０～70年代の政治家がこんなに節度を失うことはなかった」とし、アメリカの財政赤字や通貨膨張、政府部門の肥大化の主な原因をケインズ派の理論にあると批判するために執筆したのが同書（『赤字の民主主義』）である。

同書において、財政規律を重視するブキャナンらが「ケインズ派が――大半のケインズ派が――通貨の増発を選ばず、古典的な公債負担論に挑戦する道を選んだのは、今もって意外」とする記述は、ケインズ派に対する「強烈な皮肉」を投げかけるものである。

ＭＭＴでは、財政赤字が害をもたらすと分かれば、その時点で適切な水準に財政赤字を縮小すればよいという発想だが、民主主義の下で政府支出の削減や増税を迅速かつ容易に行うのは極めて難しい。例えば、１９９７年に消費税率は３％から５％に引き上がったが、２０１４年に消費税率が８％に引き上がるまで17年もの時間がかかったのが一つの証である。本丸の社会保障改革もなかなか進まない。日本をはじめ各国では財政赤字の問題に長年悩んできたが、社会保障費の削減や増税が政治的に容易に可能ならば、いまごろ日本では財政再建が終了しているはずである。

政治家は票を求めて選挙で競争を行う。その際、有権者や利益団体の要求に応じて予算は膨張するメカニズムをもつ一方、政治家は有権者に税を課すことは喜ばない。むしろ、減税こそが歓迎される。

つまり、財政民主主義の下では、財政は予算膨張と減税の政治圧力にさらされることになり、現在の政治家と有権者には財政赤字が膨れ上がるメカニズムを遮断するのは簡単なことではない。このため、ブキャナンらは「民主主義の下で財政を均衡させ、政府の肥大化を防ぐには、憲法で財政均衡を義務付けるしかない」と主張する。

なお、財政赤字を法定通貨の新規発行で賄うリスクは、第一次世界大戦後のドイツや第二次世界大戦後の日本などでも経験しており、その歴史的教訓から、中央銀行の独立性を高め、財政法で財政ファイナンスを禁止しているということも忘れてはいけない。

この意味で、『赤字の民主主義』の２１６－２３４ページの次の指摘が現代の我々に突きつけるメッセージを深く理解することが望まれる（傍線は筆者）。

政府は公債発行の権利よりも通貨発行の権利を厳しく制限されてきた。選択が許される場合、政府が課税よりも通貨の膨張（水増し）に傾く傾向があることは、経済史の無数の例が示している。（略）選挙で選ばれる政治家は公的支出を承認し、有権者に課税する。もし予想される歳出を歳入と均衡させることが政治家の義務でない場合は、そんなことはしない。政治家の行動が必然的にインフレを招いても、有権者から直接責任を問われることはないからだ。（略）教科書通りのケインズ理論を鵜呑みにした有権者や政治家から見れば、財政赤字の削減で総支出のペースが落ちれば、雇用と実質生産がいつ減少してもおかしくない。

column

高インフレで財政再建は可能か

「１９４５年の戦後直後の高インフレで政府の借金の大部分が帳消しになったように、財政が危機的な状況になれば、いずれ高いインフレ（財政インフレ）が発生し、それで財政再建ができるのではないか」という議論も多いが、インフレが財政に及ぼす影響を考察するサンプル事例としては、１９７４年の「狂乱物価」が参考となる。

狂乱物価とは、１９７３年からの列島改造ブームによる地価高騰で発生していたインフレが、１９７３年10月に勃発した第４次中東戦争に伴う第１次オイルショック（原油価格の急騰）やその便乗値上げで加速した現象をいう。実際、消費者物価指数は１９７３年で約12％であったが、１９７４年には約23％に急上昇している。政府は、狂乱物価を抑制するため、公共事業の抑制や

図表3-10　狂乱物価時の国家予算の姿

（億円）

	1973年度	1975年度	伸び率
歳出合計（当初予算）	142,840	212,888	49%
うち社会保障関係費	21,145	39,269	86%
税収（決算）	133,656	137,527	3%
基礎的財政収支	－10,813	－41,781	286%
基礎的財政収支（対GDP）	－0.9%	－2.7%	
国債利払費	4,422	7,800	76%
国債残高（対GDP）	6.5%	9.8%	
名目GDP	1,195,636	1,560,802	31%
CPI上昇率（1974年／1972年）			38%

（出所）財務省・内閣府資料

公定歩合の引き上げを含む「総需要抑制政策」を実施し、インフレは沈静化したが、1974年の経済成長率は戦後初めてのマイナスを記録した。

では、狂乱物価で財政はどのような影響を受けたのか。この影響は、1973年度と1975年度の予算（国の一般会計）を比較すると把握できる（**図表3－10**）。物価上昇が予算に反映するには一定のタイムラグがあることから、**図表3－10**では、CPI上昇率（消費者物価指数の伸び）は1972年から1974年のものを掲載しており、この2年間で約38％も物価は上昇している。しかし、図表を見れば一目瞭然であるが、税収は1973年度から1975年度の2年間で約3％しか伸びていない。一方で、歳出のうち公共事業費の抑制政策（名目で前年同額に抑制）をとったものの、社会保障関係費が約86％も伸び、歳出合計（国の一般会計当初予算）は約49％増という形で、物価上昇を上回って伸びてしまった。その結果、1973年度から1975年度の2年間において、国の一般会計における基礎的財政収支の赤字（対GDP）は0・9％から2・7％に悪化し、国債残高（対GDP）は6・5％から9・8％に上昇してしまう事態を招いた。

また、１９７３年度から１９７５年度の２年間において、名目ＧＤＰは31％しか増加していないが、この間、国債利払費は76％も増加している。

もっとも、この間の国債利払費の増加が76％で済んだのは、当時の国債残高（対ＧＤＰ）が６・５％であったからである。現在の政府債務（対ＧＤＰ）は２００％超で、債務が約１０００兆円もあるものの、国債金利の加重平均が約１％であるから、国債の利払費は約10兆円で済んでいるが、金利が５－６％に上昇しただけで、利払費は50－60兆円に増加する。つまり、国債利払費は５－６倍に膨らむ。

これが日本財政の現実の姿であり、財政インフレを止めるには、その原因である財政赤字を縮小するため、国民が痛みを伴う増税や歳出削減を実行する必要がある可能性が高い。なお、かつて日本でも１９４５年の戦後直後から数年間、高インフレが発生したが、そのインフレを終息させたのは、超財政金融引き締め政策を盛り込んだドッジラインであった（注：その後、朝鮮特需という神風が吹いたが、それがなかった場合、引き締め政策は深刻な景気後退をもたらした可能性が高い）。

すなわち、「打出の小槌」は存在せず、痛みを伴わずに財政再建できるという、「魔法」の理論はないのである。

【注】

1 Stella, P. (1997) "Do Central Banks Need Capital?," IMF Working Paper No. WP/97/83.
Stella, P. (2002) "Central Bank Financial Strength, Transparency, and Policy Credibility," IMF Working Paper No. WP/02/123.

第4章

年金

一般的に、公的な年金保険は、加齢に伴う稼得能力の減退や喪失に備えるための防貧機能を有するものだが、理論的には、寿命の不確実性がある中で、個人の予想以上に長寿となり生活が窮乏化する（または予想外に早死にし資産を使い残す）リスクをシェアする保険である。

生活保護は税財源で「所得の再分配」を目的とする制度であるが、公的年金は保険料を主な財源として寿命の不確実性を保険原理で「リスク分散」する制度である。現実の公的年金には、財源の一部に租税が投入されるケースも多いが、それは保険原理を弱め、意図しない所得再分配を引き起こす。

公的年金が存在しなくても、民間の保険市場では個人年金などが存在する一方、金融市場では預金や投信などの金融商品も存在し、それらで一定の代替は可能である。また、家族や親族の間で資産を共同管理することで、寿命の不確実性に伴う窮乏化リスクをシェアすることも可能なはずである。

にもかかわらず、公的な年金制度に多くの国民がしがみ付き、「甘い期待」を寄せてしまうのは、次の理由からであろう。

まず、所得や資産の格差が拡大し、貧困な高齢者や非正規雇用が増加する中で、自助努力では老後の資産が十分に準備できない人々が増加している。このような状況の中、「人生１００年時代」において、保険市場や金融市場を活用して老後に十分な資産を準備できるのは一定の裕福層に限定されるという厳しい現実である。また、未婚や少子化が進む中で、家族や親族の間でのリスク・シェアリング機能が低下し、老後に頼れる家族や親族が極端に少ない。例えば、一人っ子同士が夫婦となった場合、面倒を見る両親は最大4名もおり、自分たちの衣食住や育児などで生活が精一杯なのに両親の生活を支援する十分な余裕はなく、両親も子どもには頼れないと考えているケースも多いであろう。

しかしながら、現状の仕組みでは、公的年金の給付水準の実質的な削減に伴い、その防貧機能が次第に低下していくことは避けられない。この原因はいくつか存在するが、次の3つの要因が大きい。

第1は、年金財政が「積立方式」でなく、実質的に「賦課方式」で運営されており、人口減少の局面において現役世代の負担に限界があると、年金財政の均衡を保つには、給付の削減しか方法がないためである。

第2は、2004年の年金改正で導入したマクロ経済スライドが1階（基礎年金）部分まで給付を削減し、低年金の貧困高齢者を急増させてしまうためである。

第3は、上記の問題が発生する理由は、「リスク分散」機能（保険）と「再分配」機能（税）との役割分担が不明確なためである。

この理解を深めるため、まずは年金の現状と課題を概観し、その上で、これらの要因を順番に説明しよう。

年金の現状と課題

我が国の公的年金制度は、自営業者等の加入する国民年金（基礎年金）と、サラリーマンや公務員を対象とする厚生年金保険の２つの制度から構成される（図表４−１）。20歳以上の国民は公的年金制度への加入が義務付けられており、給付は原則として65歳から支給される（現行制度では支給開始年齢を70歳まで繰り下げ〈あるいは60歳まで繰り上げ〉できるが、75歳までの繰り下げも検討中）。第1号被保険者が自営業等で、第2号被保険者がサラリーマンや公務員であり、通常はサラリーマン等の妻で専業主婦が第3号被保険者に該当する。第1号と第2号は保険料を10年間支払わない限り、公的年金の受給要件を満たさず、給付を受けられない。一方、厚生年金制度は世帯単位で制度設計された経緯があり、第3号は保険料を納めなくても基礎年金に加入しているとみなされ、専業主婦優遇との批判を招いている。

我が国の公的年金制度の最大の問題は、老後の防貧機能を堅持しながら、年金財政の持続可能性をいかに高めていくかにある。年金財政の健全性は、法律に基づき、年金財政の健康診断に相当する「財政検証」を少なくとも5年に一度実施することで確かめる（国民年金法4条の3、厚生年金保険法2条の4）。直近の財政検証は、厚生労働省が２０１９年8月27日に公表したもので、「国民年金及び厚生年金に係る財政の現況及び見通し」という資料にその検証結果が示されている。

次回の財政検証は２０２４年であるが、２０１９年の財政検証では、名目運用利回りや実質賃

図表4-1　日本の公的年金制度

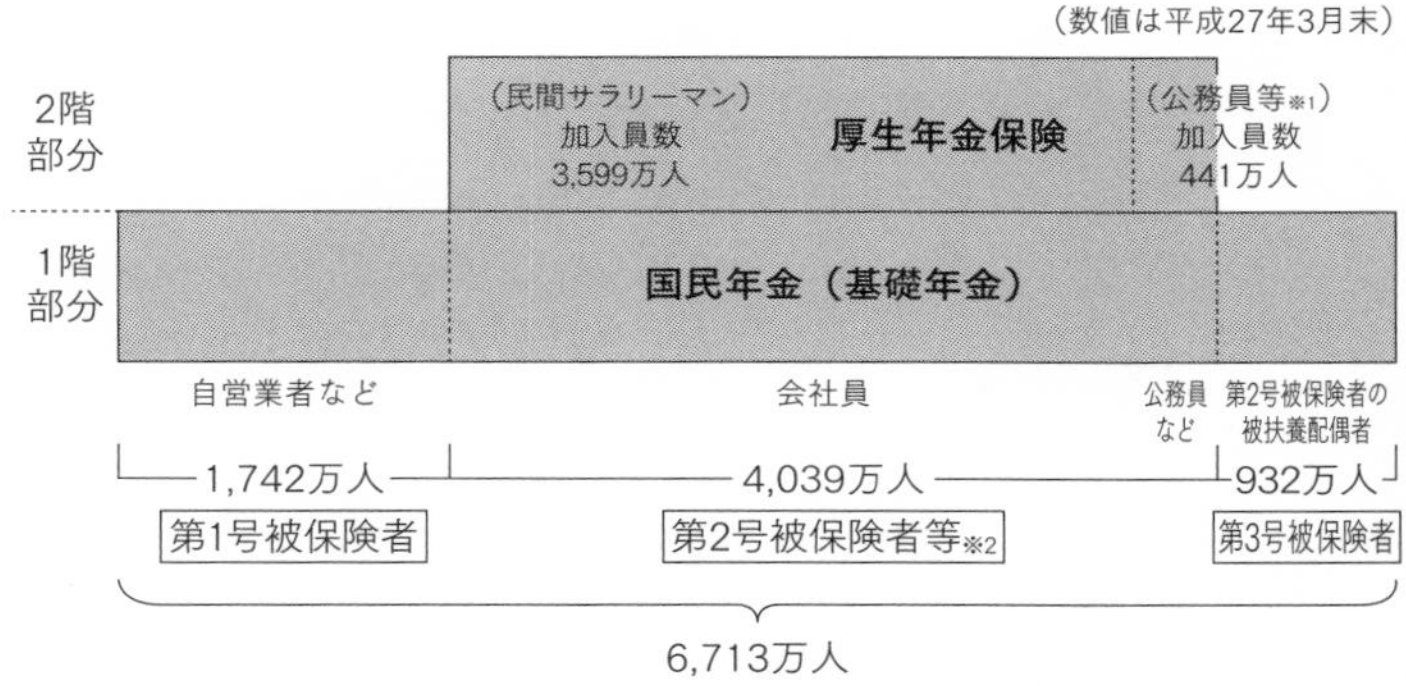

※1　被用者年金制度の一元化に伴い、平成27年10月1日から公務員および私学教職員も厚生年金に加入。また、共済年金の職域加算部分は廃止され、新たに年金払い退職給付が創設。
※2　第2号被保険者等とは、被用者年金被保険者のことをいう（第2号被保険者のほか、65歳以上で老齢、または、退職を支給事由とする年金給付の受給権を有する者を含む）。
（出所） 厚生労働省

金の伸び等の異なる条件で6ケース（ケースⅠ～ケースⅥ）を検証している。

政府は2004年の年金改革で、約100年間、年金の所得代替率（現役男性の平均的な手取り収入に対するモデル世帯での年金の給付水準の割合）を50％以上に維持すると法律に明記し、50％を割る場合は制度改正を義務づけているが、2019年の財政検証では、高成長（2029年度以降の実質GDP成長率が0・4％～0・9％）を前提とする3ケースでも、現在61・7％の所得代替率は50・8％～51・9％に低下し、約30年後の給付水準は約2割減となることを明らかにしている。

また、低成長（2029年度以降の実質GDP成長率がマイナス0・5％～0・2％）の3ケースでは所得代替率が50％を下

図表4-2　2019年・財政検証の結果（所得代替率の将来見通し）

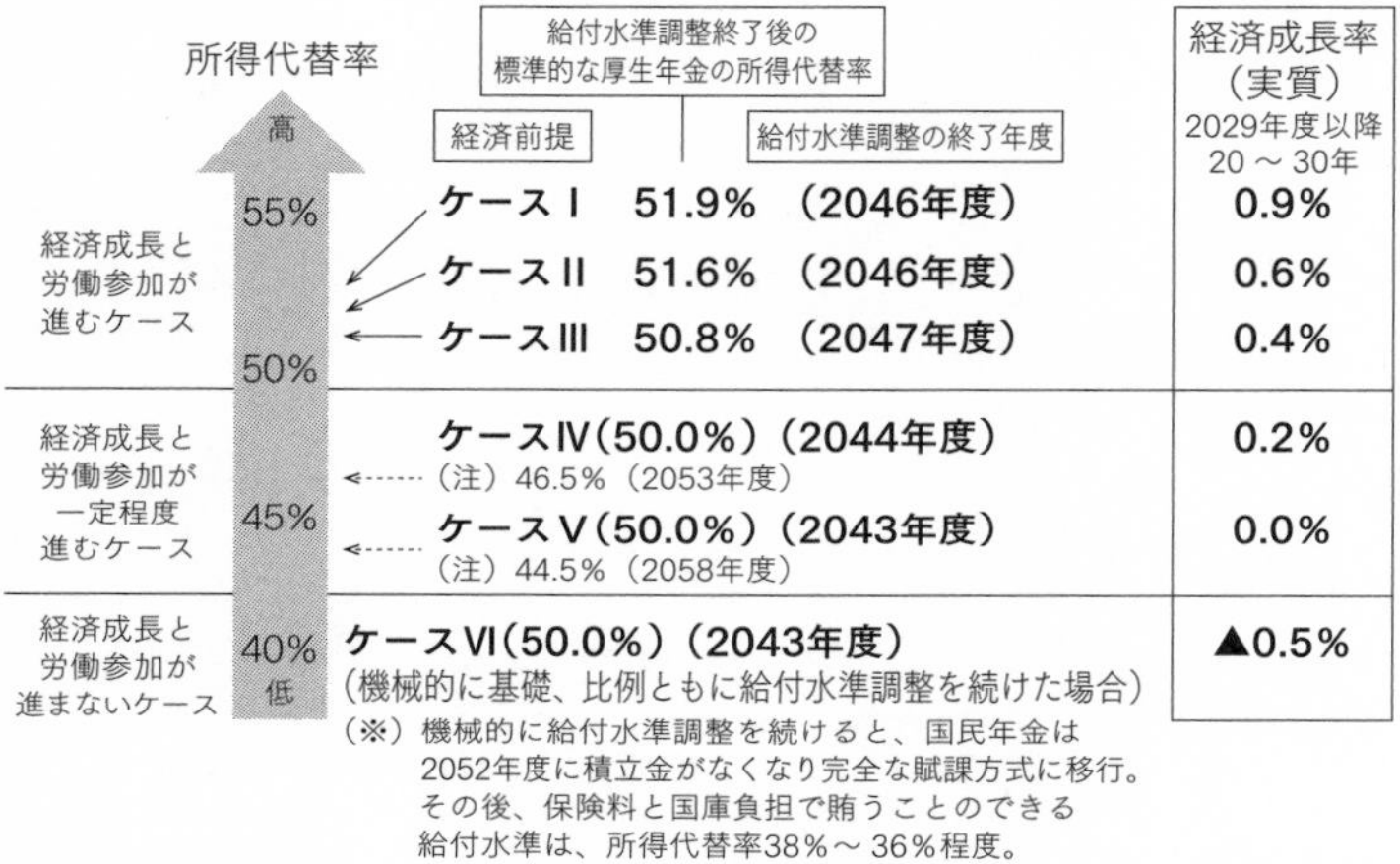

所得代替率
高
55%
50%
45%
40%
低
給付水準調整終了後の
標準的な厚生年金の所得代替率
経済前提
給付水準調整の終了年度
経済成長率
（実質）
2029年度以降
20 ～ 30年
経済成長と
労働参加が
進むケース
ケースⅠ　51.9%　（2046年度）
0.9%
ケースⅡ　51.6%　（2046年度）
0.6%
ケースⅢ　50.8%　（2047年度）
0.4%
経済成長と
労働参加が
一定程度
進むケース
ケースⅣ（50.0%）（2044年度）
（注）46.5%（2053年度）
0.2%
ケースⅤ（50.0%）（2043年度）
（注）44.5%（2058年度）
0.0%
経済成長と
労働参加が
進まないケース
ケースⅥ（50.0%）（2043年度）
（機械的に基礎、比例ともに給付水準調整を続けた場合）
▲0.5%
（※）機械的に給付水準調整を続けると、国民年金は
2052年度に積立金がなくなり完全な賦課方式に移行。
その後、保険料と国庫負担で賄うことのできる
給付水準は、所得代替率38%～ 36%程度。

（注） 所得代替率50%を下回る場合は、50%で給付水準調整を終了し、給付及び負担の在り方について検討を行うこととされているが、仮に、財政のバランスが取れるまで機械的に給付水準調整を進めた場合。
（出所） 厚生労働省

回り、このうちのケースⅥでは、国民年金の積立金が２０５２年度になくなり完全な賦課方式に移行するとともに、所得代替率が38％〜36％程度になる可能性も明らかにしている。

なお、我が国が定義し利用している「所得代替率」という概念は注意を要する。所得代替率は「現役男性の平均的な手取り収入に対する年金の給付水準の割合」をいうが、公的年金で単純に所得代替率という場合、それは「モデル世帯」の所得代替率を指す。モデル世帯とは「専業主婦世帯」で、夫は平均的な収入で40年間働いたサラリーマン、妻は40年間ずっと専業主婦の世帯をいう。

そして、２０１４年度におけるモデ

図表4-3　我が国の「所得代替率」の定義

$$61.7\% = \frac{\underset{\text{厚生年金・夫}}{9\text{万円}} + \underset{\text{基礎年金・夫}}{6.5\text{万円}} + \underset{\text{基礎年金・妻}}{6.5\text{万円}}}{\underset{\text{現役男性の平均的な手取り月収}}{35.7\text{万円}}}$$

（出所） 筆者作成

ル世帯の年金額は、夫の年金額が年間約186万円（＝月額15・5万円）、妻の年金額が年間約78万円（＝月額6・5万円）で、合計約264万円（＝月額22万円）である。しかし、モデル世帯の年金額は「現実の年金分布」とは相当かけ離れている。それは、厚生労働省「年金制度基礎調査 平成24年」から作成した**図表4－4**（男女別の年金分布・年額）から読み取れる。例えば、モデル世帯との比較で見ると、200万円～250万円の年金を受け取る男性は19・8％程度いるものの、200万円未満の年金額しか受け取っていない男性は55％もいる。150万円未満は40・4％である。

これは上記の年金分布には、自営業で国民年金しか受け取っていない者も含まれているからであり、モデル世帯の所得代替率は比較的恵まれた世帯のもので、一般的な感覚とは異なり誤解を招く可能性が高い。

しかも、我が国の「所得代替率」の定義は、年金額を過大に見せるものになっている。まず一つの仕掛けは、分母の「現役男性の平均収入」は手取り、すなわち「ネット」で税・社会保険料を支払った後の金額にしているにもかかわらず、分子の「年金の給付水準」は額面、すなわち「グロス」で税・社会保険料を支払う前の金額となっていることである。

図表4-4　公的年金の年金額の分布

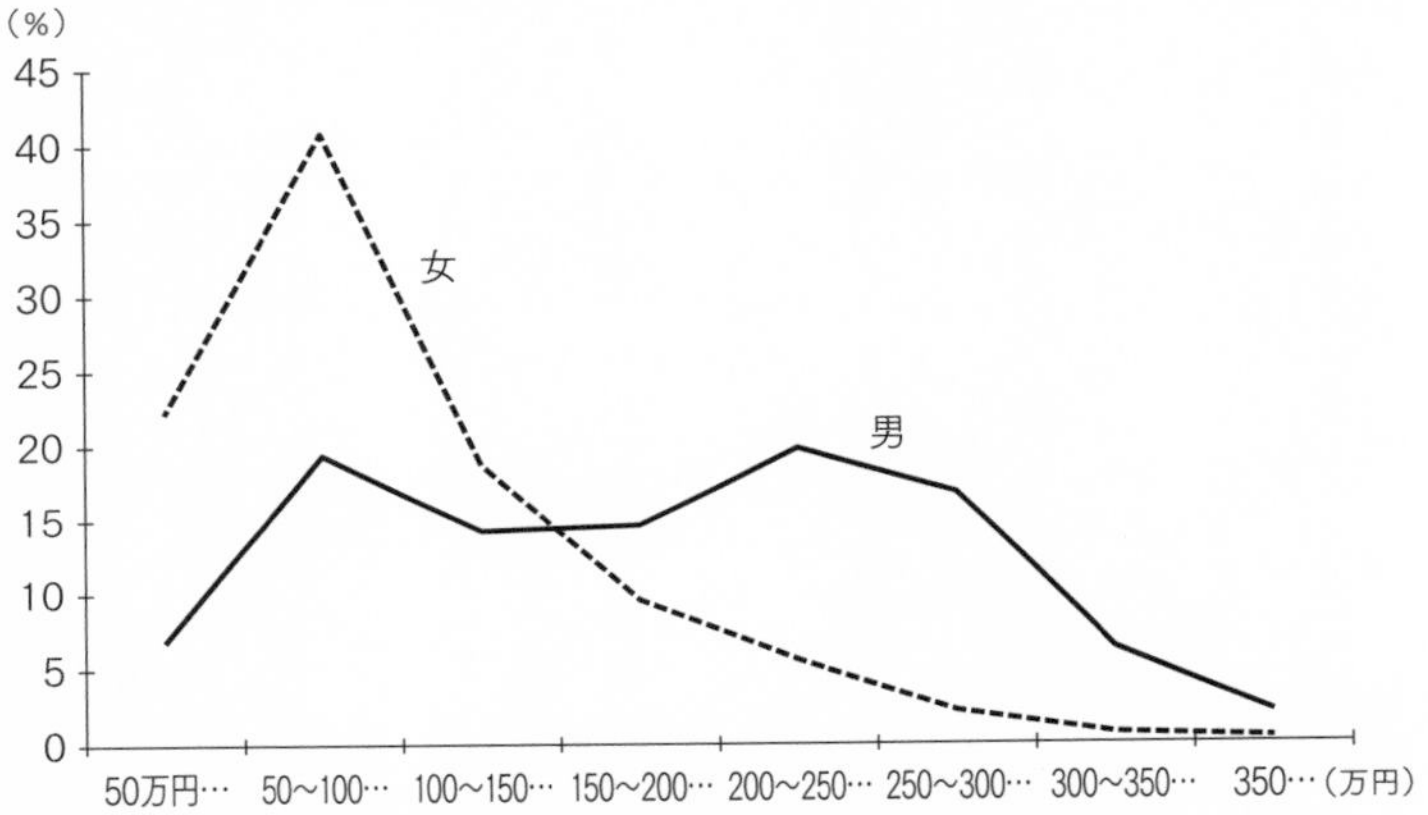

（出所） 厚生労働省「年金制度基礎調査 平成24年」から作成

もう一つの仕掛けは、分母と分子の世帯人数が異なっていることである。図表４－５のとおり、いまや共働き世帯の方が多い。だが、我が国の「所得代替率」の定義では、分母は現役男性１名、分子は夫と妻の２名の収入となっている。分母の人数が少なく、分子の人数が多ければ、所得代替率が上昇するのは当然であろう。

では、分母と分子の金額をネットかグロスに一致させ、各々の人数を揃えると、モデル世帯の所得代替率はどのような数値に変わるだろうか。

まず、分母と分子の金額が「グロス」の場合を考えよう。このとき、分母の「現役男性の平均収入」は、手取りの月額35・7万円（年収約４２８万円）でなく、標準的なケースにおいて、額面の月額43・9万円（年収約５２７万円）に変わる。分子の「年金の給付水準」は、

図表4-5　専業主婦世帯と共働き世帯（1980年〜2017年）

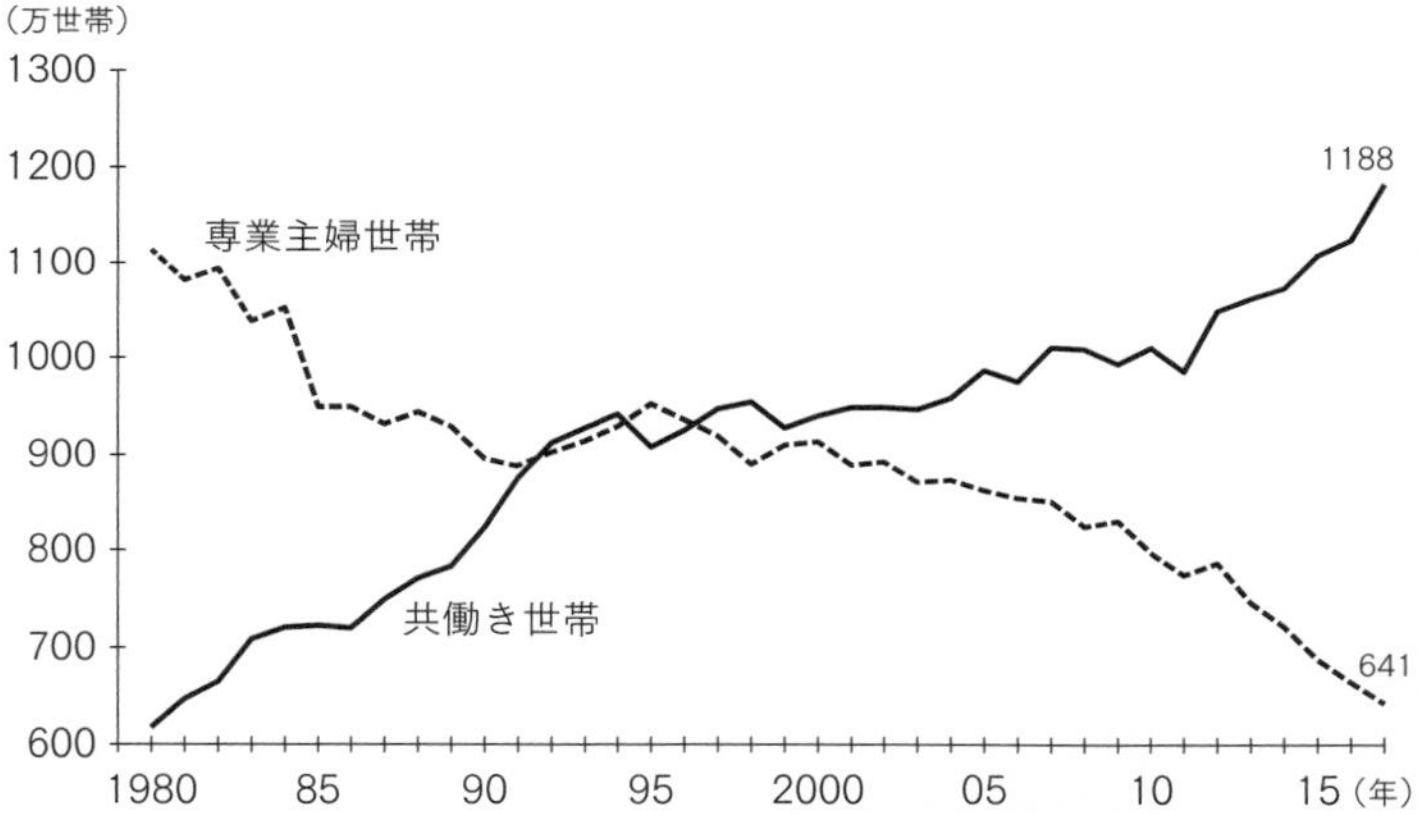

資料出所　厚生労働省「厚生労働白書」、内閣府「男女共同参画白書」、総務省「労働力調査特別調査」、総務省「労働力調査（詳細集計）」

注1 「専業主婦世帯」は、夫が非農林業雇用者で妻が非就業者（非労働力人口及び完全失業者）の世帯。

注2 「共働き世帯」は、夫婦ともに非農林業雇用者の世帯。

注3 2011年は岩手県、宮城県及び福島県を除く全国の結果。

（出所） 労働政策研究・研修機構

額面の月額22万円（年間の年金収入約２６４万円）のうち、夫の年金月額のみをカウントすると、基礎年金（６・５万円）と厚生年金（９万円）の合計で15・５万円という値に変わる。この結果として、グロスの所得代替率は35・３％（＝15・５万円÷43・９万円）になる。政府が公式に用いる２０１９年度の所得代替率61・７％と比較して、35・３％という値はそれから約４割超も低い水準となる。

次に、分母と分子の金額が「ネット」の場合はどうか。このとき、分母の「現役男性の平均収入」は、手取りの月額35・７万円（年収約４２８万円）で変わらないが、分子

図表4-6　OECD加盟国の所得代替率

（%）

		グロス	ネット			グロス	ネット
1	オランダ	90.5	95.7	19	チェコ	49.0	63.8
2	スペイン	82.1	89.5	20	ベルギー	46.6	60.9
3	オーストリア	78.1	91.6	21	オーストラリア	44.5	58.0
4	ルクセンブルク	76.8	88.6	22	ポーランド	43.1	52.8
5	トルコ	75.7	104.8	23	スイス	40.2	46.9
6	ポルトガル	73.8	89.5	24	ニュージーランド	40.1	43.0
7	イタリア	69.5	79.7	25	韓国	39.3	45.0
8	アイスランド	69.2	76.7	26	スロベニア	38.4	57.4
9	デンマーク	67.8	66.4	27	ドイツ	37.5	50.0
10	ギリシャ	66.7	72.9	28	カナダ	36.7	47.9
11	スロバキア	62.1	80.6	29	アメリカ	35.2	44.8
12	イスラエル	61.0	68.8	30	日本	35.1	40.4
13	ハンガリー	58.7	89.6	31	アイルランド	34.7	42.2
14	スウェーデン	56.0	55.8	32	チリ	32.8	37.7
15	フィンランド	55.8	63.5	33	メキシコ	25.5	28.4
16	フランス	55.4	67.7	34	イギリス	21.6	28.5
17	エストニア	50.5	59.8				
18	ノルウェー	49.8	60.2		**OECD34**	**52.9**	**63.2**

（出所） OECD “Pensions at a Glance 2015”

の「年金の給付水準」は変わる。夫の年金月額は、基礎年金（6・5万円）と厚生年金（9万円）を合計し、夫の年金月額（額面）は15・5万円であるが、それから保険料等で月額1万円の支払いをするケースでは、手取りは14・5万円になる。このとき、ネットの所得代替率は40・6%（＝14・5万円÷35・7万円）になり、これは政府が公式に用いる所得代替率61・7%よりも約3割超も低い水準となる。OECDでも平均的賃金のケースにおいて加盟国の所得代替率を推計しているが、分母と分子の人数を揃え、いま簡易計算したグロスとネットの所得代替率は、それに近い水準になっている（図表4－6）。

なお、分母と分子の人数を揃えずに、グロスの所得代替率を計算すると、50・1％（＝22万円÷43・9万円）という値になり、それでも政府が公式に用いる所得代替率61・7％は約2割も高い水準となっている。

2019年の財政検証では、高成長を前提とする3ケースでも、61・7％の所得代替率は51％程度に低下し、約30年後の給付水準は2割も低い状況になると予測している。2019年におけるモデル世帯の年金月額22万円のイメージでいうならば、それから2割低い水準とは、年金月額が17・6万円に低下することに相当する。ただ、これは分母と分子の人数が揃わず、各々の金額がグロスかネットで一致していない場合の数値であり、分母と分子の人数を揃えたネットの所得代替率では、約30年後の給付水準はさらに低い値になる可能性も否定できない。

column

年金・財政検証の鍵を握る経済前提シナリオ——各シナリオの確率を試算する

厚生労働省の社会保障審議会年金部会「年金財政における経済前提に関する専門委員会」は、その最終会合（2019年3月7日）で、2019年の財政検証を実施するための経済前提の報告（案）および参考資料集を公表している。

図表4-7　TFP上昇率の分布（1988～2017年度）

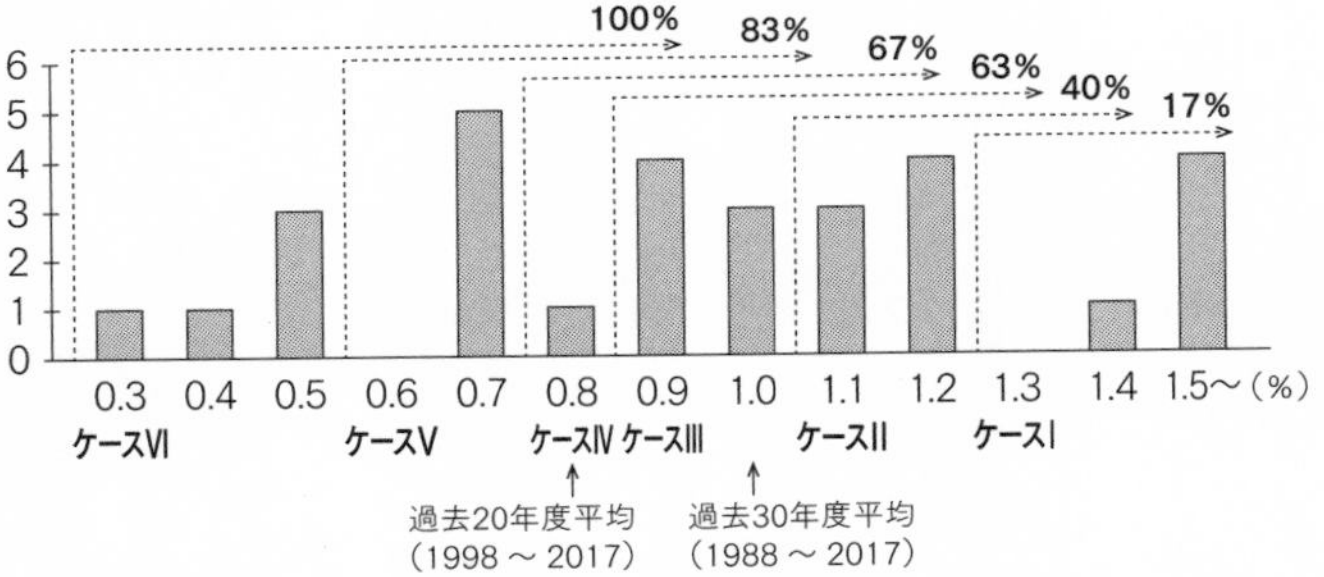

（出所） 厚生労働省（2019）「年金財政における経済前提に関する専門委員会」（2019年3月7日参考資料集）

筆者もこの専門委員会のメンバーであったが、２０１７年７月の設置から始まり、２０１９年３月までの間に10回の会合を開催し、報告（案）はその議論を取りまとめたものである。

２０１４年の財政検証では、経済成長率の方向性を決定づけるＴＦＰ（全要素生産性）上昇率の違いなどに応じ、経済前提として、８ケースのシナリオを専門委員会で定めたが、今回は６ケースのシナリオを定めている。

では、今回の目玉は何か。それは、財政検証のコアとなる重要なパラメータ（例：ＴＦＰ上昇率・物価上昇率・賃金上昇率・運用利回り）について、過去データに基づく度数分布（ヒストグラム）を参考資料集の一部に挿入しつつ、各シナリオが度数分布のどこに位置付けられるかを明らかにしたことであろう（例：参考資料集の26ページ、38－40ページ、63ページ）。

度数分布の作成や挿入は筆者が提案したもので、例えば、ＴＦＰ上昇率の度数分布については、参考資料集において**図表４－７**のように掲載されている。

今回（２０１９年財政検証）の経済前提では、

２０２９年度以降のＴＦＰ上昇率について、１・３％のケースⅠ、１・１％のケースⅡ、０・９％のケースⅢ、０・８％のケースⅣ、０・６％のケースⅤ、０・３％のケースⅥという６ケースのシナリオを設定したが、各シナリオの妥当性は、**図表４－７**の分布から次のように説明されている。

「全要素生産性（ＴＦＰ）上昇率の長期（２０２９年度～）の前提は、１・３％～０・３％の範囲の設定となる。バブル崩壊後の１９９０年代後半以降の実績が１・２％～０・３％の範囲で推移しており、概ねこの範囲で設定されたものとなる。また、過去30年間（１９８８～２０１７年度）の実績の分布を見ると、ケースⅠの前提１・３％を上回るのは約２割（17％）であり、ケースⅠは過去30年間の実績の約２割（17％）をカバーするシナリオに相当する。同様に、ケースⅡの１・１％は約４割（40％）、ケースⅢの０・９％は約６割（63％）、ケースⅣの０・８％は約７割（67％）、ケースⅤの０・６％は約８割（83％）、ケースⅥの０・３％は10割（１００％）がカバーされるシナリオに相当する」（経済前提の報告（案）６頁）

この説明に登場する数値は、**図表４－７**の分布にも記載があるが、補足的な説明が必要である。例えば、ＴＦＰ上昇率が０・９％のケースⅢで考えてみよう。

まず、「過去30年間（１９８８～２０１７年度）の実績の分布で見ると、ケースⅢの０・９％は約６割（63％）がカバーされるシナリオに相当する」という意味は、**図表４－７**の分布を見ると分かりやすい。**図表４－７**は、過去30年間（１９８８～２０１７年度）におけるＴＦＰ上昇率の度数分布を表すが、この分布のうちＴＦＰ上昇率が０・９％以上になる割合は63％になっている。これが「ケースⅢの０・９％は約６割（63％）がカバーされるシナリオに相当する」という意味である。

図表4-8　各ケースの前提が成立する確率

（％）

	ケース Ⅰ	ケース Ⅱ	ケース Ⅲ	ケース Ⅳ	ケース Ⅴ	ケース Ⅵ
2029年度以降のTFP上昇率（#）	1.3	1.1	0.9	0.8	0.6	0.3
過去30年間の実績分布のうち、TFP上昇率が#の値以上になる割合	17	40	63	67	83	100
2029年度以降の50年間のうち35年以上にわたってTFP上昇率が#の値以上になる確率	0.0	0.0	19.1	38.8	99.3	100

（注） TFP上昇率が#の値以上になる割合をpとする。N年間のうちM年以上にわたってTFP上昇率が#の値以上になる確率qは以下で計算できる。
$q=\sum_{j=M}^{N} {}_N C_j p^j (1-p)^{N-j}$

しかしながら、これはケースⅢのシナリオが63％の確率で実現することを示すものではない。今後のＴＦＰ上昇率の分布が**図表４－７**と変わらないと仮定しても、ケースⅢのシナリオは63％の確率では実現しない。理由は単純で、ケースⅢは２０２９年度以降のＴＦＰ上昇率が必ず毎年度０・９％以上であることを想定するもので、１年でもＴＦＰ上昇率が０・９％を下回ればケースⅢの前提を満たさないためである。

これは次のような簡単なケースで明確に分かるはずだ。１年目のＴＦＰ上昇率が０・９％以上で、２年目のＴＦＰ上昇率も０・９％以上である確率はいくつか。数学のテストで、**図表４－７**を見ながら、「63％の確率」と回答する学生がいるならば、その学生は「落第」である。各年度におけるＴＦＰ上昇率の確率変数が独立とすると、39・７％（＝０・63×０・63）が正しい確率になる。

すなわち、**図表４－７**の63％という値は、ある年度におけるＴＦＰ上昇率が０・９％以上となる確率を示すが、２０２９年度以降のＴＦＰ上昇率が常に毎年度０・９％以上である確率を示すものではない。

では、今後のＴＦＰ上昇率の分布が**図表４－７**と変わらず、毎年度における TFP上昇率の確率変数が互いに独立とするとしよう。このとき、2029年度以降の50年間で、各シナリオが想定するTFP上昇率の経路が実現する確率はいくらか。50年間で連続してTFP上昇率が0・9%以上を超える確率は概ねゼロ（≒0・63の50乗）で厳し過ぎるため、例えば、50年間のうち35年以上にわたってTFP上昇率がケースⅢの0・9%以上となる確率を計算してみると、その確率は19・1%となる。同様に、他のケースも試算した結果が**図表4−8**の下段である。

図表から一目瞭然であるが、ケースⅠからケースⅢのシナリオが想定するTFP上昇率の経路が実現する確率は極めて低いことから、慎重なシナリオであるケースⅣ・ケースⅤ・ケースⅥを想定するのが妥当であることが読み取れよう。

賦課方式が強いる2つの選択

では、このような問題が発生する理由は何か。いくつかの理由があるが、最も大きな理由は、現在の公的年金制度が賦課方式で運営されているためである。

まず、公的年金の財政方式には「積立方式」と「賦課方式」の2つの方式がある。積立方式は、老後のために自ら貯蓄する仕組みである。すなわち、国民が老齢期に必要とする年金の給付分を、現役期に積立（強制貯蓄）させる方式である。自分で貯蓄するのみでは、寿命の不確実性に対するリスクのシェアができないため、例えば世代ごとに積み立て貯蓄する。その場合、事後的には平均寿命よりも短命であった人々から長生きした人々に資産移転が行われ、年金保険の加

図表4-9　高齢化の進展と社会保障負担

	第1期		第2期	
	現役世代	引退世代	現役世代	引退世代
人口比	3	1	1	1
現役世代1人当たりが引退世代に移転する額	80万円／年		240万円／年	

(出所) 筆者作成

入者全体で積み立てた資産を使い切るため、年金保険の収益率は通常の利子率よりも高くなる。

一方で、賦課方式は、親世代を子世代が支える仕組みである。すなわち、老齢世代が必要とする年金の給付分を、現役世代が支払う保険料などで賄う方式である。これは、現役世代から老齢世代への所得移転であり、システムが破綻しない限り、このような移転が繰り返される。現在の公的年金制度は基本的に賦課方式を採用している。

賦課方式年金においては、現役世代の負担に限界がある限り、給付削減は避けられない。この理由は、賦課方式年金の本質のみを浮き彫りにするとすぐに分かる。

そのため、**図表4－9**のような簡単なケースを考えてみよう。このケースでは、第1期では現役世代と引退世代の人口比率は3対1であるが、第2期では人口高齢化が進み、現役世代と引退世代の人口比率は1対1に変わる設定にしている。また、年金制度は賦課方式で、引退世代一人当たりの年金給付は年間240万円とし、その財源は現役世代の負担で賄われるものとする。このとき、第1期と第2期の現役世代の負担（保険料）を計算してみよう。

まず、第1期では、引退世代1人を現役世代3人が支えるから、現役世代1人当たりの負担は一年当たり80万円（240万円÷3人）となる。

次に、第2期では人口高齢化が進み、引退世代1人を現役世代1人で支えるから、現役世代一人当たりの負担は一年当たり240万円（＝240万円÷1人）に上昇する。

第1期と第2期において現役世代の平均年収が500万円で変わらないとすると、第1期と第2期におけるグロスの所得代替率は48％となる。しかし、平均で500万円の年収しかない現役世代が240万円もの保険料を負担できるだろうか。年金以外の保険料や租税負担もあるため、当然、現役世代の負担上昇を抑制する必要があるという政治的な議論が湧き上がってこよう。現役世代の負担に限界があり、その負担上昇を抑制するには、年金の給付水準を削減するしかない。

例えば、現役世代の負担の限界が120万円のケースでは、第1期で240万円であった年金の給付水準は、第2期でその半分の120万円に引き下げる必要がある。このとき、グロスの所得代替率は24％に低下するが、給付水準を削減しないと、保険料収入と給付総額が一致せず、年金財政の収支が合わなくなるので、年金財政が破綻してしまう。

すなわち、人口高齢化が進展すると、賦課方式の年金制度は、現役世代に過重な負担を押し付けるか、給付を抑制し引退世代に過重な負担を押し付けるかの選択を強いることになる。

積立方式への移行は不可能ではない

このような問題が発生する理由は、生涯での保険料負担と給付の期待値を一致させる視点が希薄であるためである。保険料負担と給付の期待値が一致せず、負担が給付を超過している場合、理論的にその超過分は租税と同様の効果をもつ。問題の解決には、積立方式への移行しかない。

しかし、積立方式への移行は、いわゆる「二重の負担」と呼ばれる問題が発生するため、不可能との批判がある。「二重の負担」とは、賦課方式から積立方式への移行期では、その期間の現役世代は、自らの老後の積立のための負担に加えて、引退世代に対する年金財源も負担する必要があるというものである。「賦課方式の年金を突然中止し、積立方式に変更すると、現在の年金を頼りにしている引退世代は生活が成り立たなくなる。このため、誰かが引退世代に仕送りする必要があるが、それは現役世代の負担に頼らざるを得ない」という議論である。第2章で説明したとおり、引退世代への年金給付の総額は直近で約50兆円（消費税換算で20％に相当）であり、現役世代が自らの積立以外にこれだけ背負うとなれば、大変な負担である。一般的には、この議論の影響力が強いため、積立方式への移行は不可能であると思われている。このため、年金の給付削減は不可避とされている。

だが、積立方式への移行で問題となる二重の負担議論は、移行期の年金財源を、現役世代の負担のみで賄うことを前提としている。この前提に間違いがある。実際には、いくつかの解決方法がある。

まず一つは、移行期の年金財源を国債発行で賄ってしまう方法（以下「方式１」とする）である。具体的には、移行期の引退世代に移転する財源を一時的に国債発行で賄い、この債務を現役世代の負担のみでなく、将来世代（場合によっては引退世代）も含め、長い時間をかけて償却していく方法である。

このときに発生する債務は、後で説明するとおり、公的年金が抱える「暗黙の債務」の額と一致する。暗黙の債務とは「完全積立方式であったら保有していたはずの積立金と実際の積立金との差額」に等しく、２０１９年・財政検証の資料（ケースⅢ）では約１１１０兆円（対ＧＤＰ比で約２００％）と試算される。

だが、この方式１は「二重の負担」を解決する方法としては有効であるが、現下の厳しい我が国の財政状況において、約１１１０兆円もの暗黙の債務が顕在化すると、財政が破綻する可能性があり、現在の日本では採用できない解決方法である。

もう１つは、暗黙の債務を顕在化させない解決方法で、「事前積立」と呼ばれる方法（以下「方式２」）である。方式１と方式２は見かけ上は異なるが、事前積立は、理論的には方式１と同等であり、方式２でも積立方式に移行できる。

この理由は次のとおりである。まず、**図表4－10**の上のイメージを用いて、方式１（完全積立方式＋国債移行）を考えよう。現役世代は自らの老後のために保険料（**図表4－10**の①）を支払い、「積立会計」に貯蓄する。この保険料負担は、老後に受け取る給付水準によって決まる。低

図表4-10　積立方式への移行方式

方式1（完全積立方式＋国債発行）

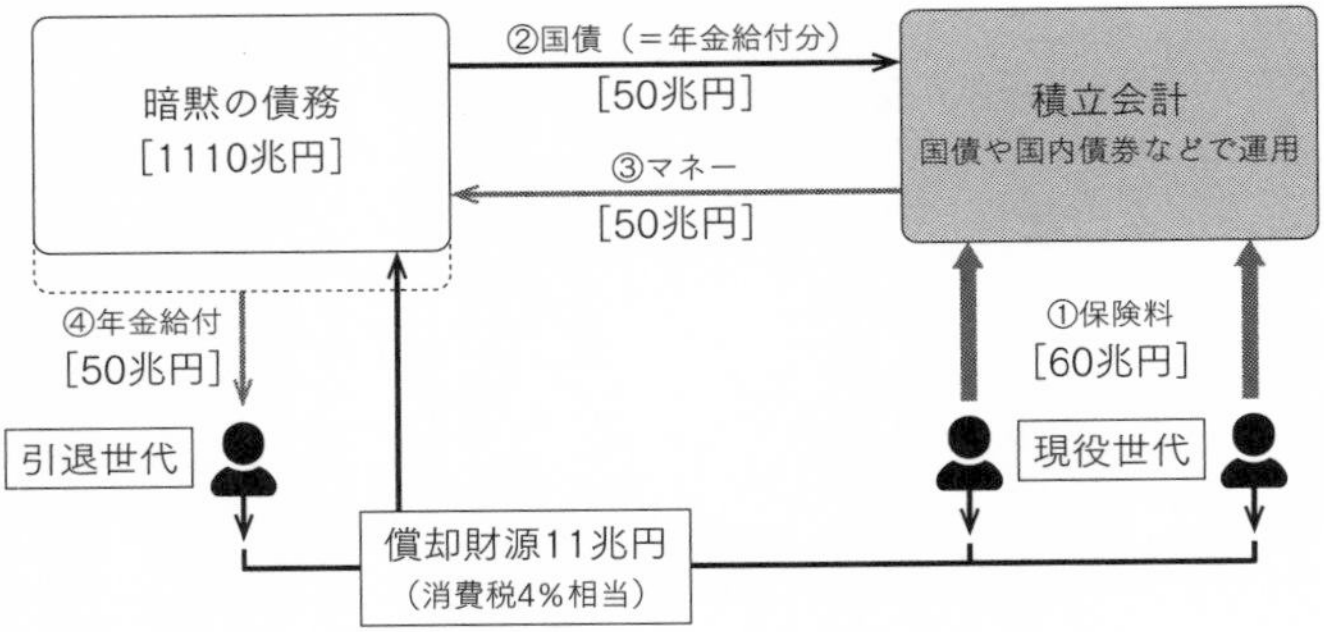

方式2（事前積立＝国債発行は不要）

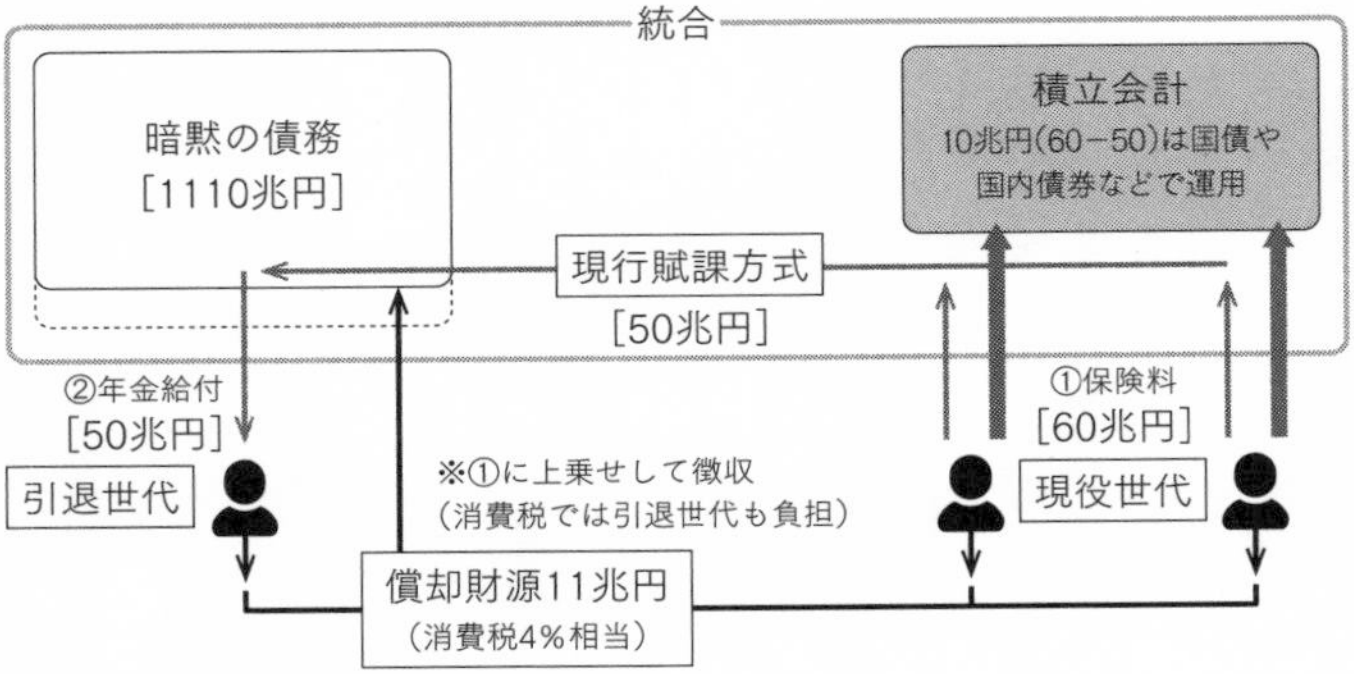

（出所） 筆者作成

い給付水準でも構わないならば低い負担、高い給付水準を望むならば高い負担を支払う必要があるが、積立方式のため、生涯の保険料負担と給付の期待値は一致し、期待値での損得はゼロとなる。

積立方式への移行において、現役世代がいまの引退世代と同じ給付水準を選択したとして、例えば、現役世代が支払う負担の金額が60兆円であるとしよう。この60兆円は現金として「寝かしておく」と損をするから、国債などで運用する必要がある。

他方、現在の年金給付総額は約50兆円であるから、政府は引退世代の年金給付50兆円（**図表4－10**の④）の財源を調達する必要があるが、それは50兆円の国債発行で賄う。この国債の引き受け先は外部の第三者でもよいが、現役世代の積立金を運用する積立会計に引き受けてもらう（**図表4－10**の②→③）。また、積立会計においては、現役世代が支払った保険料60兆円のうち、50兆円は「暗黙の債務」を処理する会計に流れ、残りの10兆円は国債で運用する。

では、国債発行で累積する「暗黙の債務」はどう処理するか。それは、長い時間をかけて償却していけばよい。軽減税率を導入しない場合、消費税率1％の引き上げで2・8兆円の税収増がある。仮に金利がゼロのとき、1110兆円の債務を10年で償却すると年間111兆円の負担が必要であるが、100年で償却するなら年間11兆円に過ぎず、これは消費税率換算で4％にしか相当しない（注：厳密には、金利をr、名目GDP成長率をgとするとき、200％の暗黙の債務（対GDP）を維持するためには、対GDPで200×（r－g）％の追加負担が必要となる。

金利と成長率の差（r－g）が1％の場合、対GDPで2％の追加負担が必要となり、それは消費税換算で約4％になる。このため、暗黙の債務を長期で償却するためには、消費税率換算で（4＋α）％の追加負担が必要となる）。これが方式1である。

ところで、方式1において、積立会計（現役世代の積立金を管理する会計）と「暗黙の債務」を処理する会計は、政府内の会計なので、両方の会計を統合することもできる。このとき、会計間の債権・債務関係を正確に記録しておけば、国債の発行（**図表4－10**の②）はそもそも必要ない。このケースを示したのが**図表4－10**の下である。

このケースでは、現役世代が支払った保険料60兆円（**図表4－10**の①）のうち、50兆円を引退世代の年金給付に利用する一方、残りの10兆円を強制貯蓄して国債などで運用する。これが方式2であり、**図表4－10**の②が「賦課方式」の年金、強制貯蓄の部分が「事前積立」に相当する。事前積立は、現役世代の老後の年金に利用され、方式1と方式2は見かけ上異なるが、本質的には同等である。なお、現行の年金制度は修正賦課方式と呼ばれるように、賦課方式の部分のほかに積立金をもつことから、これは現行制度の枠組みにほかならない。

方式1は、暗黙の債務の償却のための負担を除き、積立方式であるから、現役世代が払った保険料は老後に戻ってくるが、それは方式2も同じである。しかし、方式2の枠組みであるはずの現行制度はそうなっていない。

では、なぜ現行制度で様々な問題が発生するかというと、それは積立金の経路・負担水準が不適切で、給付水準と負担水準がマッチしていないために過ぎない。

暗黙の債務とは何か

なお、賦課方式年金が抱える「暗黙の債務」とは何か。この債務の存在は、「賦課方式」の年金制度と同等の政策（同じ効果をもつ政策）が、「公債発行・課税政策に、積立方式の年金制度を組み込む」ことで実行可能であることが分かると、クリアに理解できる。このため、以下では、賦課方式年金が抱える暗黙の債務の定義と、この同等政策を説明しよう。

まず、賦課方式年金が抱える「暗黙の債務」は「積立方式であれば存在していた積立金と、実際の積立金との差額」として定義される。この意味を把握するには、まず、「積立方式」の「純債務」の説明から進めると理解しやすいだろう。積立方式は、老齢期に必要な給付分を現役期に強制貯蓄させる方式である。そのとき、各世代が支払った負担分は、老後に受け取る将来の給付分として政府に積み立てられるとしよう。このようなケースにおいて、政府が預かっている積立残高合計を「完全積立金」という。だが、何らかの理由で、実際の積立金が完全積立金を下回ってしまうケースもある。このとき、その差額を「純債務（＝完全積立金－実際の積立金）」といい、純債務ゼロの積立方式を「完全積立方式」という。

ところで、この純債務は、積立方式において次のようなケースで発生する。積立方式の年金を導入する際、制度発足時の老齢世代は、それまで積立していなかったから、本来なら給付を受ける権利はない。だが、それでは公的年金制度は導入できない。だから政府は、発足時だけの例外措置として、現役世代が支払った積立の一部を財源として、それまで積立してこなかった老齢世代に（負担ゼロで）給付するケースである。このようなケースでは、それ以降の積立金は、この分だけ完全積立金を下回るから、純債務が発生する。しかも、政府は積立金の減少分（＝純債務）だけ利子収入を失うから、純債務の発生は公債発行と同じ効果をもつ。

一方で、「賦課方式」には、このような債務が存在しないようにも思えるが、この見方は正しくない。これは、賦課方式年金と同等の政策（同じ効果をもつ政策）が、「公債発行・課税政策に、完全積立方式の年金制度を組み込む」ことによって実行可能であることから導かれる。

さて、賦課方式は、①制度発足時の老齢世代は負担ゼロで現役世代から移転を受け取る。そして、②それ以降の老齢世代は現役期の負担と引き換えに現役世代から移転を受け取る。すなわち、現役世代から老齢世代に世代間所得移転を繰り返す方式である。その際、現役世代の賃金の一定割合を移転する賦課方式の収益率は、「一人当たり賃金成長率＋人口成長率」となる。少子高齢化が進展して人口減少が進むと、人口成長率はマイナスになり、場合によっては賦課方式の収益率もマイナスとなる。逆に、完全積立方式の収益率は利子率であるから、賦課方式ではその利息分を放棄（機会費用が発生）している。なので、賦課方式における純負担は、この機会費用から賦課方式の収益率を差し引いたもので、「利子率－（一人当たり賃金成長率＋人口成長率）」と計算でき、これは人口成長率などの変化により変動する。

以上を前提にすると、賦課方式と同等の政策は、次のようにして実行可能である。まず、①に対応するため、制度発足時に公債発行し、それを財源として、老齢世代に所得移転する。その後、公債が無限に大きくなるのを防ぐため、公債残高をGDPで比較して一定に保つよう租税負担する。分母のGDP成長率は「一人当たり賃金成長率＋人口成長率」で、分子の公債残高は利子率で膨張していくから、この租税負担は、「利子率－（一人当たり賃金成長率＋人口成長率）」と計算でき、これは賦課方式での純負担に一致する。次に、②と同じ効果を生み出すよう、完全積立方式の年金制度を組み込む。すると、これは、賦課方式とまったく同等の政策になる。すなわち、「賦課方式＝公債発行・課税政策＋完全積立方式」の関係が成り立つ。

また、この同等政策で発生する債務は、上述の積立方式の制度発足時に例外措置として発生した「純債務」と同一のものとなる。これは、賦課方式も、暗黙の形であるが、この積立方式と同様の純債務を抱えていることを意味する。これが、賦課方式年金が抱える「暗黙の債務」であり、この債務は理論的には通常の公債が発行されていることと変わりない。

暗黙の債務（対GDP）は約200％

ところで、暗黙の債務の規模はどのくらいか。それは、2019年財政検証の資料の一部（「2019（令和元）年財政検証関連資料」28～38ページ）で読み取れる。

図表4－11は、この資料の中から、人口前提が出生・死亡中位、経済前提がケースⅢ

図表4-11　厚生年金と国民年金のバランスシート

厚生年金（兆円）

財源の合計	2,270	給付の合計	2,270
保険料	1,620	過去期間分	1,240
積立金	200	うち2階部分	680
国庫負担	440	基礎部分	560
		将来期間分	1,030
		うち2階部分	710
		基礎部分	320

国民年金（兆円）

財源の合計	130	給付の合計	130
保険料	40	過去期間分	80
積立金	10	将来期間分	50
国庫負担	80		

(注) 財源や給付の合計が内訳と一致しない場合は全体の整合性が合うように一部修正した
(出所) 厚生労働省「2019（令和元）年財政検証関連資料」34ページから筆者作成

（2029年度以降の実質GDP成長率が0・4％）における公的年金（厚生年金と国民年金）のバランスシートを抜粋したものである。**図表4－11**の左側は厚生年金、右側は国民年金で、それぞれ財源と給付の中身を表す。例えば、厚生年金の給付2270兆円は、年金制度において現在から将来にわたって支払われる給付費の総額（割引現在価値）である。このうち、これまでの保険料拠出に対応する給付分を「過去期間分給付」（すなわち、過去の加入記録に係る分）といい、今後の保険料拠出に対応する給付分を「将来期間分給付」（すなわち、将来の加入記録に係る分）という。厚生年金と国民年金を統合したバランスシートでは、過去期間分給付が1320兆円、将来期間分給付が1080兆円となっている。

いま賦課方式の年金制度を廃止し、積立方式に変更するならば、現在の引退世代に対する年金給付分を含め、当分の間、これまでに引退世代や現役世代が支払った保険料に対応する分は給付を継続する必要がある。この合計額が過去期間分給付の1320兆円であるが、積立方式への移行では、新たな保険料収入等は現役世代の積立に利用されるため、過去期間分給付に利用可能なのは実際の積立金の210兆円しかない。すなわち、過去期間分給付（1320兆円）と積立金（210兆円）の差額1110兆円が、公的年金（厚生年金＋国民年金）の「暗黙の債務」に相当する。GDPを560兆円とすると、対GDP比では約200％に相当する。

なお、賦課方式年金が抱える「暗黙の債務」は「積立方式であれば存在していた積立金と、実際の積立金との差額」であるが、同様の試算で、国民年金ではその過去期間分給付（80兆円）と積立金（10兆円）の差額の70兆円が「暗黙の債務」となり、厚生年金の「暗黙の債務」は1040兆円（＝過去期間分給付1240兆円－積立金200兆円）になる。

年金給付の将来分布を示す重要性（貧困高齢者25％の予測も）

ところで、現在の年金制度は賦課方式であり、人口高齢化が進展する中で、年金財政の持続可能性を確保するためには、保険料などの負担を引き上げるか、給付を削減するかしかない。このような状況の中で行ったものが、2004年の年金改正である。

主な改正のポイントは、①厚生年金の保険料は毎年0・354％ずつ引き上げ、2017年度以降は労使折半で18・30％に固定する（国民年金の月額保険料は毎年280円ずつ引き上げ、2017年度以降は1万6900円に固定する）、②基礎年金の国庫負担を3分の1から2分の

図表4-12　2004年の年金改正の概要

> 平成16（2004）年の制度改正で、今後、更に急速に進行する少子高齢化を見据えて、将来にわたって、制度を持続的で安心できるものとするための年金財政のフレームワークを導入。

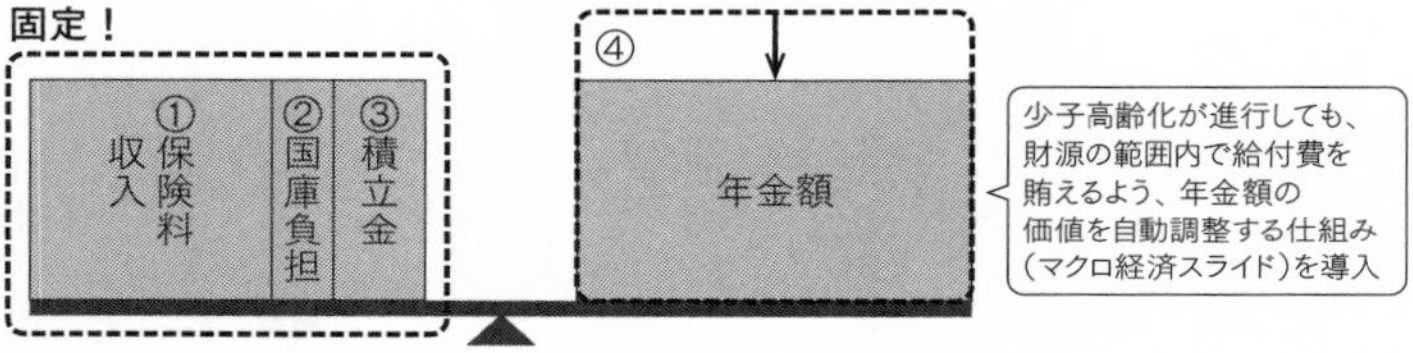

固定！
①保険料収入
②国庫負担
③積立金
④
年金額
少子高齢化が進行しても、財源の範囲内で給付費を賄えるよう、年金額の価値を自動調整する仕組み（マクロ経済スライド）を導入

① 上限を固定した上での保険料の引上げ

平成29（2017）年度以降の保険料水準を固定する。
（保険料水準は、引上げ過程も含めて法律に明記）

- 厚生年金：18.3%（労使折半）（平成16年10月から毎年0.354%引上げ）
- 国民年金：16,900円　※平成16年度価格（平成17年4月から毎年280円引上げ）
  ※現在の国民年金保険料：16,340円（平成30年4月～）

② 基礎年金国庫負担の2分の1への引上げ

平成21年度以降、基礎年金給付費に対する国庫負担割合を2分の1とする（社会保障・税一体改革に伴う消費増税分の一部で財源確保）。

③ 積立金の活用

概ね100年間で財政均衡を図る方式とし、財政均衡期間の終了時に給付費1年分程度の積立金を保有することとして、積立金を活用し後世代の給付に充てる。

④ 財源の範囲内で給付水準を自動調整する仕組み（マクロ経済スライド）の導入

現役世代の人口減少とともに年金の給付水準を調整する。モデル世帯の年金の給付水準（月額）について、今後の少子高齢化の中でも、年金を受給し始める時点で、現役男性の平均的な手取り月収の50%以上を維持する（50%を下回る場合は制度改正）。

（出所） 厚生労働省資料（筆者が一部修正）

1に引き上げる、③「永久均衡方式」（将来にわたって永久に年金財政を均衡させる方式）から「有限均衡方式」（概ね100年間で年金財政を均衡させる方式）に改め、積立金はその財政均衡期間の終了時に給付費1年分程度を保有する方式に変更する、④財源の範囲内で給付水準を自動調整する「マクロ経済スライド」という仕組みを導入する、というものであった。

このうち最も重要なものは「マクロ経済スライド」の導入で、年金給付額はインフレ率（新規裁定は賃金上昇率）からスライド調整率を差し引いた年金改定率で伸ばすというルールである。具体的には、インフレ率が2％、スライド調整が0・9％（＝年金被保険者数の減少率0・6％＋平均余命の伸び0・3％）であった場合、年金給付額は、インフレ率2％からスライド調整率0・9％を差し引いた1・1％でしか伸ばさないのである。その結果、年金受給者には気づかれない形で、毎年約1％ずつ年金を実質的に削減するという措置である。

現在のところ、マクロ経済スライドが実施されたのは2015年度と2019年度・2020年度（施行日は4月1日で、6月支払い分から）の3回のみであるが、マクロ経済スライドが順調に発動された場合、高齢者が受け取る年金はどうなるだろうか。その推計が**図表4―13**である。

図表では、等価所得が100万円未満である者を貧困と定義し、高齢者全体に占める貧困高齢者の比率の将来見通しをグラフにしている。これを見ると明らかであるが、マクロ経済スライドを適用しない場合（実線）では、貧困高齢者の増加は抑制できるものの、マクロ経済スライドが

図表4-13　貧困高齢者の予測

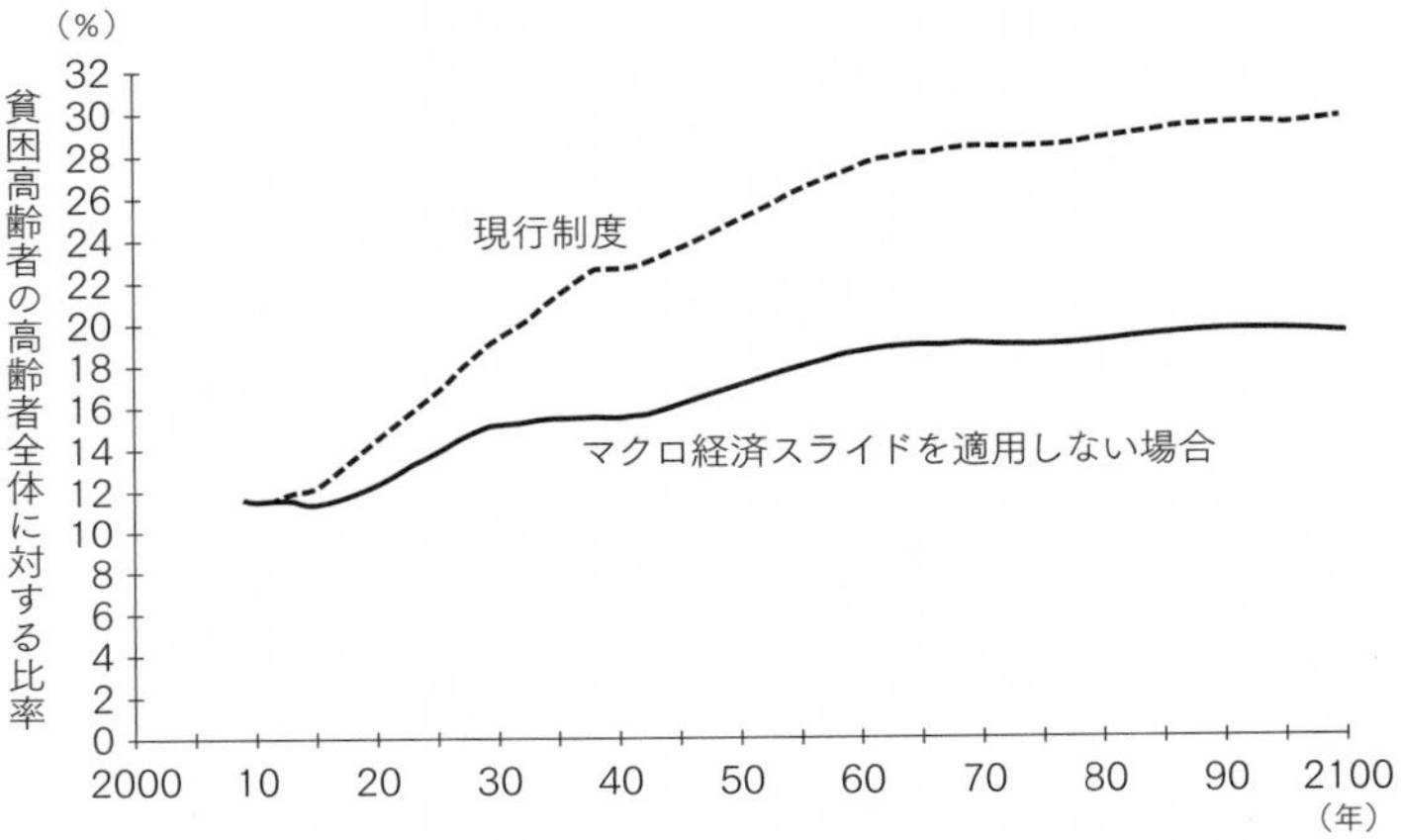

（出所） 稲垣誠一（2012）「ダイナミック・マイクロシミュレーションモデルによる年金制度改革の貧困リスク改善効果分析—年金制度改正に関する政府案の評価と新しい改革案の提案—」CIS, Institute of Economic Research, Hitotsubashi University, Discussion Paper Series No.550.

順調に稼働したときの現行制度（点線）では、貧困高齢者が急増していき、現在の若い世代が高齢者になる２０５０年には約25％にも達する。なお、貧困高齢者が急増する理由は、マクロ経済スライドが年金の報酬比例部分のみでなく、基礎部分にも切り込み、年金を実質的に削減する仕組みとなっているためである。[1]

　年金分布という視点を抜きに、モデル世帯の所得代替率のみに着目して年金の議論を進めるリスクは、これから急増する低年金の貧困高齢者の存在を無視してしまうことである。モデル世帯の所得代替率を議論しても意味がない。

　この問題は、「平成26年財政検証・財政再計算に基づく公的年金制度の財政検証（ピアレビュー）」の「今後の財政検証への提言」においても、「近年、低年金者の問題が取り上げられる機会が多くなっている。また、マクロ経済スライドの導入後、将来世代の受け取る年金額にも関心が集まるようになっている。したがって、財政検証における将来見通しにおいて、本来の財政検証の目的とは別に、性別、世代別、年金額階級別の分布推計がとれるようになることが望ましい」旨の指摘がなされている。

また、マクロ経済スライドでの調整を除き、新規裁定者（65歳未満の年金の受給権者）は名目賃金上昇率、既裁定者（65歳以降の年金の受給権者）は物価上昇率に応じて年金額が改定される。このため、裁定後の年金受給額は年齢を1歳重ねるごとに、実質賃金上昇率の分だけ受給額水準が低下し、65歳と75歳の基礎年金の額は、経済前提にもよるものの、約1割も異なる。

すなわち、財政検証では、10年後、20年後、30年後、50年後の年金分布がどう変化していくかを明らかにし、その時の現役男性の平均年収と比較して、限られた予算や生活保護との関係を含め、低年金の高齢者をどう救済するかを議論する必要がある。

column

年金支給開始年齢の自動調整とマクロ経済スライドの同等性

厚生労働省では社会保障審議会において、公的年金の受給開始年齢を75歳まで選択可能とする制度改革案を検討中であり、年内に議論をまとめ、2020年の通常国会に改正法案の提出を目指している。支給開始年齢を75歳まで選択可能とする制度改革や、支給開始年齢の引き上げは極めて重要である。そもそも、公的年金財政の持続可能性を高めるための主な政策手段は2つしかない。一つは負担の引き上げであり、もう一つは給付の削減である。このうち、負担の引き上げは、保険料の引き上げのほか、消費増税などで投入する公費を拡大する方法がある。

また、給付の削減は、毎月の年金額を実質的にカットする方法のほか、年金の支給開始年齢を引き上げる方法などがある。

日本の場合、毎月の年金額を実質的にカットする方法が、2004年の年金改革によって導入された「マクロ経済スライド」である。2019年の財政検証のうちの低成長（2029年度以降の実質GDP成長率がマイナス0・5%～0・2%）の3ケースでは所得代替率が50%を下回り、このうちのケースⅥでは、国民年金の積立金が2052年度になくなり完全な賦課方式に移行するとともに、所得代替率が38%～36%程度になる可能性を明らかにしたが、これは、2050年代に給付水準が4割減になることを意味する。

厚生労働省「年金制度基礎調査（老齢年金受給者実態調査）平成29年」によると、現在でも、年間120万円未満の年金しか受け取れない高齢者は46・3%、年間84万円未満の年金しか受け取れない高齢者は27・8%もいる。現在、65歳以上の高齢者のうち約3%が生活保護を受給しているが、マクロ経済スライドの発動で公的年金の給付水準が4割減になると、これから貧困高齢者が急増する可能性がある。

何か有効な解決方法がないだろうか。問題を完全に解決できる妙策はないが、公的年金制度には「繰り上げ・繰り下げ」の仕組みがあり、このうちの「繰り下げ」を利用して給付水準の減少分を取り戻す方法もある。

公的年金の支給開始年齢は原則65歳であるが、「繰り上げ」を希望すると、給付水準が減額されるものの、最大60歳まで支給を早めることができる。また、「繰り下げ」を希望すると、最大70歳まで支給を遅らせ、給付水準を増額することができる。1カ月の繰り下げで0・7％ずつ増額されるので、65歳以降も可能な限り働き、70歳に繰り下げると、給付水準は42％増となる。

厚生労働省「厚生年金保険・国民年金事業年報」（2017年度）によると、受給開始時期の選択を終了した70歳の受給権者のうち、繰り下げの利用率は概ね約1％程度しかないが、支給開始年齢を70歳に繰り下げ、給付水準を42％増やせば、マクロ経済スライドの発動で低下する給付水準の約4割減を取り戻すことができる。

現行制度上、繰り下げは70歳が上限だが、法改正で75歳まで可能とし、支給開始年齢を75歳に繰り下げれば、給付水準は84％増になるため、マクロ経済スライドによる給付減（約4割）を考慮しても、給付水準を約4割も増やすことができる。このような繰り下げを選択する高齢者が増えていけば、貧困高齢者の増加を抑制する効果も有する。

ところで、2006年の改革で、デンマークは公的年金の支給開始年齢を平均余命の伸びに連動させる仕組みを導入している。国民年金（1階部分）の支給開始年齢は2024年から2027年にかけて65歳から67歳に引き上げるとともに、それ以降の支給開始年齢は自動調整される。具体的には、想定受給期間を14・5年とし、「支給開始年齢＝60歳＋60歳の平均余命＋バッファーの0・6年－想定受給期間（14・5年）」という算定ルールに従い、支給開始年齢を自動的に調整するという改革である。2011年の改革で、イタリアも支給開始年齢を平均余命の伸びに連動させる仕組みを導入している。

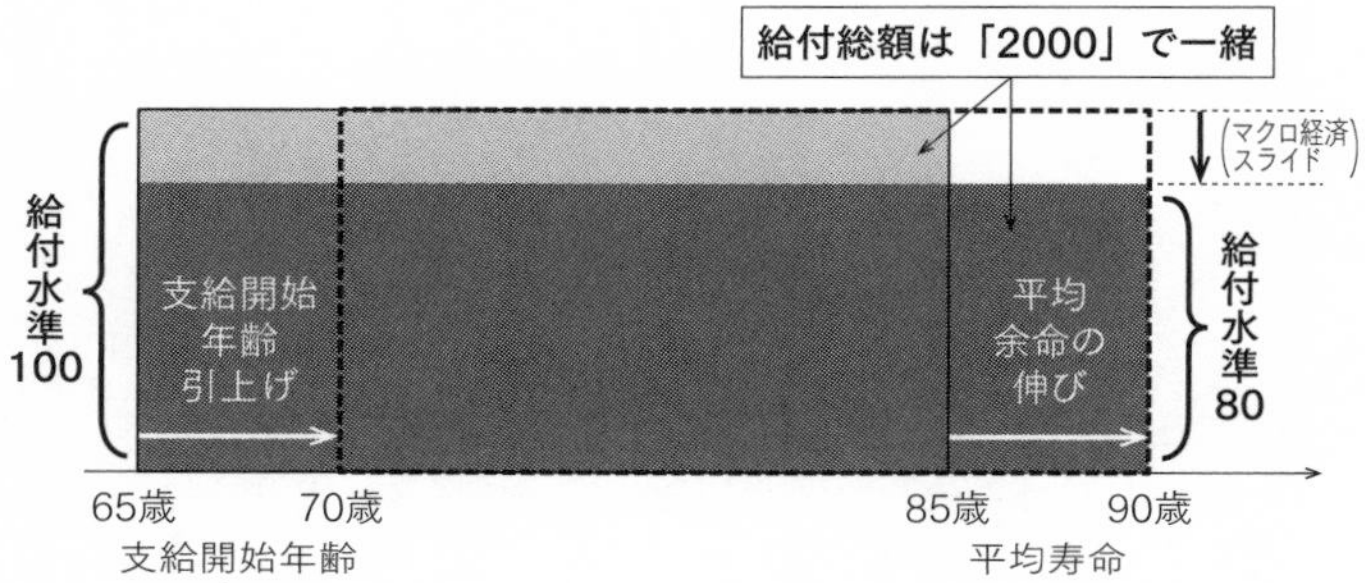

デンマーク等の改革を踏まえ、日本でも支給開始年齢の引き上げや、その自動調整メカニズムの導入を提言する有識者も多いが、一定の条件が整うと、支給開始年齢の自動調整とマクロ経済スライドは実質的に同等となる。この理由は次のとおりである。

まず、平均寿命まで生きる個人が生涯に受け取る年金は、「支給開始年齢」「平均寿命」「給付水準」を用いて、「(平均寿命－支給開始年齢)×給付水準」と表現でき、公的年金制度では、この値が基本的に一定になるように設計されている。

例えば、平均寿命が85歳、支給開始年齢が65歳、給付水準が100ならば、「(平均寿命－支給開始年齢)×給付水準＝(85－65)×100＝2000」となる。だが、給付水準が100のまま で、平均寿命が90歳になると、「(平均寿命－支給開始年齢)×給付水準＝(90－65)×100＝2500」になってしまう。この値を2000に収めるため、例えば、給付水準を2割減の80にすると、「(平均寿命－支給開始年齢)×給付水準＝(90－65)×80」は2000となる。

しかし、この効果は支給開始年齢の引き上げでも達成できる。平均寿命が90歳になったとき、支給開始年齢を自動的に70歳に引き上げることができれば、給付水準が100のままでも、

「(平均寿命－支給開始年齢)×給付水準＝(90－70)×１００」は２０００になり、一定の値に維持できる。

すなわち、支給開始年齢の自動調整とマクロ経済スライドは基本的に同等の効果をもつ。日本の公的年金制度では「繰り下げ」の仕組みがあるため、平均余命の伸び等に伴うマクロ経済スライドの発動で給付水準が削減されても、その削減に見合う分だけの繰り下げを選択すれば、給付水準は維持できる。

これは、給付水準が維持可能な支給開始年齢が自動的に引き上げられているとも解釈できるため、既述のとおり、一定の条件が整うと、支給開始年齢の自動調整とマクロ経済スライドは実質的に同等となる。

なお、「一定の条件」というのは、「在職老齢年金制度」による調整があるためである。政府は２０１９年6月11日に公表した「経済財政の基本方針（骨太の方針）」で在職老齢年金制度の廃止の検討を明記したが、在職老齢年金とは、厚生年金法第46条（支給停止）の規定に基づき、働く高齢者の給与と年金額の合計が一定の基準を上回ると、厚生年金の一部や全額が停止される仕組みをいう。

在職老齢年金制度の対象は労働所得で不動産収入（例：家賃）等は対象外であり、60歳以上65歳未満の「低在老」と65歳以上の「高在老」がある。老齢基礎年金（1階部分）と老齢厚生年金（2階部分）のうち、繰り下げの増額対象となるのは、65歳時の本来請求による老齢厚生年金額から在職支給停止額を差し引いた額である。

現在のところ、低在老で約０・７兆円、高在老で約０・４兆円の給付抑制の効果があり、その廃止には約１・１兆円の財源が必要になるが、在職老齢年金制度を廃止しない限り、その調整を

――受けるケースでは、支給開始年齢の自動調整とマクロ経済スライドの同等性は修正が必要になる。――

【注】

1　国民年金と厚生年金の財政運営は基本的に分離されており、マクロ経済スライドの調整は2段階で行われる。具体的には、まず、国民年金の財政均衡から基礎年金の調整が行われ、それを前提に、厚生年金の財政均衡から報酬比例の調整が行われる。国民年金は、厚生年金と異なって財政基盤が脆弱で、マクロ経済スライドは1階部分（基礎）にもかかるため、低年金の問題を一層深刻化させる。この問題を改善する一つの方法としては、国民年金と厚生年金を財政的に統合する方法がある。また、別の方法としては、「厚生年金の短時間労働者への適用拡大」もある。理由は単純で、国民年金（基礎年金のみ）から厚生年金（基礎年金＋報酬比例部分）に移れれば、基礎年金に加えて厚生年金の報酬比例部分も加わり、老後に受け取る年金額を増やすため、防貧機能を高める効果をもつからだ。この適用拡大の究極の姿が「国民年金と厚生年金の財政統合」であり、その効果は概ね次のとおり。まず、厚生労働省「2019（令和元）年財政検証関連資料」のケースⅢのバランスシートから、国民年金の財源（100年間）は130兆円、厚生年金の財源（100年間）は2270兆円（1階部分＝880兆円、2階部分＝1390兆円）である。他方で例えば、2019年・財政検証のケースⅢでは、2019年度の所得代替率61・7％（基礎36・4％、比例25・3％）が2047年度以降で50・8％（基礎26・2％、比例24・6％）になる。これは、マクロ経済スライド等により、1階部分（基礎）の給付が約28％カット、2階部分（比例）の給付が約3％カットされることを意味する。1階部分が28％カット、2階部分が3％カットということは、（カット前の）基礎部分の給付は1403兆円（＝(640兆円＋370兆円)÷0・72)、（カット前の）2階部分の給付は約1433兆円（＝（680兆円＋710兆円)÷0・97）である。国民年金と厚生年金を統合した場合、（カット前の）給付総額は２８３６兆円（＝１４０３兆円＋１４３３兆円）であり、それが財源総額２４００兆円（＝１３０兆円＋２２７０兆円）に一致する必要があるが、財源は２４００兆円ではなく、財源総額は２６０２兆円になる。これは、基礎年金給付が増加すると国庫負担が自動的に増加するからである。厚生年金と国民年金の財源のうち国庫負担は合計５２０兆円（＝４４０兆円＋80兆円）であり、増税が必要になるが、カットしない場合に増加する国庫負担は２０２兆円（＝５２０÷０・７２－５２０＝２０２）となる。したがって、給付総額（２８３６兆円）と財源総額（２４７２兆円）が一致するためには、２６０２÷２８３６＝０・９１７で、給付カットは約８・３％になる。基礎年金の水準底上げのため、国民年金と厚生年金との間で財政調整を行う仕組みの検討を厚生労働省が始めるという報道（毎日新聞　２０２０年1月15日・朝刊13面）もあるが、国民年金と厚生年金の財政的統合を含め、様々な方策を検討する必要がある。

第5章

医療

日本の公的医療保険制度は、3タイプの医療保険からなる。すなわち、「職域に基づく被用者保険」「居住地に基づく地域保険」「75歳以上の後期高齢者を対象とする後期高齢者医療制度」の3タイプであるが、すべての国民はいずれかの医療保険への加入が義務付けられている。

このうち、「被用者保険」は、大企業の労働者を対象とする「組合健保」（組合管掌健康保険）、中小企業の労働者を対象とする「協会けんぽ」（協会管掌健康保険）、公務員を対象とする「共済組合」などから構成される。

また、「国民健康保険」（国保）は都道府県や市町村を保険者とする「地域保険」であり、自営業者や退職者、非正規雇用の労働者などを対象とし、被用者保険に加入していない75歳未満の者をカバーしている。

そして、「後期高齢者医療制度」は、75歳以上の高齢者を別立てにして２００８年に発足した制度であり、都道府県単位（すべての市町村が加入する後期高齢者医療広域連合が主体）で運営されている。

なお、制度間の財政力格差に対応する観点から、**図表5－1**のとおり、財政調整が行われている。例えば、65歳から74歳までの前期高齢者はその大部分が国保に加入しており、高齢者の偏在で発生する財政的格差を是正する観点から「前期高齢者納付金」という財政調整の仕組みがある。

制度の分立は歴史的な要因が大きいが、制度間で保険加入者の年齢や医療費、平均所得などが

図表5-1　医療保険制度の財源構成
（医療給付費・平成29年度予算ベース）

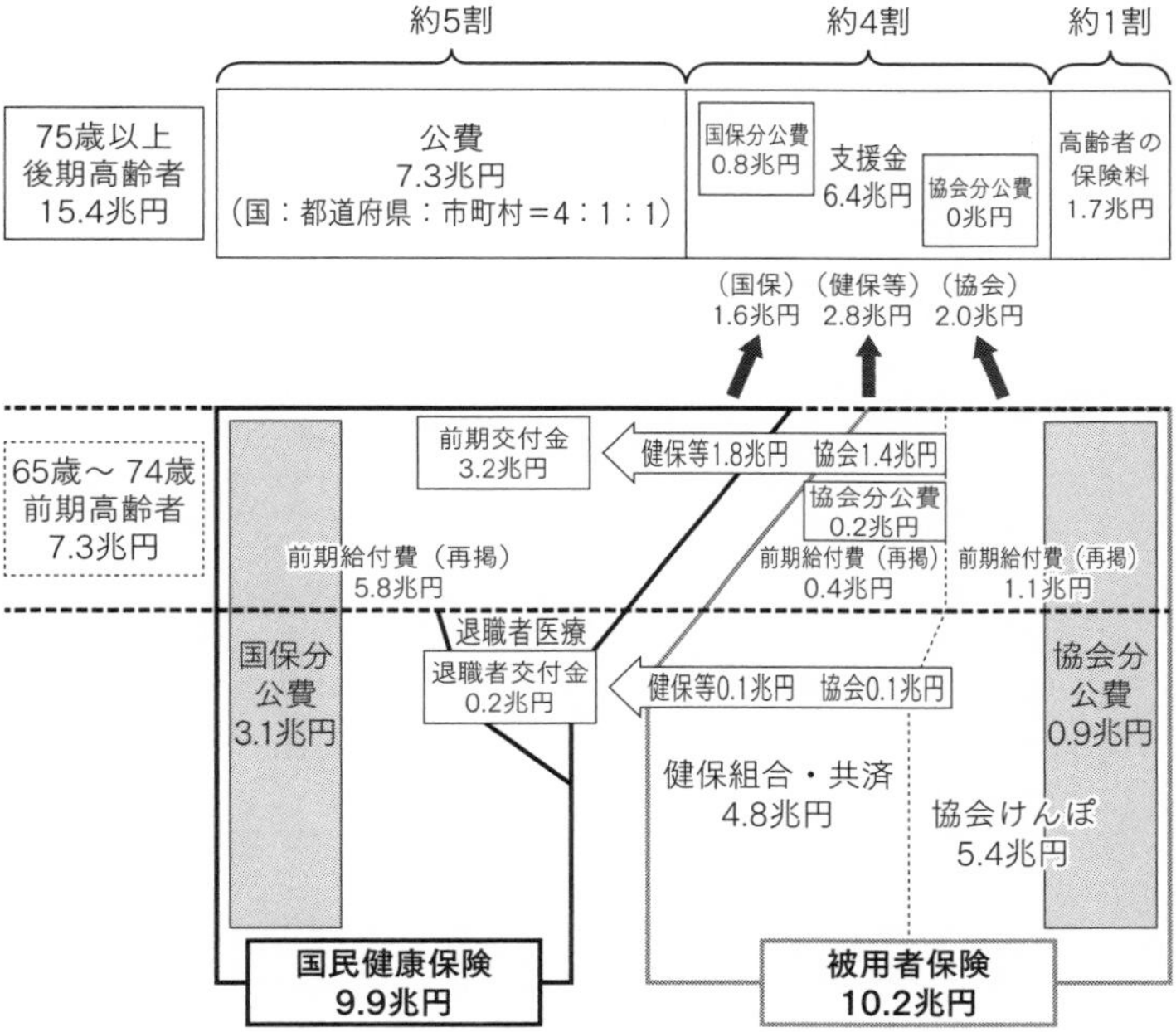

（出所） 厚生労働省

大きく異なる。特に、国保の加入者には所得水準の低い者や平均年齢が高いために疾病リスクが高い者が多いという事情もあり、保険料収入が十分に確保できない傾向がある一方で医療給付の水準が高く、保険財政の運営が厳しいケースが多い（赤字は法定外繰入で補塡）。このため、2018年度から、国保の財政運営の責任主体が市町村から都道府県になり、都道府県と市町村がその保険者となって制度の安定化を目指すこととなった。

なお、各制度（被用者保険・国保・後期高齢者医療制度）の財政は保険料、公費（租税や公債発行）、制度間の財政調整で賄われている。特に、後期高齢者医療制度では、保険料収入は1割しかなく、公費が5割、残りの4割は他の制度（国保や被用者保険）からの拠出金で賄われている。後期高齢者医療制度への拠出金や、財政調整に伴う財源（の一部）については、組合健保や共済組合などの保険料に「見えない形」で上乗せされている。なお、拠出金（後期高齢者支援金）は、制度の発足当初、被用者保険と国保の所得捕捉率の違いなどの問題があり、「加入者割」（各保険者の0－74歳の加入者数で按分するルール）であったが、負担能力を勘案し、2010年度から「総報酬割」（国保と被用者保険の間では加入者割、被用者保険の間では各保険者の総報酬額で按分するルール）に改められている。

保険加入者が病気で治療した場合、医療費のすべてが保険から支払われるわけでなく、その一部は自己負担する必要がある。自己負担の割合は原則として3割だが、義務教育就学前の子どもは2割、70歳－74歳は2割、75歳以上は1割である。ただし、70歳－74歳でも2014年4月1日までに70歳に達している者は1割に据え置かれているが、70歳以上の高齢者のうち現役並みの所得者（年収約370万円以上）は3割である。

また、家計に対する医療費の自己負担には上限額があり、その超過分を支給する「高額療養費制度」という仕組みがある。

改革のコアは「給付範囲の哲学見直し」

さて、本題の公的医療保険改革の議論を進めよう。現在まで政府は様々な改革を実行しているが、これまでの改革は期待通りの成果を十分に上げず、医療費（対ＧＤＰ）は増加を続けている。その理由は、「何を諦め、何を守るのか」という改革の哲学が国民の間で定まっていないからである。

「健康長寿でありたいという願いは、世界中の誰もが、世代を超えて持っている。我が国は、この願いの実現に最も近い位置にいる国であり、その保健医療水準は世界に誇るべきものである。しかし、今や、経済成長の鈍化と人口動態の変化、医療費をはじめとする社会保障費の急増が見込まれる中で、財政は危機的状態にあり、保健医療制度の持続可能性が懸念されている。パッチワーク的な制度改正による部分最適を繰り返してきた日本の保健医療制度は、長期的な視点に基づく変革が求められている」

この一文は、「保健医療２０３５提言書」（以下「２０３５提言」という）の冒頭に登場する文章である。「２０３５提言」は、２０３５年を見据えた保健医療政策のビジョンを策定するため、塩崎恭久・元厚労大臣が設置した『保健医療２０３５』策定懇談会」が２０１５年６月に公表した文書である。筆者もこの懇談会の構成メンバーを務めた。パッチワーク的な制度改正による部分最適を繰り返してきた日本の保健医療制度が限界に近づいている現状を直視し、抜本改革に向けた「ビジョン」の策定を指示した政治判断は正しいといえよう。

あまり知られていないが、「２０３５提言」ではいくつもの重要な提言を行っている。例えば、35ページの次の記載はその一つである。

まず、患者負担については、現在、後期高齢者の患者負担の軽減など年齢によって軽減される仕組みがあるが、これらについては、基本的に若年世代と負担の均衡や、同じ年齢でも社会的・経済的状況が異なる点を踏まえ、検証する必要がある。この他、必要かつ適切な医療サービスをカバーしつつ重大な疾病のリスクを支え合うという公的医療保険の役割を損なわないことを堅持した上で、不必要に低額負担となっている場合の自己負担の見直しや、風邪などの軽度の疾病には負担割合を高くして重度の疾病には負担割合を低くするなど、疾病に応じて負担割合を変えることも検討に値する。

公的医療保険が担う基本的役割を堅持しつつ、財政再建を行うためには、特に傍線部のような「給付範囲の哲学の見直し」が重要であり、それは公的医療保険改革の「本丸」といっても過言ではない。

というのは、日本の公的医療保険制度は１９６１年に「ユニバーサル・ヘルス・カバレッジ（ＵＨＣ：Universal Health Coverage）」を達成した。ＵＨＣとは、高い平等性・手厚いセーフティネットなどにより、国民の誰もが家計破綻や困窮に陥ることなく、必要かつ適切な医療サービスを利用できる状態をいう。

そもそも、公的医療保険は、国民生活の安定と福祉の向上に寄与するため、必要かつ適切な医療サービスをカバーしつつ、重大な疾病の医療費（医薬品等の支払いを含む）等に対するリスク分散の役割を担うものである。このような公的医療保険が担う最も重要な役割の一つとして、「財政的リスク保護」（financial risk protection）という機能がある。

簡潔にいうならば、偶発的な重度の疾病に対する治療のために家計が破綻したり困窮したりすることを防ぐ機能である。財政的リスク保護は公的医療保険が担う最も重要な役割であるから、財政再建で公的医療保険の給付範囲を見直す場合、家計の所得・資産や医療負担に関する分布などを把握した上で、財政的リスク保護が機能するか否か、しっかり見定めた上で改革を進める必要がある。

そこで、財政的リスク保護の意味を深く理解するため、人口1000人の国で、2タイプの疾病リスクAとBのみが存在するケースを考えよう。タイプAは風邪などの軽度の疾病で、病院に行けば、薬代を含めて1万円のコストで治療ができるもの。どの人も年間75％の高い確率で病気にかかるリスクがあるとする。他方、タイプBは心臓病などの重度の疾病で、手術代を含めて600万円のコストが治療にかかる。ただし、どの人も年間0・1％の低い確率でしか発病しないものとする。

この国の毎年の平均医療費はいくらだろうか。まず、タイプAの発病確率は年間75％であるから、国民1000人のうち750人(=1000人×75%)がかかる。この治療に一人当たり1万円のコストを要するので、タイプAの毎年平均の医療費は750万円である。他方、タイプBの発病確率は年間0・1%であるから、国民1000人のうち1人(=1000人×0・1%)がかかる。この治療に一人当たり600万円のコストを要するので、タイプBの毎年平均の医療費は600万円である。以上から、タイプAとBを合計し、この国の平均医療費は毎年1350万円と計算できる。

この国の医療費の自己負担が、疾病によらず3割である場合、この国では、405万円(=1350万円×3割)を患者が自己負担する一方、残りの945万円(=1350万円×7割)は医療給付で対応し、医療給付の財源は国民が支払う社会保険料や税金で賄うことになる。

ミクロ・レベルでは、タイプAの治療のため、国民1000人のうち患者750人が0・3万円(=1万円×3割)を自己負担し、タイプBの治療のため、国民1000人のうち患者1人が180万円(=600万円×3割)を自己負担する。

また、国民が支払う社会保険料や税金は、国民一人当たり0・945万円(=945万円÷1000人)である。この国の平均年収が400万円の場合、180万円もの自己負担が必要なタイプBを発病した患者の家計は破綻か困窮する可能性が高い。

このような問題を解決する一つの方法は、疾病別の自己負担を導入することである。例えば、軽度のタイプAの医療費における自己負担を3割から5割に引き上げ、重度のタイプBの自己負担を3割から0・5割に引き下げてみよう。

この場合、ミクロ・レベルでは、国民1000人のうち患者750人が0・5万円（＝1万円×5割）を自己負担し、タイプBの治療のため、国民1000人のうち患者1人が30万円（＝600万円×0・5割）を自己負担する。この国全体の自己負担は405万円（＝750人×0・5万円＋1人×30万円）で、疾病別の自己負担を導入する前と変わらない。

つまり、軽度のタイプAを発病した患者が幅広に0・2万円（＝0・5万円－0・3万円）を追加負担するだけで、重度のタイプBを発病した患者の自己負担を150万円（＝180万円－30万円）も減少させ、タイプBの患者の家計破綻や困窮を回避できることが分かる。

では、財政再建を進めるため、945万円で賄っている医療給付を810万円に圧縮する必要がある場合はどうだろうか。

このケースでは、この国の毎年平均の医療費は1350万円であったから、残りの540万円（＝1350万円－810万円）を国民全体の自己負担で賄う必要がある。

これは、疾病別の自己負担を導入せず、国民全員が一律に3割であった自己負担を4割（＝540万円÷1350万円）に引き上げることを意味する。この時、ミクロ・レベルの負担増は激変する。理由は、軽度のタイプAを発病した患者は0・4万円（＝1万円×4割）の自己負担で、負担増は0・1万円（＝0・4万円－0・3万円）で済むが、重度のタイプBを発病した患者の自己負担は240万円（＝600万円×4割）となり、負担増は60万円（＝240万円－

180万円）にも達するためである。

つまり、疾病ごとの医療費の分布を考慮せず、一律に自己負担を引き上げる対応は、公的医療保険が担う財政的リスク保護の機能を弱め、タイプBを発病した患者の家計を破綻・困窮させる可能性を高めてしまう。

では、医療給付を810万円に圧縮する際、疾病別の自己負担を導入し、重度のタイプBの自己負担を0・5割に維持した上で、軽度のタイプAの自己負担を引き上げることで対応するケースを考えてみよう。

このケースでも、この国の毎年平均の医療費は1350万円であったから、残りの540万円（＝1350万円－810万円）を国民全体の自己負担で賄う必要がある。この540万円の自己負担のうち、重度のタイプBの自己負担の総額は30万円（＝600万円×0・5割×1人）であるから、510万円（＝540万円－30万円）を軽度のタイプAの自己負担で賄うことになる。これは、軽度のタイプAの自己負担を6・8割に引き上げることに相当する。

実際、タイプAの発病確率は年間75％で国民1000人のうち750人（＝1000×75％）がかかるため、軽度のタイプAの自己負担の総額は510万円（＝1万円×6・8割×750人）に一致することが簡単に確認できる。しかも、このとき、軽度のタイプAを発病した患者の自己負担は6・8割に引き上がるが、その負担は0・68万円（＝1万円×6・8割）に過ぎないという視点も重要である。

自己負担を厳密に議論する場合、高額療養費制度の影響も考慮する必要がある。この制度も財政的リスク保護を担う機能の一つである。高額療養費制度とは、同一の月にかかった医療費の自己負担額が高額になった場合、自己負担限度額（平均的サラリーマンの場合は約9万円）を超えた分が、後日払い戻されるという仕組みである。

この制度も考慮すると議論が複雑になるため、上記の議論では考慮しなかったが、上記で扱った自己負担は、高額療養費制度の影響を含む「実質的自己負担」を表していると考えれば、一般性は失われない。

いずれにせよ、以上の事実は、疾病ごとに自己負担の割合を操作することが、公的医療保険の役割（財政的リスク保護）を堅持しながらの財政再建に貢献することを意味する。その際、重要な視点は、軽度かつ発病確率の高い疾病（風邪などの低リスクの疾病）の自己負担の割合は高める一方、重度かつ発病確率の低い疾病（心臓病などの高リスクの疾病）の自己負担の割合は低くすることで、家計の破綻や困窮を防ぎつつ、医療給付を効率化するという視点である。すなわち、このような「給付範囲の哲学の見直し」が公的医療保険改革のコアといっても過言ではない。

診療報酬本体の改革と簡易試算（疾病別の自己負担の効果）

そこで、印南（2016）[1]等の分析も参考にしつつ、疾病別の自己負担を導入し、公的医療保

図表5-2　入院外（総数84752件）

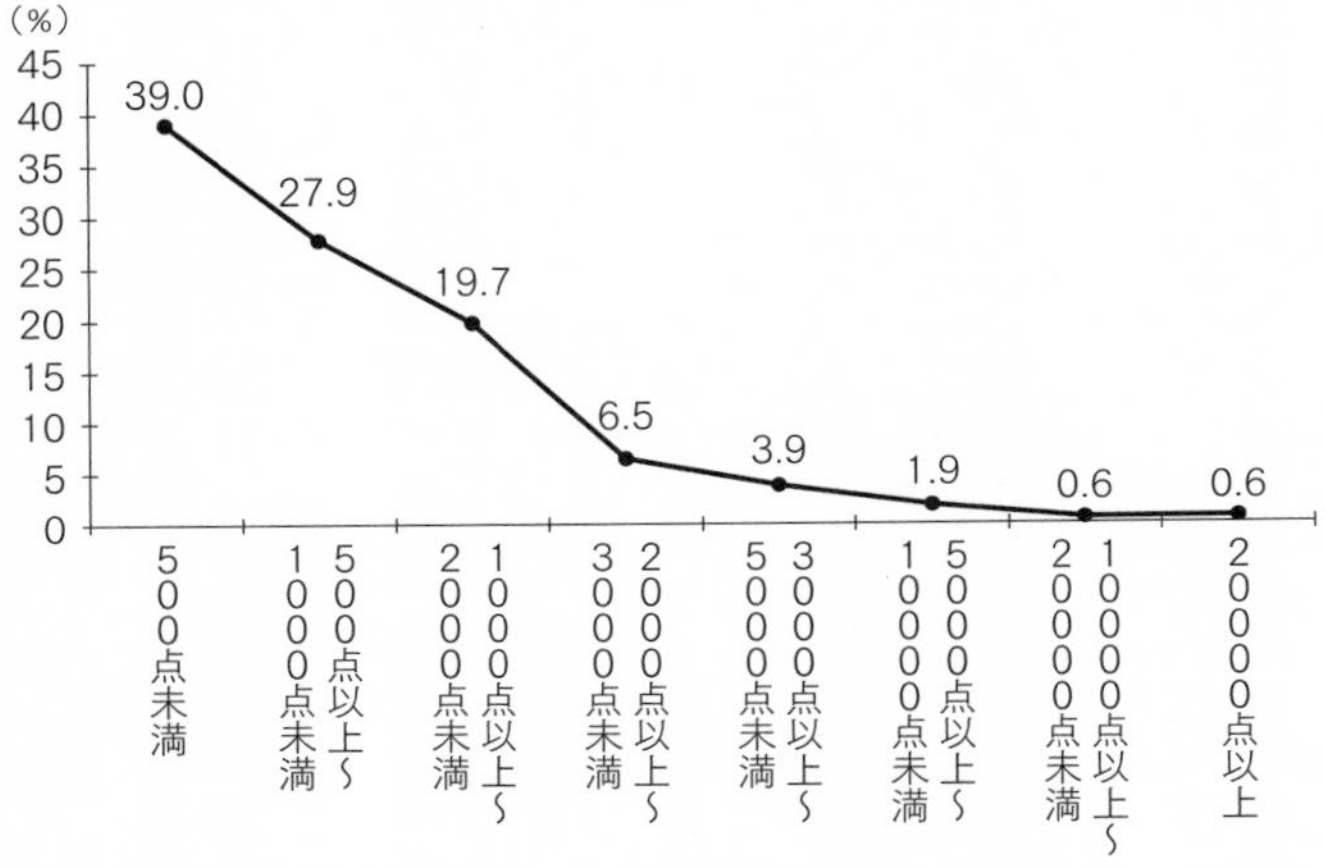

（出所） 厚生労働省「医療給付実態調査」（平成25年度）第6表から筆者作成

険の給付範囲の見直しを行ってみよう。まず、大雑把な医療費の分布を把握するため、厚生労働省「医療給付実態調査」（平成25年度）の第6表を利用し、入院外と入院の医療費の分布を確認する。

入院外の医療費（診療報酬）の点数分布は**図表5－2**の通りである。

入院外の分布を見ると、「500点未満」が全体の39・0％、「500点以上1000点未満」が27・9％、「1000点以上2000点未満」が19・7％で、2000点未満が合計86・6％を占めている。診療報酬は基本的に「1点＝10円」であり、これは入院外の場合、1件の医療費が2万円未満である診療が全体の約85％を占め、全体の約40％が5000円未満の診療であることを意味する。

他方、入院の場合は異なる。**図表5－3**が

図表5-3　入院（総数2549万件）

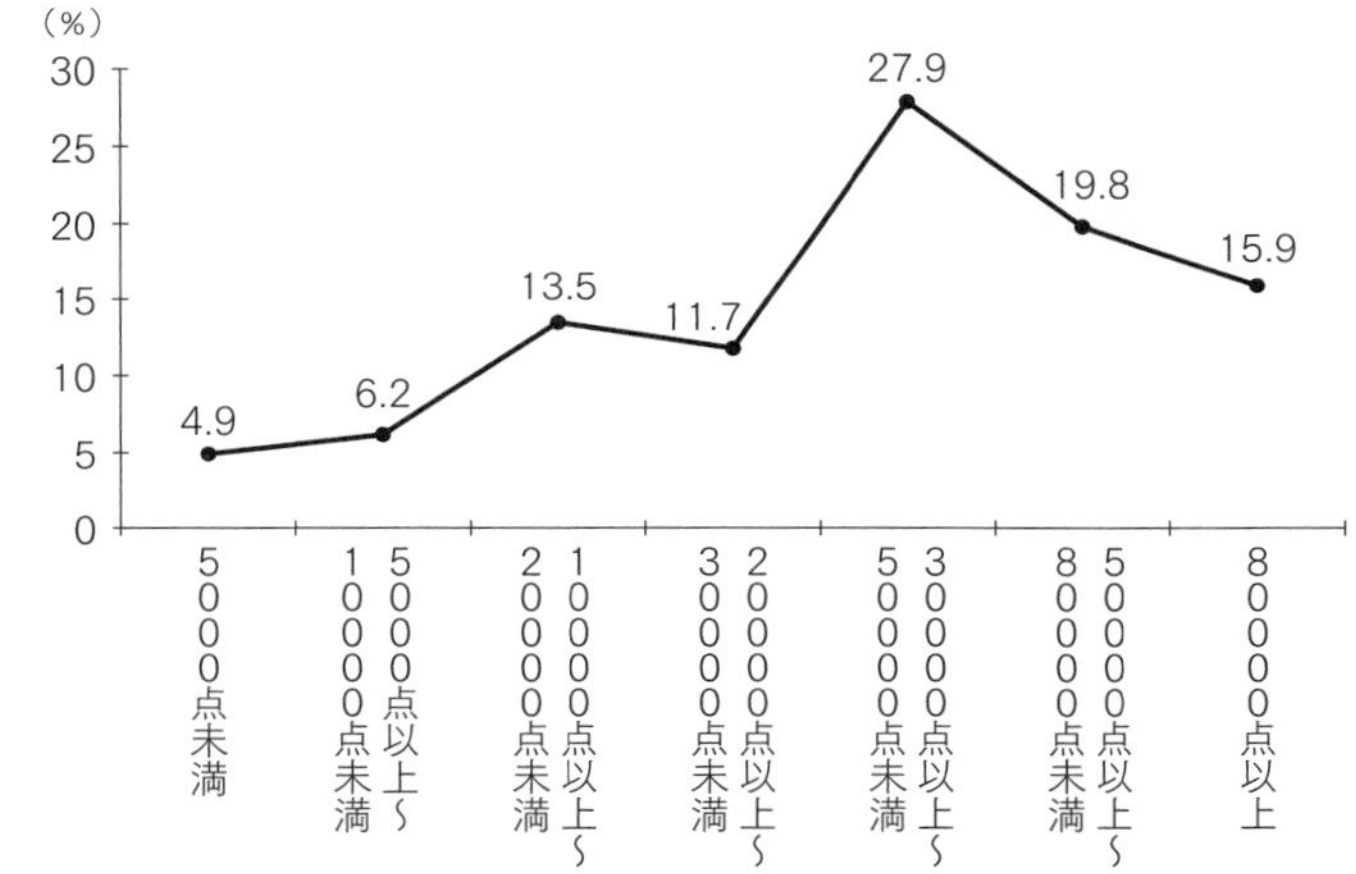

（出所） 厚生労働省「医療給付実態調査」（平成25年度）第6表から筆者作成

入院の医療費（診療報酬調剤報酬）の点数分布である。

入院の分布を見ると、「20000点以上30000点未満」が全体の11・7％、「30000点以上50000点未満」が27・9％、「50000点以上80000点未満」が19・8％、「80000点以上」が15・9％で、20000点以上が合計75・3％を占めている。診療報酬は基本的に「1点＝10円」であるため、入院の場合、1件の医療費が20万円以上であるケースが全体の約75％を占め、80万円以上であるケースも15・9％も存在することを意味する。このため、公的医療保険が担う基本的役割を堅持しつつ、財政再建を進めるため、自己負担を引き上げる場合、最初に引き上げの検討対象となるのは、入院外の医療費であろう。

では、入院外の医療費（診療報酬）の点数分布を疾病別で見ると、どのような分布をしているのだろうか。第6表のデータから、この分布を見たのが、**図表5－4**である。なお、図表の縦欄は入院外の診療報酬の点数範囲を表す。また、横欄は疾病分類ごとの医療費（診療報酬）の点数分布の割合を表し、**図表5－2**、**5－3**と同様、その合計は１００％となる。

図表5－4の「３０００点以上」の欄で、25％以上の数値を取っているのは疾病分類では「新生物」のみで、それ以外の疾病は20％未満の数値となっている。

さらに、「３０００点以上」の欄において、「眼及び付属器の疾患」「皮膚及び皮下組織の疾患」「呼吸器系の疾患」「耳及び乳様突起の疾患」「妊娠、分娩及び産じょく」「感染症及び寄生虫症」は5％以下の数値となっている。

このため、**図表5－4**のうち、「新生物」を「高リスク」、「眼及び付属器の疾患」「皮膚及び皮下組織の疾患」「呼吸器系の疾患」「耳及び乳様突起の疾患」「妊娠、分娩及び産じょく」「感染症及び寄生虫症」を「低リスク」、それ以外の疾病を「中リスク」と位置付けることにする。

以上の前提の下、厚生労働省「平成25年 国民医療費の概況」のデータを利用し、疾病ごとに自己負担を変化させた場合、医科診療部分の自己負担の総額がどう変化するか簡易推計してみよう。

まず、いま医療費の自己負担（窓口負担）は、75歳以上の者は1割（現役並み所得者は3割）、70歳から74歳までの者は2割（現役並み所得者は3割）、現役世代を中心とする70歳未満の者は

図表5-4　入院外の診療報酬の点数分布

（%）

疾病分類名	500点未満	500点以上～1,000点未満	1,000点以上～2,000点未満	2,000点以上～3,000点未満	3,000点以上
Ⅰ 感染症及び寄生虫症	41.20	32.70	16.60	4.50	5.00
Ⅱ 新生物	22.80	15.80	23.20	10.00	28.20
Ⅲ 血液及び造血器の疾患並びに免疫機構の障害	34.40	27.30	21.30	6.30	10.70
Ⅳ 内分泌，栄養及び代謝疾患	24.90	29.10	27.10	10.30	8.70
Ⅴ 精神及び行動の障害	44.70	26.40	17.30	5.10	6.60
Ⅵ 神経系の疾患	44.60	16.30	20.80	8.00	10.30
Ⅶ 眼及び付属器の疾患	48.20	36.50	11.60	1.70	2.00
Ⅷ 耳及び乳様突起の疾患	42.80	31.60	18.90	4.10	2.60
Ⅸ 循環器系の疾患	35.50	25.30	23.60	8.20	7.40
Ⅹ 呼吸器系の疾患	44.60	34.30	15.80	3.00	2.20
Ⅺ 消化器系の疾患	39.00	22.90	21.30	7.60	9.00
Ⅻ 皮膚及び皮下組織の疾患	65.10	24.40	7.50	1.80	1.30
XIII 筋骨格系及び結合組織の疾患	31.80	27.80	24.20	8.90	7.10
XIV 腎尿路生殖器系の疾患	34.90	22.90	20.60	6.70	14.90
XV 妊娠，分娩及び産じょく	30.00	34.20	26.50	6.20	3.00
XVI 周産期に発生した病態	44.40	18.50	13.40	4.00	19.80
XVII 先天奇形，変形及び染色体異常	39.90	21.20	19.50	7.60	11.80
XVIII 症状，徴候及び異常臨床所見・異常検査所見で他に分類されないもの	37.30	23.90	20.80	9.90	8.20
XIX 損傷，中毒及びその他の外因の影響	30.00	30.90	21.80	9.60	7.80

(出所) 厚生労働省「医療給付実態調査」（平成25年度）第6表から筆者作成

図表5-5　医科診療部分の自己負担や医療給付費（簡易推計）

〈現行の年齢別の自己負担〉　（億円）

医科診療部分の国民医療費（①）			医科診療部分の自己負担（②）			医科診療部分の医療給付費（=①-②）		
合計	入院	入院外	合計	入院	入院外	合計	入院	入院外
287,447	149,667	137,780	35,931	17,639	18,291	251,516	132,028	119,489

〈疾病別の自己負担　ケース1〉

医科診療部分の国民医療費（①）			医科診療部分の自己負担（②）			医科診療部分の医療給付費（=①-②）		
合計	入院	入院外	合計	入院	入院外	合計	入院	入院外
287,447	149,667	137,780	45,520	17,975	27,545	241,927	131,692	110,235

〈疾病別の自己負担　ケース2〉

医科診療部分の国民医療費（①）			医科診療部分の自己負担（②）			医科診療部分の医療給付費（=①-②）		
合計	入院	入院外	合計	入院	入院外	合計	入院	入院外
287,447	149,667	137,780	55,856	22,469	33,387	231,591	127,198	104,393

（出所） 筆者試算

3割、6歳（義務教育就学前）未満の者は2割で、基本的に年齢別となっている。そこで、現行制度の年齢別の自己負担の下、一定の仮定を置き、医科診療部分の自己負担や医療給付費を簡易推計すると、**図表5－5**上段の通りとなる。

他方、年齢によらず、入院の自己負担を一律2割とし、入院外の疾病で高リスクの診療の自己負担を2割、中リスクの自己負担を4割、低リスクの自己負担を6割とする設定の下、医科診療部分の自己負担や医療給付費を簡易推計すると、**図表5－5**中段の通りとなる。

図表5－5上段と中段から読み取れることは、現行では3兆5931億円と見込まれる医科診療部分の自己負担の総額が、疾病別の自己負担に変更すると4兆5520

億円になり、約1兆円増加することである。

約1兆円の自己負担の増加は、その分だけ医療財源に余裕をもたらすことを意味する。大雑把にいうと、「国民医療費の総額＝医療給付費＋自己負担の総額」となる。医療給付費は保険料収入と公費である税金等で賄っている。国民医療費が一定で自己負担の総額が増加すると、その分だけ、医療給付費が減ることになる。

実際、**図表5－5**上段と中段を見比べると、医科診療部分の医療給付費は25兆1516億円から24兆1927億円になり、約1兆円減少している。

また、**図表5－5**下段は、入院の自己負担を一律2・5割とし、入院外の疾病で高リスクの診療の自己負担を3割、中リスクの自己負担を5割、低リスクの自己負担を7割とするケースでの医科診療部分の自己負担や医療給付費の推計結果である。

この簡易推計によると、現行では3兆5931億円と見込まれる医科診療部分の自己負担の総額が5兆5856億円となって約2兆円増加する一方、医療給付費は25兆1516億円から23兆1591億円となって約2兆円減少する。

なお、以上の試算は一定の仮定の下での簡易推計のため、その改革効果は割り引いて理解する必要があるが、医療財政の持続可能性に一定の貢献を果たすことは確かである。

薬価制度改革（フランス方式の効果）

では、上記の考え方を、医薬品に関する保険給付の改革案について適用すると、どうなるだろうか。そもそも、医療費適正化に向けた保険給付の見直しを考える場合、主として患者側の自己負担割合を見直す改革案と診療報酬や薬価水準、あるいは保険適用範囲を見直す改革案の2つの方向性が考えられる。

このため一つの試算はフランスの保険給付事例を参考に、現行の年齢別の自己負担割合（原則3割、就学前＝2割、70－74歳＝2割、75歳以上＝1割）を改め、薬剤に関する自己負担を適用疾患の重篤度や医薬品の治療における有用度等に応じて変更する案とする（改革案1）。もう一つの試算は、現行の自己負担割合は変更せず、同じく適用疾患の重篤度や有用度等を反映し、薬価水準を一律増減する案とする（改革案2）。

公的医療保険が担う最も重要な役割の一つは、重篤な傷病に対する治療のために被保険者の家計が破綻したり困窮したりすることを防ぐ「財政的リスク保護」機能であり、今後の制度改革においても被保険者の負担状況に十分配慮し、その影響を見定める必要がある。

一方で我が国の現在の医療保険制度では、薬剤に対する自己負担率について、重篤な疾患の治療に必須な薬剤、画期的な効果をもつ薬剤と、それに該当しない薬剤や後発品等が存在する薬剤との間で変化せず、重要性、必要性の異なる薬剤を各々どの程度、公的保険でカバーすべきかという議論が残されている。また画期的新薬の創出や新たな医療技術の開発など、イノベーション促進には相応の評価が必要だが、財政再建との両立は容易ではない。保険給付される薬剤の自己負担率を変更することで、重篤な疾患治療等にかかる患者負担を軽減しつつ、保険給付の資源配分を、画期性、重要性の高い薬剤に一層シフトしようというのが、我々の分析の狙いである。

この点で諸外国の薬剤給付制度は制度改革の参考となる。例えばフランスでは、医薬品の治療上の貢献度・有用性等に応じ、段階的な自己負担率が設定されており、自己負担を「抗がん剤等の代替薬のない高額な医薬品＝0％」「一般薬剤＝35％」「胃薬等＝70％」「有用度の低いと判断された薬剤＝85％」「ビタミン剤や強壮剤＝100％」等としている。また手厚い医療福祉で有名なスウェーデンでも子どもを除き、医薬品の種類にかかわらず年間医療費900クローナ（1クローナ＝12円で約1万円）までは全額自己負担、より高額の場合でも一定の自己負担割合を設定している。

ここではフランスの事例を参考に、我が国の保険適用医薬品について複数の専門家による検討評価を行い、「重篤な後遺症や死につながる疾病の医薬品」（A）、「重篤ではないが、後発品が発売されていない薬効に属する医薬品」（B）、「それ以外の医薬品」（C）という3つに区分した。またこれら各々の自己負担割合を、重篤な疾患に関する薬剤には「0割」負担としてより手厚く保険給付し、安価な後発品が存在する薬剤については後発品利用促進を図るためにも「7割」負担、残りは現状の「3割」負担とする試算を試みた。

なお、2019年10月に消費税率が10％に引き上げられたものの、2025年度までに国と地方を合わせた基礎的財政収支（ＰＢ）を黒字化するという財政再建目標は達成が難しいため、政府・与党がＰＢ黒字化目標を２０２５年度以降に再び先送りする可能性がある。２０１９年７月の参院選に先立つ記者会見で、安倍首相は「（消費税率のさらなる引き上げについて）今後10年間くらいは必要はない」と言及している。このため、これから数年間は追加増税の議論が政治的に停滞するリスクもあり、当分の間、財政再建で重要な論点となるのは、成長戦略と社会保障を中心とした歳出改革となる可能性がある。

その際、医療制度改革の論点の大きなテーマの一つとなるのが、世界的に評価の高い皆保険制度の骨格を堅持しつつ、新産業創出と財政再建の両立を図る視点に立った医療技術や医薬品に関する保険給付の見直しである。目下、政府・与党は「第４次産業革命」を掲げ、ビッグデータ・人工知能・ＩｏＴといったＩＣＴを活用した新産業創出に注力しているが、筆者は法政大学教授の菅原琢磨氏と共同で、我が国における医薬品取引（数量ベース）のほぼすべてを網羅するＩＱＶＩＡジャパンのビッグデータを利用し、医薬品に関する保険給付の改革試案について、その効果の推定、分析を実施した。

この結果が**図表5－6**である。この結果から、改革案１でも現行制度の適正化効果の水準を大きく損なうことなく、より重要性の高い薬剤の給付の重点化が可能であることが示唆されている。なお今回の分析は粗推計であるため、高額療養費制度（同一月にかかった医療費の自己負担額が高額になった場合、一定額を超えた部分が払い戻される制度）の影響や、自己負担変更に伴

図表5-6　医薬品に関する保険給付改革案の効果

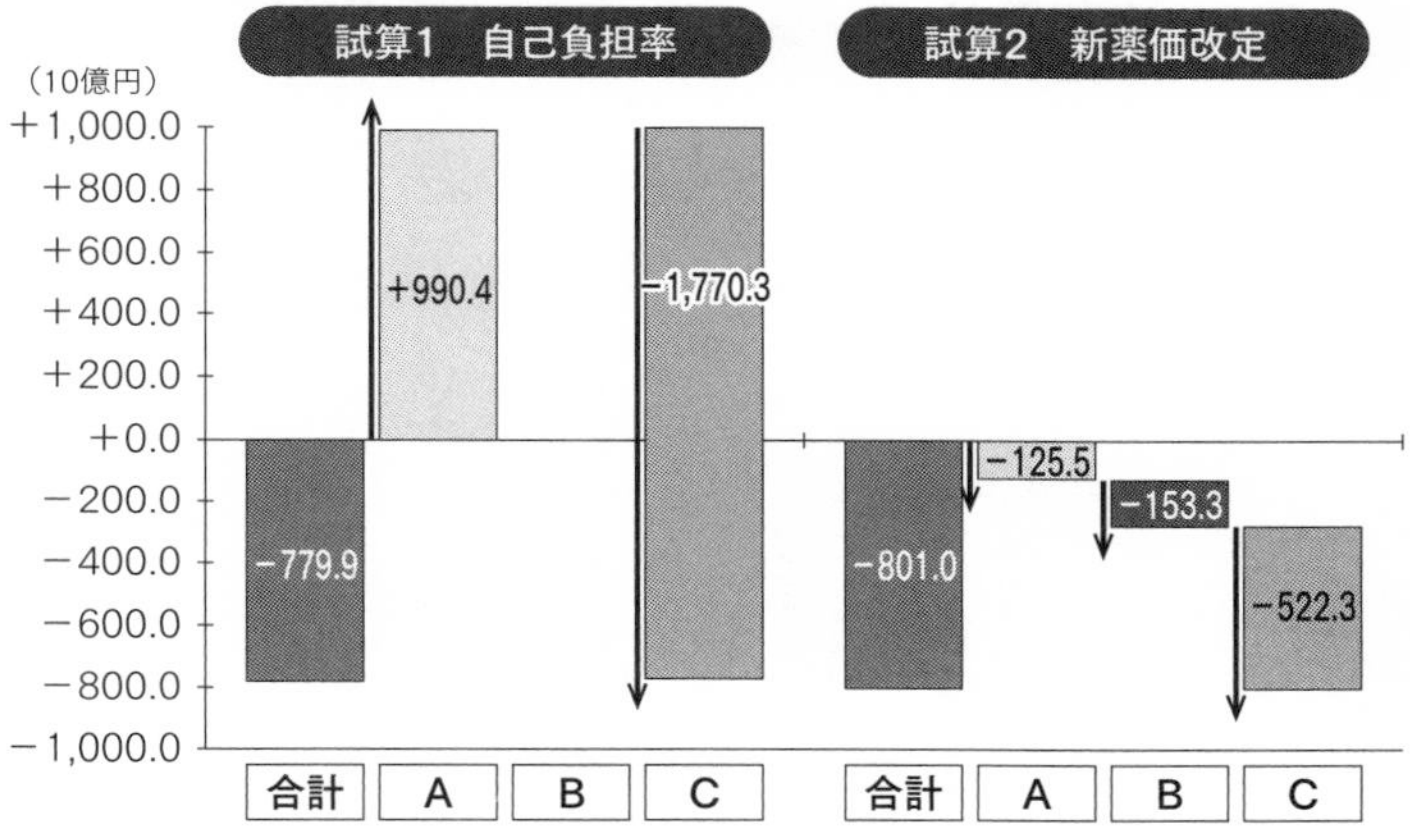

（出所） 筆者作成

う医療需要の変化について、別途検討を要する点に留意が必要である。

年齢別の自己負担を改める改革案に対しては、現状、自己負担割合が相対的に低い高齢世代から強い反発が予想される。そこで現状の自己負担割合は変更せず、医薬品の必要性、有用度等に応じて現状薬価を加減する改革案2の試算も行った。

まず改革案2の問題意識だが、日本の医薬品に関する保険給付は、その大部分が銘柄ごとに薬価を収載する方式（銘柄別収載方式）に基づいている。通常、この方式のメリットは、「市場の実勢価格を薬価基準に合理的に反映し、いわゆる『薬価差益』（医薬品の保険償還価格である薬価と仕入れ値の差額で生まれる利益）を解消することができることにある」と説明される。市場実勢価格を把握するため、厚生労働省は「薬価調査」を実施しているが、医薬品メーカーから卸への取引では、事後的な値引き補償等が存在するほか、医療機関と卸との取引でも未だ「未妥結仮納入」、「単品総価取引」といった商慣行の存在により、真の市場実勢価格は把握できないとの指摘がある。さらに制度改革で（これまで2年に一度であった）薬価改定が２０２１年度から毎年に変更となるが、医薬品の市場実勢価格が下落しても、保険償還価格は一定期間据え置かれるため、その分が市場実勢と乖離した非効率な資源配分につながっている懸念もある。このような要因を解消し、そこから生じる資源をより重要性が高い医薬品への配分や革新的な医薬品の創薬意欲の喚起へとつなげる必要がある。

これまでも新薬創出等加算のほか、初めて後発品が出たときの先発品の特例引き下げや長期収載品の引き下げの導入など、様々な薬価改革がなされてきたが、改革案2の試算では、現行の自己負担率は変更せず、改革案1の区分（「重篤な後遺症や死につながる疾病の医薬品」、「重篤ではないが、後発品が発売されていない薬効に属する医薬品」、「それ以外の医薬品」）に基づいて、各々の薬価（市場実勢価格との乖離率調整後）を仮に1・05倍、1・03倍、0・97倍に変更した場合にどのような財政効果が生じるか試算した（図表5―6右）。これは現在の薬価改定ルールで2％に固定されている調整幅に複数制を導入することと同義といえる。この改革案の試算結果でも、より重要な薬剤へ資源を配分しつつ医薬品に関する保険給付を約0・8兆円節減可能であることが示唆される。

以上は一定の前提での粗い試算だが、ＩＱＶＩＡジャパンの医薬品取引にかかるビッグデータの利活用で実施可能となった。本章の分析では、薬剤保険給付の改革案しか分析していないが、政府が現在推進しているＮＤＢ（レセプト情報・特定健診等情報データベース）を含む医療のＩＣＴ改革が進み、保健医療ビッグデータの環境整備が進めば、治療効果と保険財政の改善を図る診療報酬に関するより精緻な分析も可能となろう。これによりエビデンスに基づく効果的かつ効率的な診療報酬の決定も可能となるはずであり、中央社会保険医療協議会（以下「中医協」という）などの機関の分析機能を強化する観点からも有益である。具体的には、限られた財源の中、集中と選択を図りつつ、戦略的かつ科学的エビデンスに基づき診療報酬等を設定する分析機能を強化するため、また本格的な分権化への当面の対応として、中医協の下部組織として、保健医療に関するビッグデータ等を利用して分析を行う専門組織を設置してはどうか。専門組織の委員は任期４－５年の常勤とし、各委員をサポートするスタッフを配置、必要に応じて、厚生労働省や患者・産業界などからデータ収集やヒアリングを受けることも可能にすることが考えられる。

なお、本章の試案のような改革後に得られる財源は、その一部を逼迫する財政の再建に充てる一方、新産業創出に活用する方向性も重要である。医薬品の世界市場は２０１５年で約１００兆円、今後５年は年率３－６％で成長することが見込まれる有望市場である。ｉＰＳ等の新たな技術フロンティアを活用する医薬品市場において世界は激しい争奪戦を繰り広げており、日本の創薬ベンチャーが自国市場を足場に世界に打って出る機会が増えれば、現在政府が進める新産業や雇用創出に大きな貢献を果たす可能性も高い。

新産業創出と財政再建の両立を図るうえからも、医療分野のビッグデータ・人工知能・IoT等の包括的利活用を一層促進し、医療制度改革を着実に進めることが望まれる。

以上の考察や分析で明らかな通り、公的医療保険が担う基本的役割を堅持しつつ、医療財政の持続可能性を高めるためには、「給付範囲の哲学の見直し」も重要であり、風邪等の軽度の疾病には自己負担の割合を高める一方、重度の疾病には負担割合を低くする等、疾病に応じて負担割合を変えることや、年金改革で導入したマクロ経済スライドを参考として、後期高齢者医療制度においても、その診療報酬に自動調整メカニズムを導入することも検討に値する。

また、医薬品の保険給付については、高額療養費制度は維持しつつ、フランス等の事例を参考に、現行の年齢別の自己負担割合を改め、薬剤に関する自己負担を適用疾患の重篤度や医薬品の治療における有用度等に応じて変更することも検討に値する。

column

改革の優先順位

公的医療保険の改革で優先順位を検討するとき、3つの重要変数がある。①「診療報酬」あるいは「薬価」、②「市場規模（P×Q）」、③「年間の標準治療費」（平均・中央値・分散）である。

このうち、改革案が保険財政に及ぼす影響や国民（患者）の家計に及ぼす影響を検討するときに重要な変数は、②・③の「市場規模（P×Q）」「年間の標準治療費」である。①の「診療報酬」や「薬価」は、医療機関や製薬メーカー等にとって収益の安定性等を予測する上で一定の重要性があることは事実だが、見かけ上の変数で重要ではない。

むしろ、②の「市場規模（P×Q）」は、公的医療保険財政の持続可能性と産業競争力のバランスを図る視点を、また、③の「年間の標準治療費」は、財政的リスク保護の視点を提供するもので、これらの方が重要な変数となる。この理解を深めるため、医薬品のケースで4タイプの薬（タイプⅠ～Ⅳ）を考えてみよう。

タイプⅠ：年間の標準治療費が小さいが、市場規模が大きいもの
タイプⅡ：年間の標準治療費が小さく、市場規模が小さいもの
タイプⅢ：年間の標準治療費が大きく、市場規模が大きいもの
タイプⅣ：年間の標準治療費が大きいが、市場規模が小さいもの

このうち、タイプⅠの代表例としては「湿布」（1枚の薬価は数十円だが、年間の市場規模が1000億円超のもの）がある。また、タイプⅣの代表例としては「キムリア」（薬価が3349万円だが、適用対象の予測が216人（ピーク時）で市場規模は72億円と見込まれるもの）が該当する。

公的医療保険制度では、市場規模（P×Q）の一定割合を保険料や公費で賄う仕組みとなっており、財源確保に限界があるなか、市場規模が大きい医薬品の収載が増加すると、公的医療保険財政の持続可能性が低下する。このため、保険財政の持続可能性の確保に責任をもつ財政当局は、マクロ的な視点から、「市場規模」の大きい医薬品から優先的に改革を進める誘因をもつ。他方、国民（患者）の視点では、市場規模（P×Q）よりも、「年間の標準治療費」の大小の方が重要な

変数となる。このため、改革を進める場合、ミクロの家計の負担増にも注意を払い、財政的リスク保護の観点から、家計でも負担を吸収可能な「年間の標準治療費」の小さい医薬品から優先的に改革を進めるのが望ましい。また、産業競争力の視点では、開発コストの回収のために売上(P×Q)の安定性が重要であり、イノベーションに資する医薬品等の開発を促進するためには、上市後の一定期間、革新的な製品の市場規模を安定的に維持できるか否かが重要となる。特に、売上がピークに到達するのは、特許が切れる10年目でなく、約半分の5－6年が多いため、その期間の市場規模の安定性が重要となるが、市場規模が大きい場合には、保険財政の持続可能性との関係で一定の制約が課せられることはやむを得ない。

この関係では、2000年導入の「市場拡大再算定」や2016年導入の「市場拡大再算定の特例」の活用も重要だ。市場拡大再算定とは、保険収載の医薬品の年間販売額が予想年間販売額の一定倍数を超えた場合等では、薬価改定時に薬価を引き下げるものだ。この発動要件は、①予想年間販売額の2倍以上かつ年間販売額が150億円超、または②予想年間販売額の10倍以上かつ年間販売額が100億円超で、薬価を最大25％引き下げる。また、年間販売額が極めて大きい医薬品には「市場拡大再算定の特例」もあり、①年間販売額が1000－1500億円のものは予想の1・5倍以上で薬価を最大25％引き下げ、②年間販売額が1500億円超のものは予想の1・3倍以上で薬価を最大50％引き下げるルールがある。

以上の前提の下、できる限り財政的リスク保護に配慮しながら改革を行うとき、改革の優先順位は、第1がタイプⅠ、第2がタイプⅡ、第3がタイプⅢ、第4がタイプⅣという順番になる。もっとも、タイプⅠ～Ⅳの医薬品における代替薬の有無も重要な判断材料となり、代替薬が存在する場合は、代替薬が存在しない場合よりも改革の優先順位は低くするのが妥当であろう。

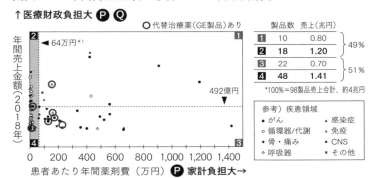

図表5-7　年間売上金額×患者あたり年間薬剤費

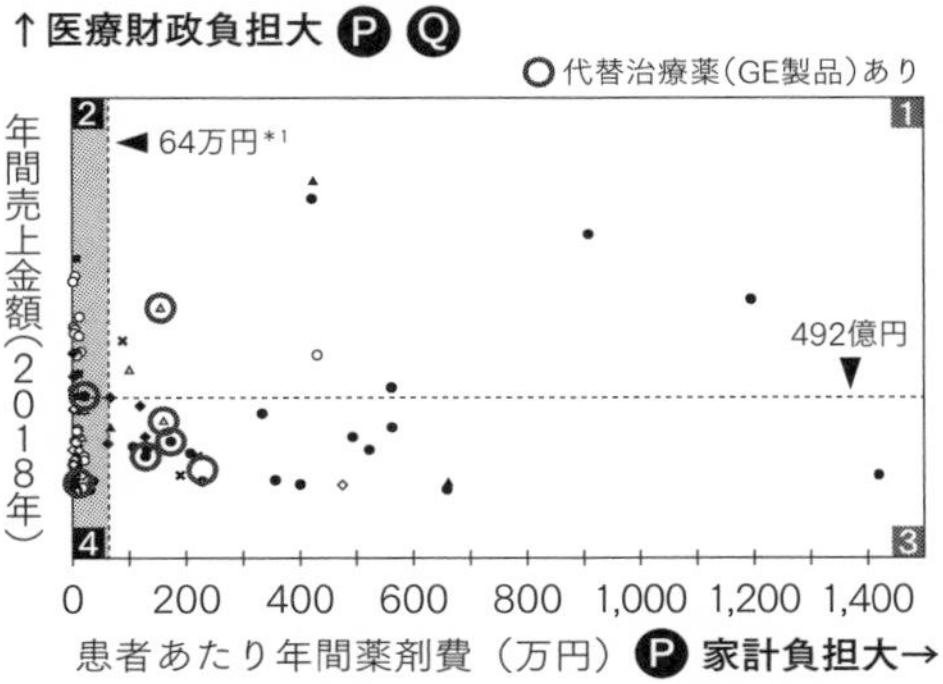

	製品数	売上（兆円）	
1	10	0.80	49％
2	**18**	**1.20**	
3	22	0.70	51％
4	**48**	**1.41**	

*100％＝98製品売上合計、約4兆円

参考）疾患領域
- ● がん
- ▲ 感染症
- ○ 循環器/代謝
- △ 免疫
- ◆ 骨・痛み
- ■ CNS
- ◇ 呼吸器
- × その他

＊1　平均収入者の想定自己負担限度額を患者あたり年間費用の高低を分ける閾値と設定
（出所） ファイザー主催（2019）「第二回医薬品のイノベーション評価の意義と課題に関する意見交換会」資料から抜粋

では、このようなルールを医薬品に関する現実のデータに適用すると、どうなるか。その示唆を示すものが**図表5－7**である。この図表は、年間売上金額が200億円以上の薬価収載98製品を対象とし、2018年のJPMデータ（IQVIAジャパン）や中医協・新医薬品一覧表から作成されている。患者あたり年間薬剤費は、中医協・新医薬品一覧表に記載のあるピーク時の市場規模予測のデータ（ピーク売上・ピーク患者数）を利用し、「ピーク売上÷ピーク患者数」で試算している。

その上で、この図表では、縦×横を2×2の4つの領域に区分し、右上の領域を「1」、その左側の領域を「2」、領域1の下側の領域を「3」、その左側の領域を「4」と付番している。また、98製品の売上合計が約4兆円であり、領域1・2の売上合計と領域3・4の売上合計がそれぞれ約2兆円となる売上の閾値が492億円であるため、その部分に水平線を描いている。さらに、高額療養費制度を考慮すると、年収３７０万円の自己負担限度額が月額５・７６万円であるため、平均年収の自己負担限度額を年間で64万円と設定し、[3] 領域１・３と領域２・４を区分する垂直線を描いている。領域「１」がタイプⅢ、領域「２」がタイプⅠ、領域「３」がタイプⅣ、領域「４」がタイプⅡに相当する。

では、**図表５－７**から何が読み取れるか。まず、革新的な医薬品が分布する領域「１」の製品数は10で、その売上合計は０・８兆円しかない。一方、領域２の製品数は18でその売上合計は１・２兆円、領域３の製品数は33でその売上合計は０・７兆円、領域４の製品数は48でその売上合計は１・４兆円となっており、患者あたり年間コストが低い薬剤の売上合計（領域２・４）は約２・６兆円にも達することが分かる。また、代替薬「有」の薬剤には「○」の付けているが、領域１・３と比較して、患者あたり年間薬剤費が小さい領域２・４に代替薬「有」の薬剤が多いことも確認できる。

なお、超高額薬剤の今後の利用状況によっては市場規模が想定以上に膨らむ懸念もある。このため、費用対効果分析の観点から、政府は２０１９年４月から医療技術評価（日本版ＨＴＡ）を導入している。日本版ＨＴＡの検討段階では、それがイギリスのように保険償還の可否に利用される可能性もあったが、結果的に償還の可否には利用せず、価格調整に用いることになった。この意味でも、市場規模の制御は効くことになる。また、超高額薬剤はその価格の高さから社会的関心を引くが、実際には希少疾病薬が多く、その薬剤を利用する患者数も少ないため、医療財政に及ぼす影響が軽微なケースも多い。費用対効果分析は、患者や社会全体から見た幅広い医療の価値の考慮が必要であり、薬価が１剤いくらという議論よりも、エビデンスに基づき、「市場規模（Ｐ×Ｑ）」や「年間の標準治療費」などで全体の分析（診療報酬本体を含む）を行い、改革の優先順位を検討するべきだろう。

医療版マクロ経済スライド（後期高齢者医療制度）の可能性

ところで、以上の改革で確保できる財源は数兆円に過ぎないという現実も明らかであろう。財政再建を図るためには、歳出削減や増税で現在の財政赤字の縮減を行うとともに、膨張する社会保障費の抑制を図る必要がある。社会保障の将来見通しについては第2章で説明したが、財務省の財政制度等審議会財政制度分科会が起草検討委員の提出という形で公表した「我が国の財政に関する長期推計（改訂版）」（2018年4月6日）によると、医療給付・介護給付費（対GDP）は、2020年度頃に約9％（医療約7％、介護約2％）であったものが、2060年度頃には約14％（医療約9％、介護約5％）に上昇する。すなわち、40年間で医療・介護はGDP比で約5％ポイント上昇するが、これは名目GDPを550兆円とすると、約28兆円増で、消費税換算で約10％に相当する。

この抑制方法や財源をどうするかが問題となる。当然ながら政府でも検討を進めており、2018年7月に閣議決定した骨太方針（経済財政運営と改革の基本方針2018）では、団塊の世代が75歳以上になる「直前の3年間（2019年度－21年度）」を「基盤強化期間」と定め、医療・介護等に関する様々な改革の検討項目が列挙されている。

例えば、医療では、①外来受診時の定額負担の導入、②後期高齢者等の窓口負担の見直し、③膨張する医療費管理のための自動調整メカニズムや地域独自の診療報酬の導入などである。では、改革の妥当性や効果はどうか。

まず、①は財務省・厚生労働省が以前から検討中のものだが、政治的な反発もあり、なかなか政策的に実現できない。一つの解決策としては、外来受診時の定額負担（例：５００円）を一律に導入せず、選択制とし、それを選択すれば保険料を「割引」する措置で対応してはどうか。強制でなく、あたかも誘導されるかのように望ましい行動を促す政策的な手法は、行動経済学の発展でノーベル賞を受賞した米シカゴ大学のセイラー教授が提唱する「nudge 理論」の応用にも近い。個人が自ら選択すれば、納得感も高まる可能性もある。

次に②だが、いま医療費の窓口負担（自己負担）は、現役並み所得者を除き、75歳以上は1割、70歳から74歳までは2割である一方、現役世代を中心とする70歳未満は3割で、基本的に年齢別となっている。だが、世代にかかわらず、負担能力が高い家計と低い家計があり、「負担できる者が負担する」という原則こそがあるべき姿だ。このため、現在の年齢別の「窓口負担」を改め、応能負担別に変更する方向性は妥当であり、年齢によらず、「窓口負担」を一律に3割とし、マイナンバー制度等を活用して所得や資産に応じ、負担能力が極めて低い家計の負担軽減も検討に値する。

ただ、①や②の改革効果は限界がある。というのは、高額療養費制度があり、医療費の自己負担には限界がある。その結果、現在の国民医療費（約40兆円）のうち保険料と公費で全体の約88%が賄われ、自己負担（患者負担）では残りの約12%（約5兆円）しか賄われていない。このため、定額負担の導入を含め、窓口負担を仮に2倍にしても、高額療養費制度で財政再建効果は数兆円に限られ、既述の要対応額（約28兆円）の1割に満たない可能性も高い。しかも、「財政的リスク保護」との関係でも自己負担増には限界があり、改革を行う場合、所得・資産の分布等を把握し、財政的リスク保護が機能するか否か、しっかり見定める必要がある。リッチ層では高額療養費制度の自己負担限度額を見直すことも考えられるが、年収1000万円の家計でも、数百万円の自己負担を支払う事態になれば、もはや「保険」の意味はなく、家計が破綻するケースもあろう。このため、財政的リスク保護を考慮すると、自己負担の見直しも一定の限界がある。

では、膨張する医療費の制御をどうすればよいか。そこで注目されるのが③だが、膨張する医療費管理のための自動調整メカニズムには概ね2つの方式がある。一つは財務省案で、経済成長や人口減少のスピードに応じ、医療費が増加したときに患者の窓口負担を自動的に引き上げる方式だが、これは既述のとおり、財政的リスク保護との関係で限界がある。

もう一つは、診療報酬に自動調整メカニズムを導入する案である。この関係で、筆者は後期高齢者医療制度（75歳以上が加入）の診療報酬に自動調整メカニズム（いわゆる「医療版マクロ経済スライド」）を導入する措置を以前から提案している。

同制度の財源（給付費）のうち9割は現役世代の保険料からの支援金と公費で賄われ、残りの1割が75歳以上の保険料で賄われているだけで、賦課方式の年金と似た構造をもつ。提案のメカニズムは、2004年の年金改革で導入した「マクロ経済スライド」を参考にしたものである。

診療報酬は、原則的に実施した医療行為ごとに対し、それぞれの診療報酬項目に対応する点数がすべて加算され、1点の単価を10円で計算して報酬が医療機関等に支払われる。一般的に、診療報酬は、年齢にかかわらず、定められていると思われているが、一部は年齢で異なるケースもある。その事例が、後期高齢者医療制度の2008年での発足時において、75歳以上の後期高齢者に限って新設された診療報酬項目で、後期高齢者特定入院基本料（75歳以上の患者が90日を超えて入院すると、一定の場合を除き、医療機関への診療報酬が減額となる仕組み）、後期高齢者診療料や後期高齢者終末期相談支援料などである。

これらの診療報酬項目の一部は、その後の診療報酬の改定において廃止や改正が行われているが、上記の事例は、75歳以上と75歳未満の診療報酬体系を異なる仕組みで構築できることを意味する。

このため、マクロ経済スライドと同様、例えば、現役世代の人口減や平均余命の伸び等を勘案した調整率を定めて、その分だけ、全体の総額の伸びを抑制することにしてはどうか。この調整のために最も管理しやすい方法は、75歳以上の診療報酬において、ある診療行為を行った場合に前年度Z点と定めているすべての診療報酬項目の点数を、今年度では「Z・（1－調整率）点」と改定することである。[4] 自己負担は診療報酬に比例するため、診療報酬を抑制しても75歳以上の自己負担（窓口負担）が基本的に増加することはない。

また、過去の趨勢的に医療費の約半分は医療従事者の人件費だが、このメカニズムの下では医療費（対GDP）は一定水準に落ち着き、人件費も成長率に連動して伸びる。

図表5-8　医療版マクロ経済スライドのイメージ

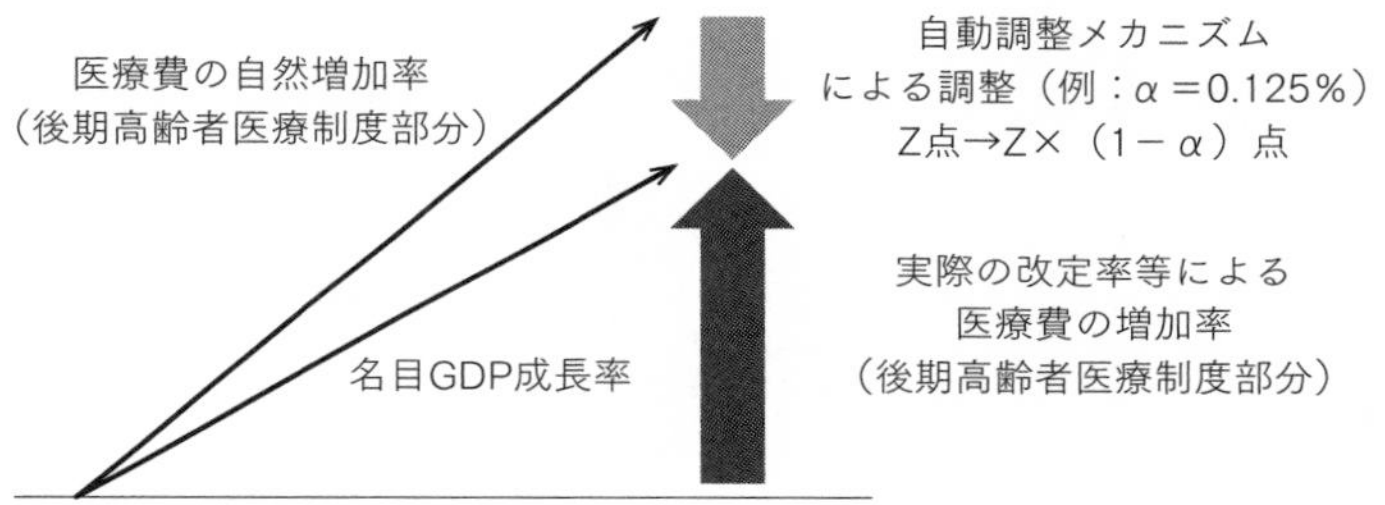

（出所） 筆者作成

では、調整率はどの程度か。財務省の「我が国の財政に関する長期推計（改訂版）」によると、40年間で医療費等では約5%ポイントの上昇で、1年間の上昇は平均で0・125%であるため、その増加を抑制する調整率は年間0・125%に過ぎない。診療報酬を年間平均で0・125%だけ下方に調整するだけで、医療財政を安定化できる可能性があるのは「驚き」ではないか。[5] もっとも、中長期的に見て、医療機関等への経営に及ぼす影響にも注意する必要があることはいうまでもないが、その影響分については、公的医療保険の一部を民間医療保険でも代替できるようにして、民間医療保険の方で稼ぐことができる環境整備で対応できるのではないか。

にもかかわらず、自動調整を診療報酬でなく、財務省が自己負担による対応で打ち出した理由は、日本医師会などの反発を懸念してのことだろうが、それは誤解で医師等の人件費も成長率連動で伸びる。年齢別の「窓口負担」を撤廃し、世代で公平なものにする方向性に異論はないが、「財政的リスク保護」の視点で負担増にも限界があり、改革コストのすべてを国民（患者）だけに押し付けてはならない。

この関係では、基本的に「1点＝10円」とする診療報酬も再考が必要である。診療報酬については、高確法（高齢者の医療の確保に関する法律）第14条に診療報酬の特例に関する規定がある。具体的には、「厚生労働大臣は、医療費適正化計画に関する評価の結果、医療費適正化を推進するために必要があると認めるときは、1つの都道府県内の診療報酬について、他の都道府県と異なる定めをすることができる」旨の規定である。

（診療報酬の特例）
第14条　厚生労働大臣は、第十二条第三項の評価の結果、第八条第四項第二号及び各都道府県における第九条第三項第二号に掲げる目標を達成し、医療費適正化を推進するために必要があると認めるときは、一の都道府県の区域内における診療報酬について、地域の実情を踏まえつつ、適切な医療を各都道府県間において公平に提供する観点から見て合理的であると認められる範囲内において、他の都道府県の区域内における診療報酬と異なる定めをすることができる。
2　厚生労働大臣は、前項の定めをするに当たつては、あらかじめ、関係都道府県知事に協議するものとする。

この高確法第14条の規定はこれまでに一度も活用されたことがないが、「骨太方針2015」では、「この特例規定の活用の在り方について検討する」と明記された。介護報酬では既に地域区分ごとに異なる点数が設定されており、この特例を活用すれば、医療でも診療報酬を地域別に1点＝9円にするような措置も可能である。

その際、医師の偏在対策や物価水準などの地域格差も加味し、地域別の診療報酬のあり方も検討するべきで、この特例で診療報酬の自動調整を行う仕組みも考えられる。

基本的に、診療報酬が上がれば自己負担も増加する、診療報酬が下がれば自己負担も減少するという関係をもつ。既述のような疾病別の自己負担への変更のみでなく、柔軟な発想で地域別の診療報酬のあり方についても検討を深める必要があろう。

なお、高齢世代にも現役世代にも、生活に余裕がある家計と余裕がない家計があり、「負担できる者が負担する」という原則こそがあるべき姿であり、現在の年齢差別的な「窓口負担」を改め、応能負担別の「窓口負担」に変更することも重要である。例えば、年齢によらず、一律に「窓口負担」を3割とし、マイナンバー制度などを利用しつつ、所得や資産に応じて、生活に余裕がない家計の負担を1割や2割とする方策なども考えられる。

この関係で、家計の所得や資産に留意しつつ、医療費抑制の自動調整メカニズムを医療の自己負担（窓口負担）の引き上げで実行する提案もあるが、既述の考察（疾病別の自己負担）でも明らかなように、その改革効果の限界も考慮して判断する必要があろう。

column

「ケア・コンパクトシティ」構想

人口減少・少子高齢化が進展する中、日本は様々な問題を抱えているが、2025年頃から顕在化する介護難民の対応も喫緊の課題である。

なぜ2025年か。それは、団塊の世代がすべて75歳以上になり、要介護や認知症の人の割合が高い後期高齢者が急増するのが2025年であるためだ。2000年時には900万人に過ぎなかった後期高齢者（75歳以上）は2025年には約2倍の2000万人超に達する。

それに伴い、医療・介護ニーズが急増するが、**図表5－9**のとおり、後期高齢者の増加数が著しいのは都市部である。このため、都市部では特別養護老人ホーム等の待機が急増し、介護施設の不足が一層深刻になる。

また、厚生労働省は、「住まい」「医療」「介護」「予防」「生活支援」の5つのサービスを一体的にして提供する「地域包括ケアシステム」の構築を進めているが、人口減少で消滅危機に直面する自治体では、「地域包括ケアシステム」の構築は容易ではないはずだ。

加えて、介護人材の不足も深刻である。厚生労働省は2018年5月に「第7期介護保険事業計画に基づく介護人材の必要数について」という推計を公表している。この推計は介護人材に対する需要と供給の予測であり、2016年度時点の介護人材は190万人だが、需要予測として、2020年度には全国で約216万人、2025年度には全国で約245万人もの介護人材が必要になると推計している。にもかかわらず、介護人材の供給が現状のトレンドで推移すると、2020年度の供給は約203万人、2025年度では約211万人しか供給できず、介護人材

図表5-9　都道府県別・75歳以上高齢者の増加数

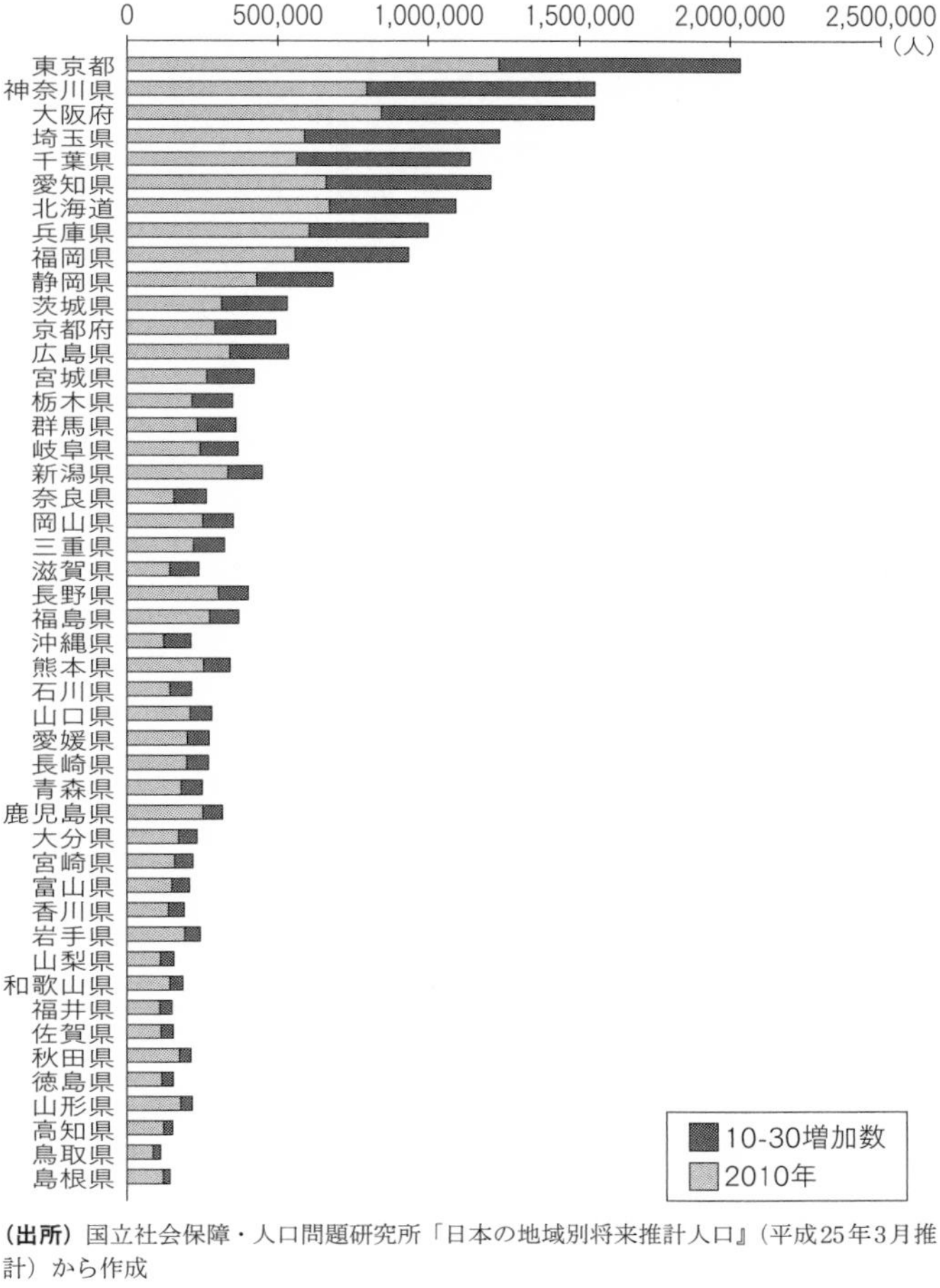

（出所） 国立社会保障・人口問題研究所「日本の地域別将来推計人口」（平成25年3月推計）から作成

の不足（需給ギャップ）は２０２０年度で13万人、２０２５年度では34万人にも拡大すると予測している。

このような問題を解決する方法は限られており、考えられる有効な施策の一つは、「地域包括ケアシステム」と人口集約を図る「コンパクトシティ」との融合、すなわち、「ケア・コンパクトシティ」構想であろう。

「ケア・コンパクトシティ」とは、医療・介護などのサービスを「コンパクトシティ」という集約的で質の高い住まいや地域の空間の中で、効率的かつ効果的に提供する試みで、九州の仲間市などの先行事例を参考に、『２０２５年、高齢者が難民になる日――ケア・コンパクトシティという選択』（日本経済新聞出版社）で筆者らが提唱した新たな概念である。

超高齢社会は病院、介護施設一つを作っても解決せず、「地域」で考えていかないと住み続けられないという視点が重要であり、詳細は同書をご覧頂きたいが、このコラムでは、ケア・コンパクトシティ構築の起爆剤とする財源と、ケア・コンパクトシティのイメージを簡単に紹介したい。

まず、財源だが、この構想では、現役世代に負担を回すことなく、社会保障予算の配分見直しや老齢世代内で再分配を前提として、年金給付の１％削減で捻出した財源を活用し、地域包括ケアシステムの「受け皿」となる介護施設を民間主導で整備する方式を提案している。その場合、年金給付総額（年間）は約50兆円であるから、１％の削減で年間０・５兆円の財源が調達できる。10年間では約５兆円の財源となる。

その際、有料老人ホームの建設データを参考に、１戸（専有部分20平方メートル、共有部分20平方メートル）の建設費が１３００万円（土地代込み）とすると、１年間で３・８万戸（＝０・５兆円÷１３００万円）が供給可能な試算となる。４年で約15万戸を供給でき、２０２０年における真の特養待機者12・7万人（筆者試算）を十分に収容できる。10年では38万戸を供給できるため、要介護度が中重度の入所希望者のみでなく、軽度の介護しか要しない高齢者にも一部対応できよう。

　では、ケア・コンパクトシティの具体的なイメージはどうか。介護・医療といったサービスを効率的かつ効果的に供給するには、可能な限り、サービスを必要とする高齢者を一定エリアに集約することが望ましいが、12・7万人といえば、東京都多摩市の人口14万人に匹敵する。

　そのような供給は不可能との意見も出てくると思われるが、例えば、上記の1戸当たり面積40平方メートル（＝専有部分20平方メートル＋共有部分20平方メートル）で、3・8万戸の総延べ床面積は152万平方メートルとなる。東京駅前の丸ビル（総延べ床面積16万平方メートル）で換算すると、9・5棟分に過ぎず、高層建築物を活用してコンパクトなエリアに必要な介護施設を供給し、医療・介護と連携したサービスを提供することで十分実現できる（**図表5－10**の「都市部立地型」）。

　このタイプは、東京など大都市圏における都市部で、ケア・コンパクトシティを構築するもので、医療・介護関係の施設、店舗や利便施設など生活支援のサービスを提供する施設、またバリアフリー対応等の高齢者向け住居も含み、多世代型居住にも寄与するようなるべく多様なバリエーションをもった住宅を、縦に積んでいく。

　このタイプ以外にも、「住宅地拠点型」や「郊外ショッピングセンター近接型」などが考えられる。このうち、前者（住宅地拠点型）は、大都市圏の郊外部や地方都市などの住宅地において、スーパーやショッピングセンターまた病院など地域のなかの〝核〟となるような施設が所在するエリアにおいて、ケア・コンパクトシティを構築するもので、介護関係の施設や生活支援のサービスを提供する施設、高齢者向け住居等を含む多様なバリエーションをもった住宅などを、そうした〝核〟となる施設になるべく近接し立地させていく。

また、後者（郊外ショッピングセンター近接型）は、地方都市でも比較的郊外部、あるいは農村部等のエリアで、郊外型のショッピングセンターが立地しているような場所を利用しケア・コンパクトシティを構築するもので、ショッピングセンターがもつ、買い物のためだけでなく趣味・カルチャー等を含めたサービスの提供や、回遊等も楽しめる特性を活かし、その近辺に医療・介護関係の施設、高齢者向け住居等も含めた住宅を立地させていくことで、なるべく住み慣れた地域に近い場所で、その人らしく最期まで暮らしを実現できる住まい・まちを形成させていく。

図表5-10　ケア・コンパクトシティ構想のイメージ

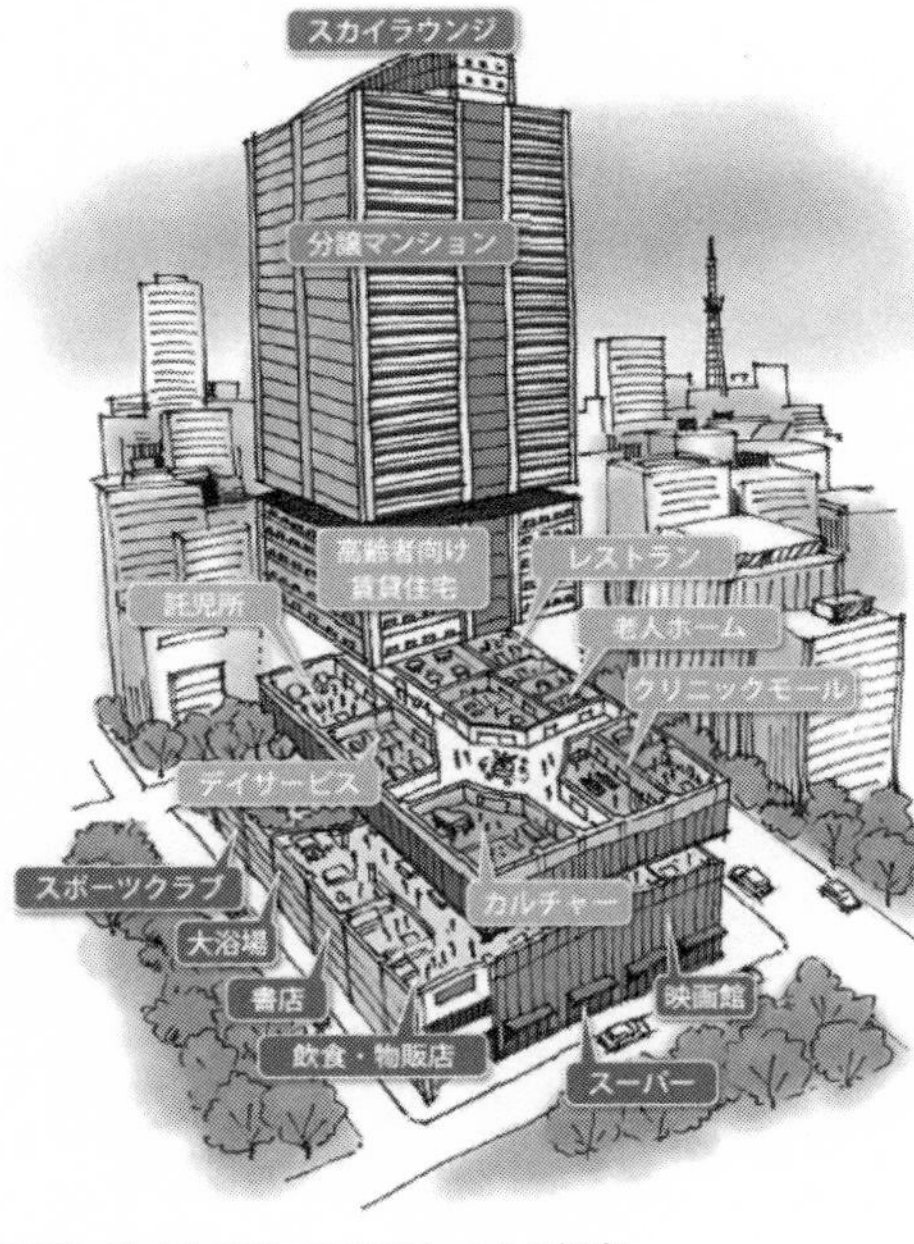

（出所） 株式会社アバンアソシエイツ作成

いずれにせよ、急速な人口減少・超高齢化がもたらす影響が顕在化し本格化するのはこれからが本番であり、ケア・コンパクトシティ構想を含め、産官学で様々な叡智を結集し、２０２５問題を克服する努力が求められる。

【注】

1　印南一路編著（２０１６）『再考・医療費適正化－実証分析と理念に基づく政策案』有斐閣

2　市場拡大再算定は、運用としてはそれ以前（１９９４年以降）から存在しており、通知によりルールとして２０００年から明確化された。

3　薬剤費と自己負担限度額は厳密には対応しないが、薬剤費が高額療養費制度の自己負担限度額を超過する場合は家計負担が大きいと判断し、自己負担限度額を患者あたり年間薬剤費の高低を分ける閾値として設定している。本文中での閾値（64万円）の計算方法では「多数該当（約４・４万円）」は勘案していないが、年収５００万円くらいの会社員で「多数該当（約４・４万円）」を考慮しても、概ね同じ閾値となる。実際、このケースでは、１カ月あたりの自己負担限度額は約８万円であり、３カ月以上の高額療養費の支給を受ける場合、４カ月目から自己負担限度額は約４・４万円となるため、閾値は64万円（≒８・０万円×３カ月＋４・４万円×９カ月）となる。

4　財政との関係では、医療サービスの公定価格である「診療報酬」の改定を医療費抑制の手段に用いることが多い。診療報酬の改定は2年に1回行われるが、２０１８年度の改定では、「診療報酬本体」（医師の技術料等に相当）の改定率は０・５５％増とする一方、医薬品の公定価格である「薬価」部分はマイナス１・６５％とし、全体の改定率をマイナス１・１９％とした。また、２０２０年度の改定では、「診療報酬本体部分」を０・５５％増とする一方、「薬価部分」をマイナス１・０１％とし、全体の改定率をマイナス０・４６％とした。報酬全体の引き下げは２０１６年度改定から3回連続となったが、２０２０年度の改定で特徴的なのは、診療報酬本体のプラス改定分（０・５５％増）のうち、０・０８％分を病院勤務医の働き方改革の財源に充当し、長時間労働の目立つ救急病院に配分する措置を新たに導入したことであろう。これは適切な措置だが、財政再建との関係で持続可能な医療制度を構築するためには、診療報酬本体への切り込みも検討する必要がある。すなわち、医療費の抑制にあたっては、診療報酬本体と薬価のバランスを図る必要があるが、診療報酬本体のプラス改定は２００８年度から7回連続で、２０２０年度改定においても、引き続き、薬価の引き下げで「帳尻合わせ」を行っていることを意味する。

医療版マクロ経済スライドで重要なのは、医療給付費（対ＧＤＰ）の安定化を促すことである。**図表2－6**の試算（ベースライン・ケース）では、２０１８年度で56・7兆円であった年金給付費は２０４０年度で73・2兆円に膨張する。にもかかわらず、もはや、年金給付費の増加が歳出改革の争点にならないのは、対ＧＤＰの値が安定化しているからである。実際、当該試算では、２０１８年度で10・1％であった年金給付費（対ＧＤＰ）は２０４０年度で9・3％になる予測となっている。これは、２００４年の年金改革でマクロ経済スライドを導入した効果である。しかし、医療給付費は異なり、２０１８年度で7％であった医療給付費（対ＧＤＰ）は２０４０年度で9％弱に膨張する予測となっている。この理由は単純で、年齢階級別一人当たり国民医療費（２０１４年）をみると、0歳～64歳の一人当たり医療費は18・4万円（うち国庫負担は2・6万円）、前期高齢者（65歳～74歳）一人当たり医療費は55・4万円（うち国庫負担は約7・8万円）だが、後期高齢者（75歳以上）一人当たり医療費は90・7万円（うち国庫負担は約35・6万円）であり、75歳以上の人口増加に伴って医療費に膨張圧力が加わるためである。これが、政府が医療制度改革を急ぐ理由だが、後期高齢者医療制度に医療版マクロ経済スライドを導入し、医療給付費（対ＧＤＰ）が安定化できれば状況は変わる。

第6章

国と地方の関係

転換する政治の役割

人口減少や少子高齢化が進み、政治の役割が「負の分配」に転換したにもかかわらず、それに対応できない政治が機能不全に陥りつつあり、閉塞感に包まれる現状にある。このような状況の中で、政治の役割も大きく転換しており、本章の目的は、国と地方の関係を見直すことで現在の閉塞感を打破する方策を検討することにある。

そもそも、「政治」と「経済」は「対」をなすもので、その根幹的な概念である「民主主義」と「資本主義」は車の両輪である。すなわち、経済（資本主義）は「成長」を促進し、政治（民主主義）は「分配」を担う。資本主義（経済）は、富が富を生む形で格差を生み出すが、民主主義（政治）は成長を促進するために一定程度の格差拡大を許容するものの、それが行き過ぎるならば、格差を是正する役割を担うのが一般的な姿であろう。このため、従来型の政治の役割は、格差に配慮しつつ、成長と分配の狭間で、その「重心」を探すことにあった。すなわち、人口増加で高成長の時代には、政治は成長で増えた富の配分を担うことで大きな力を発揮したが、人口減少で低成長の時代に突入して以降、政治の役割は「正の分配から負の分配」に急速に変わりつつあるものの、それに対応できない政治は機能不全に陥りつつある。

この理由は何か。まず、経済の中核を担う市場は「効率性」を得意な領域とするが、政治や行政は「公平性」を得意な領域とする。例えば、人口増の経済では、都市が過密となってスプロール化しても、新たに発生した課題や利害調整を地域経済の果実で局所的に対応することができるが、人口減の経済では、低成長で分配の原資も枯渇しつつあり、そのような部分最適のアプローチでの解決は難しい。また、人口増で高成長の時代では、効率性の視点から、国民所得倍増計画で太平洋ベルト地帯構想を中心とする産業の適正配置を促進する一方、成長で増えた富の一部を分配の原資に利用し、公平性の視点から、全国総合開発計画で後進地域に対する投資を重視する政治的な姿勢を示すことができたが、人口減で低成長の状況では難しい。

すなわち、「公平性vs効率性」の視点でいうならば、人口増の経済では、政治や行政は「公平性」を優先した政策や解決策を模索できる。ところが、人口減の経済では、部分最適が難しいため、全体最適のアプローチで柔軟な発想とスピード感をもち選択と集中を行いながら、「効率性」に重点を置いた政策や解決策が要求される。

「公平性」は政治や行政が得意な領域だが、「効率性」は政治や行政が最も不得意な領域であり、硬直した「議会制民主主義」にあっては、喫緊の課題が生じても利害調整に手間取り、結局、「改革先送り」となる傾向が強くなってしまう。人口減の経済はそのリスクをまともに被るだけに改革が足踏みする。政治や行政が中長期的な視野で、効率性を追求できる仕組みが求められる。

しかも、人口増で高成長の時代では、例えば政策決定過程における視野が短期的などの原因でミスが起こっても、資源配分の失敗を取り戻す余力があるが、人口減で低成長の時代では政策決定のミスが致命的となる可能性が高まる。その代表が現下の厳しい財政である。理論的に公的債務残高（対ＧＤＰ）は金利と成長率の大小関係などで決まるが、社会保障費の急増や恒常化する財政赤字により、２００％超にも及ぶ公的債務残高（対ＧＤＰ）は今後も膨張する可能性が高い。

地方分権と国土形成計画の新たな役割

では、我々はどう対処すればよいのか。そのヒントは過去の政策議論の中に既に存在しており、選択と集中を行うための枠組みを構築、すなわち、道州制を含む地方分権を一段と強化するしかない。

制度改革を実施すればすべてが上手くいくというのは幻想に過ぎない旨の指摘もあるが、中央省庁再編・経済財政諮問会議の創設を含む首相のリーダーシップ機能の強化や選挙制度改革、様々な規制改革等が日本の政治の姿を徐々に変えてきたのも事実であり、急速な人口減少や少子高齢化が進む中、集権化と分権化の選別を行い、中央省庁が担う政治的な調整コストの一部を分散化する地方分権が残された大きなテーマであることは事実であろう。

にもかかわらず、地方分権は常に「総論賛成・各論反対」で中途半端なものになってしまう。その理由は、最終的には道州制を含む地方分権に賛成でも、その移行過程が短期で急激な場合、それに対応できる自治体は数少ないからである。このような問題が発生するのは、体力の弱い自治体を含め、地方分権の受け皿となる移行スキームや移行組織が存在しないからで、その鍵を握るのが「国土形成計画」「広域地方計画」や「地方庁」（仮称）等ではないか、と筆者は考えている。以下、順番に説明しよう。

まず、（広域地方計画を含む）国土形成計画である。空間面での選択と集中という視点では、例えば、「コンパクトシティ」「ネットワーク」という試みが存在する。この試みは、国土交通省「国土のグランドデザイン２０５０」に既に盛り込まれており、「地方都市においては、地域の活力を維持するとともに、医療・福祉・商業等の生活機能を確保し、高齢者が安心して暮らせるよう、地域公共交通と連携して、コンパクトなまちづくりを進めることが重要」だと記載されている。すなわち、「コンパクトシティ＋ネットワーク」構想である。

もっとも、この構想は「地方中枢拠点都市圏構想」や「集約的都市構造化戦略」等とも絡むが、集約エリアの指定プロセスが不透明であり、他の施策との整合性を欠いているとの指摘も多い。このため、政府は、各省庁の縦割りの排除を眼目に「まち・ひと・しごと創生本部」（本部長・安倍総理、全閣僚参加）を２０１４年９月に立ち上げた。また、国土交通省は２０１４年、厚生労働省が進める地域包括ケアを視野に、都市計画で立地適正化計画を導入している。

ただ、人口集約施策の総合調整を強化するには選択と集中を図る選別基準が不可欠であり、国土形成計画法を改正し、「広域地方計画」（複数の都府県に跨る広域ブロック毎に国と都府県等が相互に連携・協力して策定するもの）において、集約エリアの指定や選択と集中の数値目標を定めることも重要である。

かつての国土政策では、全国総合開発計画等による「国土の均衡ある発展」をスローガンとし、都市から地方への再分配が様々な形で実施されてきたが、地域開発主導の法律はその役割を終了し、２００５年に国土総合開発法は国土形成計画法に改正された。現在は国土形成計画の「全国計画」（２０１５年閣議決定）や「広域地方計画」により、数値目標がない形で国土政策（２０１５年から２０２５年までの計画）が進められているが、急速に人口減少・超高齢化が進む今こそ、空間選択や時間軸の重要性が増しており、縮減時代の国土政策のあり方が問われている。

すなわち、かつての国土政策では、幹線道路網や鉄道網、都市基盤や工業地帯などの基幹的なインフラ投資の方向性を国が定め、その下で、それらの投資効果を高めるような都市内施設・人口配置等の計画を地方が定めるという関係にあった。一方で、国土の骨格を形成する基幹的なインフラ整備がすでに概成し、人口減少・超高齢化により投資余力が限られつつある現在では、かつてのようなトップダウン型の国土政策は適切ではなく、限られた投資余力を最大限に活用する観点からの様々な戦略を各地域が練っていくことが中心課題になる。すなわち、広域調整による重複投資の排除、施設や都市機能の相互利用、既存のストックの有効活用・多機能化、維持更新費用削減の観点からのインフラの選別、縮退エリアと集約エリアの設定などである。

このような投資余力を最大活用するための戦略を検討し、実行する主体として最適なのは誰か。テーマによっては個別の市町村や都道府県に委ねられるものもあるだろうが、人々の生活圏がかつてとは比較にならないほど広域化している現代では、都道府県すら十分ではなく、関係自治体と国の支分部局とが相互に協議・調整しながら戦略を検討・実行する必要がある。すなわち、人口集約施策の総合調整を強化し、集約エリアの指定や選択と集中の数値目標を定めるため、「国土形成計画」や「広域地方計画」を利用する試みが重要となってくる。なお、人口減少により消滅の危機に直面する自治体も多い状況では、全国の隅々までインフラを整備・維持し、フルセットの行政サービスを提供するという発想は捨て、基礎的自治体のスリム化を図りつつ、いまの自治体を念頭にした地方分権一辺倒でなく、道州制への移行も視野に置き、政策によっては中核都市・広域自治体や国に権限を集中させるような試みも重要となってくるはずである。すなわち、分権化と集権化の「重心」を探す必要がある。

なお、かつての国土政策は、国土総合開発法及びブロック別の整備法・開発促進法に基づいて進められていたが、これらの法に基づく計画は、全国総合開発計画（いわゆる全総）はもちろんのこと、首都圏整備計画等の三大都市圏の整備計画、東北開発促進計画等のブロック別開発促進計画についても、すべて国が作成することとされており、かつてのトップダウンによる国土政策の思想がよく表れている。これらの法律のうち、最も後期に制定された中部圏開発整備法には、中部圏開発整備計画の策定にあたって、「中部圏開発整備地方審議会」の調査審議を経た上で、関係県に協議するという規定が設けられているが、これは現在の国土政策体系に至る萌芽と見なすことができるだろう。平成17年に制定された国土形成計画法においても、広域地方計画の策定手続きにあたって同様の規定が設けられ、ボトムアップの計画づくりが制度的に担保されている。将来的には、これをさらに一歩進めて、協議会の作成した計画案に国が同意するという形にするのが望ましいだろう。

column

地方制度調査会と第28次答申

２０００年に地方分権一括法（正式名称は「地方分権の推進を図るための関係法律の整備等に関する法律」）が施行され、国と地方の役割分担の明確化、機関委任事務制度の廃止、国の関与のルール化等が図られた。

また、２００６年、第28次地方制度調査会が内閣総理大臣に対して「道州制のあり方に関する答申」を提出した。この答申では、47都道府県の廃止を前提とし、道州制の制度設計に関する基本的な考え方（①道州の位置づけ、②道州の区域、③道州への移行方法、④道州の事務、⑤議会・執行機関、⑥道州制の下における税財政制度）や、道州の区域例などを提示した。

そして、２００６年には「道州制特区推進法」（正式名称は「道州制特別区域における広域行政の推進に関する法律」〈２００６年法律第１１６号〉）が成立した。

その後、内閣府特命担当大臣（地方分権改革）という形で、道州制担当大臣（２００６年9月）が初めて置かれ、道州制の理念・目的や導入目標時期・プロセスを検討するため、同担当大臣の下に「道州制ビジョン懇談会」（２００７年1月）が設置されたが、２００８年に「中間報告」は公表したものの、２００９年度中に予定した「最終報告」は取りまとめができずに廃止となってしまった。

なお、いまは「内閣府特命担当大臣（地方分権改革）」の代わりに「地方創生担当大臣」が置かれているが、道州制特区推進法は現在も存在しており、道州制の議論を再開するため、制度的に再び「道州制担当大臣」を置くことは現在でも可能である。

図表6-1　道州の区域例

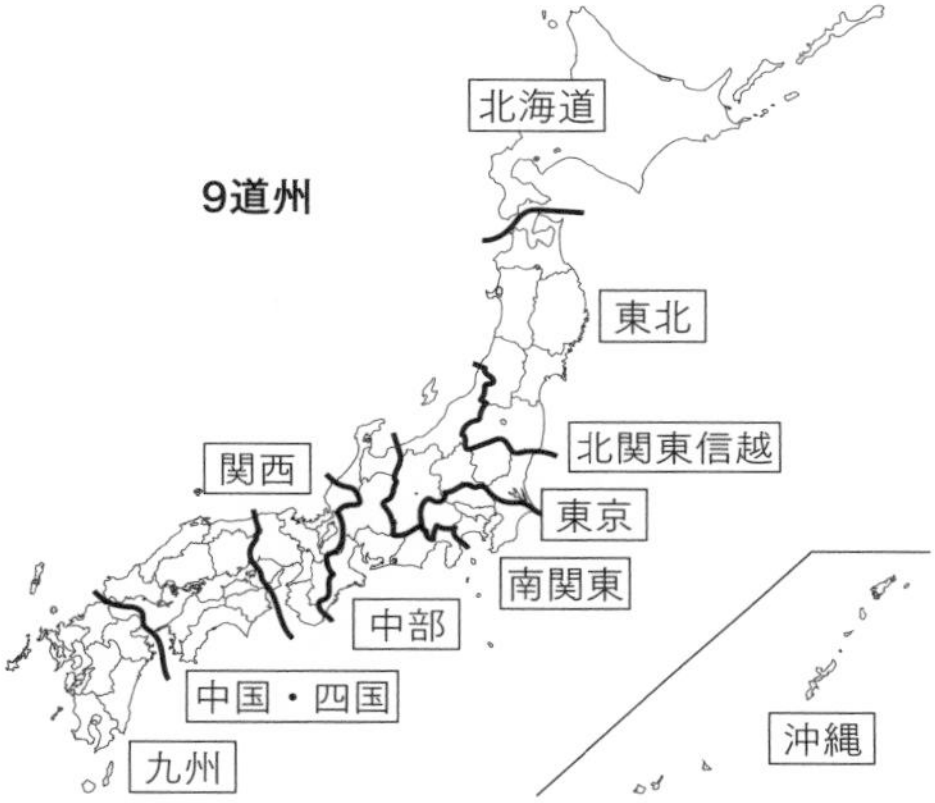

（出所） 第28次・地方制度調査会・答申（2006年2月28日）「道州制のあり方に関する答申」イメージから抜粋

道州制特区推進法は、北海道を適用対象にして成立したものだが、同法2条1項や6条などの規定に基づき、３つ以上の都府県が特区申請することも可能であり、北海道以外の道州（例：関西・九州・四国）での適用もできる仕組みとなっている。

道州制のモデル地域として期待された北海道の事例では、既得権を手放したくない各省庁などの政治的な抵抗で骨抜きになり、特区を利用して国から北海道に移譲された権限はないに等しい。また、みんなの党は２０１２年、日本維新の会・みんなの党は２０１３年に「道州制への移行のための改革基本法案」を提出したが、いずれも審議未了で廃案となっている（注：条文の内容は参議院のホームページで見ることができる）。
２００６年の「道州制のあり方に関する答申」や「道州制特区推進法」のほか、上記の改革基本法案は都道府県の廃止が前提であり、国と地方の役割分担は極めて複雑であるため、現行の体制から道州制への移行プロセスのハードルが高く、必然的に省庁などの抵抗も強まってしまう。本章では（都道府県の存続を前提に）「地方庁」構想を提案しているが、都道府県をすぐに廃止せずにもう少し時間をかけて道州制に移行する方法を再検討する必要があろう。

道州制移行の受け皿としての地方庁

では、「国土形成計画」や「広域地方計画」で、集約エリアの指定や選択と集中の数値目標をどのように定めるのか。その決定や道州制移行の受け皿となる機関が「地方庁」（仮称）である。「地方庁」構想は１９８２年に関経連が『地方庁』構想に関する研究報告書」でも発表しているが、筆者の提案では、地方庁は、各エリアの地方自治体のほか、各省庁の地方支分部局も束ねる機関で、企業でいうならば「持ち株会社」のような存在として設置する。道州制への移行も視野として、各エリアに地方庁を新設し、各地方庁にはそのエリアの知事と地方長官から構成される「コミッティー」を設置する。道州制の議論は都道府県の廃止を前提に検討することも多いが、不要な政治的混乱を回避するため、道州制移行で都道府県の廃止は前提にしない。

むしろ地方庁は、いまの「広域地方計画協議会」を拡充・機能強化するもので、各省庁の利害対立を回避するため、地方長官（例：任期５年）は優秀な者を官民から公募するものとする

（注：当分の間、各省庁の持ち回りとする方法もあるが、関西経済同友会の提言『「関西広域連合」を進化させ、『関西州』を目指せ」（2018年7月18日）では、フランスのような国会議員・地方議員との兼職を認め、関西州に公選議員による議会を設置することや、その首長は準「議員内閣制」的に議員から互選すること等を提案しており、最終的に道州議会を設置する場合、この提言も参考になる）。

その際、地方庁は、中央省庁の内閣府と同様、各エリアにおける各地方自治体や各省庁の政策に関する総合調整を担う機関に位置付ける。このため、地方庁のコミッティーは、国の経済財政諮問会議に相当するものとし、各エリアの知事が様々な提案を行いつつ、それを地方長官が総合調整を行い、取りまとめる形で広域地方計画を定める。また、都道府県の事業も含めた予算配分の調整を行うためには、強力な総合調整の機能を地方庁が持つ必要があるが、現在の各省庁の支分部局には、自治体に対する補助金・交付金の配分額の調整機能は乏しい。各ブロック内でメリハリをつけた配分を可能とするため、予算配分機能の本省からの委任を進めるとともに、それを支えるため、地方庁の専属職員を徐々に増員・強化することも検討する。

また、地方庁は「国と地方のどちらの機関なのか」という疑問が呈される可能性があるが、筆者の提案では「各省庁の地方支分部局を束ねる機関」とし、国の機関に位置付けている（もっとも、後述のとおり、それは道州制に移行するまでの暫定的な措置で、最終的には地方の機関とする）。したがって、各省庁の地方支分部局は最終的には内閣（総理大臣や各大臣）の指揮下にあ

図表6-2　地方庁の仕組み

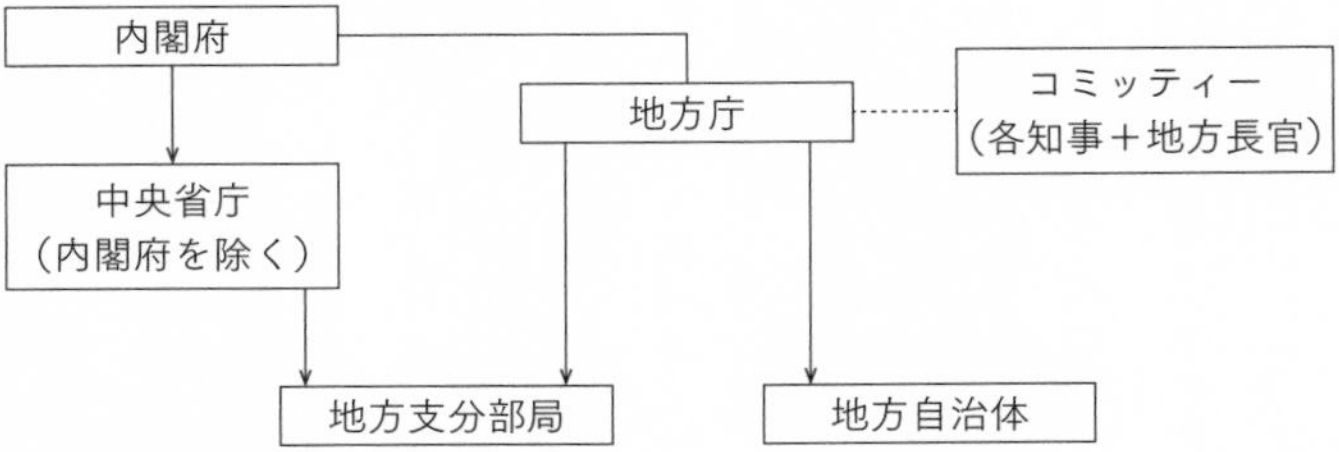

（出所） 筆者作成

る一方、例えば近畿エリアでは、財務省近畿財務局は財務省と近畿地方庁の両者から指揮されることになり、指揮命令系統が二重になってしまう。

また、農林水産省地方農政局や国土交通省地方整備局が中心に担う公共施設やインフラの整備についても、地方庁が総合調整をすることで効率的な整備が期待できる一方、各地方支分部局が農林水産省・国土交通省と地方庁の両者から指揮されることになる。指揮命令系統が二重となる問題は地方庁の性質上、ほぼ不可避的に発生するものだが、現在の財務局は、財務省と金融庁の両者から指揮されている。すなわち、この問題は地方庁のみに発生する特別な問題ではなく、問題の解決には、（必要があれば）内閣府に各地方庁を指揮する特命担当大臣を設置することも考えられるが、特命担当大臣を設置せずとも、まずは各地方庁を内閣府の外局として位置づけることで対応可能と思われる。

さらに、地方庁を設置せずとも、平成6年の地方自治法等の改正で創設された「広域連合」等で十分に対応できるのではないかといった旨の疑問もあるかもしれないが、広域連合は、構成団体からの財政的な独立性がなく、責任の所在も不明確で、急速に進む人口減少や少子高齢化を乗り切るために必要となる「選択と集中」を行うための総合的な政策を打ち出すだけの権限や、政策の誘導に必要な財源をもっていない。どうしても部分最適な対応になってしまう。この問題の克服には、地方庁を設置して各エリアの意思決定や政策の一元化を図る必要がある。

その際、広域地方計画は各エリアにおける「骨太方針」のような位置づけに改め、地方庁では、国の予算編成や規制改革などと連携しつつ、各エリアの規制改革や予算編成も同時に方向づけるものとする。そのため、次のような政策についても推進する。

まず一つは、「地方交付税の分権化」も進める。現在、地方交付税の配分基準は総務省が定めているが、人口減少・少子高齢化のスピードは各エリアで異なり、一律の基準で配分することには限界がある。また、2050年の人口が2010年と比較して半分以下となる地点が、現在の居住地域の約6割を占める状況では、明治維新後に廃藩置県で定めた「都道府県」という枠組みでも、中長期的に地域経済の活力を維持するのは期待し難い（例えば、2040年の鳥取県の総人口は約44万人にまで減少することが見込まれているが、この人口は、2015年の東京都町田市の総人口〈約43万人〉に概ね等しい）。このため、地方交付税の一定割合（例：30%）を人口比例等で地方庁に移譲し、各地方庁が独自の配分基準で、各エリア版の地方交付税や広域地方計画に沿った一括交付金等として、各々のエリア内の地方自治体に配分する仕組みに改める。その際、地方交付税が不交付団体である東京都の人口は、この配分基準から除くのが妥当であると思われる。なお、地方交付税のすべてを移譲しない限り、制度上、総務省自治財政局が地方交付税を配分する一方、各地方庁も地方交付税相当を配分することになる。その場合、例えば近畿地方庁がメリハリのある配分を行っても、総務省自治財政局が（特別交付税等を利用し）その効果を相殺する戦略を実行する可能性もあり、そのような戦略を回避するためには、地方交付税のすべてを移譲する必要があるかもしれない。

もう一つは、「規制改革の分権化」も進める。国家戦略特区をはじめ、規制改革に伴う法改正等は中央省庁主導で行っているが、各エリア内しか法的効果が及ばない形式のものについては、地方庁にも規制改革の法改正案を作成・提案する権限を付与し、当該法案は内閣府が地方庁の代理で法令協議を行った上で国会に提出できる仕組みに改める。国が異なるが、例えば、スペインの地方公共団体は「市町村（municipio）」「県（provincia）」「自治州（comunidad autónoma）」といった3層制であり、州議会は国会に対する法律案の発議権（proposición de ley）を有する。[1]

なお、このような分権化は、例えば社会保障の領域のうち現物給付である医療保険の分野等でも必要性が高まっており、急速な人口減少や少子高齢化に対応するため、地域医療構想の枠組みとともに、国保の都道府県単位化等により保険者機能の強化が徐々に進みつつあるが、第8章で説明するように、リスク構造調整を進めつつ、各地域や各職域の保険者機能を一段と強化し、医療・介護等の資源の効果的かつ効率的な利用を促す観点から、オランダやドイツの管理競争も参考として、診療報酬や介護報酬などの体系の一部に関する分権化も検討していくことが望まれる。

すなわち、診療・介護行為を全国一律に誘導するのではなく、地域や保険者単位で各々が創意工夫や、保険収載の対象範囲を含め、基礎的な医療と先進的なものとの役割分担を自らの判断で行い、効率的かつ質の高い医療・介護サービスの供給やコスト節約を両立できるよう、報酬体系の決定プロセスや財源に関する責任を地域に委ねていく方向を目指す必要がある。

ところで、このような取り組みと同時に、権限と財源の都道府県への委譲や移譲の検討を行うため、かつての地方分権改革推進委員会のような組織を新たに設置する必要があるかもしれない。それがない状況で、このような改革を進めても、中央省庁間の代理戦争を地方庁で行う格好になってしまい、上手く機能しない恐れや懸念が残るためである。これは中央省庁再編で内閣府等の機能強化を行ったものの、内閣府や内閣官房が十分な調整機能を発揮できず、「ホチキス留め」の役割に留まりがちなのと同様の懸念が存在するためである。また、かつての北海道庁と北海道開発局のような二重行政がより広範な地域で発生してしまう問題も回避しなければならない。このため、地方庁が上手く機能するための環境整備を行う観点から、地方庁の専属職員の増員を行うとともに、中央省庁から自治体への権限と財源の委譲や移譲も十分に検討・進めていく必要がある。

なお、繰り返しになるが、地方庁が担う固有な機能は、各エリア内（都道府県を超えた空間的な単位）で、都市圏ごとにどのような機能分担を行うのか、各都市圏をどのようなネットワークで結ぶのか、インフラの選別方針や縮退エリア・集約エリアの設定方針等を決定し、その計画は地方自治体や地方支分部局が担う公共財の供給を拘束することにある。つまり、「国土形成計画→広域地方計画」の流れを逆転し、広域地方計画の位置づけの強化を行い、これまで中央省庁主導であったマクロ的な資源配分を地方庁主導の形に改め、各エリア内において「選択と集中」の政治的な意思決定を行うことが最も大きな目的である。その際、中央省庁主導の予算や政策立案の仕組みも一部改め、地方庁主導で各エリアの予算や政策立案を行い、それを内閣府が取りまとめ、財務省や国土交通省を含む中央省庁と調整し、予算措置や法改正等が必要なものについては、最終的に国会に提出できる仕組みも実験的に一部導入してみる試みも重要であろう（注：財務省の予算査定や各省庁との法令協議は行う）。内閣府が地方庁に係る予算の取りまとめを行う場合、沖縄振興予算や北海道の開発関係予算、復興庁予算で取られている一括計上の仕組みが参考になる可能性がある。

いずれにせよ、各地方庁は、上記の分権化された地方交付税や規制改革を利用しながら、それと整合的な形となるよう、選択と集中を図る選別基準を含む「広域地方計画」を策定し、それに集約エリアの指定や選択と集中の数値目標を盛り込む。

これが政治的に最も難しいが、国が直接決定するよりも、各エリアの地方庁が決定する方が政治的な調整コストは少なくできるはずである。政治の役割が「正の分配から負の分配」に転換し、例えば政治が１００の「負の分配」を行う必要があるとき、国が直接マイナス１００の分配を行うよりも、10の地域（エリア）がマイナス10の分配を行う方が政治的な調整コストは少ない。また、特定のエリアで数値目標が盛り込めないならば、そのエリアが他のエリアとの競争に敗れるだけである。

column

地方向け補助金等の推移とその全体像

小泉政権では、地方分権を行うと同時に財政再建を図るため、①国税から地方税への税源移譲、②補助金の廃止・削減、③地方交付税等の見直しを一体的に推進する「三位一体改革」が行われた。最終的に、２００４年度から２００６年度の３年間で、約３兆円の税源移譲を行うとともに、補助金は４・７兆円の削減、地方交付税・臨時財政対策債は５・１兆円の削減を実行した。

その結果、２００２年度に20・４兆円であった地方向け補助金等は、三位一体改革の終了直後である２００６年度で18・７兆円と一時的に減少したが、それ以降、地方向け補助金等は増加傾向にある。例えば、２０１９年度予算では、地方向け補助金等総額は27・６兆円となっている。三位一体改革での補助金削減にもかかわらず、地方向け補助金等が増加しているのは、社会保障関係の補助金が増加しているためである。三位一体改革前の２００２年度での地方向け補助金等総額は20・４兆円で、そのうち社会保障関係が10・５兆円、文教・科学振興や公共事業関係等のそれ以外が９・９兆円であったが、２０１９年度では社会保障関係が20・２兆円、それ以外が７・４兆円となっている。２０１９年度では地方向け補助金等のうち約73％が社会保障関係であり、

地方向け補助金等の全体の姿

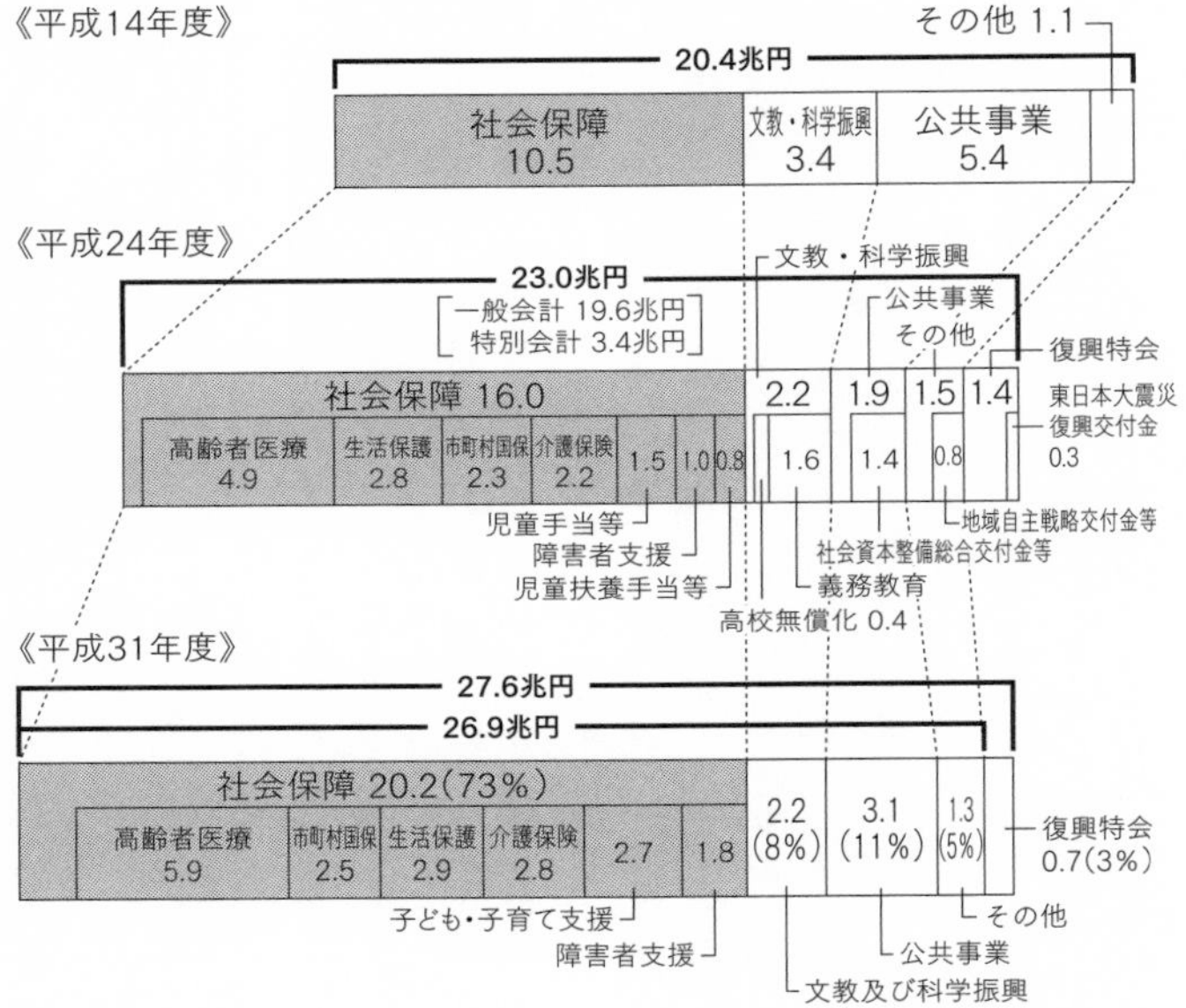

もはや地方向け補助金等の大部分が社会保障関係に対する補助金となっている。この補助金の大部分が、国が地方公共団体と共同で行う事務に対して一定の負担区分に基づいて義務的に負担する必要がある国庫負担金（例：高齢者医療、市町村国保、生活保護）である。

すなわち、地方分権を検討するにあたっては、地方公共団体は、国と共同で社会保障を含む再分配政策の一部を担っているという視点をもち、国と地方のあり方をどう再構築するか検討することも重要である。

国土計画の策定で選択と集中の正統性確保を

空間的な「選択と集中」を進めるために最も効果的な方法の一つは、地方自治体の広域合併だろう。平成の大合併によって全国の市町村数は約３２００から約１７００へと半減したが、この間、都市圏の中心市への人口・機能の集中が進み、外縁部の旧町村部の衰退が加速化したとの指摘は多い。町村役場という地域の重要な機能が失われるだけでなく、県内の一市町村としての１票、すなわち代表性が失われることの影響は大きい。また、合併後の市議会においても、地元選出議員が一人も選出できないケースもあるという[2]。

一方で、広域合併には大変な政治的労力を要し、その実現は容易ではない。都道府県を廃止する形での道州制論議も進展していない。そこで重要となるのが、計画である。合併や広域自治体の設立によって政治的な正統性を獲得し、これをもとに選択と集中を進めるかわりに、参加者全員が納得できる客観的で科学的な計画を策定し、これをもとに、またはそのプロセスを通じて選択と集中を進めるのである。いわば計画による正統性の獲得である。

選択と集中を行う際に、例えば、公共投資を行う場合、２０５０年の人口が２０１０年と比較して半分以下となる地点が現在の居住地域の6割以上となる状況では、人口減少社会ではあらゆる空間に投資を行うのは非効率でリスクが高い。より具体的には、「国土のグランドデザイン２０５０」参考資料によると、対家計サービスのうちショッピング・センターが立地する確率が80％以上となる自治体の人口規模は約10万人以上であり、医療・福祉サービスのうち一般病院が立地する確率が80％以上となる自治体の人口規模は約3万人であるが、有料老人ホームが立地する確率が80％以上となる自治体の人口規模は約12万人である。このため、投資という視点で公共投資を効率的に行うためには、40年後の２０５０年も、12万人以上の人口規模を有する地域に投資するのが望ましい。

さらに、時間的な視野を考慮する場合、一般的に公共インフラ等の最適な供給量は、人口増減率によって異なってくる。議論を単純化するため、人口1単位当たりの最適な供給量を1とし、人口が50年間で１００から１６０まで増加するケースと、人口が50年間で１００から40まで減少するケースを考えよう。このとき、人口１００の時点で１００の供給を行っても、人口増加ケースでは人口１６０の時点で１６０の供給が必要なことから、１００の供給は無駄にならない。しかし、人口減少ケースでは、人口40の時点では40の供給しか必要でないため、60の供給が無駄になってしまう。しかも、公共インフラ等の供給にあたっては、時間的な視野として、建物のライフサイクルコストも深く考慮する必要がある。例えば、建物（鉄筋コンクリート造）の法定耐用年数が60年としても、建物に付随する設備類の耐用年数は15年から30年程度と短く、建物の一生に最低2回から3回程度の設備更新が必要となる。このような費用を含め、建物のライフサイクルコストを推計すると、一般的に設計・建設費は当該コストの20％に過ぎず、維持管理費が77％、解体等の廃棄費が3％を占めると考えられる。こうした人口減少のスピードや建物のライフサイクルコストといった時間軸も含め、公共投資の選択を行うことが望ましい。

計画によって正統性を獲得しようとするときに重要になるのは、言うまでもなく、計画の客観性、科学性である。対象エリアが広範になるほど、また、対象とする課題が多岐にわたるほど、分析のパラメーターは増加し、誰もが納得する計画づくりは難しくなる。この点で、全国レベルの策定はたとえ困難でも、広域ブロックレベルであれば策定可能となる計画はあるだろう。また、はじめからすべてをカバーする総合計画ではなく、取り組みやすいテーマから先行させるということも考えるべきだろう。

従来のような地方交付税の仕組みでは、結局薄く広く財源を全国に配分し、立ち行かない自治体の延命にしかならない可能性が高い。急速な人口減少が見込まれる地域において必要となるのは、いわばダウンサイジングを図るための「撤退作戦」であり、そのための政策手段や合意形成の手法が求められている。

この点で、辻琢也（2014）「人口減少社会におけるまちづくりと自治体経営～ドイツ・ザクセンアンハルト州・シュテンダール市より～」（季刊行政管理研究 No.146, pp.1-4）は、人口減少社会における戦略的エリアマネージメントについて、都市構造の集約化と減築を進めるドイツの興味深い事例を紹介している。また、生田長人・周藤利一（2012）「縮減の時代における都市計画制度に関する研究」（国土交通政策研究 第102号）等が主張するように、国土利用計画法や都市計画法の見直しも明らかに重要であって、各エリアでの規制改革も不可欠であろう。

いずれにせよ、急速な人口減少・超高齢化がもたらす影響が顕在化し本格化するのはこれからが本番であり、その現実を直視し、果敢に選択と集中をしない限り、日本に未来はない。

その鍵を握るのが国土形成計画（広域地方計画を含む）や地方庁（仮称）の創設であり、例えば２０３５年頃を目標として、最終的に道州制に移行する政治的なコミットメントを行い、地方庁はその行政府、コミッティーは内閣に相当するものに位置付け、新たに道州議会を設置するシナリオや工程表も同時に定めてはどうか。いま日本の叡智が試されている。

column

公立病院４２４再編リストが問いかけるもの

マクロ的に見ると、国の財政と比較し、地方財政に余裕があるのは確かだが、各地方が直面する人口減少や高齢化のスピードなどは大きく異なるため、ミクロ的には、厳しい財政状況に直面する自治体も増えてきている。この象徴の一つとして挙げられるのが、２０１９年４月に財政危機の宣言を行った新潟県であろう。

新潟県は、県の貯金に当たる「財源対策的基金」が２０２１年度末にも枯渇する可能性を明らかにし、２０１９年10月下旬に正式決定した「行財政改革行動計画」に従って、財政再建に取り組み始めている。新潟県の財政が危機的な状況に陥った主な原因は、借金返済である公債費の実負担増と、今後も増加が見込まれる社会保障関係経費や県立病院への繰出金の負担増である。

しかし、このような厳しい状況は、新潟県のみの問題とは限らず、他の自治体にもいずれ到来する可能性が高い。というのも、地域内の人口が大幅に減少すれば、その自治体の税収が大幅に減少する恐れがある一方、高齢化で社会保障関係経費には増加圧力がかかる。

1970年度から2017年度において、社会保障給付費は概ね直線的に増加し続けているが、この増分のうち、1990年度に2・69兆円であった地方負担分は、2017年度に16・61兆円にまで膨張している（国立社会保障・人口問題研究所の「社会保障費用統計（平成29年度）」）。高齢化に伴う社会保障給付費の増加は今後も続くため、それは国の財政のみでなく、地方財政も直撃するはずだ。

年金・医療・介護などの社会保障給付費のうち、地方財政を最も圧迫するのは医療関係の負担分である。特に深刻さを増しているのが、市町村などが運営する公立病院の赤字拡大であり、その裏側で進行する自治体の補塡である。総務省「地方公営企業決算状況調査」によると、2013年から2017年において、公立病院の繰入金は年間8000億円程度であり、新潟県の財政問題も県立病院への繰出金の負担問題が関係している。また、公立病院・公的病院は、経営に関わりなく、人事院勧告や年功序列方式などに従って、医師や看護師の給料が上がる仕組みになっており、経営が非効率であるという指摘も多いが、全国783の公立病院のうち671の病院において、各々の「自治体の補塡を除いた本業の赤字総額は2017年度に4782億円となり、12年度比で5割増」となっている（2019年4月25日・日本経済新聞）。なお、地方公共団体間の財源の不均衡を調整し、どの地域に住む国民にも一定の行政サービスを提供する財源を保障するものとして、地方交付税交付金もあるが、国の財政も厳しいなか、地方交付税交付金にも実質的なシーリングがあり、それで地方財政の問題を解決することは困難な状況である。

この問題の解決を図るため、財務省や厚生労働省はいくつかの政策を打ち出している。その一つが「2040年の医療提供体制を見据えた改革」であり、改革の柱は3つで構成されている。第1の柱は「医療施設の最適配置の実現と連携」で、これは2025年までに目指すべき医療体制の将来像を示す地域医療構想の実現とも表裏一体の課題である。第2の柱は医師・医療従事者の働き方改革で、病院勤務医の過酷な時間外労働の上限規制であり、第3の柱は実効性ある医師偏在対策である。

急速な人口減少が進む地方で、この3つの課題に同時に対応する方策は、域内の人口減少の将来予測を見据えつつ、医療施設の再編統合を行い、医療機能の重点化や効率化（選択と集中を含む）を進めるしかない。選択と集中を行えば、現在のところ地理的に分散化されている病院勤務医の人的資源も有効活用でき、その過酷な時間外労働の是正も一定程度は進むことが期待される。また、胃がんに対する手術件数が多い医療施設の方が、実施件数が少ない医療施設と比較して死亡率や周術期合併症の発症率が低いという研究結果もあり、医療機能の重点化は、医療の質を向上することも期待できる。地域医療構想において、この中核を担うことを期待されるのが、公立病院や公的医療機関であり、民間医療機関では限界がある高度・先端医療の提供のほか、高度急性期・急性期機能や不採算部分、過疎地等の医療提供などである。

また、地域医療構想の推進や医療提供の質的向上を図る観点から、総務省も2015年3月、「新たな公立病院改革ガイドライン」を通知し、例えば、公立病院の運営費に関する地方交付税措置につき、その算定基礎を従来の「許可病床数」から「稼働病床数」に見直している。このような見直しは、医療施設の最適配置の実現に資することが期待されたが、「稼働病床数」の定義が「最も多く入院患者を収容した時点で使用した病床数」となってしまい、患者延べ数から算出する「病床利用率」と乖離し、再編統合を促す誘因が骨抜きになるといった問題も明らかになってい

「稼働病床数比率」と「病床利用率」とのギャップ

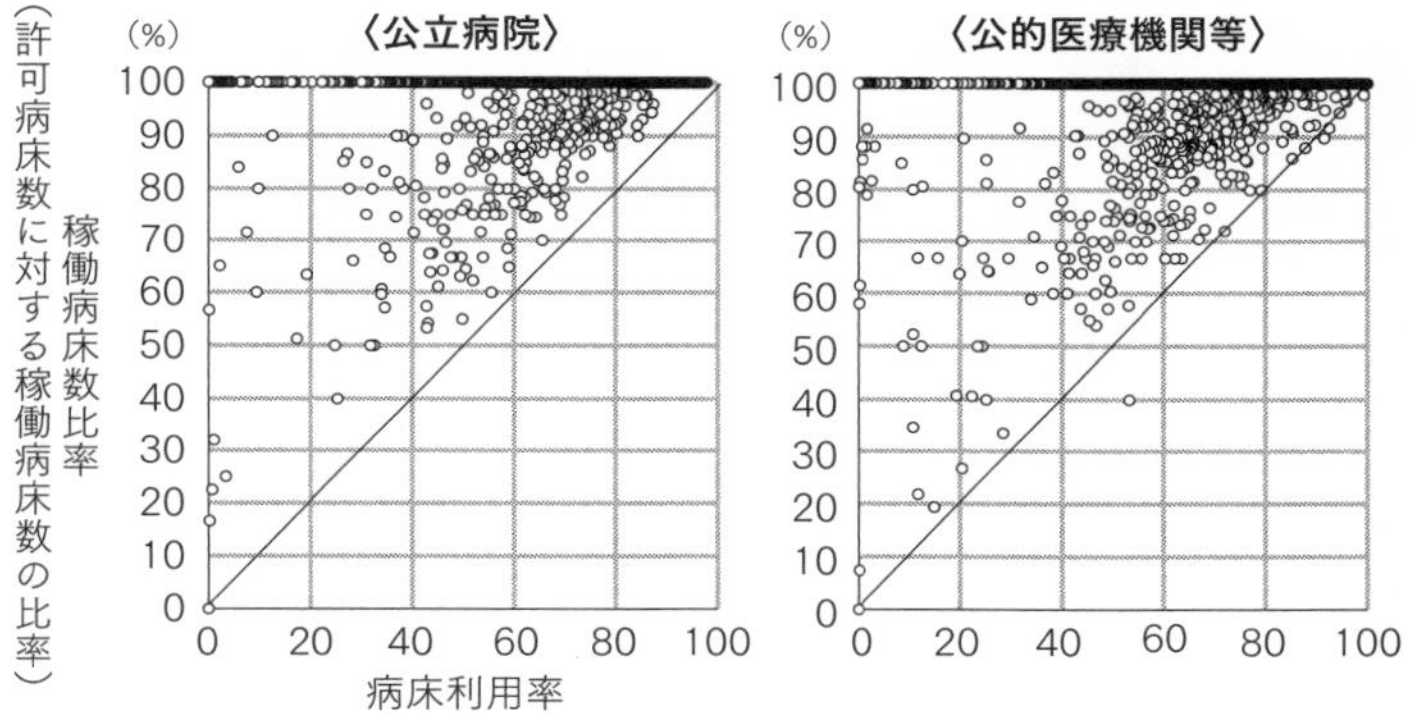

（出所） 厚生労働省「地域医療構想に関するワーキンググループ」第19回資料

る。

このような状況のなか、改革に向けた検討の参考情報として、厚生労働省が２０１９年9月26日開催の「地域医療構想に関するワーキンググループ」で公表したのが「公立・公的医療機関等の診療実績データの分析結果」である。この分析結果によると、公立病院・公的病院の25％超に相当する全国４２４の病院が、診療実績が少なく、非効率な状況であり、再編統合の検討が必要であることを示唆する。この４２４再編リストは、厚生労働省が強引な形で再編統合を促すものではない。重要なことは、地方財政にも限界がある中、必要な医療システムを堅持するため、この分析結果を参考に、政治や我々がどのような具体的対応を行うか冷静に検討することにあるはずだ。各々の公立病院等の地理的位置関係は、厚生労働省「地域医療構想に関するワーキンググループ」（２０１９年6月21日開催）で示された「構想区域の公立・公的病院等を中心とした機能分化・連携の状況」で確認できるため、こちらの資料も利用しながら、医療施設の最適配置の実現と連携などについての議論を深めることが望まれる。

【注】

1　スペイン憲法第87条では、法律案の発議権をもつ機関などを定めており、「内閣」「下院」「上院」「自治州議会」「50万人以上による国民発議」となっている。国会の審議を行うか否かの判断は下院が行うものの、このうち、州議会が法律案を発議すると、その趣旨説明に任ずる最高3名の議員を下院に派遣可能となっている。

2　議員定数は各自治体が条例で定めているが、総務省資料によると、全国の中核市（人口平均約40万人）の議員定数は平均39議席なので、中核市クラスの都市と合併した人口1万人未満の旧町村エリアは、計算上、合併によって地元選出議員の議席をすべて失うおそれがある。

第7章

成長戦略と格差是正

データ金融革命こそが成長の起爆剤

第1章から第6章では「低成長」を前提に議論を行ってきたが、成長率を底上げするための「成長戦略」も重要である。

成長戦略の中でも、いま最も重要なのは「第4次産業革命」であろう。思想や技術革新は世界を動かす。第4次産業革命等の成否を最初に握るのは「データ」であり、ＩＣＴ革命の次は「データ産業革命」という認識が世界トップ層で密かに浸透しつつあるが、この本丸は「金融」、中でも「デジタル通貨」や「情報銀行」などを中心とするデータ金融革命である。この意味を順番に説明しよう。

まず、「デジタル通貨」であるが、デジタル通貨としては、「ビットコイン」(Bitcoin) 等の「暗号通貨」(Crypto currency) が一時話題になった。暗号通貨は、中央銀行が発行する法定通貨ではないが、インターネットを通じて不特定多数の間で財・サービス等の取引や決済に利用できるという性質をもつ。歴史的には、「ゴールド」(金) が通貨として流通した時代もあり、法定通貨でなければ流通せず、取引の決済に利用できないということはない。ビットコイン等の暗号通貨は既に数千種類もあるが、一般的な取引で利用されているものは数種類で、その頂点に位置するのがビットコインである。最近は LINE Pay、ヤフーの PayPay、J-Coin Pay など、個人間送金が可能な支払手段が登場しつつあるが、それ以外の電子マネー (例：Suica) では、一万円札や五千円札といった紙幣のようにお互いに受け渡しが不可能なものが多い。ビットコインが急速に普及する理由としては、スマホやインターネット上で簡単に受け渡しができるという特徴のほか、「ブロックチェーン」と呼ばれる技術でデータの書き換えや改ざんが事実上不可能に近いことも大きい。いわゆる暗号通貨バブルは崩壊したが、ビットコインの将来性に対する期待のほか、一部の国々で資金の海外移転にも利用され、その価値が一時急騰したことは記憶に新しい。

他方、中央銀行が発行するデジタル通貨についても注目が集まっており、雑誌「Forbes」では「どこかの中央銀行が5年以内にデジタル通貨を実現するだろう」という予測も登場している。暗号通貨は法定通貨でなく、その価値が不安定化する可能性も否定できないが、中央銀行が発行するデジタル通貨が異なるのは明らかであり、一部の国々ではデジタル通貨の将来性に関心を示している。というのは、データ産業革命の行き着く先に見えているのは、次のような世界であるからである。

まず、一番上に人工知能（ＡＩ）という「脳」があり、その下にはハイテク機器にＩｏＴ等が組み込まれ、そこが人間でいうと「神経細胞」のようになる。当然、この神経細胞には、インターネットで張り巡らされた既存の情報ネットワークやそこから生成される様々な情報なども含まれ、これらの情報（ビッグデータ）は特定の場所にプールされる。

ただ、ビッグデータも頭脳がなければ意味がなく、人間が目指す目的を設定・制御しつつ、人工知能が解析しながら深層学習（ディープ・ラーニング）などで価値を見出していく。この意味で、ビッグデータは人工知能が進化するために必要不可欠な「食糧」に相当し、経済学的には「資産」でもあり、様々なデータを融合することで莫大な価値を創造できる。

すなわち、データ産業革命の本丸は「金融」、中でもブロックチェーン技術を活用した「暗号通貨」だといっても過言ではなく、フィンテック（FinTech）はその一部でしかない。理由は単純で、我々が経済活動で何か取引を行ったときに必ず動くものは「マネー」であり、暗号通貨が経済取引の裏側で生成するビッグデータは「スーパー・ビッグデータ」であるからである。

このような状況の中、スウェーデンのリクスバンク（中央銀行）副総裁のスキングスレー氏がデジタル通貨（eクローナ）の発行に向けて本格的な検討を開始することを講演で明らかにしており、現在のところ、２０２０年に運用テストを行い、技術的問題を検証予定としている。

中国でも２０１４年からデジタル通貨の研究を進めている。２０２０年１月に「暗号法」が施行され、中国の中央銀行である「中国人民銀行」は、２０２０年における実証実験の本格化（広東省深圳市や江蘇省蘇州市が候補地）を含め、ブロックチェーン技術などを活用した「デジタル人民元」発行の整備を進めている。

また、イギリスの中央銀行（ＢＯＥ）も、デジタル通貨に関する興味深い論文を公表した。この論文では、アメリカ経済をモデルに分析を行っており、対ＧＤＰ比で30％のデジタル通貨を導入すると、金融取引のコストなどが抑制でき、定常状態のＧＤＰが３％押し上げられる可能性などを明らかにしている。現在（２０１８年）、ＧＤＰで５６０兆円の規模を有する日本でいうならば、約17兆円の経済効果に相当する。

さらに最近では、インド準備銀行（Reserve Bank of India）が実証実験を行った後、デジタル・ルピーの発行を推奨する報告書を発表しており、インドのラビ・シャンカール・プラサド電子・情報技術相は「電子決済や電子行政を含む同国の『デジタル経済の規模が3－4年で倍増し1兆ドル（約110兆円）に達する』との見方」（日本経済新聞2017年7月5日朝刊）を示している。このほかロシア等もデジタル通貨の発行を検討しているとの噂もある。なお、現在、中国は「一帯一路」（中国を含む東南アジアと欧州を結ぶ広域経済圏構想）を展開しているが、それらの国々にデジタル人民元を国際決済の取引通貨として広げる戦略をもっている可能性があり、中国に対する警戒感を強めるＥＣＢ（欧州中央銀行）や日銀など6中銀もデジタル通貨の共同研究を開始している。また、当初、アメリカの中央銀行に当たるＦＲＢ（連邦準備理事会）は静観の構えであったが、基軸通貨の覇権争いもあり、ついに独自研究に乗り出している。

いずれにせよ、中国、スウェーデンやインド等がデジタル通貨の発行を急ぐ背景には様々な戦略が存在するはずだが、以上のほか、デジタル通貨を利用した取引が生成するビッグデータは、様々な可能性を秘めていることを考えると納得がいく。

例えば、経済取引の裏側で生成されるビッグデータを政府が一カ所のクラウドに収集することができれば、マネーの動きが詳細に把握でき、成長産業の「芽」を分析・予測できよう。また、家計消費や企業投資の動きも把握でき、いま日本で問題になっているＧＤＰ統計の問題解決にも利用できることが期待される。
運営は民間に任せるのが前提だが、もしデータ・プラットフォームを構築し、個人情報が特定不可能な形式に加工した上で、誰でも利用できる形で公開すれば、様々なビジネスに利用できよう。

デジタル通貨の可能性にいち早く気づき、一歩先に動き出していた企業の一つが、中国のアリババではないかと思われる。アリババが展開する電子決済サービス「アリペイ（支付宝）」の利用者は既に5億人超（2013年は約1億人）であり、「ウィーチャットペイ（微信支付）」や「テンセント（騰訊控股）」等の電子決済サービスとの激しい競争を繰り広げつつ、日々の取引で蓄積される膨大な決済のビッグデータを武器にして、融資や信用評価といった新たな事業領域にも進出し始めている。いま日本でもヤフーやLINE等がアリババ等の電子決済サービスに倣って競争を始めているが、これらはいずれもQR決済と呼ばれる仕組みである。

融資は、決済データとリンクする個人の信用力に関する評価を利用しており、そのコアを担うのは「芝麻信用」と呼ばれる信用評価システムである。評価は毎月1回更新され、支払い期日をしっかり守る高評価の利用者は融資の際に金利優遇や与信枠の拡大等の特典が受けられる。この評価は、利用者はいつでも確認でき、ホテル利用時の保証金が不要になるケースもあり、学歴や職歴・交友関係なども評価基準に存在し、アリババに自らの個人情報を提供することで高い評価を得ることもできる。

そして、アリババは、この信用評価や蓄積する膨大な電子決済のビッグデータを利用して、人工知能（ＡＩ）の予測モデルで資金回収の不確実性等を判断し、融資を行う。なお、融資判断を行うのはＡＩの予測モデルであるため、融資業務の担当者は不要で、利用者が融資申請にかかる時間は「3分」、ＡＩ融資は「1秒」という状況である。

ところで、議論をデジタル通貨に戻そう。中央銀行が発行する現代の紙幣は、偽造防止技術（ホログラム）や特殊な紙・印章を含めて最高水準のテクノロジーを利用したものだが、（紙であるために）「誰が何を買ったか」「誰が紙幣を保有しているか」といった情報は、紙幣を発行した者から切り離されているという視点も重要である。すなわち、現代の紙幣は、民主的・分権的でプライバシー保護に役立っており、消費者は安心して買い物ができる。

中央銀行がデジタル通貨を発行するとき、最も注意する必要があるのはこの視点であり、経済取引の裏側で生成されるビッグデータを政府がその管理するクラウドに収集する場合、デジタル通貨を受け取った側のデータは蓄積するが、家計・企業といった簡単な属性区分を除き、デジタル通貨を渡した側のデータは基本的に蓄積してはならない。

なお、サービス産業の生産性を高める観点から、北欧諸国（スウェーデン・デンマーク・ノルウェー等）では「キャッシュレス経済」が進展しつつあるが、中央銀行によるデジタル通貨の発行はその動きを加速するはずだ。

しかも、中国では政府主導でビッグデータの取引市場の整備が始まっている（例：貴州省貴陽に設立されたビッグデータ取引所）。データの生成量は人口規模や経済規模に依存するため、中国やインドなど日本を上回る人口の国々の情報を日本主導のデータ取引市場などで囲い込み、我々がどこまでそれを活用できるかも、これから考えていかなければならない。ＩＣＴ革命が急速に進んだのと同様に、データ産業革命も急速に進むことが予想され、いま日本の戦略が問われている。

column

対立深まる米中貿易戦争、日本はどう生き抜くか

アメリカと中国の覇権を巡る戦いが２０１８年以降に顕在化した。この一つの象徴となったのが、２０１８年７月、アメリカが輸入する中国製品のうちロボットや工作機械など約８００品目に約３４０億ドルの制裁関税を発動し、中国も同規模の報復関税を課したことだった。その後、第２弾の制裁関税などが発動され、２０１８年９月、制裁関税第３弾として、アメリカは中国から輸入する家電や家具など約５７００品目に２０００億ドルの追加関税を課す措置を行った。また、２０１９年５月、５Ｇ通信の分野で勢いを増す中国の華為技術（ファーウェイ）や関連企業68社をアメリカ企業の製品販売禁止リスト（技術移転を含む）に指定した。２０１９年６月下旬のＧ20大阪サミットでのトランプ大統領と習近平国家主席との米中首脳会談で、制裁関税第４弾の見送りや華為技術（ファーウェイ）への部品供給許可などが合意され、現在は一時的な休戦状

図表7-1　中国経済の世界経済に占めるシェア

（構成比、％）

年	購買力平価（PPP）ベース			市場為替レートベース		
	アメリカ	中国	日本	アメリカ	中国	日本
1995	19.9	5.9	7.8	24.6	2.4	17.6
96	19.9	6.3	7.7	25.3	2.7	15.2
97	20.0	6.6	7.5	27.0	3.0	13.9
98	20.3	6.9	7.2	28.6	3.3	12.7
99	20.6	7.2	7.0	29.4	3.3	13.9
2000	20.5	7.4	6.8	30.3	3.6	14.4
01	20.2	7.8	6.7	31.5	4.0	12.8
02	19.9	8.3	6.5	31.5	4.3	11.9
03	19.7	8.8	6.3	29.4	4.3	11.4
04	19.4	9.2	6.2	27.8	4.5	11.0
2005	19.2	9.8	6.0	27.4	4.9	10.0
06	18.8	10.4	5.8	26.8	5.4	8.8
07	18.1	11.3	5.6	24.9	6.1	7.8
08	17.6	12.0	5.3	23.1	7.2	7.9
09	17.2	13.2	5.1	23.9	8.5	8.7
2010	16.8	13.9	5.0	22.7	9.2	8.6
11	16.4	14.6	4.8	21.2	10.3	8.4
12	16.2	15.3	4.7	21.7	11.5	8.3
13	16.0	15.9	4.7	21.9	12.6	6.7
14	15.8	16.5	4.5	22.2	13.4	6.2
2015	15.7	17.1	4.4	24.4	15.0	5.9
16	15.5	17.6	4.3	24.7	14.8	6.5
17	15.3	18.2	4.3	24.3	15.1	6.1
18	15.2	18.7	4.1	24.2	15.8	5.9

（出所） IMF

態だが、このような対立を生み出す要因は何か。

それは中国の経済力がアメリカを凌駕しつつあるためだ。ＩＭＦデータによると、市場為替レートベース（ドル換算）で、１９９５年のアメリカ・中国・日本の世界経済に占める割合は各々24・6％、2・4％、17・6％であったが、２０１０年に中国は日本を上回り、各々22・7％、9・2％、8・6％になった。２０１８年は各々24・2％、15・8％、5・9％で、アメリカは中国をまだ上回っている。経済学者の多くの予測では、市場為替レートベースで中国がアメリカを超えるのは２０３０年代である。

しかし、あまり知られていないが、財・サービスの生産量で見た「購買力平価ベース」では、２０１４年に中国はアメリカを上回っている。ＩＭＦデータによると、購買力平価ベースで、１９９５年のアメリカ・中国・日本の世界経済に占める割合は各々19・9％、5・9％、7・8％であったが、１９９９年に中国は日本を上回り、各々20・6％、7・2％、7・0％になった。２０１８年は各々15・2％、18・7％、4・1％で、既に中国はアメリカを凌駕している。

この事実はアメリカも十分に理解しており、それが米中貿易戦争を引き起こす要因の一つとなっている可能性が高い。なお、ＩＭＦデータによると、１９８１年から２０２３年における一人当たりＧＤＰの平均成長率（ドルベース、予測を含む）は、中国11・3％、アメリカ3・5％、日本2・7％であり、この成長率が継続するとき、中国の一人当たりＧＤＰが日本やアメリカを追い抜くのは、各々２０４１年・２０４７年となる。中国の経済成長にも最近は若干の陰りが見られるが、覇権交代の確率は本当にゼロなのか――アメリカと中国という超大国の狭間で、日本がどう生き抜くのか、真剣な議論が望まれる（**図表7―1**）。

では、日本に必要な戦略は何か。1989年の世界の時価総額ランキングのトップ25に日本企業は18も存在したが、2018年において、日本企業は1社も存在しない（**図表7−2**）。日本企業のトップは、トヨタが35位で登場するくらいである。ランキングの上位はアメリカや中国などのネット企業等が占め、いま世界では、インターネット検索のグーグル（Google）、スマホの「アイフォン」で有名なアップル（Apple）、SNS大手のフェイスブック（Facebook）、ネット通販大手のアマゾン（Amazon）がビッグデータの蓄積を含む情報市場を席巻している。これらは各企業名の頭文字から「GAFA（ガーファ）」とも呼ばれるが、その勢いは止まるところを知らず、情報市場で有利な地位を築きつつあるが、戦略次第で日本勢が逆転するチャンスはまだ十分あると考えられる。

そもそも、情報を生成しているのは、実は我々の日々の活動である。例えば、ネット通販で商品を買おうとするとき、私たちは何気なく商品を検索し、ボタン一つで購入している。こうした行動データは、企業側からすれば宝の山でもある。「データは新時代の『石油』」と呼ばれる所以でもあり、消費者がどのような商品を好んでいるかを検索データから知ることができ、購入状況からはどの価格帯の商品が買われたかを把握できる。ほかにも何時頃に商品が売れているか、男性か女性か等、様々なことも瞬時に分かる。しかも、こうした情報は世界規模で把握することもできる。

図表7-2　世界の時価総額ランキング（トップ25）

平成元年

順位	企業名	時価総額（億ドル）	国名
1	NTT	1,638.6	日本
2	日本興業銀行	715.9	日本
3	住友銀行	695.9	日本
4	富士銀行	670.8	日本
5	第一勧業銀行	660.9	日本
6	IBM	646.5	米国
7	三菱銀行	592.7	日本
8	エクソン	549.2	米国
9	東京電力	544.6	日本
10	ロイヤル・ダッチ・シェル	543.6	英国
11	トヨタ自動車	541.7	日本
12	GE	493.6	米国
13	三和銀行	492.9	日本
14	野村證券	444.4	日本
15	新日本製鐵	414.8	日本
16	AT&T	381.2	米国
17	日立製作所	358.2	日本
18	松下電器	357.0	日本
19	フィリップ・モリス	321.4	米国
20	東芝	309.1	日本
21	関西電力	308.9	日本
22	日本長期信用銀行	308.5	日本
23	東海銀行	305.4	日本
24	三井銀行	296.9	日本
25	メルク	275.2	米国

平成30年

順位	企業名	時価総額（億ドル）	国名
1	アップル	9,409.5	米国
2	アマゾン・ドット・コム	8,800.6	米国
3	アルファベット	8,336.6	米国
4	マイクロソフト	8,158.4	米国
5	フェイスブック	6,092.5	米国
6	バークシャー・ハサウェイ	4,925.0	米国
7	アリババ・グループ・ホールディング	4,795.8	中国
8	テンセント・ホールディングス	4,557.3	中国
9	JPモルガン・チェース	3,740.0	米国
10	エクソン・モービル	3,446.5	米国
11	ジョンソン・エンド・ジョンソン	3,375.5	米国
12	ビザ	3.143.8	米国
13	バンク・オブ・アメリカ	3,016.8	米国
14	ロイヤル・ダッチ・シェル	2,899.7	英国
15	中国工商銀行	2,870.7	中国
16	サムスン電子	2,842.8	韓国
17	ウェルズ・ファーゴ	2,735.4	米国
18	ウォルマート	2,598.5	米国
19	中国建設銀行	2,502.8	中国
20	ネスレ	2,455.2	スイス
21	ユナイテッドヘルス・グループ	2,431.0	米国
22	インテル	2,419.0	米国
23	アンハイザー・ブッシュ・インベブ	2,372.0	ベルギー
24	シェブロン	2,336.5	米国
25	ホーム・デポ	2,335.4	米国
≀			
35	トヨタ自動車	1,939.8	日本

（出所） 米ビジネスウィーク誌（1989年7月17日号）「THE BUSINESS WEEK GLOBAL 1000」等から作成（2018年は7月20日時点の各種データを利用）

こうした情報を効率的に集める方法の一つがデジタル通貨であるが、それ以外の方法の一つとして有力なのが「情報銀行」構想（あるいは「情報信託」構想）である。銀行に対する我々のイメージは、我々のマネーを安全に預かり、預けたマネーは企業への融資などで運用するというものだろう。マネーを預けることで、利子も付く。

情報銀行も基本的な仕組みは同じであり、膨大なデータを日本や世界から集めて、そのデータを必要とする企業に貸し出す。一種類のデータでは価値が低くても、いくつものデータを結合することで、経済的な価値は飛躍的に高まる。そして、情報を活用した結果として生まれた利益を個人へと還元するという仕組みである。「情報銀行」構想は、政府内でも議論されており、後はどう実現させるかの段階にある。

個人情報との関係でも、改正個人情報保護法が施行され、オプトアウト規定の整備など、名簿に載る者が知らないまま、業者が第三者に売る行為が原則禁止されるようになっている。また、経済産業省と総務省は、企業などが蓄積する膨大なビッグデータについて、個人が要求すればいつでも手元に引き出せる仕組み、すなわち「データポータビリティー権」の検討を進めており、2020年代の普及を目指すとしている。

このうち、データポータビリティー権は極めて重要である。このため、EUでは域内の統一的なルールとして、データポータビリティー権を含む「一般データ保護規則（GDPR：General Data Protection Regulation）」を2016年に採択し、2018年5月から施行している。データポータビリティー権を利用すれば、ある管理者から別の管理者に自己関連データの移行を容易にでき、日本でも似た仕組みの早急な検討が必要であることはいうまでもないが、情報銀行やデータポータビリティー権の対象とするデータとしては、金融機関の預貯金情報やネット企業の取引データのほか、スイカ（Suica）やETSといった交通関連データ、医療機関が保有する健康関連データ、電力会社の電気使用データといった幅広い分野が想定でき、制度の対象範囲を広めに適用することが望まれる。

また、一般の消費者や企業から情報銀行がデータ提供を受けるに当たっては、データ提供する個人や企業の側にメリットが生まれるよう工夫することも重要である（コラム「情報銀行の鍵を握る『情報利用権』」を参照）。

例えば、一つのアイデアとしては、（情報利用権が活用できれば、）データ提供した個人に対して、情報活用で生まれた莫大な利益を宝くじ方式で還元する方法も考えられるのではないか。また、既に企業として個人データを蓄積しているところも多いが、企業が情報銀行にデータ提供してくれるよう促す仕掛けも必要である。例えば、医療機関は診療記録（カルテ）情報を手作業で打ち込んでいるが、この作業は膨大な労力と時間を必要とする割に経営費用として認識されていない。情報市場で個人情報が特定されない形で医療情報が取引されて利益が生まれれば、提供者である医療機関に情報提供料を還元することもできる。提供された医療情報に基づき、新たな健康関連市場が広がることも期待できよう。

なお、ビッグデータの活用は、「平成25年版 情報通信白書」でも多くの記載があるが、小売（顧客行動データ、POSデータで最適な商品提供）、保険（自然災害や地理空間情報を含む様々なデータで新しい保険商品の設計、自動車の実走行データで保険料設定）、医療（診療データで最適治療）、エネルギー（スマートメーター等の電力利用データで効率的供給）、インフラ（社会資本や公共施設のデータを収集し、維持管理コスト縮減）、オープンデータ（行政が保有するデータを二次利用しやすい形で民間開放し、ビジネス利用）等といった様々な分野で経済的効果が期待されている。

例えば、NTTドコモの「モバイル空間統計」等のように既に一部の企業では保有するビッグデータを実用化・販売する試みや、コマツはビッグデータ解析でGEと提携（世界の鉱山で生産設備の稼働データを共同分析）し、生産コストを1割削減する試みを開始している。

ビッグデータや人工知能（AI）等の技術革新による第4次産業革命の議論において、「将来的には労働人口の一定割合が人工知能（AI）やロボット等で代替され、大量の失業が発生する可能性がある」旨の主張を時々耳にするが、いまの日本経済の状況では、経済学的にこの議論は間違っている。

理由は、急速な人口減少や少子高齢化に直面している日本では、年金・医療・介護といった社会保障の支え手である現役世代は減少し、労働人口も不足するので、女性も高齢者も、できる限り長く働いてもらう必要があるという問題にも直面しているためである。

むしろ重要な視点は、労働生産性を高め、低賃金労働者の増加をできる限り抑制することである。すなわち、第４次産業革命が進展する中で日本が目指すべき目標は、「ＩＣＴ技術等を最大限活用して単位時間当たりの労働生産性を高め、長時間労働を是正しつつ、少ない労働時間でも一人当たりのＧＤＰを維持・向上させる一方、余った時間をワークライフバランスに活用して、家族・子育てや仲間との交流を深める等、豊かな社会を構築すること」である。そして、その目標を達成するための税制を含む制度改革が求められる。また、ビッグデータや人工知能（ＡＩ）の活用が進んでも、ＡＩには不可能な領域が存在する。それは、問題定義する力であり、人間の悩みは人間にしか解決できない。

いずれにせよ、いま世界では「データ＝アセット（資産）」になる時代が近づいている。先般（２０１９年6月18日）、アメリカの Facebook がブロックチェーン型の仮想通貨「Libra（リブラ）」構想（ドルやユーロ等と一定比率で交換可能な「ステーブル・コイン」の一種で、１秒当たり１０００件の決済が可能。開始時期２０２０年）を公表し、そのニュースが一瞬で世界中を駆け巡ったことは記憶に新しい。２０１９年6月19日、アメリカの下院金融委員会のマキシン・ウォーターズ委員長が開発停止を求める声明を出したが、最終的な結末は誰にも予測不可能だ。個人情報の保護や資金洗浄対策のほか、デジタル通貨の発行を視野に自民党も提言を行う動きもあるが（日本経済新聞２０２０年1月24日・朝刊2面）、第2ステージの戦いは既に始まっている。

ＩＣＴ革命では日本企業はＧＡＦＡ（グーグル、アップル、フェイスブック、アマゾン）に敗北したが、データ産業革命はこれからが本番であり、成長戦略の一環として、「情報銀行」構想の推進のみでなく、日銀が発行するデジタル通貨（仮称「J-coin」）の発行を含め、日本もデータ金融革命の推進を本気で検討する必要がある（注：法定通貨である日銀券や硬貨の素材や種類などは、財務省所管の「通貨の単位及び貨幣の発行等に関する法律」（昭和62年法律42号）が定めている）。

column

情報銀行の鍵を握る「情報利用権」

アメリカではＧＡＦＡ、中国ではＢＡＴＨ（バイドゥ、アリババ、テンセント、ファーウェイ）が膨大なパーソナルデータを独占しつつある。このような状況の中、日本が形勢逆転の手段として取り組み始めているのが日本発の「情報銀行」構想である。

情報銀行とは、個人からパーソナルデータを預かって管理し、本人の希望に従って企業などにデータを提供する事業やサービスをいう。データの提供に際し、情報銀行はパーソナルデータの匿名化を行うのが基本となろうが、データを提供した個人には、企業から一定の報酬やサービス等の対価が支払われる。

本人の希望が変わったときはデータを消去できる権利も重要だが、個人が自らのデータを情報銀行に預けるためには、企業が保有するパーソナルデータを引き出し、（情報を共有する）情報銀行に移転する必要があり、「情報銀行」構想の鍵を握るのが「情報利用権」（仮称）である。

筆者が提案する「情報利用権」は、別の事業者やサービスのため、機械判読可能な形式でデータをリアルタイムで情報銀行に移転することを可能とする権利で、欧州（ＥＵ）の「データポータビリティー権」に近い概念だが、パーソナルデータを生成する企業にもデータ移転で個人が得た報酬の一部を返すことを義務づける点などが異なる。以下、この理由を説明しよう。

まず、機械判読可能な形式の重要性である。欧州（ＥＵ）では域内の統一的なルールとして、データポータビリティー権を含む「一般データ保護規則（ＧＤＰＲ）」が２０１８年5月から施行されており、データポータビリティー権を利用すれば、個人が自らのデータを別の事業者やサービスで利用できるよう、機械判読可能なデータ形式で取り出し移転することを企業に要求できる。企業が違反すると、巨額の罰金規定が適用となる。

日本でも、個人情報保護法の改正（２０１７年施行）により、パーソナルデータの開示が企業に義務付けられている。例えば、同法28条1項では「本人は、個人情報取扱事業者に対し、当該本人が識別される保有個人データの開示を請求することができる」とされ、同法34条の規定に基づき、企業が開示等を拒否したときは提訴も可能である。

しかしながら、欧州（ＥＵ）のデータポータビリティー権と比較すると、手続きが煩雑で使い勝手が極めて悪い。例えば、某企業のホームページを見ると、次のような手続きを要求される。①まず、ホームページからＰＤＦファイルの「個人情報開示等請求書」をダウンロードし、ボールペン等で記載する。②次に、運転免許証・健康保険証・パスポート等の公的機関が発行した書類をコピーする。③その上で、開示請求の手数料として、８００円分の郵便定額小為替を購入し、①・②の提出書類に同封して郵送するというものである。企業によっては、郵送もできず、事業所まで書類を持参する必要があるケースもあり、開示報告書も機械判読可能なデータ形式でなく、紙ベースが多い。このため、日本では、個人が自らのデータを開示請求し移行するコストが大きく、情報銀行にパーソナルデータを預けるときのハードルが高い。すなわち、我が国の個人情報保護法が定める手続きでは、情報銀行の成否を握るデータ移転を円滑に行うのは不可能に近い。

なお、日本国内でも、グーグルやフェイスブックが保有するデータは簡単に取り出すことができる。例えば、グーグルでは「Google Takeout」というツールがあり、グーグルが保有するパーソナルデータ（例：グーグルマップやGメール等のデータ）を個人が簡単にネット上からダウンロードできる。また、フェイスブックでも、投稿内容等を簡単に取得できるが、グーグルやフェイスブックは一部の例外である。

企業の多くで「データポータビリティー権」に否定的な理由は、データを移転してもメリットが何もないためである。この問題を解消するためには、データ共有で発生する追加収益の配分ルール[1]の確立のほか、パーソナルデータを生成する企業にもデータ移転で個人が得た報酬の一部（例：数パーセント）を返すことなどのルールが必要であり、その義務づけを盛り込んだものが「情報利用権」である。報酬の一部を受け取ることができるならば、情報銀行と協働しながら、データを生成する企業もデータ移転をしやすい環境整備を行うインセンティブが生まれるはずである。

また、データの移転をリアルタイムで円滑に行うためには、移転対象となるデータ形式の標準化を図るとともに、本人の指紋認証など、いくつかのセキュリティをかけながら、個人の指示に従ってボタン一つでデータ移転や共有が可能となるスマホのアプリ等の開発も望まれる。

column

「データ証券化」構想

欧米では「データ」を巡る動きが活発になりつつある。ドイツは第4次産業革命（Industry 4.0）、アメリカはインダストリアル・インターネット（Industrial Internet）を推進している。まず、前者（第4次産業革命）は、ドイツが産官学一体でＩｏＴ（Internet of Things、様々なモノがインターネットに接続され、情報交換することで相互に制御する仕組み）を活用し、製造業の高度化を目指す戦略的プロジェクトをいう。また、後者（インダストリアル・インターネット）は、アメリカのＧＥなどが提案するもので、様々な製品のＩｏＴ化で収集されるビッグデータを分析し、次の製品開発や生産活動に生かす構想をいう。

両者の成否を最初に握るのは「データ」である。その象徴の一つが、人工知能（ＡＩ）の急速な発達であり、データを蓄積したＡＩがトップレベルの囲碁や将棋などの棋士に勝利する事例が頻発している。例えば、ＡＩ開発ベンチャー企業「ディープマインド」の囲碁ソフト（アルファ碁）が、２０１３年から15年の欧州チャンピオンに5戦全勝し、世界トップ棋士の一人にも勝利したニュースは世界を驚かせた。

また、価格や取引のビッグデータをコンピューターに蓄積し、深層学習（deep learning）の手法などを用いて、数分後の株価などの予測能力を高める人工知能の開発も進みつつある。これらの試みが、コンピューターにあらかじめ組み込んだプログラムで、１秒間に数千回もの売買発注を行う「超高速取引」と融合すると、投資の世界は激変する可能性が高い。

例えば、アメリカの投資会社バーチュ・ファイナンシャルは、「１２３８日間の超高速取引で、損失を出したのは1日のみである」旨の情報を2014年3月に公開し、世界の市場関係者を驚愕させたが、このような試みに人工知能やビッグデータなどを利用した予測技術が融合するのは時間の問題であるはずだ。なぜなら、人工知能の進化の鍵を握るのは膨大かつ良質な「データ」であり、「データを制するものが人工知能の進化を制する」からである。

なお周知のとおり、上記以外の分野においても、人工知能は急速に進化・浸透しつつある。例えば、医療分野でいうならば、画像診断による癌の発見である。医師の正確な診断を支援する目的で、人工知能を利用し、医療画像に写る異常な部分の特定を支援するプロジェクトが進行中だが、医師の診断（すなわち人間の肉眼）では見逃してしまう癌も、人工知能が発見するケースが出てきている。このプロジェクトの成否を握るのは、やはり、画像などの「データ」である。

そして、いまIoTの関連市場も急速に拡大しており、その背後では人工知能やビッグデータ解析・3Dプリンター・ロボットなどの活用を含め、世界では〝データ〟を〝新たな資産〟に位置付ける「新たな産業革命」、すなわち「データ産業革命」が起こりつつある。

その際、特に注目すべきは関連市場の成長スピードである。海外のガートナー（Gartner）等の調査によると、ビッグデータ・IoT・人工知能等の関連市場は年間約15％で成長することが予測されている。この15％という値は、低迷する先進国の経済成長率、日本企業のROE（8－9％程度）や不動産リート（REIT＝Real Estate Investment Trust）の期待利回り（4－5％程度）などと比較すると、遥かに高い成長率である。

第4次産業革命やインダストリアル・インターネットを含め、「新たな産業革命」の勝敗はこれからだが、日本の前方には「ICT革命」の勝者であるアマゾンやグーグルなどの巨人が立ちはだかっており、日本の立ち位置は極めて厳しい。日本がグローバル競争に生き残るためにも、既

データ証券化のイメージ

ビッグデータ・ファンドの基本構造（イメージ）

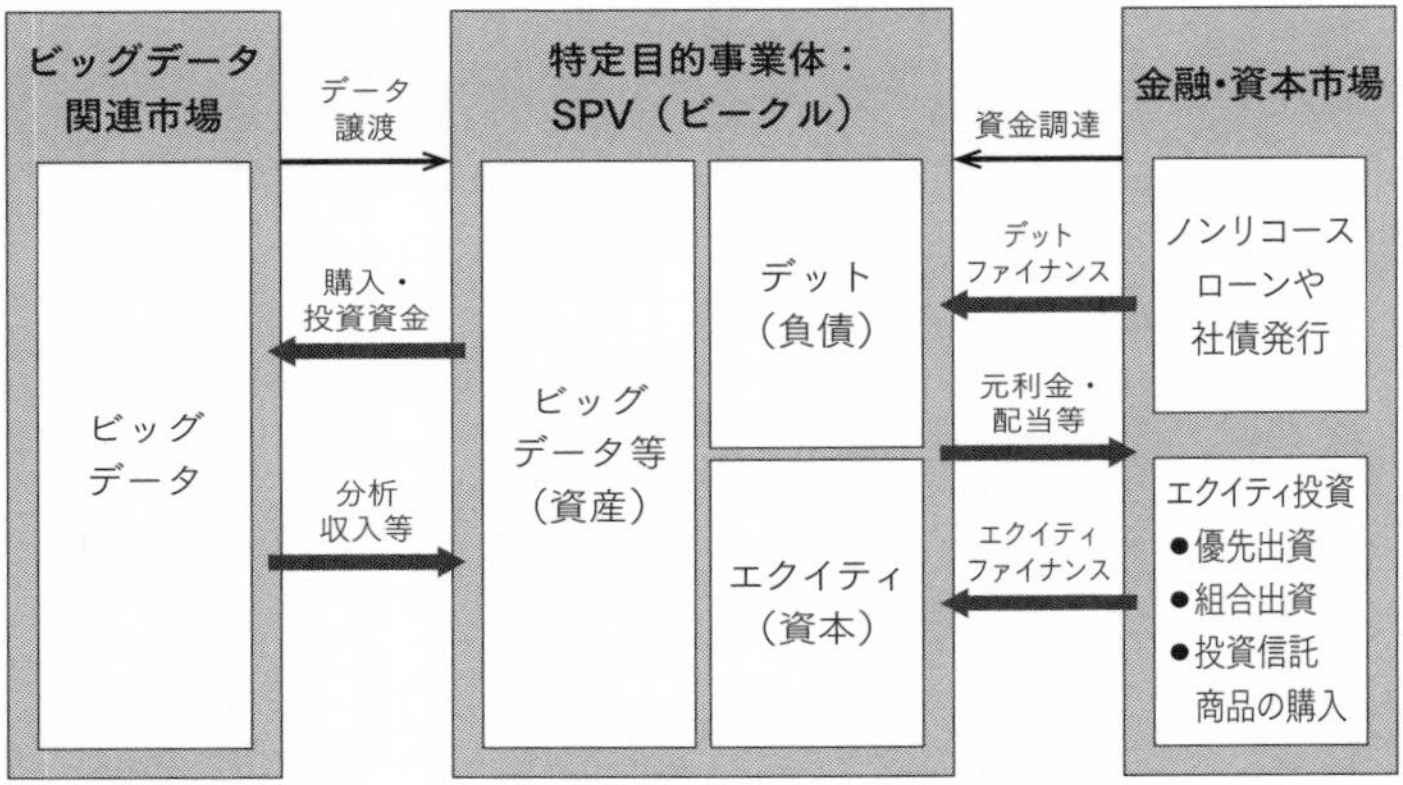

（出所） 筆者作成

存の試みを強化する必要があることはいうまでもないが、ドイツやアメリカの後追いでは、欧米を凌ぐことはできない。ビッグデータ・ＩｏＴ・人工知能等の関連市場を発展させる「強力な起爆剤」が必要である。

「情報銀行」構想（あるいは「情報信託」構想）もその一つだが、それ以外のものとして、筆者が提案したいのは「データ証券化」構想である。具体的には、ビッグデータ・ＩｏＴ・人工知能（ＡＩ）から派生する権利に対し、不特定多数の（内外の）投資者からマネーを集め、収益を分配可能な「集団投資スキーム」に関する法的な整備を日本が世界で最初に行うことである。

不動産では「不動産リート」や不動産証券化などの「集団投資スキーム」があるが、それを可能とする法改正が不動産開発の起爆剤となったことは有名である。これと同様に、ビッグデータ・ＩｏＴ・人工知能から派生する権利について、似た「集団投資スキーム」

を提供するのである。例えば、ビッグデータで不動産リートに相当するものは、「ＢＤＩＴ（Big Data Investment Trust)」になろう。

これは、「データ（Data)」を「資産（Asset)」に変換する機会も提供するはずだが、その際、「集団投資スキームで投資対象」となる資産は、データの組み合わせによる分析・予測が生み出す新しい市場（例：人工知能）、リスク低減などの〝付加価値や期待値〟を含むもの（例：アルゴリズム）であり、単なるデータのみではない。

では、なぜこのようなスキームが重要なのか。まず、一つの大きな理由は、国家予算の限界、金融市場の活性化である。財政赤字が恒常化し、政府債務が累増する中、第4次産業革命に回す予算には限界があるが、上記のスキームが整備できれば、１８００兆円という日本の個人金融資産のほか、世界のマネーを含め、金融のパワーを利用し、ビッグデータ・ＩｏＴ・人工知能などに関する成長を加速する起爆剤となる可能性がある。

もう一つの大きな理由は、投資コストの大きさである。例えば、トヨタ自動車は、米スタンフォード大学や米マサチューセッツ工科大学（ＭＩＴ）と連携し、人工知能の研究を始めているが、その投資コストは5年間で約５０００万ドル（約60億円）である。また、ビッグデータ・ＩｏＴ・人工知能等の投資を行う場合、大規模かつ質の高いデータの収集や整備を行うには高額のコストがかかるため、将来収益が見込めるプロジェクトでも、ベンチャーキャピタルなどが躊躇し、データ収集や整備に必要な資金が集まらないケースも多い。例えば、国土交通省が２０１４年７月に公表した「国土のグランドデザイン２０５０」では、２０５０年の人口が２０１０年と比較して半分以下となる地点（全国を「１㎢毎の地点」で見る）が、現在の居住地域の6割以上を占めることを明らかにしている。このような状況では、集中と選択を図る観点から、コンパクトシティの推進や老朽インフラの維持管理を効率的かつ効果的に行うための指標や基準の策定が必要となる。

その際、年齢別人口分布や各種施設の利用状況といった地理空間情報（ＧＩＳ）のほか、便益・費用分析に資するビッグデータの収集や整備も潜在的ニーズが高いはずであり、そのようなデータの中には公共財的な性質を有するものも多いが、大規模かつ質の高いデータの収集や整備を行うには高額のコストがかかり、企業自らが資金調達を行う場合、そのバランスシートで負債が急増するリスクもある。

このようなケースで威力を発揮するのが、市場メカニズムの活用の一環としての「集団投資スキーム」であり、企業自らのバランスシートとは切り離した形（＝オフバランス）で資金調達が可能となる。

また、金融との融合を図る上記の提案は、雇用面でも重要であり、ビッグデータ・ＩｏＴ・人工知能等の関連市場の活性化を通じて、「データ分析職」（データ・サイエンティスト）や「マーケティング・テクノロジスト」といった新たな職種の育成も加速する可能性がある。そして、「データ産業革命」に勝利するためには、「データ共有のプラットフォーム」などの構築のほか、その専門市場の創設や拡充も重要となる。その際、データ分析に関する需要とデータ分析職のマッチングサイトの創設も重要であり、海外ではKaggle、CrowdAnalytix、TunedIT や Topcoder、InnoCentive など、データ分析に関するクラウドソーシングサービスが一般的となりつつある。例えば、アメリカで急成長中の Kaggle は、企業や研究者がデータを投稿し、世界中の統計家やデータ分析家がその最適モデルを競い合う、予測モデリング及び分析手法関連プラットフォームであり、日本でも Deep Analytics といった試みが出始めている。

斬新な発想を生み出す「時間的ゆとり」と長時間労働の是正

データ産業革命の推進という視点では、労働市場との関係も重要である。日本を含む先進諸国では１９９０年代以降、ＩＣＴ等の技術革新やグローバル化の進展に伴い、知識集約型の高スキル（専門知識や特殊技能）を要する高賃金の職種や、労働集約型の低スキルで低賃金の職種が増加する一方、その中間の職種が減少する傾向が長期的に進んでおり、雇用の二極化（job polarization）や賃金の二極化（wage polarization）、いわゆる「労働市場の二極化」が進行しつつあるという指摘がされてきた。

当初、この二極化については、①グローバル化仮説（グローバル化で貿易の自由化が進み、未熟練労働需要が減少）、②スキル偏向型技術進歩仮説（高い専門的知識や技能を有する人材をより多く必要とする技術進歩が起こり、高学歴者の労働需要が増加）、③低学歴層増加仮説（教育の質低下や移民流入で低学歴者が増加）、④労働組合組織率低下仮説（近年、労働組合の組織率が急激に低下）、⑤最低賃金低下仮説（インフレとの関係で実質的に最低賃金が低下）、等の仮説が主張されたが、①や②が主流であり、最近は②の「スキル偏向型技術進歩（Skill-Biased Technical Change）仮説」が最も説得的であるとする実証分析が多い（Acemoglu, 2002 や Autor, Katz, and Kearny, 2006, 2008）。[2]

他方、１９９０年以降、先進諸国の年間労働時間（短時間勤務のパートを含む）は低下傾向にあるが、ＯＥＣＤデータによると、２０１５年における日本の労働時間は年間１７００時間を超えており、スウェーデンの１６１２時間、フランスの１４８２時間、ドイツの１３７１時間よりも突出して多い。にもかかわらず、「労働時間１時間当たりのＧＤＰ」（２０１０年基準）は、２０１４年において、スウェーデンが54・４ドル、フランスが60・３ドル、ドイツが58・９ドルである一方、日本は39・４ドルしかない。

この原因は一体何か。以下は筆者の仮説であるが、この原因は「先進諸国の多くでは、労働時間が少ないほど、単位時間当たりの生産性（一人当たりＧＤＰ／労働時間）を高めることができる」という仮説に深く関係していると思われる。

実際、ＩＣＴ等の技術革新の進展などに伴い、アップルやアマゾン、グーグル等のような革新的な企業が誕生しているが、それらは労働集約型というよりも知識集約型の産業で、柔軟な発想や斬新なアイディアが求められる。そのような発想やアイディアを生み出すためには、「時間的なゆとり」が必要である。ＡＩ（人工知能）やビッグデータ・ＩｏＴ等の第４次産業革命が進展していけば、その傾向はますます強まるはずである。

では、「労働時間」と「生産性（一人当たりＧＤＰ／労働時間）」の関係はどうか。**図表７－３**は、ＯＥＣＤ加盟35カ国の時系列データ（１９７０年－２０１５年）をプロットしたものである。横軸は「年間平均の労働時間」、縦軸は「生産性（一人当たりＧＤＰ／労働時間）」を表す。

なお、時系列データにおいて、先進諸国の「年間労働時間」は低下傾向にある一方、「生産性（一人当たりＧＤＰ／労働時間）」は経済成長で上昇する傾向をもつことから、通常のプロットで

図表7-3　生産性と労働時間の関係

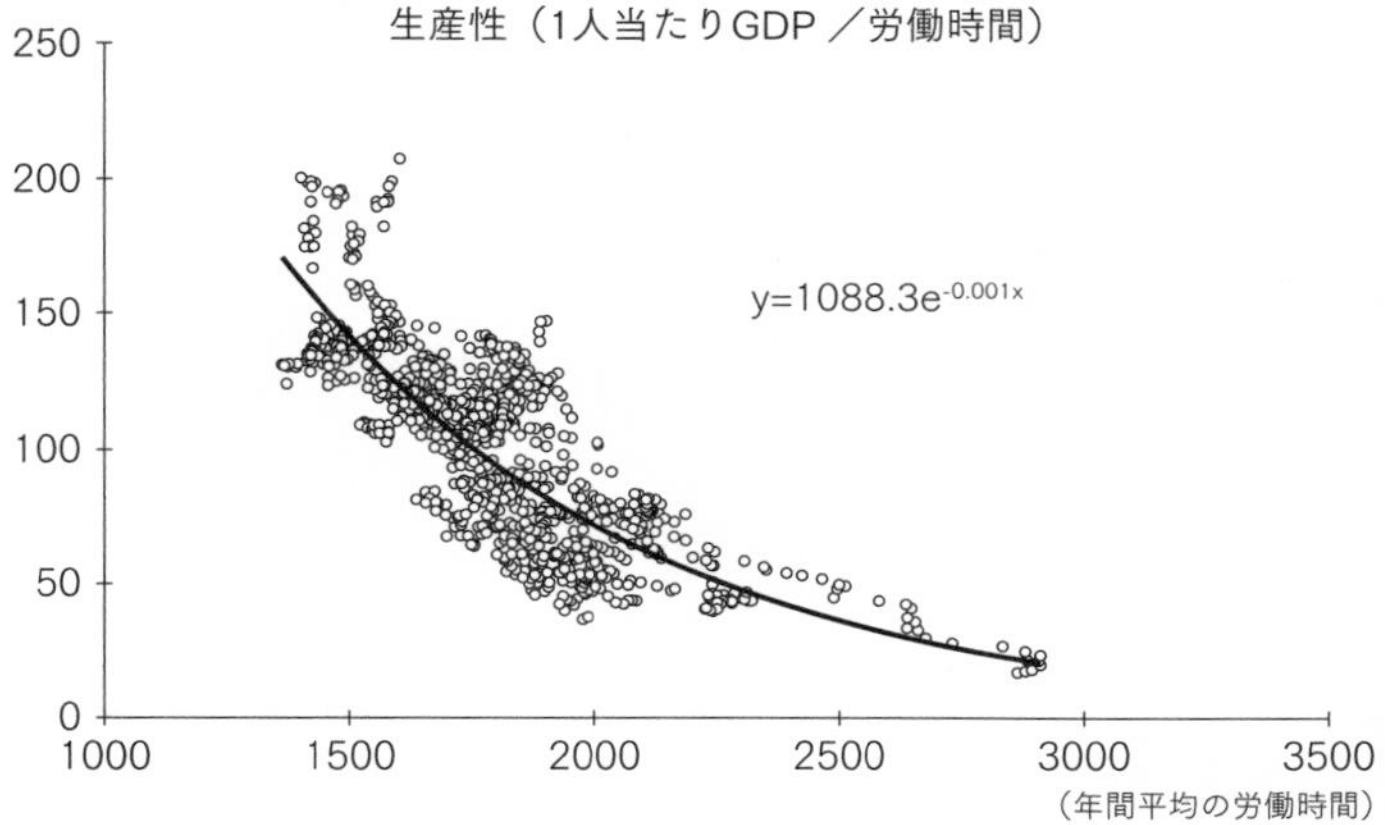

（出所） OECD. StatExtractsのデータから筆者作成。

は「見せかけの相関」を表す可能性がある。この問題を取り除くため、各OECD諸国の「生産性（一人当たりGDP／労働時間）」の値は、各年において、OECD諸国の平均が100となるように基準化したものを利用している。

この**図表7－3**から明らかなとおり、「労働時間」と「生産性（一人当たりGDP／労働時間）」は負の相関関係をもつ。両者が負の相関関係を有するとしても、「年間の労働時間が減少すれば、生産性（一人当たりGDP／労働時間）が高まる」という因果関係を表す保証はないが、人工知能やビッグデータなど第4次産業革命が進展しつつある今、過剰な長時間労働が、知識集約型経済の飛躍的成長の「起爆剤」となる柔軟な発想や斬新なアイディアを生み出すとは限らない。むしろ、このような起爆剤を生み出すためには、「時間的なゆとり」が必要なはずである。

では、生産性が高まれば、一人当たりGDPも増加するのか。年間の労働時間が減少し、単位時間当たりの生産性（一人当たりGDP／労働時間）が増加しても、一人当たりGDPが低下しては意味がない。短時間勤務のパートでいうならば、時給が高いパートを選んでも、労働時間を減少させたので、トータルの年収（＝時給×年間の総労働時間）が低下してしまうケースである。

このような現象が起こるか否かは、「一人当たりGDP＝生産性（一人当たりGDP／労働時間）×年間平均の労働時間」という関係から判別できる。まず、**図表7－3**のプロット・データから、yを「生産性（一人当たりGDP／労働時間）」、xを「年間平均の労働時間」として、近似曲線（y＝1088・3×exp［－0・001x］）を求める。この近似曲線yとxの積から、「一人当たりGDP」（＝y×x）が計算でき、その関係をプロットしたものが、**図表7－4**である。この図表の横軸は「年間平均の労働時間」、縦軸は「一人当たりGDP」を表す。

この**図表7－4**の「曲線」（上に凸の曲線）が、一人当たりGDPと労働時間の関係を表す。この曲線が妥当な場合、横軸の「年間平均の労働時間」が約1000時間のあたりが、縦軸の「一人当たりGDP」が最大になる労働時間であることが分かる。

これは、日本の現時点（2015年）の労働時間は約1700時間のため、700時間も減らすことができる可能性を示唆する。例えば、一日7時間、年間240日（週休2日で年間休日数

図表7-4　1人当たりGDPと労働時間の関係

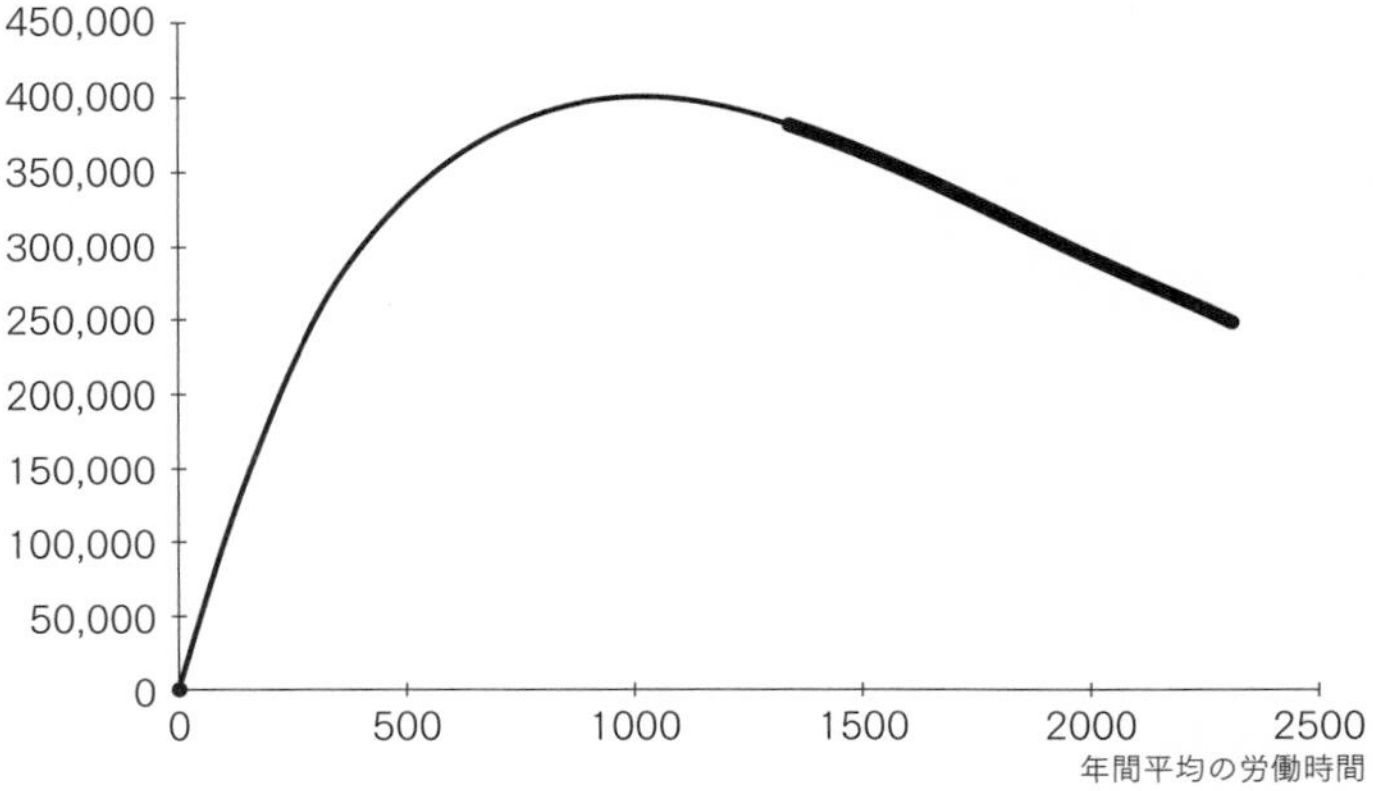

（出所） 筆者作成

が１２５日）働いたとして、年間の労働時間は約１７００時間となる。年間休日数が１２５日で変わらないと、一日４時間、年間２４０日働くと約１０００時間になる。また、１日７時間、１４３日働くと、年間の労働時間は１０００時間となるため、年間休日数を２２２日に増やせる可能性を意味するが、この点については留意が必要である。

　というのは、**図表７―４**の曲線のうち「太線」部分は、**図表７―３**のＯＥＣＤ諸国の「年間平均の労働時間」データで実際に値が存在する部分であり、「細線」部分は実際には値が存在しない部分を表すからである。例えば、横軸の１５００時間に相当する値はＯＥＣＤ諸国の「年間平均の労働時間」データに存在するが、横軸の５００時間に相当する値は存在しない。このため、**図表７―３**のデータから判別する限り、「細線」が現実に存在する保証はないが、「太線」部分と「細線」部分の境界は、年間平均の労働時間が約1360時間である。

したがって、図表7－4の関係が妥当であれば、労働時間を約1360時間まで減少させても、一人当たりGDPは上昇する可能性がある。日本の現時点（2015年）の労働時間は約1700時間のため、年間平均で約340時間の減少に相当する。1日の労働時間が8時間の場合、約340時間は約42・5日の労働に相当し、週休3日制を実現できるような労働時間の減少であり、これだけの時間が確保できれば、子育て・介護などを含む仕事と生活の調和、すなわちワークライフ・バランス（work-life balance）の実現も遥かに容易になるはずである。また、具体的な労働時間の減少ボリュームについては、基本的に労使の交渉に委ねることが望ましいが、それが実現しない場合、労働時間規制で誘導する方法も考えられる。

2018年6月下旬、長時間労働是正のための「残業時間の上限規制」や、「同一労働同一賃金」、高収入の一部専門職を労働時間の規制から外す「脱時間給制度（高度プロフェッショナル制度）」の導入を柱とする「働き方改革関連法」が可決し、大企業では2019年4月から「残業時間の上限規制」が始まっているが、以上のような視点を含め、一人当たりGDPと労働時間の関係についても、深く検討を進める必要があろう。

column

「複職の権利」創設を目指して

「所得」とは「所《ところ》を得《え》る」と書く。人口増加で高成長の経済であれば、賃金や雇用が年々改善し、一つの組織に属しそこから所得を得てもリスクは低かったが、人口減少で低成長の経済では、所属する組織の業績が悪化し、所得（の一部）を失うリスクもある。最悪のシナリオでは、所属組織そのものが倒産し、失業してしまう可能性もある。

このようなリスクをヘッジするためには、夫婦共働きで所得減少や失業などのリスク分散を行うほか、いくつかの組織に所属し、複数の組織から所得を得ることができる雇用のポートフォリオを組むのが賢い選択である。本業のほかに別の職業をもつことを「副職」というが、厚生労働省の「就業構造基本調査」によると、本業も副業も雇用者である労働者の数は概ね増加傾向で推移し、２０１７年で約１２９万人となっている。この１２９万人のうち男性は約57万人、女性は約72万人であり、１９９２年は約75万人（男性：約47万人、女性：約28万人）であった。また、本業も副業も雇用者である労働者について、本業の従業上の地位を見ると、女性では「パート」（43・5％）や「アルバイト」（18・9％）が多いものの、男性では「正規の職員・従業員」（36・8％）や「会社などの役員」（26・3％）も多い。

さらに、本業の所得階層で見ると、年間所得２９９万円以下の所得階層で全体の約7割を占める一方、年間所得が１９９万以下の階層と１０００万以上の階層で副業をしている者の割合が比較的高い（**図表7－5**）。

複数の事業所で雇用される者を「マルチジョブホルダー」というが、本業のほかに副業をもつ

図表7-5　所得階層別の副業割合

（万人）

所得階層（円）	総数	副業ありの者の人数	副業なしの者の人数	副業ありの者の数の各所得階層別の総数に対する割合（%）
総数	5,701	192	5,418	3.4
100万未満	913	54	847	5.9
100〜199万	1,051	47	991	4.5
200〜299万	1,079	30	1,037	2.8
300〜399万	780	16	757	2.0
400〜499万	568	11	552	2.0
500〜599万	392	7	382	1.8
600〜699万	278	6	269	2.3
700〜999万	402	10	388	2.6
1000万以上	168	9	156	5.4

（出典）総務省統計局「平成24年就業構造基本調査」

「副職」に留まらず、雇用のポートフォリオを構築するためには、いくつか複数の職をもつ「複職」を可能とする必要がある。また、「複職」という選択は、雇用のポートフォリオとして機能するのみでなく、個人の様々な知識・スキル獲得を促し、企業にも人材の有効活用や社員の能力向上といったメリットも存在するはずである。

このような状況の中、政府は、2017年3月下旬の「働き方改革実現会議」において、「働き方改革実行計画」を決定しており、その中には「柔軟な働き方がしやすい環境整備」として、「副業・兼業の推進に向けたガイドラインや改訂版モデル就業規則の策定」等を記載している。

この実行計画を受け、厚生労働省は2018年1月に（副業の壁であった）「モデル就業規則」を改定し、労働者の遵守事項の「許可なく他の会社等の業務に従事しないこと」という規定を削除し、副業・兼業について規定を新設している。それと同時に、副業・兼業について、企業や働く方が現行の法令のもとでどういう事項に留意すべきかをまとめたガイドライン（正式名称は「副業・兼業の促進に関するガイドライン」）やそのQ&A等を作成し公表している。

もっとも、モデル就業規則やガイドラインには法的な拘束力はなく、実際に複職を認めるか否かは各企業の判断に依存する。ソフトバンクグループ、新生銀行やユニ・チャームといった一部の企業では副業を解禁しているが、現在のところ、社外への情報の漏洩リスクなどを理由として、経済界を中心に副業への慎重論も多い。

複職ができない企業を辞めて、別の企業に転職すればよいという議論もあろうが、一部の優秀な人材を除き、そう簡単に転職できない人材もいる。年功序列や終身雇用に代表される日本型雇用が揺らぎ、その生活保障機能が低下する中、リスク・ヘッジのために複職を望む個人に対し、就業規則で複職を禁止し、一つの組織に縛りつける戦略は本当に理にかなっているのだろうか。

政府として、そのような個人を支援するためにも、法的に「複職の権利」を創設してはどうか。雇用のポートフォリオ構築のため、週5日のうち1日程度は、別の企業での業務に従事したり、NPO等での非営利活動をしたい個人も多いはずである。「複職の権利」とは、例えば、このような個人が別の組織での業務に従事したい旨を申請した場合、基本的に許可しなければならないという法的な制度である。当然であるが、その場合、就業規則で定められたルールに基づき、本業の企業は支払う賃金を減額できる仕組みも重要である。

なお、「複職」を本当の意味で推進するためには、雇用保険の適用問題や社会保険料の徴収方法のほか、労働時間の通算問題や労災保険給付などの問題も検討を進める必要がある。このうち、労働時間の通算問題について、現行の労働基準法では、本業と副業の労働時間を合算して適用す

図表7-6　雇用保険の国際比較

日本、フランス、ドイツにおけるマルチジョブホルダーに係る取扱い

日本	フランス	ドイツ
〈1　適用要件、保険料徴収について〉 同時に2以上の雇用関係にある労働者については、当該2以上の雇用関係のうち、当該労働者が生計を維持するに必要な主たる賃金を受ける1の雇用関係についてのみ、被保険者となる。	〈1　適用要件、保険料徴収について〉 マルチジョブホルダーについては、それぞれの雇用関係において、失業保険が適用され、保険料の支払い義務が発生する。	〈1　適用要件、保険料徴収について〉 マルチジョブホルダーについては、それぞれの雇用関係において、65歳未満かつ月収450ユーロ以上であれば、失業保険が適用され、保険料の支払い義務が発生する。
〈2　受給要件〉 雇用保険の被保険者となっている仕事について、通常の離職と同様の要件で受給することができる。 ○　ただし、以下の期間については失業とみなすことができないため給付されない。 (1) 1日4時間以上の仕事（雇用関係に入る以外にも請負や委任や自営業務含む）に就く日 (2) 雇用保険の被保険者となっている期間 (3) 契約期間が7日以上の雇用契約であって週当たりの労働時間が20時間を超え、一週間の労働日数が4日以上の場合は当該一の契約期間に基づき就労が継続している期間	〈2　受給要件〉 失業給付を受給しながら、就労している仕事についての給料を受け取ることができる。 ※複数の職に就いていて、そのうち一つの職を失った場合を含む。 ※失業給付の受給額と就労による収入額の合計が前職給与額を超えてはならない。	〈2　受給要件〉 複数の職に就いていて、そのうち一つの仕事を失った場合であっても、所定労働時間が15時間以上である職に就いている場合には、失業給付の受給資格はない（15時間未満の就労をしている場合には「失業状態」となり、通常の給付が受給可能）。 ただし、上記の場合についても、一定の要件を満たせば「部分的失業給付」を受給することが可能である。
〈3　給付水準〉 通常の給付と同水準	〈3　給付水準〉 通常の給付と同水準	〈3　給付水準〉 通常の給付と同水準
〈4　給付日数〉 通常の給付と同水準	〈4　給付日数〉 通常の給付と同水準	〈4　給付日数〉 通常の給付と同水準。 部分的失業給付の期間は最大で6週間

(出所) 厚生労働省「複数の事業所で雇用される者に対する雇用保険の適用に関する検討会」資料

るルールとなっており、残業代など割増賃金の取り扱いにつき、本業と副業のどちらの企業が負担するのかという問題が発生する。「1日8時間、1週40時間」を超えて働かせる場合、労働基準法に従って割増賃金を支払う必要があるが、例えば、本業のX社で1日5時間働き、その後、副業のY社で1日4時間働くケースでは、後に働くY社が1時間分（＝9時間－8時間）の残業代を支払うのが一般的である。しかしながら、X社とY社との労働契約が両方とも「所定労働時間4時間」であるとき、1時間分の残業代を支払うのはX社となり、これは異なる事例の一つに過ぎない。このような複雑な問題を解決する一つの方法は、適用可能な業種に一定の限界があるものの、労働時間と成果・業績を連動しない「裁量労働制」（仕事のやり方や労働時間の配分を労働者の裁量に委ねる労働契約）を利用することである。

また、マルチジョブホルダーに関する雇用保険の適用問題についても日本の取り扱いはフランスやドイツと異なり、本業の雇用関係しか適用されない（**図表7－6**）。一度に解決できる問題ではないが、プロジェクト型のジョブマッチングを行うプラットフォームを運営するサイト（例：ランサーズ）やクラウドワーク等の浸透でマルチジョブホルダーが引き続き広がることは確実であり、徐々に検討を深めていくことが望まれる。

教育＝所得連動型ローン

低成長を脱却するためには生産性の向上が必要だが、次世代との関係では、少子高齢化や経済のグローバル化などの進展に伴い、近年我が国の経済格差は拡大し、家庭環境によっては子どもの進学を断念せざるを得ないケースも増えてきている。また、教育は人的資本を高める有力な手段であり、このまま格差を放置すれば、将来の潜在的成長力を低下させる可能性がある。

このような視点で新たな政策テーマに加わってきたのが、「教育支援の強化」（特に高等教育への支援強化）である。教育は「国家百年の計」であり、「人的資本」形成の一翼を担う教育は成長の原資であると同時に、格差是正の機能も有する。すなわち、人工知能（ＡＩ）やビッグデータ・ＩｏＴといった第４次産業革命が進み、新たな知識や発想が経済成長の大きな源泉となる中、教育は未来を担う次世代への投資であるが、子どもが置かれた条件の違いを乗り越えて貧困の連鎖を断ち切る鍵でもある。

では、高等教育の効果はどうか。教育の効果に関する実証分析は容易ではないが、便益費用分析の観点から、教育予算の効果を測る指標としては、教育の収益率が重要な指標の一つとなる。

教育の収益率とは「教育を人的資本への投資と見た場合の収益率」を意味し、「私的収益率」と「社会的収益率」という２つの概念が存在する。このうち、私的収益率とは「大学進学で得られる追加的な生涯賃金といった私的便益と、進学費用・進学で失われた稼得賃金（機会費用）を含む私的費用から計算される内部収益率」をいい、社会的収益率とは「教育による税収増や失業率の低下等の社会的便益を含む便益合計と、財政的な補助金・奨学金等の社会的費用を含む費用合計から計算される内部収益率」をいう。

例えば、独立行政法人労働政策研究・研修機構「ユースフル労働統計２０１５―労働統計加工指標集」によると、日本における高校卒の労働者（男性）が平均的に手にする生涯賃金は約２・

図表7-7 OECD諸国における高等教育の収益率

（%）

	社会的収益率（男）	社会的収益率（女）	私的収益率（男）	私的収益率（女）
ハンガリー	22	13	24	14
日本	21	28	8	3
アメリカ	12	8	15	12
OECD平均	10	8	14	12
イタリア	9	6	9	8
オランダ	8	7	8	7
フィンランド	7	4	10	7
カナダ	6	6	9	12

（出所） OECD資料（Education at a Glance 2016）

4億円であるが、大学・大学院卒の生涯賃金は約3・12億円であり、大卒と高卒の労働者とでは約7000万円も生涯賃金が異なる。

もっとも、OECDの教育に関する2016年版資料（**図表7－7**）では、日本における高等教育の私的収益率（年率）は男8％・女3％でOECD平均（男14％・女12％）を下回る。これは他のOECD諸国と比較して、日本の大卒と高卒の賃金格差が大きくない状況等を反映するものだが、高等教育に対する公的負担は低水準のこともあり、社会的収益率（年率）は男21％・女28％でOECD平均（男10％・女8％）を大幅に上回る状況となっている。

では、財源はどうか。そもそも、基本的に政策には「フリー・ランチ」はなく、何らかの財源が必要となる。この関係で期待が集まるのは「教育国債」構想であろう。「教育国債」構想とは、大学を含む高等教育の財源拡充を目的とする国債を発行するというものである。いわば子ども世代全体が成人後に自らの税金で返済する教育ローンであり、その社会的収益率が市場利子率を上回る場合、理論的には「教育国債」が正当化できる可能性がある。

しかしながら、現在の財政状況では、教育予算を含む経常的経費を税収で賄えず、財政赤字が恒常化している。すなわち赤字国債の発行は恒常化しており、その一部は既に「教育国債」化しているといっても過言ではなく、「教育」を錦の御旗に、これ以上の国債増発は許容できない。

そこで、一部の有識者が注目しているのが、オーストラリアで新たに実施している「高等教育拠出金制度」（Higher Education Contribution Scheme、通称「ＨＥＣＳ」）やＨＥＣＳの後継である「Higher Education Loan Programme」の仕組み（ＨＥＣＳ-ＨＥＬＰ）等であり、政府も「人づくり革命」で類似の制度を検討し、今後の検討課題としている（ＨＥＣＳやＨＥＬＰの詳細は伊藤〈２００５〉）。ＨＥＣＳ-ＨＥＬＰとは、大学卒業後の「出世払い」制度といっても過言でなく、在学中の授業料は無料とし、卒業後に所得に応じて課税方式で授業料を返還する仕組みで、約８割強の学生がＨＥＣＳ-ＨＥＬＰ等の給付を受けている（注：「約８割強」の数値は鈴木〈２００１〉。なお、ＨＥＣＳ-ＨＥＬＰは選抜的な学生に適用される無利子の枠組みである一方、それ以外の学生でも受けられる有利子のＦＥＥ-ＨＥＬＰ等の枠組みも存在する）。

具体的には、卒業後の課税所得が約５００万円（５万３３４５豪ドル）を超えた場合、課税所得に応じて４％～８％の返還率で返還を行い、返還総額が貸与総額に達した時点で返還終了となる。なお、返済に関する実質利子率はゼロで名目利子率は物価上昇率のみであり、返済免除は本

図表7-8　各国の所得連動型ローン

	オーストラリア	イギリス	アメリカ	日本
名称	HECS-HELP	授業料ローンと生活費ローン	所得基礎返済ローン	所得連動型返還方式
返済額	所得の0～8%（前払い10%割引）	所得から21,000ポンドを引いた額の9%	所得と家族人数に応じて0～10%	返済総額に応じた割賦額
返済猶予最高額	51,309ドル	21,000ポンド	家族人数に応じて1～5万ドル	300万円
徴収方法	源泉徴収	源泉徴収	小切手等	銀行口座引き落とし等
利子率	物価上昇率（実質利子率ゼロ）	物価上昇率＋所得に応じて0～3%	0～8.5%（連邦政府ローン）	無利子
政府補助	物価上昇率（実質利子率ゼロ）	実質利子率ゼロ	なし	完全な無利子
返済免除	本人死亡	30年間または65歳	20年または公的サービス10年	本人死亡または障害による

（出所） 独立行政法人日本学生支援機構・東京大学大学総合教育研究センター（2015）

人が死亡したときである。また、HECS-HELPでは、学生は高等教育に関する授業料を、各学期に前払いで20％の減額を受けるか、課税所得が規定の最低額を超えてから税制（例：源泉徴収）を通じて貸与総額を返済するかを選択できる。

このHECS-HELPは「所得連動型奨学金」（Income Contingent Loan、通称「ICL」）の一種であり、あまり認識されていないが、日本でも、海外の仕組みを参考に、独立行政法人学生支援機構がICL型の奨学金を導入している。例えば、学生支援機構が2017年4月から新たに導入した「所得連動返還型奨学金制度」は、最低返済月額2000円が存在するが、所得に応じて9％の返還率で返還し、年収300万円以下の場合は返還を基本的に猶予するものであり、オーストラリアの仕組みと概ね同じで、異なるのは給付の申請条件・給付率や徴収方法等の違いである。学生支援機構の「所得連動返還型奨学金制度」は、オーストラリア（ＨＥＣＳ-ＨＥＬＰ）の源泉徴収方式と異なり、銀行口座引き落とし等での徴収となっている。また、オーストラリアと比較して、奨学金申請時の世帯年収（保護者・父母合算）が３００万円以下の学生だけに限るという申請条件も相当厳しい。

申請条件の関係では、東京大学大学院教育学研究科大学経営・政策研究センター（２００７）「高校生の進路追跡調査第1次報告書」等が参考となる。この報告書によると、年収が１０００万円超の世帯における4年制大学進学率は62・４％である一方、年収が６００万円～８００万円の世帯では49・４％に低下し、年収が４００万円以下の世代では31・４％にまで低下してしまう。日本国憲法は「すべて国民は、法律の定めるところにより、その能力に応じて、ひとしく教育を受ける権利を有する」（第26条第1項）と定めており、低所得世帯の子どもで4年制大学に進学したいと思っているにもかかわらず、家庭環境で進学できない実態があるとするならば問題であり、どのような国民も、高等教育を受けることができる機会均等を図ることは極めて重要である。

この問題が発生する主な理由は、いわゆる「流動性制約」に家計が直面してしまうためである。既述の統計調査では７０００万円であるが、一般的に、大卒と高卒では生涯賃金（平均）で５０００万円以上も異なるといわれており、4年制大学に進学できれば、大学4年間の授業料の

10倍以上の私的な限界便益を得ることができる。このため、大学4年間の授業料や生活費をローンで一時的に借りることができれば、十分な見返りを得ることができ、卒業後の収入でローンの返済もできるはずである。しかしながら、現実には、家計が資金を借り入れようとする場合、貯蓄をするときの利子率よりも高い利子率に直面せざるを得ないことや、一般的に借り入れは貯蓄よりも難しいため、まったく借り入れができないこともある。

このような資金繰り制約が存在する状況を「流動性制約」というが、このような問題が発生する理由は資本市場に不完全性が存在するためである。物的資本への投資であれば、物的資本そのものに抵当権などを設定して担保を確保できるが、人的資本への投資ではできない。すなわち、人的資本に投資しようとしても、物的資本とは同じ条件で投資はできないため、人的資本に対する投資は過少になり、潜在的に能力がある学生もローンが受けられないという問題が発生する。

教育分野でこの問題解決に重要な政策手段となるのは「奨学金」であり、学生支援機構の「所得連動返還型奨学金制度」の拡充で積極的に対応するのが望ましい。その際、「所得連動返還型奨学金制度」の拡充にあたっては、学生支援機構は現在も、財投の仕組み等を利用して奨学金に必要な資金調達を行っているため、この財投の仕組みを拡充することが考えられる（**図表7－9**）。

もっとも、既にオーストラリアのＩＣＬ（＝ＨＥＣＳ－ＨＥＬＰ）が政府の財政との関係で問題となっているように、「所得連動返還型奨学金」（ＩＣＬ）は、低所得者が多い場合には未返還

図表7-9　財投の仕組み

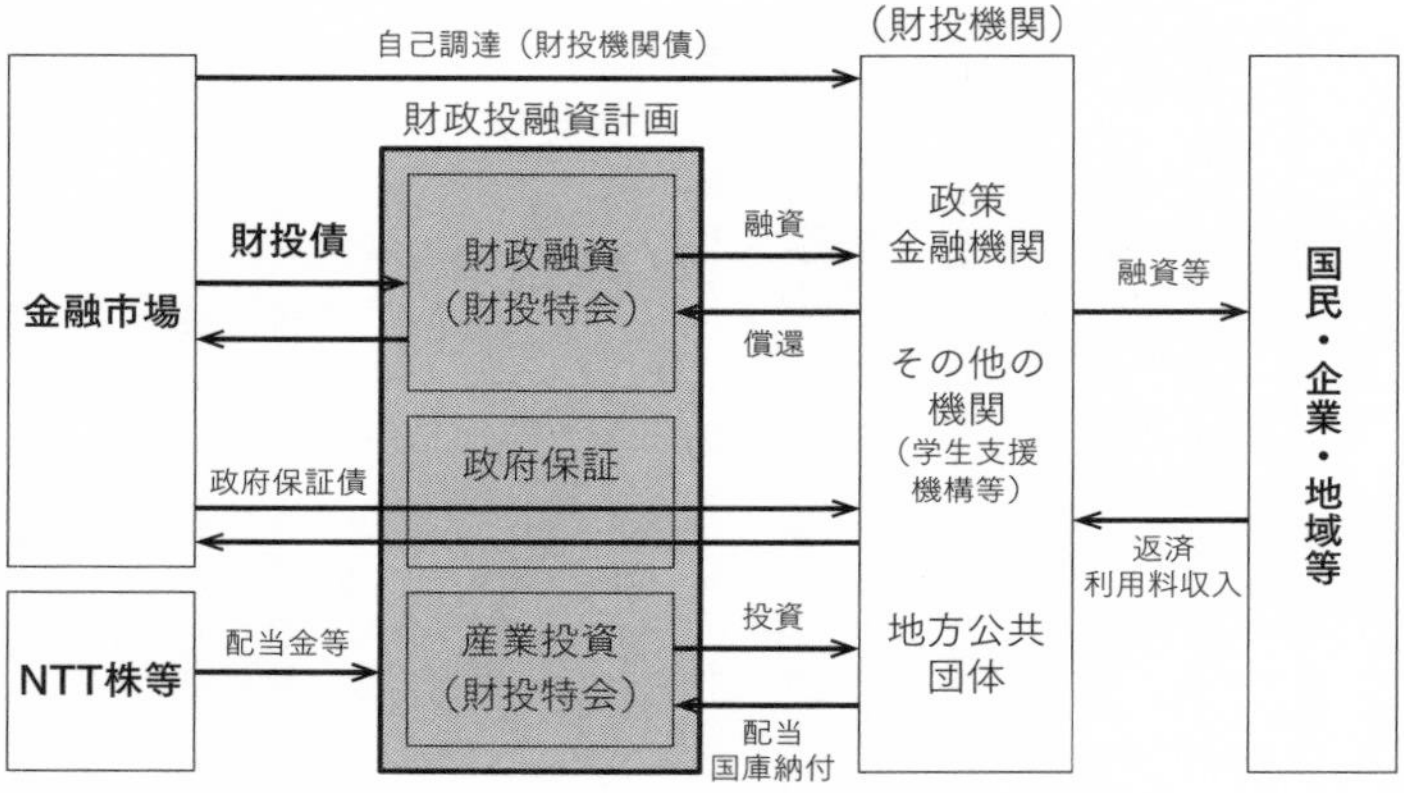

(出所) 財務省ホームページ

に伴う損失が発生する可能性があり、その拡充には一定の留意が必要かもしれない。

というのは、オーストラリアのＩＣＬは、「政府の回収率は約８割」（２０１７年６月20日付・日経「経済教室」）で、２０１３年６月時点で約７０００億円（71億豪ドル）の損失が累積しており、２０１３－２０１４年の新規貸与者についても、約１０００億円（11億豪ドル）の損失が追加で発生する旨の推計があるためである。また、イギリスのＩＣＬでは、２０１２年度末では累計で約３兆円（１６０～１８０億ポンド）の損失が存在し、２０４２年度末には累計で約16兆円（７００～８００億ポンド）の損失が発生する旨の試算もある。

このような問題を解決するために何が必要か。

第１は、ＩＣＬの返済猶予に関する最低額を適切に設定することである。当然であるが、ＩＣＬ

の最低額を引き上げれば、未返還に伴う損失が拡大する。問われるべきは、最低額が適切な値か否かという問題である。例えば、オーストラリアのＩＣＬでは、約５００万円が最低額で、オーストラリアの平均年収は約７００万円であるから、最低額は平均年収の約７割である。また、日本のＩＣＬの最低額は３００万円で、平均年収は約４５０万円であるため、日本の最低額も約７割である。このため、日本の最低額（３００万円）はオーストラリア並みで、これ以上の引き上げは必要ないと思われる。むしろ、未返還に伴う損失を圧縮するためには、年収３００万円以下の場合は返還を基本的に猶予する仕組みを改め、例えば、最低返済月額２０００円のほか、年収Ｚ万円（Ｚ≦３００万円）のときの返還率を「９－０・０３×（３００－Ｚ）」％に変更することも考えられる。

第２は、ＩＣＬの損失の消却を中長期間で行うため、付加的な負担（例：９％の返還率に１％程度の低率かつ付加的な負担を上乗せ）を導入することである。その上で、ＩＣＬの対象に中高所得者になる可能性が高い学生を可能な限り取り込む。すなわち、低所得者の未返還で発生する損失を、中高所得者に課す付加的な負担で消却するのである。もっとも、卒業前の段階では、どの学生が中高所得者になり、どの学生が低所得者になるかは予測不可能である。このため、政策的な選択肢の一つとしては、現状でも一括返済や繰上返済の仕組みがあり、すべての学生に対してＩＣＬに一度は加入してもらうという判断も必要かもしれない。

なお、付加的な負担を導入するとき、国立大学よりも私立大学の授業料は高く、医学部などの学部によって授業料が異なるため、大学や学部の選択で、付加的な負担について不公平性が発生してしまう。この問題を解決するため、2つの案が考えられる。

まず一つの案は、ＩＣＬで給付する奨学金の上限は国立大学の授業料に相当する分とする案である。例えば、国立大学の授業料が年間60万円で私立大学が年間１００万円であれば、給付する奨学金の上限は60万円とし、残りの授業料40万円は現在と同様に支払ってもらう。このような政策を実施する場合、在学期間中、私立大学については一定の授業料負担が残るが、国立大学における学生の授業料負担はゼロにできる。

もう一つは、付加的な負担を「率」でなく、「定額」とする案である。例えば、月３０００円という定額の負担とする。すなわち、年収３００万円以下では最低月額２０００円の返済のみを行ってもらい、年収３００万円超では、返還率９％の返還のほか、月３０００円の付加的な負担をしてもらう。この場合、国私の大学間や学部間で授業料が異なっても、大学や学部の選択で発生する付加的な負担に関する不公正性は緩和できる。

第3は、マイナンバー制度を活用し、所得の捕捉や徴収をしっかり行うことである。マイナンバーを活用したＩＣＬは、２０１７年4月から進学するものより対象となっており、課税対象所得については、学生支援機構が奨学生から提出されたマイナンバーを利用して課税対象所得の情報を取得する予定である。現在のところ、日本のＩＣＬは銀行口座引き落としとなっているが、ＩＣＬを拡充する場合、徴収をしっかり行い、奨学金の回収を強化するためには、オーストラリア（ＨＥＣＳ－ＨＥＬＰ）の源泉徴収方式も検討する必要があろう。

なお、人種差別の撤廃に尽力し、南アフリカ初の黒人大統領となったネルソン・マンデラ氏は、「教育は最強の武器である。教育によって世界を変えることができる」と述べており、日本版ＨＥＣＳの推進や所得連動返還型奨学金の拡充は、高等教育における負担のあり方を抜本的に転換し、これまで親が中心に負担してきた仕組みを、高等教育の便益を受ける学生本人と社会が共同で負担する仕組みに改めることを意味する。

資源が少ない日本では人材こそが最大の資源であり、人づくり改革が重要であることはいうまでもないが、ＩＣＬの損失処理のあり方や財政の限界も念頭に、冷静な政策議論を期待したいところである。

図表7-10　教育負担の「重心」を何処に置くか

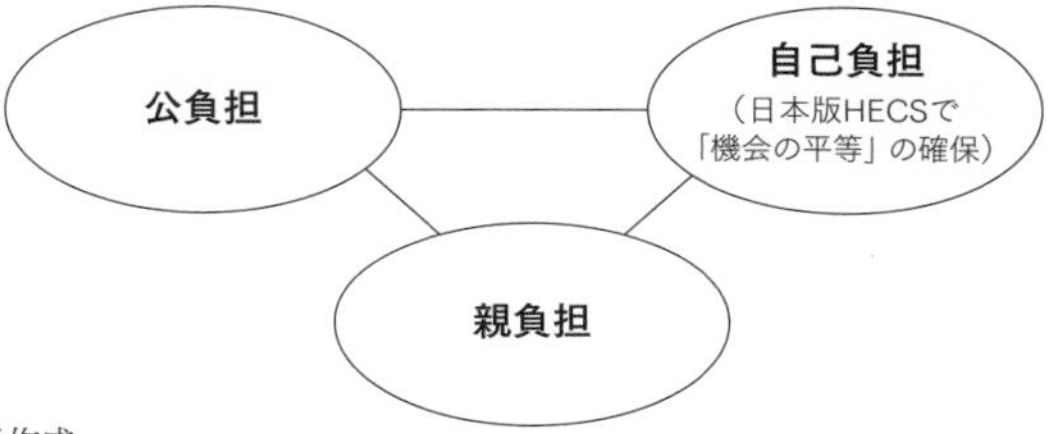

（出所） 筆者作成

column

最新テクノロジーの徹底活用で教育の再構築を

世界銀行（1993）"The East Asian Miracle" 等では、普遍的な教育の浸透が人的資本の形成を促進し、東アジアの急速な発展をもたらしたと分析しており、日本の高度成長においても教育の浸透がその成長に寄与した可能性は高いと思われる。

しかしながら、ICT等（ビッグデータや人工知能を含む）の最新テクノロジーが世界の経済構造を大きく変え始めている。また、中国やインド等の新興国が台頭し、日本を取り巻く内外の環境は大きく変容しつつあり、成長の主な源泉は「技術進歩」「物的資本」「労働力」等であるが、国土も狭く資源も少ない日本で、これからの最大の武器は「人材の質」、すなわち「人的資本」であろう。

これは、成長のメイン・エンジンが「頭脳（付加価値の高い知識と技術）」になることを意味する。また、グローバル経済での競争に勝利するためには、従来の発想にとらわれず、世界に通用する先端技術や新ビジネスを創出する「人材」の育成も重要である。

データ産業革命を含む知識経済を主導するためには、最先端の知識の創造と、広範で層の厚い知識労働者（Creative Class）が必要であり、中長期的に人材の質を高める供給側の教育改革が重要な鍵を握る。そもそも、教育（education）とは、「教授・指導や通学によって人の力と能力を開発すること（to develop the faculties and powers of (a person) by teaching, instruction, or schooling)」（ランダムハウス辞典）であり、Kozma (2005)[3]は、ICT技術の進展によって急速に拡大する知識経済において、これから必要となる教育改革の方向性を提示している。

具体的には、シンガポールやフィンランド等の教育改革を参考にしつつ、①「知識獲得」(Knowledge Acquisition)、②「知識深化」(Knowledge Deepening)、③「知識創造」(Knowledge Creation)の各アプローチにおいて望ましい教育政策、カリキュラムやIT技術活用などの方向性を提示している。

「知識獲得」アプローチとは、知識の質よりも量を重視し、標準的なテストなどによって多くの事実や概念の獲得を目指すもので、教師には深い専門的知識よりも、むしろ教育の各テーマに関する包括的かつ正確な知識が求められる。他方で、「知識深化」アプローチとは、現実世界の複雑な問題を解決する技術を学生に身に付けさせるため、関連する横断的テーマや応用について理解を深めることを目指すもので、教師には学生の学習プロセスに加えて、各テーマに関する深い専門知識が求められる。また、「知識創造」アプローチとは、知識経済を主導する研究開発や新知識の創造を目指すもので、教師には専門家としての経験に加えて、外部とも交流しつつ、互いに専門性を高めていく能力が求められる。

以上の各アプローチにおいて、Kozma(2005)は、これからの知識経済においては、動画コンテンツや内外ネットワークなどのICT技術を徹底的に活用し、人的資本の向上を図る重要性を強調している。この文脈で、日本の教育の現状を見つめ直すと、初等・高等教育にかかわらず、これからチャレンジする価値のある多くの課題が見えてくる。

例えば、大学の質を表す指標の一つとして「ST比」(専任教員数を学生数で割った値)がある。ハーバード大学やコロンビア大学・スタンフォード大学などの年間授業料が400万円や500万円である一方、日本の国立大や私大の授業料は50万円や100万円が多いことも関係するが、欧米の有名大学のST比は1桁が多い。しかし、日本では東大・京大・阪大を除きST比は2桁以上が多い。このため、日本では講義形式の授業が多いが、アメリカでは講義形式の授業は比較的少なく学生と教授が議論しながら授業を行うセミナー形式の授業が多い。

セミナー形式の授業を増やすためには、「知識獲得」に相当する基礎科目の授業については、その内容をあらかじめ録画しネットで学生に受講してもらうといった対応を推進することが考えられる。例えば、筆者の所属する経済学部でいうと、「微積分」「線形代数」「経済数学」「計量経済学」「プログラミング」「マクロ経済学」「ミクロ経済学」「公共経済学」などは、その内容が毎年大きく変わることはないはずで録画に馴染む。

学生の理解を促すためには、同じテーマの講義（例：ミクロ経済学）でも基礎・中級・上級というように異なるレベルのコンテンツがあるのが望ましく、いくつかの大学が連携しコンテンツやテスト問題を作成することが考えられる。

最近のパソコンはカメラ搭載が標準であり、理解度を確認するためのテストや試験をネットで行う場合でも、ランダム形式で問題を出題したり、人工知能などの最新テクノロジーを利用すればカンニング等も防止可能なはずで、ＩＣＴ化で浮いた教員をセミナー形式の授業に回すことができる。その上で、現実世界の複雑な問題を解決する技術を身に付けるため、「知識深化」や「知識創造」に関係が深いコンテンツについても追加していくのである。

なお、良質のコンテンツは一種の公共財の性質を有しており、欧米では初等教育の段階からＩＴ技術を活用し数学や英語などの教育の質を高める動きがあるが、我が国の初等教育から高等教育の流れを見ると様々な課題がある。日本でも義務教育や高等教育での飛び級を解禁すべきだが、例えば、いまの教育システムでは、原則的に飛び級はできない。また、放送大学やＮＨＫの教育番組などがいくつかの基礎科目を提供しているものの、その内容は部分的で質は様々であり、例えば、小学生が中高生のカリキュラムを体系的かつ自律的に学ぶことができる環境にはない。このため、潜在的な人的資本形成を阻害している。

だが、仮に、現在行われている初等教育から高等教育までのすべての授業のうちトップ水準のものを適切に選定・編集し、オール・ジャパンの「教育ポータルサイト」にインターネットで公開することができれば、学生を取り巻く学習環境は飛躍的に変化する。得意科目は、学生の興味に応じて予習ができ、不得意科目はいつでも復習ができる。また、社会科や理科なども、日本史や世界史、実験風景などの良質な動画コンテンツと連動できれば、理解や教養を深めることができよう。ただ、教育上の知識でなく、付加価値の高い知識を提供する者の立場に立てば、むしろ、それらの知識を高価で提供したいと考えるのが自然である。このため、それらの知識も広くオープンに共有したい場合は、一定の限界があるものの、その必要性に応じて、政府が支援していくことも必要だろう。

さらに、このような試みは、教師側の教育技術の改善効果も見込まれる。例えば、数年置きに、教育ポータルサイトに優秀な授業を追加していけば、自らの教育技術と比較して、オール・ジャパンで、教師側も質の高い技術を吸収し深めていく機会を提供できよう。

いずれにせよ、以上の試みは一度に進めることは現実的ではないが、オール・ジャパンの教育ポータルサイトの質が高まり、その内容が充実していけば、低コストで、低所得世帯をはじめ、改めて学び直したいと考えている中高年世代に対しても、質の高い教育を受ける機会を拡大できるはずである。

【注】

1 Oguro, K., Ishida, R., and Yasuoka, M.(2020) "Data Sharing and Revenue Distribution Rule", RIETI Discussion Paper Series 20-E-015.

2 Acemoglu, D. (2002) "Directed Technical Change," Review of Economic Studies 69, pp.199-230.

Autor, D., Katz, L. and Kearney, M. (2006) "The Polarization of the U.S. Labor Market," NBER Working Paper No. 11986.

Autor, D., Katz, L. and Kearney, M. (2008) "Trends in U.S. Wage Inequality: Revising the Revisionists," The Review of Economics and Statistics, 90(2), pp.300-323.

3 Kozma, R. (2005) "ICT, Education Reform, and Economic Growth", Intel White Paper November 2005.

第8章

社会保障の新しい哲学

政治が示すべき3つの改革の哲学

ノーベル物理賞学者のアルバート・アインシュタインは「国家の主な義務は、個人を保護し、創造性を伸ばす機会を与えることである」といった。その通りであるが、現在の日本の経済システムは、個人を保護することも十分にできず、創造性を伸ばす多くの機会を奪っている。

これらは社会保障の機能不全や、画一的かつ硬直的な中央集権体制と深く関係する。このうち社会保障の機能不全は、財源的な限界によるものもあるが、それだけの問題ではない。個人が直面するリスクがますます複合化かつ複雑化する中で、多様なニーズに基づき柔軟に対応可能な仕組みが必要なのにもかかわらず、画一的なルールで運営される従来型の社会保障制度がそれに対応できない状況が増えつつある。

また、「イノベーション」(innovation) は「技術革新」と訳すことが多いが、本来の定義は「様々な物事の『新結合』『新しい捉え方』『新しい解釈』を創造する行為」であり、画一的なルールで対応する傾向が強い中央集権体制では、イノベーションの発現を含め、創造性を伸ばす十分な機会は提供できない。

もはや日本経済は成熟しており、欧米に追い付き追い越せの「キャッチアップ型」経済は数十年前に終焉しているが、本当の意味での「フロントランナー型」経済に転換できずに我々は喘いでいる。日本経済の潜在力はまだ高いと筆者は信じているが、トライ&エラーで様々な試み (政策的な実験を含む) を繰り返すことが可能な「場 (field)」がまだまだ少なく、その潜在力を生かすのが難しいシステムになっている。

それこそが、日本経済が閉塞感に覆われる主因だが、システムを改めれば我々が有する能力を生かすことができるはずだ。我々が現在依存するシステムは人口増加や高成長を前提に形作られたものだが、それを取り囲む「環境」が劇的に変わり、人口減少で低成長になった今後はそのシステムを抜本的に改める必要がある。

では、改革が必要なシステムのうち最も重要なものは何か。まず一つは社会保障であり、もう一つは国の統治機構（国と地方の関係を含む）である。個人を保護するものが社会保障であり、創造性を伸ばす機会の多くを奪っているものが中央集権体制による画一的なルールである。新たなビジネスの創造でグレーゾーンの法的な問題があるときに、規制改革を含め、中央官庁の官僚などに逐一相談しなければ物事が進まない非効率な体制から脱却する必要がある。画一的なルールを撤廃し、創造性を伸ばす機会を増やすためには、地方分権を進め、我々国民に身近な領域に規制改革などを行う権限を移譲するしかない。

第1章から第7章では、「人口減少」「低成長」「貧困化」が進む中で、政府と日銀の関係や国と地方のあり方を含め、財政・社会保障の現状と課題、成長戦略などを考察してきた。このうち、第4章や第5章では、年金や医療などの改革の方向性を示したが、そもそも、なぜ抜本的な社会保障改革などが進まないのだろうか。

その理由として政治的な利害対立にフォーカスする場合も多いが、「改革の哲学」が欠如した中で、改革の議論を進めようとしているからではないか。

社会保障とは、「国民の生活の安定が損なわれた場合に、国民にすこやかで安心できる生活を保障することを目的として、公的責任で生活を支える給付を行うもの」（社会保障制度審議会1993年「社会保障将来像委員会第一次報告」）をいい、①社会保険（例：年金・医療・介護・雇用）、②社会福祉、③公的扶助（例：生活保護）、④公衆衛生の4つの柱から構成されている。このうち、①社会保険は保険料を徴収し、病気や介護などが必要になったときに一定の給付を行う「共助」の仕組みだが、②～④は基本的に公費（租税）で賄う「公助」の仕組みとなっており、従来の枠組みでは、社会保障の根幹は政府が担うこととされてきた（図表8－1）。

しかし、財源の限界や社会保障の受け皿である地方の消滅が進む中、社会保障が担う目的や役割を維持するためには、これまでの固定的な役割分担を超えた新たなアプローチが必要となっている。すなわち、「何を守って何を諦めるのか」といった基本哲学を明確にし、民間主導での多様かつ柔軟な公共の担い手の創出を含め、目指すべきビジョンや価値を政治が示す必要がある。では、改革の哲学とは何か。いま政治が示すべき改革の哲学は次の3つであると思われる。

〈哲学1〉まず、リスク分散機能と再分配機能を切り分ける。その上で、真の困窮者に対する再分配を強化し、改革を脱政治化する

図表8-1　社会保障制度とは

社会保障制度は、**国民の「安心」や生活の「安定」を支えるセーフティネット。社会保険、社会福祉、公的扶助、保健医療・公衆衛生**からなり、人々の生活を生涯にわたって支えるものである。

①　社会保険（年金・医療・介護）

国民が病気、けが、出産、死亡、老齢、障害、失業など生活の困難をもたらすいろいろな事故（保険事故）に遭遇した場合に一定の給付を行い、その生活の安定を図ることを目的とした強制加入の保険制度

- 病気やけがをした場合に誰もが安心して医療にかかることのできる**医療保険**
- 老齢・障害・死亡等に伴う稼働所得の減少を補填し、高齢者、障害者及び遺族の生活を所得面から保障する**年金制度**
- 加齢に伴い要介護状態となった者を社会全体で支える**介護保険**　など

②　社会福祉

障害者、母子家庭など社会生活をする上で様々なハンディキャップを負っている国民が、そのハンディキャップを克服して、安心して社会生活を営めるよう、公的な支援を行う制度

- 高齢者、障害者等が円滑に社会生活を営むことができるよう、在宅サービス、施設サービスを提供する**社会福祉**
- 児童の健全育成や子育てを支援する**児童福祉**　など

③　公的扶助

生活に困窮する国民に対して、最低限度の生活を保障し、自立を助けようとする制度

- 健康で文化的な最低限度の生活を保障し、その自立を助長する**生活保護制度**

④　保健医療・公衆衛生

国民が健康に生活できるよう様々な事項についての予防、衛生のための制度

- 医師その他の医療従事者や病院などが提供する**医療サービス**
- 疾病予防、健康づくりなどの**保健事業**
- 母性の健康を保持、増進するとともに、心身ともに健全な児童の出生と育成を増進するための**母子保健**
- 食品や医薬品の安全性を確保する**公衆衛生**　など

※これらの分類については、昭和25年及び昭和37年の社会保障制度審議会の勧告に添った分類に基づいている。

(出所) 厚生労働省

方策1：「大きなリスクは共助、小さなリスクは自助で」という基本哲学の下、公的保険の給付範囲などを見直す。
方策2：「保険（リスク分散）」の機能と「税（再分配）」機能を切り分け、公費は本当に困っている人々に集中的に配分する。
方策3：経済成長以上の社会保障費の伸びは自動調整メカニズムで抑制し、改革議論の脱政治化を図る。

〈哲学2〉透明かつ簡素なデジタル政府を構築し、確実な給付と負担の公平性を実現する

ＩＣＴなどの最先端テクノロジーも利用し、透明かつ簡素な政府を構築するとともに、時間や場所を問わず、個々のニーズに応じた最適な形でのプッシュ型・行政（社会保障を含む）を推進する。

〈哲学3〉民と官が互いに「公共」を創る

複合的かつ複雑なリスクに対応するため、これまでの官と民の固定的な役割分担を超え、民間主導でも多様かつ柔軟な公共の担い手などを創出可能とする枠組みを構築する。

真の困窮者への再分配を強化し、改革を脱政治化する

哲学1から哲学3の意味を順番に説明しよう。

まず、「哲学1」・「方策1」の『大きなリスクは共助、小さなリスクは自助で』という基本的な哲学の下、公的保険の給付範囲などを見直す」という意味である。

この意味は、例えば、公的医療保険改革を扱った第5章で提言した改革案が最も分かりやすい。この改革案のポイントは、公的医療保険制度における自己負担を年齢別でなく、疾病別の自己負担に改め、給付範囲を見直すというものであった。

医療のケースでは、「共助」は公的医療保険、「自助」は自己負担や市場で供給される民間医療保険に加入することを指すが、「大きなリスクは共助」という部分は、生命やQOLへの影響が大きい重度の疾病（の医療費）は、保険で積極的にリスク分散し、公的医療保険でカバーする給付率を高めることを意味する。

他方、「小さなリスクは自助で」という部分は、自然治癒や回復、状態維持の蓋然性が相対的に高い軽度の疾病（の医療費）は公的医療保険でカバーする給付率を低下させ、自助で自己負担の割合を高めることを意味する。

すなわち、自助で対応可能な小さなリスクはできる限り自助で対応し、共助に振り向ける財源を増やし、大きなリスクに備えるという公的医療保険の機能を堅持・強化するという哲学である。

なお、第5章で提言した医薬品の保険給付に関する改革案はどうか。これも、フランス等の事例を参考に、薬剤に関する自己負担を適用疾患の重篤度や医薬品の治療における有用度等に応じて改めるというもので、哲学１に沿ったものである。

では、「哲学1」・「方策2」の『保険（リスク分散）』の機能と『税（再分配）』機能を切り分け、公費は本当に困っている人々に集中的に配分する」という意味は何か。

いま社会保障給付費は約１２０兆円に膨張しているが、**図表8－2**は２０１６年度における社会保障財源の全体像を示したものである（厳密な財源構成はコラム「社会保障の制度別財源構成」を参照）。

図表8－2のとおり、２０１６年度予算ベースでは保険料66・3兆円のほか、国庫負担32・2兆円、地方負担13・1兆円、資産収入等が社会保障財源となっている。このうち、国や地方の公費（国庫・地方負担）の使い道は、再分配という観点では非効率なものが多い。

例えば、基礎年金の財源に5割も投入している公費（国庫負担）である。第4章で説明したように、今後は低年金の貧困高齢者が急増することが予想されるが、この公費は、年金受給額の多寡にかかわらず、基礎年金の5割に支払われる。例えば、年間１００万円の年金を受け取る高齢者に対しその基礎年金の5割に公費を投入することは理解できるが、年間３００万円の年金を受け取る高齢者の基礎年金の5割に公費を投入する妥当性は理解し難いのではないか。むしろ、低年金の貧困高齢者が急増していくのであれば、高い年金を受け取る高齢者の基礎年金への公費投入は削減し、公費は低年金の高齢者（本当に困っている人々）に集中投下するべきである。

図表8-2　社会保障財源の全体像

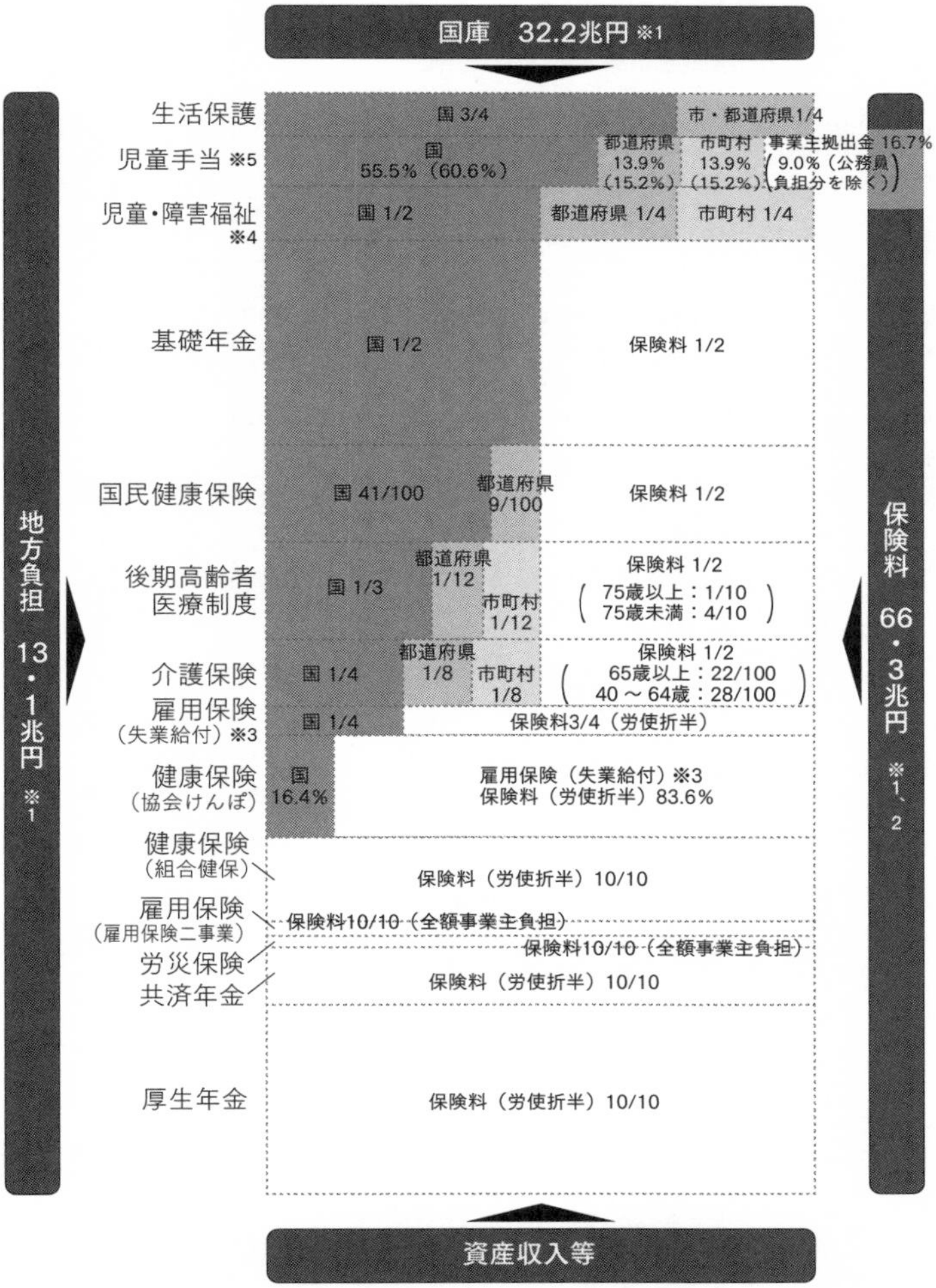

(注) ※1　保険料、国庫、地方負担の額は平成28年当初予算ベース。※2　保険料は事業主拠出金を含む。※3　雇用保険（失業給付）については、当分の間、国庫負担額（1／4）の55%に相当する額を負担。※4　児童・障害福祉のうち、児童入所施設等の措置費の負担割合は、原則として、国1／2、都道府県・指定都市・中核市・児童相談所設置市1／2等となっている。※5　児童手当については、平成28年度当初予算ベースの割合を示したものであり、括弧書きは公務員負担分を除いた割合である。

（単位：百万円）

収入合計	（略）	給付 年金	（略）	給付 計	管理費	（略）	支出 小計	支出 他制度への移転	支出合計	収支差
56,243,520		23,340,893		23,363,962	198,606		23,573,934	22,165,336	45,739,270	10,504,249
1,292,113		1,279,865		1,323,572	45,650		1,373,446	2,323	1,375,768	△83,655
24,541,259		22,322,933		22,326,498	148,101		22,528,343	929,788	23,458,131	1,083,128
333,492		182,910		196,123	6,310		213,385	－	213,385	120,107
3,854,526		1,521,370		1,795,316	10,002		1,807,264	2,075,557	3,882,821	△28,296
166,025		67,053		69,151	1,168		70,321	95,948	166,269	△244
10,905,035		4,444,468		5,334,643	29,403		5,367,743	5,503,199	10,870,943	34,092
2,142,434		36,528		1,980,912	47,040		2,027,951	－	2,027,951	114,483
177,458,235		53,953,925		116,902,662	1,558,871		120,165,164	42,459,821	162,624,986	14,833,250

column

社会保障の制度別財源構成

図表8－2（社会保障財源の全体像）は制度別の財源構成を示す厳密なものではなく、誤解を招くものとなっている。厳密な財源構成は、国立社会保障・人口問題研究所「社会保障費用統計」集計表2（2016年度社会保障給付費収支表）が示すとおり、**図表8－3**となる。

例えば、公的年金を確認してみよう。この図表の一番左の列には「6．厚生年金保険」「9．国民年金」「18．国家公務員共済組合」「20．地方公務員等共済組合」という制度項目はあるが、**図表8－2**（社会保障財源の全体像）の「基礎年金」という制度項目はない。

これは、被保険者が基礎年金に加入して保険料を支払っておらず、基礎年金の給付費は、各年金制度（例：厚生年金や国民年

図表8-3　社会保障の制度別財源構成

	収入								
	拠出		（略）	国庫負担	他の公費負担	資産収入	その他	小計	他制度からの移転
	被保険者	事業主							
社会保険									
（略）									
6.厚生年金保険	14,737,688	14,737,688		9,302,987	－	7,407,589	4,575,361	50,761,314	5,482,205
（略）	63,789	242,300		－	－	934,248	2,394	1,242,731	49,382
9.国民年金	1,506,945	－		2,047,381	－	490,337	952,322	4,996,985	19,544,275
（略）	105,122	－		2,539	－	225,824	8	333,492	－
公務員									
18.国家公務員共済組合	962,705	1,191,555		315,676	－	173,897	53,139	2,696,973	1,157,553
（略）	－	132,689		368	－	31,980	988	166,025	－
20.地方公務員等共済組合	2,643,300	3,169,921		1,036	707,234	802,366	6,037	7,329,895	3,575,140
（略）	19,018	564,405		222,071	1,236,888	472	99,580	2,142,434	－
総　計	36,494,874	32,392,632		33,190,565	14,557,464	10,322,433	7,959,744	134,917,712	42,540,523

（出所） 国立社会保障・人口問題研究所「社会保障費用統計」集計表２（2016年度社会保障給付費収支表）から筆者作成

金）からの拠出金（厳密には「基礎年金拠出金」という）で賄われているためである。例えば、サラリーマンや公務員が加入する厚生年金保険・共済組合では、その被保険者が支払う保険料は、基礎年金部分と報酬比例部分が区分されておらず、不透明なルールにより、基礎年金部分は厚生年金保険料の一部として徴収されている。

各年金制度が拠出する「基礎年金拠出金」は、基礎年金の給付総額を各制度の被保険者数に応じて按分するルールになっており、各年金制度の基礎年金拠出金には５割（１／２）の国庫負担がある（注：２００４年の年金改革前は１／３の国庫負担）。

このため、例えば、**図表８－２**の「厚生年金」「共済年金」の財源構成には国庫負担の記載がないが、厳密な財源構成を示す**図表８－３**の「厚生年金保険」「国家公務員共済組合」の収入では、それぞれ９兆３０２９億円・３１５６億円の国庫負担がしっかり計上されている。

なお、按分ルールの対象となる被保険者数は、国民年金では、その第1号被保険者数から保険料免除者や未納者といった特定対象者を除いたものである。また、厚生年金では、その第2号被保険者数と第3号被保険者数である。専業主婦のサラリーマン世帯（例：夫が第2号被保険者、妻が第3号被保険者）では、妻は保険料を負担しないため、一人当たりの基礎年金拠出金の負担額は、第1号被保険者よりも第2号被保険者の方が重くなるとともに、第3号被保険者の負担分は第2号被保険者の共働き世帯や独身世帯が負担する仕組みになっている。

すなわち、基礎年金は、各制度からの拠出金（基礎年金拠出金）のほか、国庫負担で財源を賄っており、その拠出金の負担ルールは不透明かつ不公平なものとなっている。このような仕組みになっている理由は、歴史的経緯として、厚生年金などの被用者年金が制度的に先行して存在しており、国民皆年金を実現するための1961年の国民年金の制度化に伴い、基礎年金が「バーチャルな仕組み」として既存制度を前提に微修正で導入されたからである。

こうした議論は、国民健康保険や健康保険（協会けんぽ）などでも当てはまる。例えば、現役世代は医療費のうち3割は自己負担（窓口負担）で支払うが、残りの7割は公的医療保険でカバーされる。しかしながら、このカバーされる7割の一部に公費が投入されている。このとき、例えば、年収が200万円の家計でその医療費の一部に公費を投入することは理解できるが、年収が1500万円の家計にも公費を投入する妥当性は理解し難いはずである。年収1500万円の家計でも、例えば医療費の自己負担（窓口負担）が１００万円となると、さすがに高額で家計が厳しくなるが、その場合でも、現行の高額療養費制度や所得税法上の医療費控除によって負担は大幅に軽減できる。

第5章では「高額療養費制度を考慮しても、所得や資産に応じて、負担能力が極めて低い家計については、その自己負担（窓口負担）の引き下げや、税制上の措置等でその負担を軽減する」という政策を提言したが、この議論は、医療サービス提供に対する公平性への配慮とも関係する。

そもそも、自由な市場での財・サービスの資源配分は、「消費者の支払い意思」（willingness to pay）が高い順番に割り当てられるという性質を有する。その際、「消費者の支払い意思」には、その財・サービスに対する消費の緊急度も反映されるが、所得や資産の多寡も大きく関係し、高い価格を支払ってもよいと考える消費者から資源配分がなされることになる。しかしながら、生命や健康に直結する医療サービスの場合、このような割当がなされると、治療で助かるのは富裕層が優先になってしまい、政策的に適切ではない。

このため、公的医療保険制度では、医療費の価格統制を行う診療報酬制度や高額療養費制度などの制度を用意しているものの、それでも実質的な自己負担が所得や資産に比して高額となり、負担が厳しい家計も存在する。このような負担能力が極めて低い家計については、再分配の観点から公費を用いてその負担を軽減する政策が重要となる。

次に「哲学1」・「方策3」の「経済成長以上の社会保障費の伸びは自動調整メカニズムで抑制し、改革議論の脱政治化を図る」という意味である。第5章で説明したように、財務省の「我が国の財政に関する長期推計（改訂版）」（2018年4月6日）によると、医療給付・介護給付費（対GDP）は、2020年度頃に約9％であったものが、2060年度頃には約14％に上昇する。すなわち、40年間で医療・介護はGDP比で約5％ポイント上昇するが、これは名目GDPを550兆円とすると、約28兆円増で、消費税換算で約10％に相当する。

社会保障財源として消費税に期待が集まるが、1989年4月に3％で消費税を導入してから、消費税率の引き上げが実現できたのは1997年4月（3％→5％）、2014年4月（5％→8％）のほか、2019年10月の消費税率の引き上げ（8％→10％）の3回しかない。消費税を導入した1989年から税率を8％に引き上げた2014年までに25年も経過しており、今後、人口減少や低成長が進む中、消費税率をさらに10％も引き上げることが本当にできるだろうか。

消費税以外の財源でも構わないが、一定の財源を確保できない場合は、膨張する社会保障費を抑制する必要がある。しかしながら、痛みを伴う改革について政治は及び腰である。理由は単純で、社会保障費の削減や増税を行うと選挙で不利になるからである。

問題は、社会保障費が経済成長率以上に伸びる部分なので、その部分については脱政治化を図り、一定のルールで自動調整を行うのが望ましい。この事例の一つが、公的年金のマクロ経済スライドであり、公的医療保険のケースでは「医療版マクロ経済スライド」である。第5章で説明したとおり、医療版マクロ経済スライドを導入すれば、後期高齢者医療制度の診療報酬を年間平均で0・125%、下方に調整するだけで、医療財政を安定化できる可能性がある。

なお、公的年金では、第4章で説明したように、マクロ経済スライドが年金の比例部分のみでなく、基礎年金部分にも切り込み、年金を実質的に削減する仕組みとなっているため、貧困高齢者を急増させてしまう問題を抱えている。この問題を解決する一つの方法は、基礎年金部分にはマクロ経済スライドを適用せず、比例部分のみに適用する仕組みに改めることであろう。

確実な給付と負担の公平性を実現する

では、「哲学2」の「ICTなどの最先端テクノロジーも利用し、透明かつ簡素な政府を構築するとともに、プッシュ型の行政（社会保障を含む）を推進する」とはどういう意味か。まず、「透明かつ簡素な政府の構築」の意味であるが、これは「哲学1」・「方策2」とも関係する。

例えば、公的医療保険制度では、制度間の財政力格差に対応する観点から、第5章の**図表5－1**のとおり、財政調整が行われている。また、後期高齢者医療制度では、保険料収入は1割しかなく、同制度への拠出金（後期高齢者支援金）は、組合健保や共済組合などの保険料に「見えない形」で上乗せされている。このような不透明で複雑な仕組みは、医療保険財政の本当の姿を隠し、国民の理解を妨げるものになるため、透明で簡素な仕組みに改めるべきである。

例えば、組合健保や共済組合の加入者が支払う保険料のうち、いくらが自ら加入する組合健保や共済組合に利用され、いくらが制度間の財政調整や後期高齢者支援金に利用されるのか、保険加入者は「知る権利」があるはずである。第5章で説明したように、後期高齢者支援金は、国保と被用者保険の間は「加入者割」、被用者保険の間は「総報酬割」で負担を按分しており、同じ所得水準でも（国保と被用者保険の間では）負担が異なる。不透明で複雑な仕組みとなった要因として、制度の歴史的な変遷の影響もあるが、所管官庁の官僚でさえも「全体像」を本当に理解している者は少なく、ましてや一般国民や改革をリードする立場の政治家にも理解が広がっておらず、それでは社会保障改革が実現できるはずがない。

同様の問題は、公的年金制度でも存在する。厚生年金の加入者が支払う保険料のうち、いくらが基礎年金分の保険料で、いくらが報酬比例分の保険料なのか、保険加入者は「知る権利」があり、国は公開する義務がある。国民年金の保険料は定額である一方、厚生年金は基礎年金分も含めて定率である。基礎年金の保険料負担につき、同じ所得水準であるにもかかわらず、負担が異なるのは「公平な制度」とはいえない。

では、このような問題が発生する理由は何か。一つは、自営業やサラリーマン等の間での所得捕捉率の問題や、社会保障制度と税制との連携が不十分であることであり、もう一つは（「哲学1」・「方策2」とも関係するが）「保険（リスク分散）」の機能と「税（再分配）」機能を切り分けができていないためである。

このうち前者（所得捕捉率の問題や、社会保障制度と税制との連携）については、２０１５年10月から、国民各々にマイナンバー（12桁の個人番号）が通知され、社会保障・納税番号制度である「マイナンバー制度」が２０１６年１月から順次動き出しており、所得の捕捉率も徐々に向上してきている。また、政府は２０２１年３月から原則すべての病院で健康保険証として「個人番号カード」を利用可能とする一方、年金でもその相談・照会を「個人番号カード」で既に対応可能とするなど、医療や年金との情報連携も進み始めている。その上で、２０２１年分の確定申告からマイナンバーカードを使い、医療費控除の手続きが簡単にできるようにする予定である。２０２３年度から介護保険証もマイナンバーカードと一本化する予定だ。引き続き、マイナンバー制度で所得捕捉率の向上を図りながら、社会保障制度と税制の情報連携を進めていけば、前者の問題は解決できよう。

では、その場合、能力負担に応じて負担が公平な制度とするためには何が必要なのか。それが後者（「保険（リスク分散）」の機能と「税（再分配）」機能を切り分け）である。

この点で参考となるのが、オランダの医療保険制度である。同制度は「管理競争」という仕組みで運営されている。管理競争とは、その言葉のとおり、政府によって管理された競争であって自由競争を指すものではない。それは、医療保険の原則である公平性（各個人の社会保障サービスへのアクセス保証）を確保しつつ、各保険者やそのサービス供給主体への財政的規律づけを通して制度全体の効率的運用を目指すものである。

我が国の公的医療保険制度においては、政府は制度設計・監督のほかプレイヤーも兼ね、診療報酬は政府が決定しているが、管理競争では、各保険者が自ら医療費をコントロールできるよう、これら報酬体系の決定権限を各保険者に分権化する。そして、政府は、「スポンサー」として、被保険者（各個人）の利益を代弁、健全な市場機能をサポートする役割に特化する。具体的には、各保険者が提供する最低限の保険サービスの設定、各保険サービスの情報提供、再分配機能をもつ社会保険料の設定・徴収、リスク選択を回避するためのリスク構造調整プレミアム（後述）の設定・配分や、市場機能や各保険サービスの監視・評価を担う。他方、保険者間のリスク調整を行う観点から、各個人が支払う保険料の一部は、一旦、スポンサーである政府（医療保険基金）に集約化する。

管理競争という枠組みで重要なポイントの一つは、政府の役割の再考とプレイヤーである保険者機能の強化である。そして、もう一つの重要なポイントは、加入先の選択自由化と透明な形でのリスク調整である。リスク調整のために保険料の一部を政府は徴収するが、そのとき、リスク分散機能と再分配機能を明確に分離するために保険料を「社会保険料」と「一括保険料」の2つに分離したことである（**図表8－4**）。

このうち、社会保険料（図表の①）は、リスク調整の財源確保のために政府に支払う保険料（所得に応じて変動）であり、税制と同時に再分配機能を担う。一方で、一括保険料（図表の②）

図表8-4　医療保険における「管理競争」のイメージ

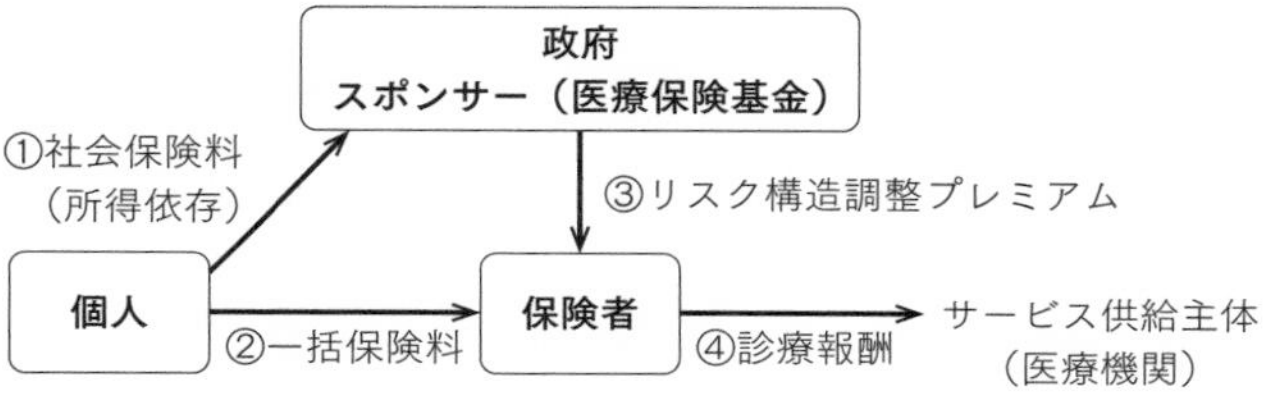

（出所） 筆者作成

は、加入者が各保険者に支払う「定額」の保険料で、リスク分散機能を担う。すなわち、各個人は、各保険者が提供する保険サービスの中から最適な保険を自由に選択し、加入する保険者に「一括保険料」を支払うが、この一括保険料は「定額」で「リスク分散機能」に特化する。また、市場の失敗である逆選択などを防止するため、原則として、各個人には必ず1つの保険者の選択を義務づける。すなわち、皆保険は維持する。なお一括保険料は、同タイプの保険契約であれば均一である必要があるが、それ以外は異なっても構わず、各保険者の経営努力を促す指標となる。その上で、政府（医療保険基金）は、各保険者にその加入者リスクを調整する「リスク構造調整プレミアム」（図表の③）を配分する。具体的には、健康リスクが小さい加入者（例：若者）が多く医療費があまりかからない保険者には少なく、健康リスクが高い加入者（例：高齢者や有病者）が多く医療費がたくさんかかる保険者には多くの「リスク構造調整プレミアム」を配分する。

　以上のとおり、医療保険基金はリスク構造調整と再分配機能を担うために存在しており、それは「社会保険料」が担う一方、各保険者に支払う一括保険料は定額で「リスク分散機能」に特化している。我が国でも、似た仕組みを導入すれば、制度間の財政調整や後期高齢者支援金という不透明で複雑な仕組みでなく、透明で簡素な仕組みに改めることができるはずである。

ところで、「哲学2」の後半にある「時間や場所を問わず、個々のニーズに応じた最適な形でのプッシュ型・行政（社会保障を含む）を推進する」の意味は何か。2016年1月から「マイナンバー制度」が動き始めているが、それと同時に「マイナポータル」というシステムも2017年11月から試行的運用を開始している。

時々誤解があるが、マイナンバー制度において、「マイナンバー（個人番号）」と「マイナンバーカード（個人番号カード）」は異なる仕組みである。マイナンバーは、日本国内の全住民に付番される12桁の個人番号をいい、本人確認は「番号確認＋身元確認」で行われる仕組みになっている。また、法人にも13桁の法人番号が付与され、法人番号は誰でも自由に利用できるが、マイナンバー（個人番号）は、マイナンバー法に定める以外の個人番号の収集・保管が禁止されている。

これに対し、マイナンバーカードは、個人の申請により交付される顔写真付きカードをいい、マイナンバーの本人確認（番号確認＋身元確認）を1枚で行うことができる仕組みである。カードには、マイナンバー（個人番号）を使わずに電子的に個人を認証する機能等（ICチップ）を搭載している。カードを利用せず、「指紋認証」などの最新テクノロジーで本人確認を行う方法についての議論もあるが、そのエラー率が1％の場合、1億人の人口では100万人もエラーが発生する可能性があり、慎重な検討が必要となる。

また、マイナポータルとは、「政府が運営するインターネット上のサービスで、自宅のパソコンやスマホ等から、行政機関が保有する自分のマイナンバー関連情報や情報連携により行政機関間でやり取りされた記録の確認のほか、地方公共団体の行政サービスの検索やオンライン申請などが行えるサイト」をいい、別名「情報提供等記録開示システム」という。

現在のところ、巨額の開発予算を投じているマイナポータルの利用は低調であり、2019年4月時点でマイナンバーカードの交付実績も日本の全人口の約13％しかない。その理由は、マイナポータルでは、①行政機関によるマイナンバー利用履歴を確認可能、②行政機関からのお知らせや参考情報をパソコンなどから受け取れる、③国民年金や国民健康保険料などの納付状況を確認可能、③地方公共団体の子育てサービスの検索やオンライン申請が可能、④ネットバンキングやカード決済で税金や社会保険料の払い込みが可能などのメリットしかないためである。

もっとも、政府は2018年1月の「eガバメント閣僚会議」において、5カ年の「デジタル・ガバメント実行計画」を決定しており、この関係で、2019年5月下旬、行政手続きを原則的に電子申請に統一する「デジタル手続法案」（正式名称は「情報通信技術の活用による行政手続等に係る関係者の利便性の向上並びに行政運営の簡素化及び効率化を図るための行政手続等における情報通信の技術の利用に関する法律等の一部を改正する法律案」）を国会で可決・成立させた。この法案は、「デジタルファースト（個々の手続・サービスが一貫してデジタルで完結する）」「ワンスオンリー（一度提出した情報は2度提出することを不要とする）」「コネクテッド・ワンストップ（民間サービスを含め、複数の手続・サービスをワンストップで実現する）」を3原則としており、まずは転居に伴う電気やガス・水道の契約変更の一元化を2019年度から順次進めている。

最近では、政府は2019年12月中旬、新たな「デジタル・ガバメント実行計画」を閣議決定し、国の行政手続きの9割を2024年度までに電子化する方針を定めており、パスポート申請など約500の手続きを順次電子化する予定である。この結果、例えば2020年度には法人設立の負担軽減のため、登記事項証明書の添付を省略し、ネット申請可能になる。また、戸籍法の一部改正により、マイナンバーを提示すれば、戸籍証明書の添付を省略し、婚姻届の提出、パスポートの発給申請、児童扶養手当の請求手続きなどが可能になるとともに、2021年中にもマイナンバーカードと処方箋の履歴を記録する「お薬手帳」を統合する予定である。なお、同実行計画では、資本金1億円以上の大企業などに対してだけの措置だが、2020年4月以降、法人税や消費税の申告のほか、社会保険（例：健康保険、雇用保険、厚生年金）の手続きの電子化も義務付けている。

では、デジタル政府の先進国はどうか。例えば、「世界で最も簡素で効率的な行政」の実現を目標に、スウェーデンでは2008年に政府が「The new Swedish action plan for a modern eGovernment」という行動計画を発表し、様々な試みを展開している。このうち、スウェーデン政府が最も力を入れてきたのが、「ｅＩＤ」を基盤とする「デジタル政府サービス」である。「ｅＩＤ」は我が国のマイナンバー制度、「デジタル政府サービス」はマイナポータルに類似するがその中身や質は全く異なり、スウェーデンでは、オンライン上で認証・署名がｅＩＤで簡単にでき、時間や場所を問わず、「確定申告」「運転免許証の申請・更新」「児童手当」など９割以上のサービスがネット上で対応可能になっている。

このため、ＯＥＣＤ（２０１７）の調査によると、スウェーデンの２０１６年における国の行政手続きのオンライン利用率は48％となっている。また、デンマークの国の行政手続きのオンライン利用率は71％、フィンランドは60％であるが、日本は５％しかない（図表８－５）。

また、内閣官房情報通信技術（ＩＴ）総合戦略室（２０１８）の資料（図表８－６）によると、２０１５年度における国に対する申請・届出などの手続き約５・５億件のうち約４割を占める登記関係のオンライン利用率は66％、約３割を占める社会保険・労働保険のオンライン利用率は９％しかない。

デジタル政府の本当のコアは「プッシュ型・行政サービス」であり、社会保障の分野などと最も関係が深い。マイナポータルを利用すれば、行政がその利用者にとって最も適切なタイミングに必要な行政サービスを個別に通知することができるが、プッシュ型・行政サービスとは、このような方法で行政側から能動的に提供するサービスをいう。もっとも、それを可能にするために

図表8-5　国の行政手続きのオンライン利用率の国際比較（2016年）

	Using (visiting or interacting)	Using (visiting or interacting), 2010	Sending filled forms
デンマーク	88.3	78.3	70.9
アイスランド	85.0	82.3	67.0
ノルウェー	84.7	76.5	61.7
フィンランド	81.6	67.5	60.3
スウェーデン	77.9	68.3	47.7
エストニア	76.9	50.0	68.3
オランダ	76.1	63.6	54.7
スイス	71.1	62.9	43.5
フランス	65.9	57.3	49.1
オーストリア	60.0	51.0	32.6
カナダ	55.4	55.3	17.6
ベルギー	54.9	45.3	34.9
ドイツ	54.6	49.9	17.0
イギリス	52.6	48.1	34.4
イタリア	24.1	22.7	11.7
日本	#N/A	#N/A	5.4

（出所） OECD (2017) "Digital Economy Outlook 2017"

は、利用者である国民に対し、マイナポータルに必要な情報を事前に登録してもらう必要がある。例えば、銀行口座とマイナンバーを紐付けする必要がある。

現状では、制度改正したために受けられる給付や減税を気づかずにいるケースも多いが、利用者の年収や年齢、家族構成や配偶者の年収、振込み先の銀行口座などを事前に登録しておけば、年収や年齢を条件とする手当が制度改正で新設された場合、給付額の通知や銀行口座への振込みなどをスムーズに行うことができ、社会保障関係の給付や税制上の還付を含め、申請漏れで本来は受給可能な手当を受給し損ねる事態も回

図表8-6　国の行政手続きのオンライン利用状況

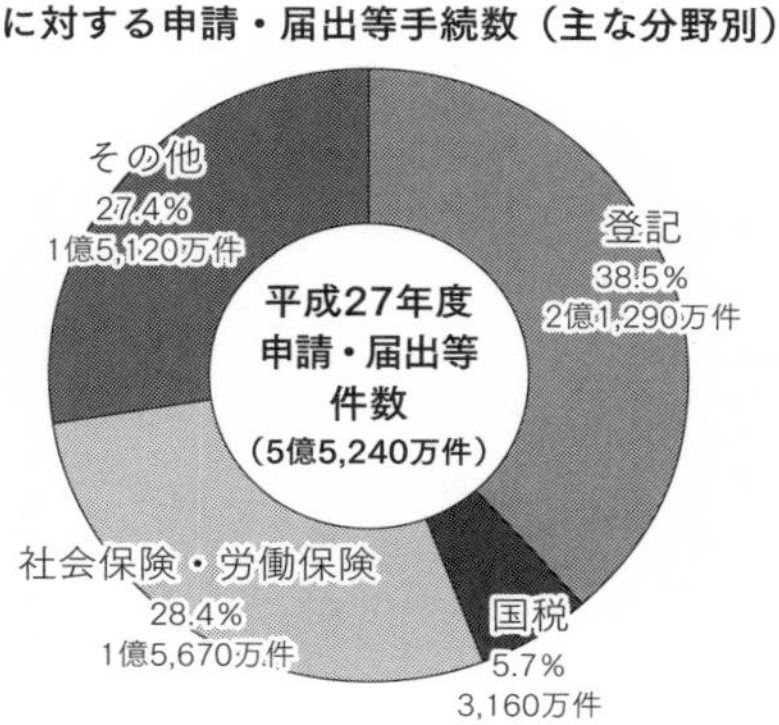

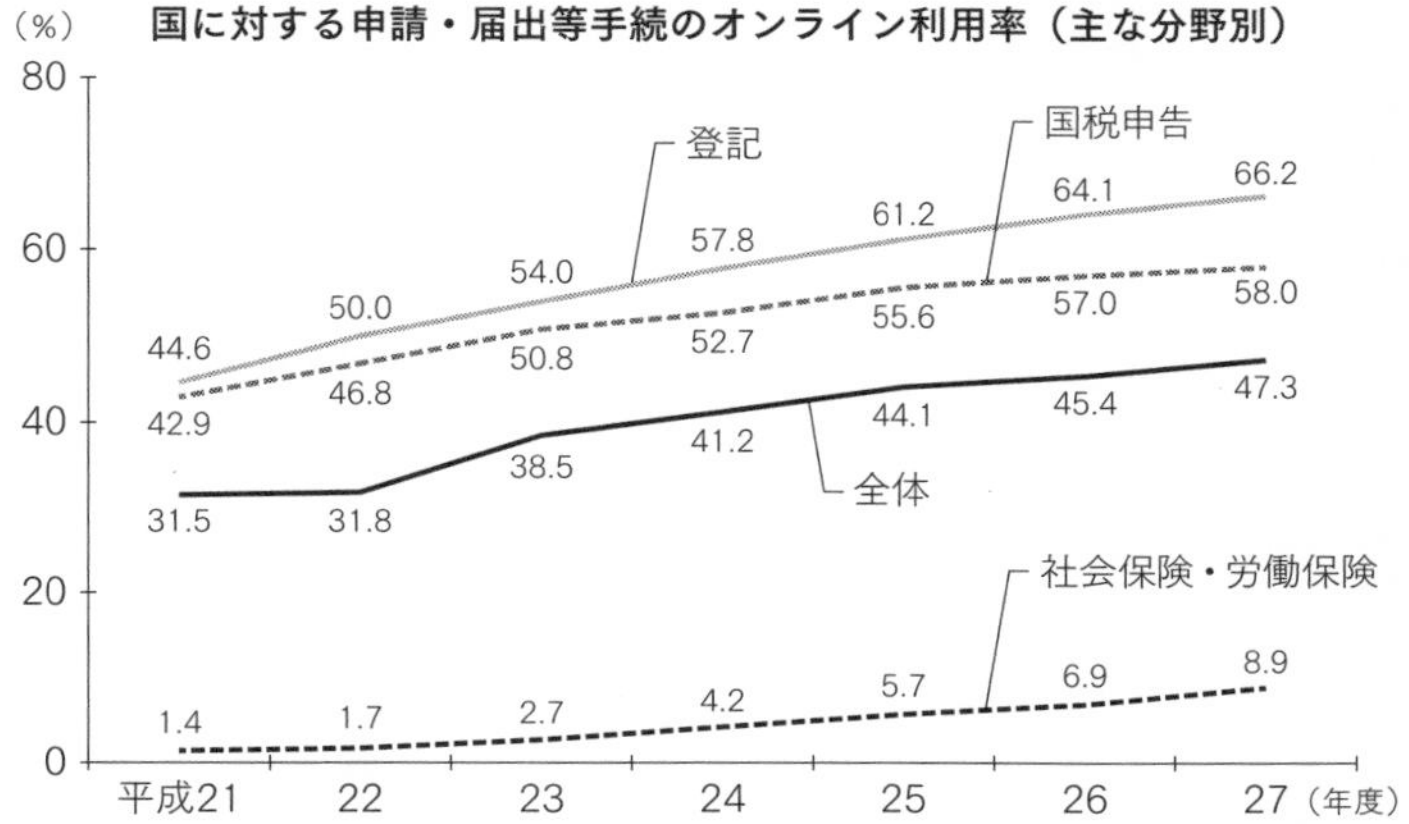

（出所） 内閣官房情報通信技術（IT）総合戦略室（2018）「IT新戦略の策定に向けた基本データ集〈デジタル化の現状と課題〉」（2018年4月27日）から抜粋

避できる。これは、セーフティネットとしてもデジタル政府が機能することを意味する。

なお、プッシュ型・行政サービスが発展していけば、再分配前後の所得分布などが把握でき、各々の給付や還付が及ぼす影響をビッグデータとして分析できるので、本当の意味での効率的かつ効果的な社会保障・税制が構築できる可能性が高まる。

現在の母子家庭は約5割が貧困家庭である一方、同じ年収でも手取りが異なるケースも多く、例えば、(匿名加工した上で)政府が再分配前後の所得分布のグラフをマイナポータルで毎年公開すれば、「哲学1」・「方策2」の「公費は本当に困っている人々に集中的に配分する」という視点を含め、再分配のあり方に関する国民的な理解も深まるはずである。

民と官が互いに「公共」を創る

最後に、「哲学3」の「複合的かつ複雑なリスクに対応するため、これまでの官と民の固定的な役割分担を超え、民間主導でも多様かつ柔軟な公共の担い手などを創出可能とする枠組みを構築する」という考えはどうであろうか。

人口減少や低成長で社会保障の財源が十分に確保できない一方、個人が直面するリスクがますます複合化かつ複雑化する中で、多様なニーズに基づき柔軟に対応可能な仕組みが必要になっている。このような状況で重要なのは、「公共財の自発的供給」を促進する環境整備を図る視点である。困っている人々を支援するために、民間で様々な非営利活動を行う組織や個人が現れているが、それらに共通する課題は財源や人材の確保である。
この関係では、クラウド・ファンディングや休眠預金などの活用といった議論もあるが、筆者が以前から提言しているのが「公設寄付市場」の創設である。公設寄付市場は、ふるさと納税制度を改め、その財源を利用する仕組みである。

制度上、「ふるさと納税制度」（根拠法は地方税法第37条の2）は寄付税制の一種に位置付けられているが、地域の特産品を返礼品として受け取ることを目的に、この制度を利用して寄付する個人が急増する一方、その個人が居住する地元自治体や国の税収が減収する問題が顕在化してきており、最近は批判も多い。また、社会保障費の急増や財政赤字の恒常化で、国の財政も厳しいため、国や地方が担う公共サービスに様々な「綻び」も目立ち始めている。公共を担うのは国や自治体のみでなく、非営利活動を行う団体や社会起業家等も存在し、多様な担い手の育成が必要である。

そのような状況の下で重要な視点は、ふるさと納税制度という枠を取り払い、民間活力も利用した形で公共サービスに近いものを各地域で供給可能とする寄付市場の拡充ではないか。そこで、筆者が提言しているのは、ふるさと納税制度をベースとして、「非営利ファンド」（仮称）や寄付税額控除とセットの「公設寄付市場」（仮称）を創設する新たな構想である。具体的には、株式市場の仕組みを参考にして、次のような政策を推進してはどうか（図表8－7を参照）。

まず、寄付者と、寄付を募る団体との情報の非対称性を埋めるため、ふるさと納税がネットで

図表8-7　非営利ファンド・公設寄付市場の仕組み

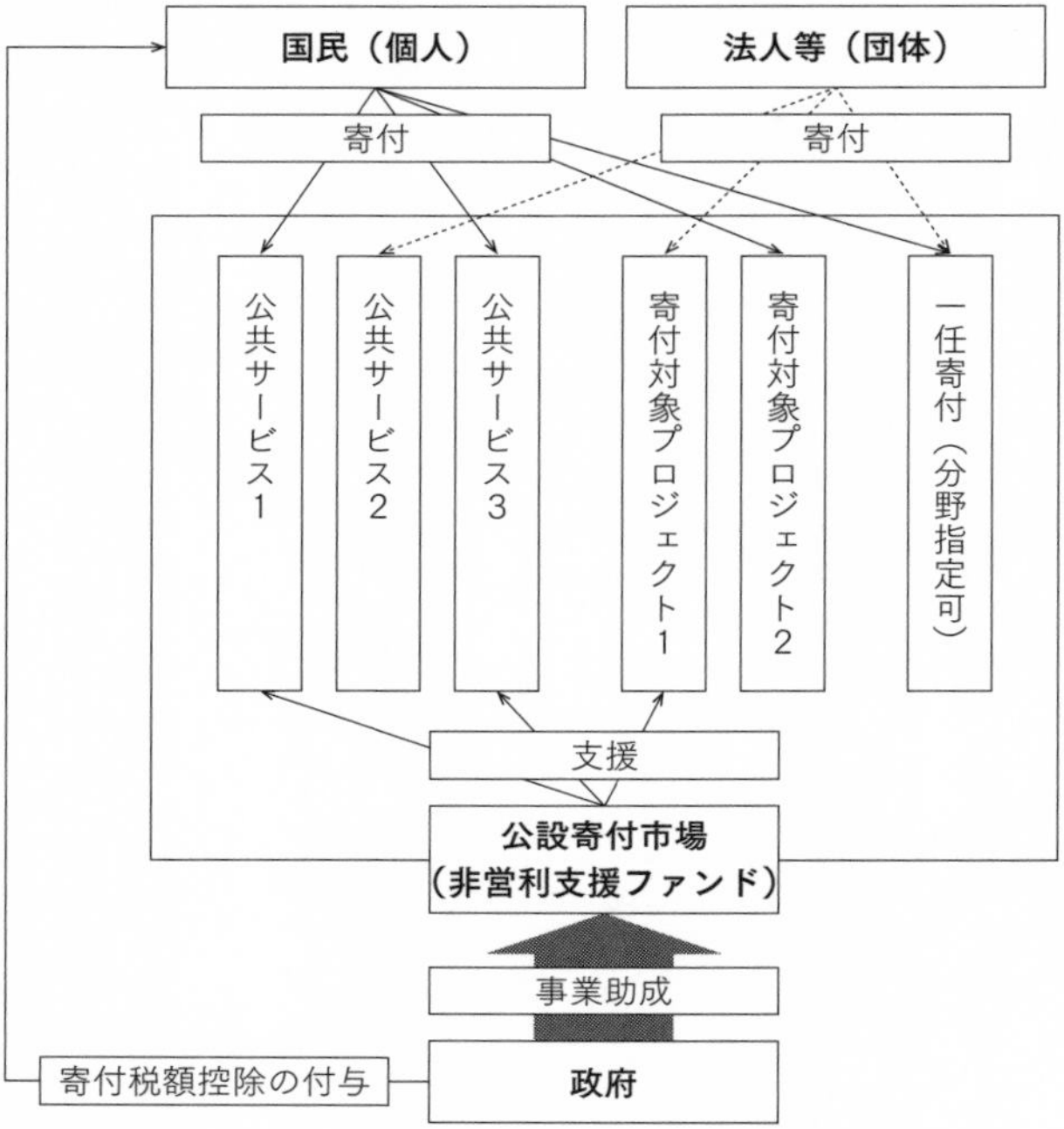

（出所）筆者作成

のマッチングをフル活用しているように、この新たな構想でもネットを活用する。すなわち、寄付を募る団体（自治体を含む）やプロジェクトのうち「優良適格要件」[1]を満たすものと、寄付者をマッチングし、インターネット上で簡単に寄付可能な「公設寄付市場」を創設する。

　具体的には、情報の透明性を図る観点から、公設寄付市場は、寄付を募る団体等の財務・運営体制や目的・内容・実績を審査・公表するとともに、その格付を行い、寄付者・団体の発掘に努力する。他方、寄付者は、この情報をベースに、団体、プロジェクトや一任寄付に寄付する。なお、ミクロ的効率性を高める観点から、公設寄付市場は、東証の収益方式を参考に、一定の優遇措置や収益源を確保させつつ、免許制の民間組織として、いくつか設立し、競争させる。[2]

また、上記の寄付市場活性化の起爆剤として、「寄付税額控除」や「非営利支援ファンド」を創設する。この非営利支援ファンドは、公設寄付市場が運営し、一定要件を満たす団体・プロジェクトを審査して無償資金として支援する。

なお、上記で起爆剤が不足するときは、相続税の一部を活用する戦略も考えられる。野村資本市場研究所の試算では、現在の相続額は年間50兆円程度もあり、これに1％追加課税すると、約0・5兆円の財源が捻出できる。2％ならば約1兆円も捻出できる。この財源をベースに、公設寄付市場などの規模を拡充するのである。また、支援対象は、寄付を募る自治体や公共サービスのみでなく、非営利活動を行う通常の団体やプロジェクトにも適用することが望ましい。子育て支援や介護などの分野は、既存の制度を補完する受け皿として、自治体以外にも、もっと多様なサービスを供給する団体が存在してもよい。

例えば、子育て支援サービスでは、0－2歳児を対象とした定員19人以下の保育園「おうち保育園」などを展開する認定ＮＰＯ法人フローレンス（「日経ソーシャルビジネスイニシアチブ大賞２０１３」受賞）が有名であるが、それ以外にも、顔見知り同士が子どもの送迎・託児を1時間500円で助け合う「子育てシェア」を運営する株式会社AsMama（「ICT地域活性化大賞2017」受賞）等も登場しつつある。このような新しい非営利活動を行う団体も、国民のニーズに応じて、自然に設立され、成長していく機会も提供できよう。

いずれにせよ、以上の枠組みは、ふるさと納税の枠組みをバージョンアップし、個人や法人が支援先である団体（自治体を含む）や公共サービス等を直接選択する機会を提供すると同時に、公設寄付市場の審査・公表を通じて、寄付を募る側の意識改革も進め、より質の高い寄付市場の育成を図ることも期待できるはずである。

column

公共財の自発的供給と暗号通貨

近年の技術革新で急速に普及が進む「暗号通貨」（例：Bitcoin）のブロックチェーン技術といった新たなテクノロジーを活用し、必要な公共財や公共サービス等を市場メカニズム等で供給する政策的手段を拡充できないかという試みも現れ始めている。

例えば、公共財の自発的供給と暗号通貨のマイニング報酬といった報酬体系（「プルーフ・オブ・ワーク」〈Proof of Work〉＝Pow）を関連付けるメカニズムの構築である。また、Uber や Airbnb 等のプラットフォーム型事業の枠組みで、子育てや介護などの支援サービスを受けたい者と当該サービスを提供したい者を効率的にマッチングさせる仕組みにも活用できる可能性もある。

この背景には、暗号通貨の世界的な市場規模の拡大がある。そのうち最も有名なビットコインは、二重払い防止などのセキュリティ機能確保のため、直近の取引データをブロックチェーンと呼ばれる「分散型台帳技術」で書き込む。書き込む者はコンピューターの計算能力を提供する必要があるが、一定のルールに基づき、取引データを記録する報酬として一定量の仮想通貨が獲得できる仕組みとなっている。この報酬を目的にブロックチェーンに正しい取引内容を書き込む行為を「マイニング」(mining)といい、一般的にこのような仕組みを「プルーフ・オブ・ワーク」ともいう。

ビットコインはＰｏＷにより報酬が獲得できるが、イーサリアム(Ethereum)やリップル(Ripple)のように報酬獲得の仕組みが異なる暗号通貨も存在する。例えば、暗号通貨のリップルでは、「World Community Grid」というチームに参加し、ガン研究や新たな病気の発見等に貢献することで報酬が獲得可能なメカニズムを提供している。現在のところ、暗号通貨のうち一般的な取引で利用されているものは数種類に過ぎないが、ブロックチェーン技術を活用し、動画や音楽などのコンテンツを投稿すると、一定のルールに基づき、そのプラットフォームが発行する暗号通貨が報酬として獲得できる試みも登場し始めている。

すなわち、暗号通貨に関連する技術は公共財の自発的供給を行ったときの報酬としても利用できる可能性を秘めており、ブロックチェーン技術を利用した地域版の暗号通貨は我が国でも徐々に実証実験が始まっている。例えば、地方創生プラットフォーム構想の一部として、ＮＴＴデータと連携し、福岡県嘉麻市の株式会社かまは、２０１８年４月１日にブロックチェーン型の地域通貨の実証実験を実施している。また、アプリ開発のアイリッジとの共同開発プロジェクトとして、岐阜県の飛騨信用組合が「さるぼぼコイン」という一定エリア限定のデジタル地域通貨に関する実証実験を2017年12月に開始している。ハワイでも地域活性化のためにAloha Coinを発行し始めている。他方、海外ではブロックチェーン技術を活用し、一定のルールに基づき、プラットフォームが一定行為の報酬として暗号通貨を発行する枠組みも登場し始めている。

この関係で、Ishida, Oguro and Yasuoka（2018）[3]では、公共財の自発的供給と暗号通貨のマイニング報酬といった報酬体系（「プルーフ・オブ・ワーク」）を関連付けるメカニズムが、公共財に関する「ただ乗りの問題」の解決に役立つ可能性を理論的に分析しており、その結果、次のことを明らかにしている。

各個人が自己の選好を正直に申告する場合、公共財の自発的供給によっても、マイニング報酬を適切に設定することで、サミュエルソン条件を満たすことが理論的に可能であること。

我々が提案する枠組み（メカニズム）を導入すると、一定の条件の下では、合理的な各個人は真の選好を政府に報告する誘因をもつため、パレート最適な水準で公共財を供給することが理論的に可能であるということ。

なお、Morgan（2000）[4]の研究では、公共財の自発的供給で「宝くじ」（lottery）を利用した斬新なメカニズムを提案している。宝くじの売上額の一部を宝くじの賞金に充当し、残りの売上で公共財の供給を行う方式である。宝くじの賞金は、公共財を自発的に供給した場合に一定の確率で受け取ることができる報酬であり、賞金額が巨額にならない限り、公共財の供給量がパレート最適な水準にならないという本質的な問題を抱えているが、宝くじの賞金が公共財の自発的な供給を行う誘因を高めるメカニズムは、暗号通貨との比較でも興味深い発想である。

column

現代版「ゲゼル貨幣」の応用

経済学者のシルビオ・ゲゼル（1862〜1930）は、その著書『自然的経済秩序』（1916年刊行）において、「減価する貨幣」という画期的な概念を打ち出した。一般的に貨幣には、「交換手段」「計算の単位」「価値保蔵（資産としての役割）」という3つの役割がある。「交換手段」としての貨幣の発明により、財・サービスの取引で非効率な物々交換をしなくても済むが、貨幣は価値保蔵としての「貯蓄手段」としても機能する。通常の商品は時間の経過とともに陳腐化しその価値が減価するが、物価が安定的である限り、貨幣は減価しないため、貯蓄手段としての貨幣の役割が特権的な性質をもつ。この特権的な性質を廃止し、交換手段と貯蓄手段としての役割を分離するため、ゲゼルは時間の経過とともに価値が減価する「自由貨幣」あるいは「減価する貨幣」という構想を提唱した。

ゲゼルの構想では、紙幣の裏面に決められた枠があり、一定期間内にスタンプを貼っていかないと使用できない仕組みであった。例えば、1万円札の場合では、毎週決められた曜日に一定額のスタンプを貼る必要があり、スタンプを貼る枠がなくなる1年後にその紙幣は失効するという仕組みで、スタンプの収入は国庫に納められる。ゲゼルが生きた当時のテクノロジーでは、デジタル通貨や電子マネーの発行は技術的に不可能であったが、現代ではデジタル通貨の発行は容易であり、一定期間内に減価する仕組みを内在させることは可能である。

これは現代版「ゲゼル貨幣」に相当するが、様々な応用が期待できる。例えば一つは、公共財の自発的供給（まちづくり・エリアマネージメントや地域活性化を含む）などの財源である。暗号通貨のコラムでも説明したが、地産地消や地域活性化のため、岐阜県の飛騨信用組合が「さるぼぼコイン」という一定エリア限定のデジタル地域通貨を発行している。この地域通貨ではブロックチェーン技術は利用していないものの、「1円＝1コイン」で市税等の支払も可能で、コインの付与日から1年間という有効期限がある。有効期限を過ぎると利用できず、この仕組みはゲゼル貨幣の一種に相当する。現代のテクノロジーでは、さるぼぼコインのように有効期限になった瞬間に100％減価する通貨に限らず、毎日数パーセントずつ価値が減価する通貨も発行できる。また、最初は価値が徐々に増価し、その後に価値が徐々に減価する通貨など、それらを公共財の自発的供給などの報酬として、各プロジェクトの目的に応じて様々な形式の通貨が発行できる。そして、ゲゼル貨幣の最も大きなメリットは、発行済みの通貨量が減価するため、インフレ圧力を醸成せずに、その分だけ追加発行が可能になることである。このため、域内でそれなりのボリュームの通貨量が流通する仕組みが構築できれば、一定間隔ごとに様々なプロジェクトの財源として追加発行ができる。

もう一つは、日銀の処理や財政再建への応用である。第3章でも説明したとおり、日銀はそのバランスシートの負債側に巨額の準備を抱えている。これは資産側に保有する巨額の国債の対になるもので、最終的にこの準備をどう処理するかが大きな問題になる。第7章で説明したとおり、日銀が法定のデジタル通貨を発行すれば、民間銀行などの金融機関が準備（日銀当座預金）から日銀券を引き出しても、デジタル通貨に置き換わるだけである。そのとき、デジタル通貨を例えば毎年5％で減価させると、20年で準備の一部を償却でき、その対で保有する国債も償却できる可能性がある。これは非常時の劇薬だが、技術的には現代のテクノロジーで可能になりつつある。また、紙幣や硬貨を可能な限り廃止し、法定のデジタル通貨を発行した上で、徐々に減価する仕組みを内在させることができれば、その減価分の収入を政府は税収として獲得でき、財政再建にも一定の貢献が見込まれる。

以上の哲学1から哲学3に基づき、社会保障を再構築すると、どうなるだろうか。筆者は、ゼロ・ベース設計の視点に立ち、次のような制度に改めることを提案したい。

まず、リスク分散機能と再分配機能を切り分けるため、公的年金保険・公的医療保険・公的介護保険に投入している公費は一旦廃止し、リスク分散機能を担う保険財政は基本的に保険料で賄うことにする。その際、国保や組合健保などの間での負担の公平性を確保するため、マイナンバー制度での所得捕捉率を高めるとともに、労使折半の社会保険料負担のうち事業主負担分は従業員の賃金とみなしてそのすべてを従業員に還元し、各々の従業員がすべての保険料を負担するルールに改める。従業員の賃金も、社会保険料のうちの事業主負担分も、法人税法上は損金算入となるので、企業の負担が増すことはない。また、従業員が支払う社会保険料も、所得税法上は損金算入となるので、個人の負担が基本的に増すことはない。

その上で、いまの国民年金や国民健康保険などは定額の保険料や均等割が存在するが、自営業者の所得は「事業収入－経費」とし、マイナンバー制度の徹底活用を前提に、同じ所得であればサラリーマンも自営業者も同一の保険料率を適用する。

国の一般会計予算において、2019年度における社会保障関係費は約34兆円（図表8－8）

図表8-8　2019年度の社会保障関係費

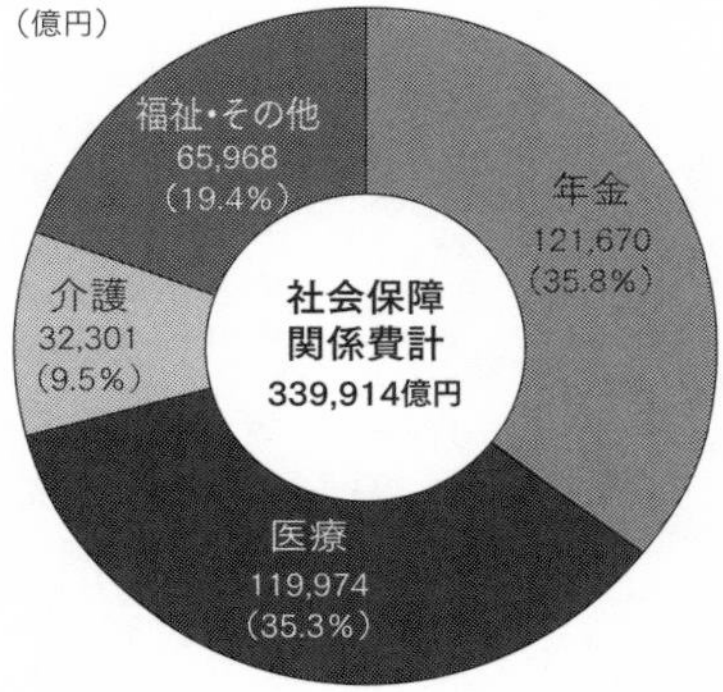

（注） 計数については、それぞれ四捨五入によっているので、端数において合計とは合致しないものがある。

で、そのうち年金・医療・介護の合計で約27兆円の公費が投入されているため、この約27兆円が他に利用できることになる。

この財源を用いて、公的年金制度のうち基礎年金部分は完全に公費で賄い、75歳からの支給とする。一人当たりの生活保護費が年間１００万円程度のため、基礎年金部分の年間の給付額は一人当たり１００万円程度とし、後期高齢者（75歳以上）に特化した「ベーシック・インカム」（Basic Income、以下「ＢＩ」と表記）とする。ＢＩの給付水準は一人当たりの生活保護費の増減に連動する形で自動的に改定するルールを導入する。[5] その際、給付水準１００万円は維持するが、現金給付は50万円のみ、残りの50万円は現物給付とし、食費分はフードスタンプの配布等で対応する方式の検討も望まれる。この関係では、コラム（「住まい」を社会保障の柱に）で説明するように、人口減少で「空き家」が急増す

図表8-9　年金改革（案）のイメージ

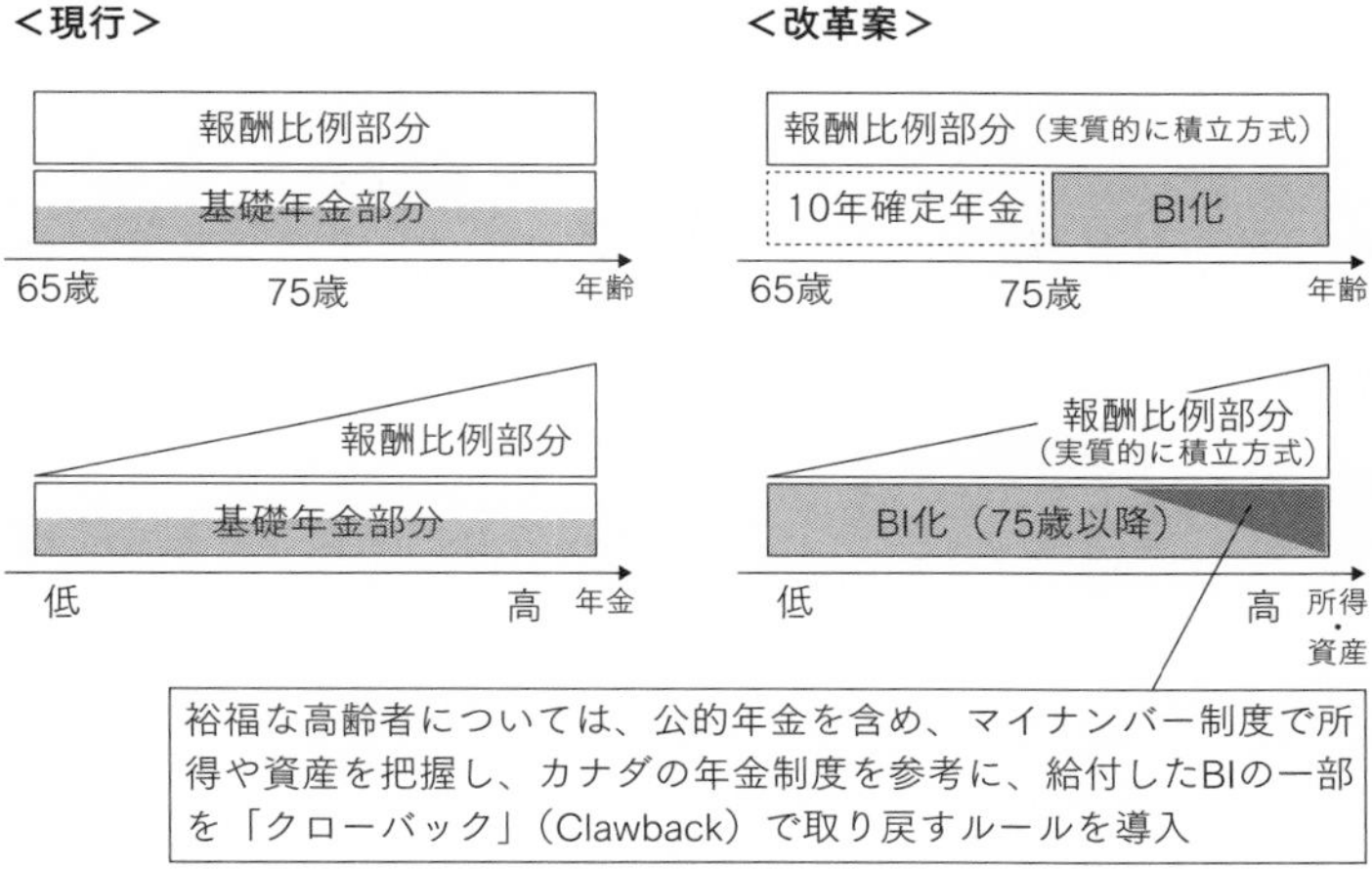

（出所） 筆者作成（網掛け部分は国庫負担を表す）

る中、その有効活用を含め、一定の条件を満たす75歳以上の高齢者に対して住居を無料で現物給付するなどの政策の推進も考えられる。その場合、ナショナルミニマムの観点から、基礎年金として月額8万程度の給付があれば十分な生活が営めるのではないか[6]。

国立社会保障・人口問題研究所の将来推計人口（出生中位・死亡中位）によると、75歳以上の人口は2050年頃に約2500万人となることが予想されており、その頃には25兆円（2500万人×年間100万円のBI）の財源が必要になるが、年金・医療・介護に投入される約27兆円の公費で十分に賄うことが可能である。また、公的年金制度のうち報酬比例部分はその財源を完全に保険料で賄うとともに、支給開始年齢は原則65歳を維持し、第4章の後半で説明した方法（例：

事前積立方式）で実質的に積立方式に移行する。[7]
　なお、この移行措置としては次の方式が考えられる。まず、厚生年金は基礎年金部分と報酬比例部分は完全に分離するので、厚生年金の保険料についても、「基礎保険料」（基礎年金部分に相当する保険料）と「報酬比例保険料」（報酬比例部分に相当する保険料）に切り分ける。改革案では基礎年金部分は75歳以上に特化したＢＩとしその財源は完全に公費で賄うため、厚生年金の基礎保険料は段階的にゼロとし、国民年金の保険料も段階的に廃止する。この保険料の引き下げ分については、後述するように、国民年金基金や個人型確定拠出年金（ｉＤｅＣｏ）への拠出による自助努力を推奨する。なお、公的年金制度のうち報酬比例保険料の収入は、実質的な積立方式への移行の財源に利用する。[8] 報酬比例部分の給付と負担の財政収支が一致しない場合は、保険料の引き上げか、マクロ経済スライドで給付を削減する（注：基礎年金部分のマクロ経済スライドは廃止するが、報酬比例部分の給付水準に見合う保険料の引き上げができない場合、報酬比例部分のマクロ経済スライドは残す）。
　次に支給開始年齢であるが、「リスク分散機能と再分配機能を切り分けるため、公的年金保険・公的医療保険・公的介護保険に投入している公費は一旦廃止」し、75歳以上の基礎年金はＢＩとして給付するため、基礎年金部分の支給開始年齢は75歳とする必要がある（注：報酬比例部分の支給開始年齢は原則65歳を維持する）。
　すなわち、支給開始年齢を75歳に引き上げるという「厳しい措置」との引き換えに、75歳以上にＢＩ（例：一人当たり年間１００万円）を導入するわけだが、その場合、現在75歳未満の年金受給者や50代で原則65歳からの年金支給を前提に生涯の資金計画を組んでいる者などが困ってしまう。

この移行措置として、75歳までの基礎年金部分については、当分の間、これまで納付した国民年金保険料の合計額から支給済みの基礎年金給付額を控除した額をベースとして一定額の年金（国民年金基金のⅡ型に相当するもの。65歳支給開始10年確定年金）を支給する。あるいは当該相当額をｉＤｅＣｏに移管することも考えられる。なお、65歳支給開始10年確定年金については、ｉＤｅＣｏ等の私的年金の活用を税制優遇で促進しながら、20年－30年をかけて段階的にその給付水準を引き下げていき最終的にゼロとする（注：現行の「繰り上げ」「繰り下げ」の仕組みは残し、繰り下げは75歳未満まで可能とする）。

この経過措置には（10年確定年金の）財源が必要になるが、その財源は、国民年金と厚生年金の積立金のうち基礎年金給付に相当する部分を充てる。また、厚生年金の基礎保険料は段階的にゼロとし、国民年金の保険料も段階的に廃止するが、積立金（基礎年金相当分）のみでは財源が不足するのは明らかなため、当該保険料の一部も充てる。[9]

75歳前の基礎年金は段階的に廃止されるが、その代わりに国民年金基金やｉＤｅＣｏを活用する。なお、裕福な高齢者については、公的年金を含め、マイナンバー制度で所得や資産を把握し、カナダの年金制度を参考に、給付したＢＩの一部を「クローバック」（Clawback）で取り戻するルールも導入する。第3号被保険者制度は自動的に廃止されるので、この問題をめぐる不公平も解消される。[10]

では、医療や介護はどうするか。0歳－75歳未満の公的医療保険制度は、オランダの医療保険制度に倣って管理競争で運営する。すなわち、リスク分散機能と再分配機能を切り分け、保険者（例：国保や組合健保）に支払う一括保険料は定額とし、別途、政府に所得依存の社会保険料を支払う。この社会保険料を利用して、政府は保険者間のリスク構造調整を行う。保険者機能を強化する観点から、診療報酬の大部分は各保険者（後期高齢者医療制度を除く）に分権化し、保険財政の責任は保険者が担うものとする。政府はリスク構造調整を除き、管理競争を行う保険者に公費は投入しない。このため、保険者は一括保険料や診療報酬の調整などで保険財政の収支均衡を図るものとする。保険財政の責任を持てば、人工知能やＩＣＴ技術の活用などで、各保険者はその保有する保険医療関係のビッグデータを分析し、予防を含め、保険財政の効率化を図るインセンティブも増すはずである。基本的なルールは監督官庁である厚生労働省が定めればよい。

他方、後期高齢者医療制度については、財源負担の透明性を高めるため、75歳以上の高齢者が支払う保険料以外の残り9割の財源は消費税を中心とする税財源で賄うことにし、医療版マクロ経済スライドを導入することで、その費用の膨張を抑制する。２０１７年度の後期高齢者医療制度の予算は約15・４兆円で、75歳以上の高齢者が支払う保険料は約１・７兆円のため、差額の約

13・7兆円を消費税で賄う場合、消費税率1％で2・8兆円の増収があるとすると、約5％の増税が必要になる（注：後期高齢者が負担する保険料収入以外の財源約13・7兆円のうち、第5章の**図表5－1**の支援金6・4兆円等は廃止となりその分は減税となるため、実質的な増税分は消費税率3％弱の7・3兆円になる）。

あるいは、もう少し柔軟性をもつ仕組みとするため、後期高齢者医療制度に2種類の制度的な選択肢を用意するという方法もある。このうち一つ目の制度（①）は、0歳－75歳未満と同様、現役世代の保険に引き続き加入するというもので、自己負担や保険料（一括保険料・所得依存の社会保険料）は現役並みとする。

もう一つの選択肢（②）は、現在の後期高齢者医療制度のような独立型で、公費がそれなりに投入される分、自己負担や保険料を軽減するが、制度に加入する際はマイナンバーを利用しつつ所得のほかに預金口座・土地といった資産などもすべて登録することを条件にする。逆にいうならば、登録しない限り、加入は認めない。そして、この制度に加入して医療サービスを受け、人生の最期を終えたときに資産が残っていれば、「死亡税」という形で一定割合を国に還元し、高齢世代内での再分配に使うという仕組みとする。

その際、制度②においては、財源負担の透明性を高めるため、加入する75歳以上の高齢者が支払う保険料以外の残り9割の財源は消費税や死亡税で賄うことにし、医療版マクロ経済スライドを導入することで、その費用の膨張を抑制する。

また、基本的な医療サービスの範囲や質は確保し、医療保険財政の持続可能性を確保する観点から、制度①と比較して、制度②の医療サービスには高度医療の利用等について一定の制約をかけるものとする。加えて、制度①と制度②の選択に対し、政府が制度①に多くの高齢者を誘導したいならば制度②の要件をより厳格にする一方、制度②に誘導したいならば制度②の要件を少し緩和する方法もある。

なお、加入する制度の選択を一度した後の変更は基本的に不可（状況により制度①から制度②への変更は可）とするが、75歳に到達した時点で、高齢者は制度①と制度②のどちらの制度に加入するかという選択は個人が自由に行うことができるものとする。

そもそも、財・サービスに対する選好と同様、社会保障の給付と負担に関する人々の選好はそれぞれ異なるのが一般的である。例えば、少し高い保険料を支払ってもより質の高い医療サービスを受けたいという選好や、少し質の低い医療サービスでも我慢して保険料の負担を軽減したいという選好は自然な姿のはずだ。個人が自ら選択すれば、納得感も高まろう。

にもかかわらず、政府が供給する公的医療保険等の中身は画一的で多様性がないケースが多い。上記のように、いまの後期高齢者医療制度を改め、制度①と制度②の選択制を導入することができれば、マイナンバーで所得のほかに預金口座・土地といった資産などを把握しても、国民の納得感は高まるのではないか。強制でなく、あたかも誘導されるかのように望ましい行動を促すという政策的な手法は、行動経済学の発展でノーベル賞を受賞した米シカゴ大学のリチャード・セイラー教授が提唱する「nudge 理論」の応用にも近いものである。[11] また、個人の行動変容を促すためには、後述の「マイナポータルAP」というアプリを利用し、75歳以上の高齢者を中心として、各個人が利用した医療費の累積額やそれに投入された公費の累積額を開示する機能を付与する効果も高いはずである。

なお、介護についても、医療と同様、リスク分散機能と再分配機能を切り分け、保険者である市町村には定額の一括保険料を支払い、別途、政府に支払う社会保険料（所得依存）を利用して、政府は保険者間のリスク構造調整を行うことにする。

ところで、医療や介護で定額の一括保険料を支払うと、所得の低い家計は負担が重くなるが、その分は、マイナンバー制度で所得や資産を把握し、税制上の措置として再分配を行うのが望ましい。適切な再分配を実施するには、できる限り多くの国民の所得などを把握する必要があり、確定申告を含め、マイナポータルを9割超の国民が利用する段階まで利用率を引き上げる政策的誘導が求められる。そのために政府はあらゆる努力を払うべきである。

この関係では、政府は2021年3月にマイナンバーカードを健康保険証としても利用できるようにする方針だが、この保険診療データをマイナポータルと連携することにより、医療費控除の手続きの自動化も検討中である。この自動化は2021年分の確定申告からの利用が目標であるが、医療費控除の利用はそれほど多くはない。2023年度からはマイナンバーカードと介護保険の保険証を一本化する予定もあり、マイナポータルの利用率を大幅に高めるには、より強力

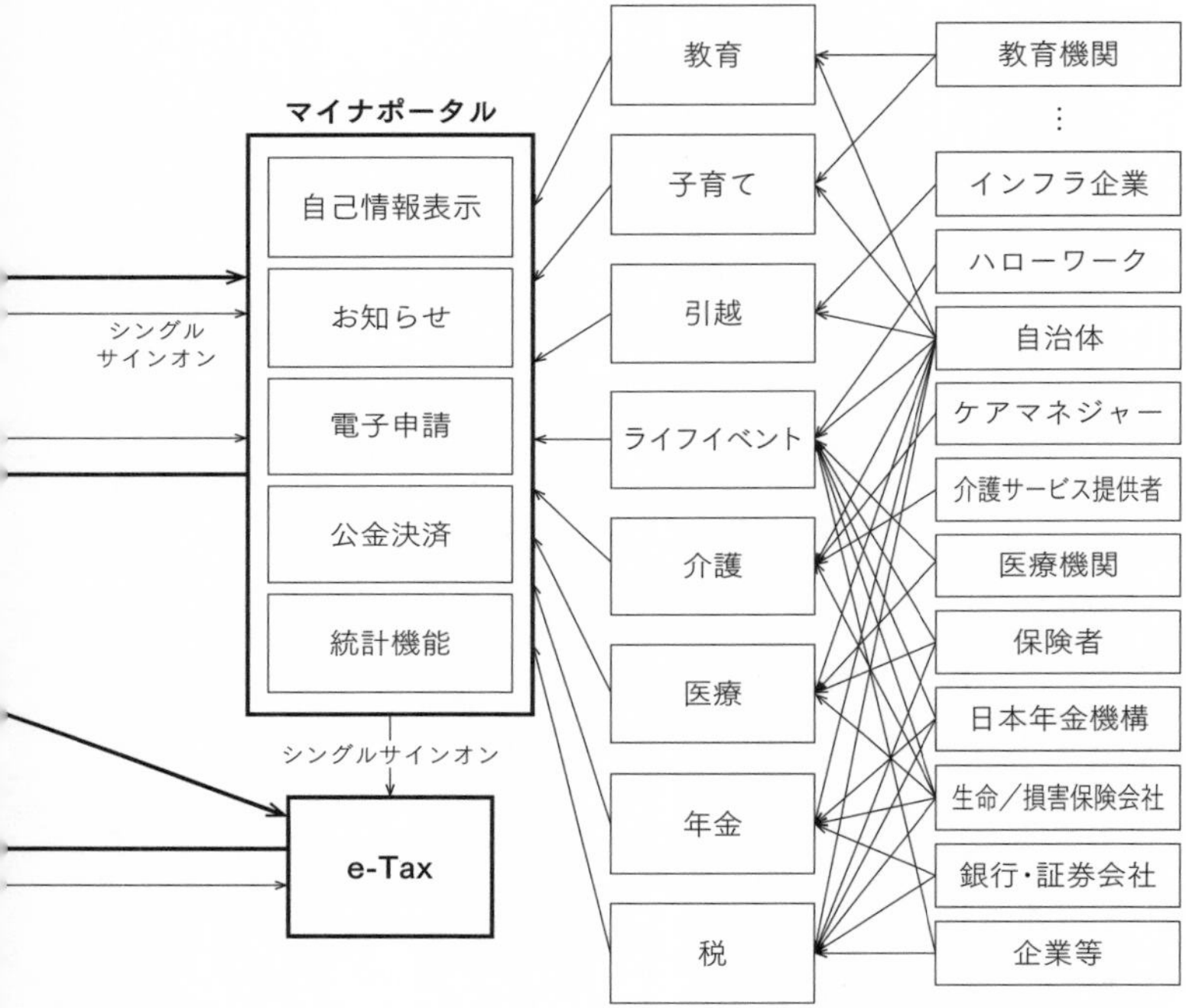

な政策誘導手段が必要となる。

例えば、いま多くの従業員は源泉徴収制度でその勤務先の企業等が税・保険料の支払いを代行しているが、給与明細のデータをマイナポータルに連動することも考えられる。すなわち、毎月の給与明細はマイナポータルで確認してもらうのである。

あまり知られていないが、マイナポータルでは、①サービス検索・電子申請（子育てなどに関

図表8-10　マイナポータルの将来イメージ

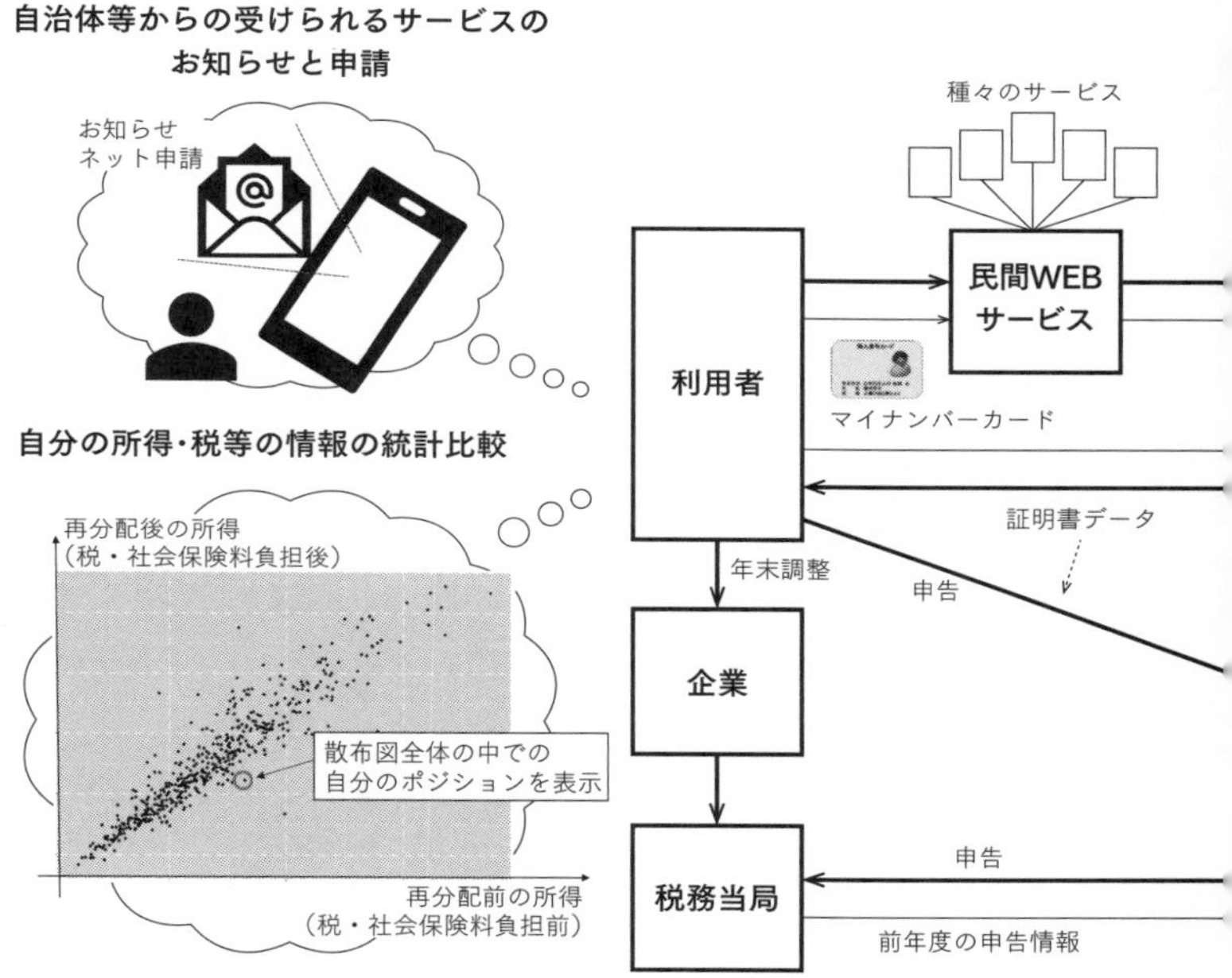

(出所) 筆者作成

するサービスの検索や、オンライン申請〈子育てワンストップサービス等〉ができる)、②自己情報表示(行政機関等が保有する自己の個人情報を検索して確認できる)、③お知らせ(行政機関等から配信されるお知らせを受信できる)、④情報提供等記録表示(行政機関同士が自己の個人情報を照会・提供した履歴を確認できる)、⑤公金決済サービス(マイナポータルのお知らせからネットバンキング〈ペイジー〉やクレジットカードでの公金決済ができる）という機能のほか、「e-Tax」や「ねんきんネット」等との「外部サイト連携（もっとつながる）」という機能もある。

この機能の中には、民間企業などが各個人にお知らせ等を電子的に届ける「民間送達サービスとの連携」という機能もあり、この枠組みを利用し、野村総合研究所（ＮＲＩ）は「e－私書箱」の提供を開始している。民間企業がe－私書箱と認証連携を行うと、厳格に個人を特定しつつ、企業の給与明細書のほか、金融機関の取引報告書、保険料控除証明書、クレジットカードの支払明細書、携帯電話利用料や公共料金の領収明細書といった情報を送ることができる。

また、政府は「マイナポータルＡＰ」というアプリを２０１７年11月から公開しており、パソコンでなく、マイナンバー対応機種のスマホでもマイナポータルを利用可能になっている。最近まではアンドロイドのスマホ用のみのアプリしか利用できなかったが、アップルのｉＰｈｏｎｅ用のアプリの提供も２０１９年11月にスタートしており、すべてのスマホにマイナンバー対応を義務付ければ、スマホで給与明細を確認できる環境を整備することも可能なはずである。その上で、企業が紙ベースの給与明細を廃止し、マイナポータルとデータ連動した場合や、上場会社については財務諸表などのディスクロージャー書類にその旨を記載した場合、５年程度の時限で、その企業等の法人税率を２－３％引き下げる政策を実行してはどうか（図表８－10）。

もっとも、上記は勤労世代向けの政策であり、基本的に給与所得がない引退世代には波及しない。このため、マイナポータルでの年金・医療・介護などの手続きを拡充し、例えば、５年間の限定で、スマホを利用し、マイナポータルで年金給付の申請や医療の手続き（例：高額療養費や医療費控除）などを行えば、年間1万円の現金給付を受けられる政策を同時に実行してはどうだろうか。総務省「2018年度版・情報通信白書」によると、2017年における20代・30代のスマホ保有率は90％以上で、70代は18・8％、80代以上は6・1％であるが、60代は44・6％もあり、時間の経過とともに上昇傾向にある。

なお、我が国の所得税制では、所得を10区分に分類し、給与所得と事業所得・雑所得を明確に区別しているが、税制上の取り扱いが異なり、同じような働き方でも、所得区分で税の負担が異なっている。将来的には、給与や年金給付のほか、それ以外の報酬等の支払いもマイナポータルに集約・把握し、確実な給付と公平な負担による、プッシュ型・行政サービスの実現に向けて、所得・資産情報を一元的に管理できる環境整備を行うことが望ましい。

column

「住まい」を社会保障の柱に

第1章で説明したとおり、日本の総人口は今後100年間で急激に減少し、2080年頃には2010年と比較して人口が半減することが見込まれており、地域別に見ると、人口減少のスピードは人口規模が小さい地域ほど加速的に大きい。このような状況の中、空き家の数も急増中だ。

住宅・土地統計調査（総務省）によれば、空き家の総数は、1993年から2013年という20年間で1・8倍（448万戸→820万戸）に増加している。2013年の空き家率は13・5％であるが、野村総合研究所レポート（2015年6月）では、2033年の空き家率は30・2％に達すると推計している。

にもかかわらず、2013年における日本の総住宅数は6063万戸となり、2008年と比較して、その総数は304万戸（5・3％）も増加している。もはや住宅ストックが供給過剰になりつつあることは明らかである。それでも、供給を生み出すのは住宅に対する強い需要が存在するからであるが、個人が住宅取得するときに最も頼りにしているのが、住宅ローンである。日銀の資金循環統計によると、2017年度の住宅ローン残高（金融機関による個人向けのもの）は約200兆円である。住宅はとても高額な財なので現金一括で購入する消費者は少なく、一般的な消費者は住宅ローンを組むケースが多いためである。

住宅には借家と持ち家の2種類があるが、戦後の住宅政策では持ち家を重視し、個人の自助努力による住宅取得支援に重きが置かれた。この住宅取得支援政策の中核をなすのが「住宅ローン減税」である。日本において、その始まりは1972年から6年間でスタートした「住宅取得控除制度」であり、住宅ローンに係る控除分が初めて導入されたのは1978年であった。

その後、「住宅取得促進税制」等を含め、制度の中身や名称が何度か変わり、現在のところ、「住宅ローン税額控除制度」に落ち着いている。同制度は、10年以上の住宅ローンを利用して住宅を購入（増改築を含む）した場合、一定のルールに基づき、支払うべき所得税の一部が控除される仕組みである。控除限度額は年末の住宅ローン残高×1％で上限は40万円となっており、住宅ローン税額控除制度の減税総額は、数年毎の税制改正で変化するが、年間概ね5000億円～1

図表8-11　世帯収入別の持ち家率・借家率

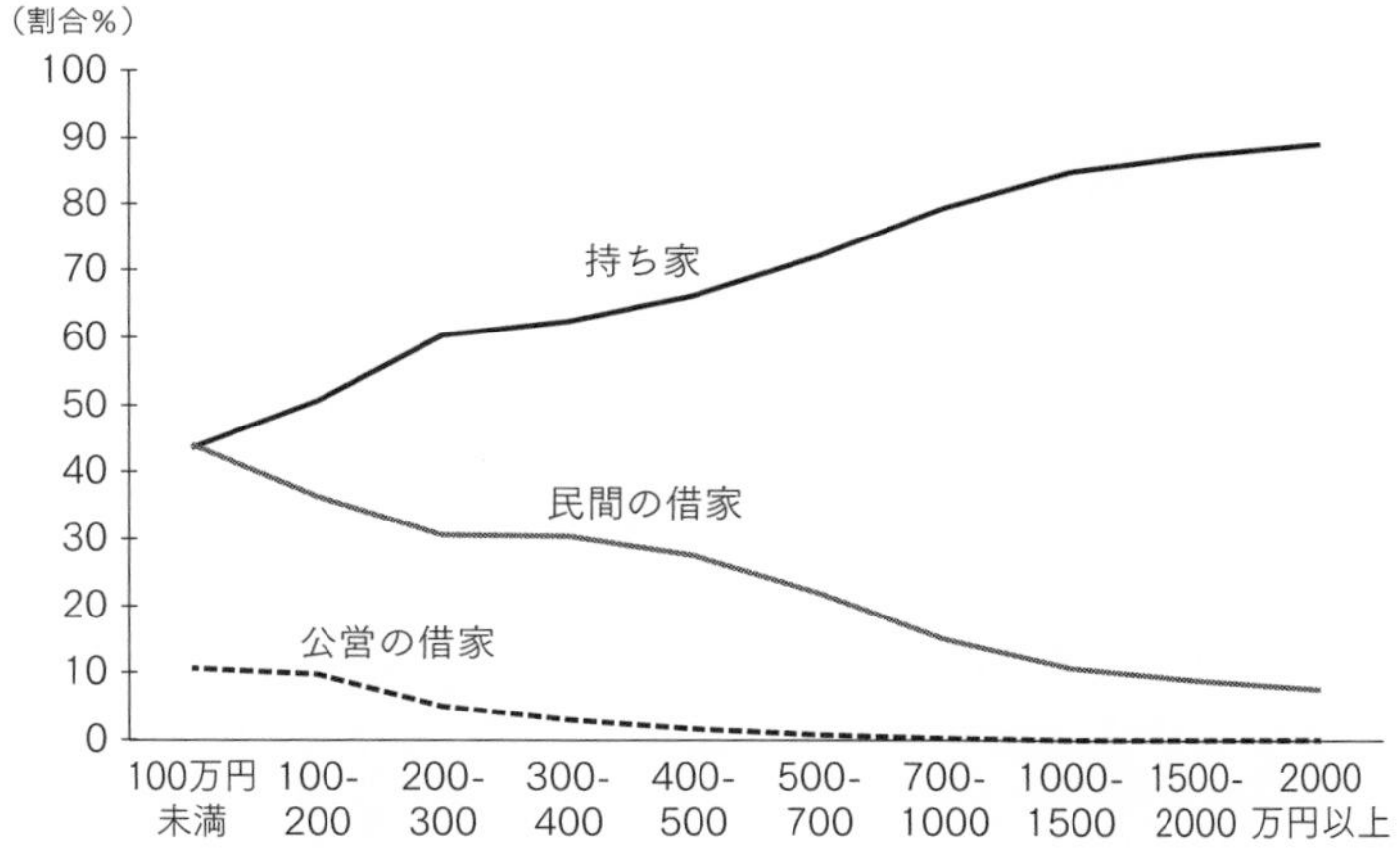

（出所） 総務省（2015）「平成25年住宅・土地統計調査」

兆円未満の範囲となっている。なお、住宅ローン減税については、これまでも随時拡充されており、現状は住宅ローン年末残高5000万円（長期優良住宅等の場合。それ以外は4000万円）が上限となっている。

では、低・中・高所得階層のうち、住宅ローン減税の恩恵はどの階層が最も受けているかについて考えたことはあるだろうか。

答えは簡単で、低所得階層を除く、中・高所得階層である。そもそも、生活が厳しい低所得階層は高額な財である住宅を購入する余裕はない。つまり、住宅ローン減税控除制度の主な利用者は中・高所得階層である。

実際、「住宅・土地統計調査」のデータに基づき、世帯年収別の持ち家率・借家率をグラフにしてみると、**図表8－11**のとおりである。100万円未満の世帯の持ち家率は約4割だが、年収2000万円以上の世帯の持ち家率は約9割にも達する。

住宅ローン減税政策は、住宅を取得可能な豊かな者の税負担の軽減を、低所得層を含むそれ以外の者が納めた税金などで賄う仕組みになっており、租税原則の公平性を損なう可能性がある。また、近年の税制改正で中央政府の税体系の重心は直接税（例：労働所得税・法人税）から間接税（例：消費税）にシフトしてきており、消費税等へのシフトは低所得層の税負担が増すことを意味するため、その傾向は一層強まる可能性がある。しかも、住宅ローン減税の財源を財政赤字で賄った分は、その負担を将来世代に押し付けていることも忘れてはならない。

なお、住宅ローン減税は、国の景気対策という側面も強調されてきた。新築住宅はその他に家具など耐久消費財等の購入にも波及するといったさまざまな経済波及効果があるという説明もあるが、住宅ローン減税は地方税まで連動しており、一般的な所得減税ならともかく、このような政策誘導型の税制に地方税がつきあうのは租税原則からの逸脱となる可能性もある。

さらに、住宅ローンの一部は住宅金融支援機構を通じて証券化されているが、暗黙の政府保証があり、住宅ローン担保証券で大きな損失を被ったアメリカのジニーメイ・ファニーメイのような問題も抱えている。

以上の問題などから、このような住宅ローン利子控除制度は、住宅政策上、その援助を最も必要とする階層を助けるようには機能していない等の批判が台頭し、イギリスでは2000年、ドイツでは1994年、フランスでは1997年に廃止されている。これは「哲学1」の「方策2」の「公費は本当に困っている人々に集中的に配分する」という方向性に沿うものだ。

すなわち、住宅ローン減税を廃止し、限られた資源を公平かつ効率的に活用する観点から、その削減分については、一定の所得水準以下の世帯を対象とする「住宅手当」などの拡充に利用されている。住宅手当は、世帯ニーズに応じて最低限の居住水準を確保するためのもので、欧州では最低生活保障のプログラムの一部をなす根幹だが、子ども手当と異なり、日本での認知度は低い。

貧困高齢者は「住まいの貧困」にも陥っているとの指摘も多いが、少子高齢化が急速に進む日本では、これから貧困高齢者が大幅に増加する可能性が高い。筆者の試算では、いま65歳以上のうち約１００万人が生活保護の貧困高齢者だが、それは２０４８年に2倍超の２００万人を突破し、２０６５年には２１５万人にも急増する可能性がある。人口減少で「空き家」が急増する日本では、住宅ローン減税の見直しや住宅手当拡充の検討のみでなく、空き家の有効活用も含め、現物給付での住宅政策のあり方も検討を進める時期にきているはずだ。

【注】

1 「優良適格要件」は寄付市場の東証・上場基準に相当し、団体・プロジェクトの信頼性や内容、寄付金獲得の努力・体制等を審査する。

2 「一任寄付」とは、寄付者が分野指定するものの、原則、公設寄付市場に寄付先を委託する方式。

3 Oguro, K., Ishida, R. and Yasuoka, M. (2018) "Voluntary Provision of Public Goods and Cryptocurrency", RIETI Discussion Paper Series 18-E-081.

4 Morgan, J. (2000) "Financing Public Goods by Means of Lotteries," The Review of Economic Studies 67(4), pp.761-784.

5 社会保障審議会は１９７７年12月19日に「皆年金下の新年金体系」を建議し、「厚生年金、共済年金、国民年金等は、それぞれその成立の時期と背景とを異にしているままに、狭い視野からの部分的な手直しを重ねて今日に至っているが、現状のまま放置すれば、それは不均衡不公正をますます拡大することとなる」と指摘した上で、財源の全額を国庫負担で賄う「基本年金」構想を提案している。現在のところ、基本年金構想は実現していないが、この建議の本文中では、「老齢年金と生活保護との関係について一言したい。生活保護と老齢年金とはともに社会保障の一環をなしているが、生活保護は生活に困窮した場合にその者の必要に応じ個別的に対応するという事後的な対策であり、一方、老齢年金は老後の所得喪失に対し所得保障を行うことによって貧困に陥らないようにするという事前的かつ一般的な対策であり、制度の建前は全く異なる。所定の年金給付によるもなお生活に困窮する場合における生活保障は、生活保護制度にまつことになるが、基本年金制度の創設により、老齢者で生活保護を受けるものの数は著しく減少するはずである」という記載があり、社会保障制度審議会のメンバーであった今井一男氏（大蔵省出身）は、後の回顧録で、「制度審の案（基本年金）は、もし社会保障にもノーベル賞があれば、それをもらえる案とだ」記している。なお、現行の財源構成を前提にし、75歳以上の後期高齢者に対し月額8万円のＢＩを給付する場合、必要な追加財源は約４・７兆円になる。現在（２０１８年度）の年金（57兆円）の財源構成のうち、国庫負担は約12兆円であり、基礎年金の国庫負担は5割のため、大雑把な議論では、基礎年金の給付総額は約24兆円となる。現在の65歳以上高齢者は約３５００万人のため、簡易計算により、基礎年金部分の平均額は年額約68万円（月額５・７万円）と試算できる。ＢＩの不足分は月額約２・３万円であり、75歳以上人口は約１７００万人であるから、必要な財源は約４・７兆円となる（注：75歳以上人口の増加に伴い、この金額は増加する）。なお、65歳～75歳まで月６・５万円の基礎年金を給付する場合、65歳－75歳未満の現在の人口は約１８００万人で、不足分は月額約０・８万円（＝６・５万円－５・７万円）のため、１・７兆円の追加財源が必要になる（注：65歳－75歳未満の人口増加に伴い、この金額は増加する）。

なお、現行制度の基礎年金部分は満額で80万円程度のため、一人当たり１００万円のＢＩが過大という批判もあろうが、それは誤解である。現行制度上、年金の支給開始年齢は原則65歳となっているが、「繰り上げ」「繰り下げ」の仕組みがある。65歳から受給予定の年金額（基礎年金部分）を年間１００とするとき、支給開始を60歳に繰り上げると年金額は70、支給開始を70歳に繰り下げると１４２になる。すなわち、支給開始が60歳と70歳では年金額は2倍も異なる。この調整は、平均寿命まで受給する年金額を保険数理的に財政中立とするための措置と基本的に考えられる。例えば、平均寿命が85歳のとき、65歳から年金を受給すると、２０００（＝１００×（85歳－65歳））の年金を生涯で平均的に受け取れる。支給開始を70歳とするとき、これと同額の年金（２０００）を生涯で平均的に受け取るためには、年間の年金額を１３３（＝２０００÷（85歳－70歳））に増額する必要がある。同様に、支給開始を60歳とするときは年間の年金額を80（＝２０００÷（85歳－60歳））に減額する必要があり、支給開始年齢を75歳にするときは年間の年金額を２００（＝２０００÷（85歳－75歳））に増額する必要がある。現行制度上、いま原則65歳から受け取れる基礎年金部分は満額で80万円程度のため、その支給開始年齢を75歳にする場合は約2倍の１６０万円程度にするのが保険数理的に公平なはずだが、一人当たり１００万円というＢＩ水準は60万円カットし、１００万円に抑制することを意味する。

7　２００４年の年金改革から4年後の２００８年、超党派の7議員（野田毅・岡田克也・枝野幸男・河野太郎・古川元久・大串博志・亀井善太郎）は共同で「いまこそ、年金制度の抜本改革を―超党派による年金制度改革に関する提言―」を発表した。この提言は、基礎年金に消費税財源を充てて最低保障機能を高め、報酬比例年金は自助型の積立方式に移行するとともに、高所得者に対しては年金課税見直しや、カナダのクローバック制度導入で給付を抑制するオプションを提言する改革案であり、第8章における筆者の提言に近いものになっている。

8　まず、報酬比例部分の「暗黙の債務」はどの程度か。厚生労働省「２０１９（令和元）年財政検証関連資料」のケースⅢのバランスシートによると、厚生年金の過去期間分給付１３２０兆円のうち基礎部分に係るものは５６０兆円、報酬比例部分に係るものは６８０兆円である一方、厚生年金の積立金は２００兆円である。この積立金（２００兆円）を基礎部分（５６０兆円）と報酬比例部分（６８０兆円）の過去期間分給付で按分すると、基礎部分の積立金は約90兆円、報酬比例部分の積立金は約110兆円になる。このため、報酬比例部分の「暗黙の債務」は概ね570兆円（＝680兆円－110兆円）と試算できる。現在のGDPは約560兆円のため、この暗黙の債務（570兆円）は対GDP比で約100％になるが、金利と成長率の差が1％のとき、この比率を維持するためには、対GDPで約1％（＝100×1％）の追加財源（消費税率で2％程度の財源）が必要になる。すなわち、実質的な積立方式への移行に伴い、報酬比例部分の暗黙の債務を長期間で処理する場合、消費税率で2％超の償却財源が必要になり、報酬比例部分の給付と負担が一致する報酬比例保険料にその分を上乗せする。

9　注8の試算によると、厚生年金の積立金（200兆円）のうち基礎部分に係るものは約90兆円である。また、厚生労働省「2019（令和元）年財政検証関連資料」のケースⅢのバランスシートによると、国民年金の積立金は10兆円であるから、厚生年金と国民年金の積立金（約210兆円）のうち基礎部分に係るものは約100兆円となる。他方、現在（2018年度）の年金（57兆円）の財源構成のうち、国庫負担は約12兆円であり、基礎年金の国庫負担は5割のため、国民年金と厚生年金の保険料収入のうち基礎年金分は約12兆円である。厚生年金の基礎保険料は段階的にゼロとし、国民年金の保険料も段階的に廃止するが、そのスピードは、65歳支給開始10年確定年金に係る給付水準の段階的な引き下げに合わせるものとする。すなわち、65歳支給開始10年確定年金の財源は、当該保険料収入と、100兆円の積立金であり、20－30年という期間で財政収支が一致するように運営する。

10　クローバックとは、基礎年金受給者（後期高齢者に特化したBI受給者）のうち前年の総所得が一定額を超えた人々に限り基礎年金部分（当該BI部分）を超過額に応じて削減する仕組みをいうが、筆者は、資産総額も考慮したクローバックの検討も提案する。

11　似た議論としては、後期高齢者医療制度の自己負担と保険料の「組み合わせ」に選択制を設定する方法も考えられる。例えば、自己負担に1割と現役並み3割という2つの選択肢を用意する。このとき、3割の自己負担を選択したときは保険料を現行通りとするが、1割の自己負担を選択したときは、所得や資産の状況に応じて（自己負担3割のときよりも）高めの保険料を負担してもらうのである。あるいは、財務省・厚生労働省が以前から検討している窓口定額負担（例：500円）の導入についても、一律に導入するのでなく、選択制として、それを選択すれば保険料を「割引」する仕組みとするのである。

第9章

残された課題

——財政再建と選挙制度改革

独立財政機関と予算編成改革の重要性

第8章では「社会保障の新たな哲学」や「社会保障の再構築」の方向性を論じたが、財政赤字を縮減しない限り、財政問題は解決しない。我が国の財政において、財政赤字が発生する大きな理由は、「保険（リスク分散）」の機能と「税（再分配）」機能を切り分けられておらず、公的年金保険や公的医療保険・公的介護保険において、その給付の膨張に連動する形で公費を投入する仕組みになっているためである。このため、第8章では、「保険（リスク分散）」の機能と「税（再分配）」機能を切り分け、公費は本当に困っている人々に集中的に配分することを哲学の一つに提示した。

だが、これ以外にも、財政赤字が発生するメカニズムが存在する。財政赤字が政治的に発生するメカニズムとしては、政治経済学では、①政治的景気循環（Political Business Cycle）、②政治家の戦略的動機、③共有資源問題などが存在する。このうち、財政赤字が発生する原因として最も有力な説は、「共有資源問題」である。

一般的に「共有資源問題」とは、共有の資源は私有の資源と比較して過剰に利用されやすい現象をいう。その最悪のケースとして発生する「共有地の悲劇」は、多数者が利用する共有資源の乱獲によって資源そのものの枯渇を招いてしまう現象として極めて有名となっている。財政の場合、その移転政策は基本的にゼロサム的性質をもち、財政支出の拡大は最終的に誰か（将来世代も含む）の負担になる。

だが、個々の主体の給付と負担は必ずしも明確にリンクしているわけでなく、負担についての感覚は希薄になりやすい。このため、財政支出を拡大させる政治的要求が高まり、財政赤字が拡大する現象が頻繁に発生する。この行き着く果てが「財政破綻」であり、それは財政版「共有地の悲劇」にほかならない。また、「政治的景気循環」とは、政治家が選挙前に有権者の票を「買う」ため、財政赤字の拡大による財政支出増や減税を行い、経済が政治に攪乱される現象をいう。「政治家の戦略的動機」とは、政権交代リスクに直面している政党が、政権交代後におけるライバル政党の財政的自由度を縛るため、財政赤字を拡大させる誘因をいう。

いずれにせよ、政治は、財政赤字を拡大させる強い圧力をもっている。本来、財務省をはじめとする財政当局が本当に強い権限をもっていたら、現在のような状況まで財政は悪化しなかった可能性を指摘する研究もある（von Hagen 1992）。[1] このため、このような政治的圧力を制御する目的として、1990年代の欧米を中心に、「財政政策ルール」の設定が推進されている（財政政策の脱政治化）。この試みは、カナダやオーストラリアの財政再建をはじめ、いくつかの国々で成功をおさめてきた。しかし、財政の運営は、経済変動の見通しとも密接に絡んでおり、単純な財政政策ルールで拘束することはなかなか難しいのが現状である。逆に、あまり弾力的かつ緩いルールを設定すると、財政赤字に対する政治的圧力を制御する目的を達成できないというジレンマも存在する。

このため、2000年代以降では、このような問題を克服するため、欧州を中心に、高い専門性と分析力をもつ「独立財政機関」（ＩＦＩ：Independent Fiscal Institutions）を設置するべきとの議論が盛り上がってきている。これら機関には一定の政治的独立性を付与し、①予算の前提となる経済見通し作成、②中長期の財政推計、③財政政策に関わる政策評価などを担わすことが想定される。独立財政機関としては、オランダの経済政策分析局（１９４５年設立）やアメリカの議会予算局（ＣＢＯ：Congressional Budget Office、１９７４年設立）が長い歴史をもち有名だが、最近は、イギリスの財政責任庁（ＯＢＲ：Office for Budget Responsibility、２０１０年設立）、スウェーデンの財政政策会議（２００７年）、カナダの議会予算官（２００８年）、アイルランドの財政諮問会議（２０１１年）などが設立され、このような役割を担っている。日本も加盟するＯＥＣＤ（経済協力開発機構）諸国のうち独立財政機関を設置した国の数は２０１４年で20を超え、過去10年間で3倍になっている（ＯＥＣＤ加盟36カ国のうち現在は28カ国に存在）。しかしながら、現在のところ日本において独立財政機関は存在しておらず、我が国でも財政の長期推計や世代会計の推計・公表などを担う「独立財政機関」の設置を検討するべきではないか。

また、財政赤字の縮減には、予算編成の改革も重要である。財政再建と社会保障の再生を同時達成するためには、短期的な財政収支の均衡のみでなく、人口変動による中長期的な影響も考慮した財政運営が求められているが、現行の予算編成の仕組みは、短期的な財政収支のみに議論が集中する傾向が強い。

この原因の一つは、財政が「単年度」という極めて狭い時間的視野で運営されていることにある。もう一つの原因は、現在の財政が、人口変動で各世代が政府に支払う負担と、政府から得る受益の「時間的ラグ」を考慮していないことにある。

治安や国防といった「政府消費」や、ダムや道路などの社会資本形成に向けた「政府投資」から得る受益と、「税金などの負担」は、どの年代も若干の変動はあるが、同程度であり、個人が生涯を通じて得る受益と負担の「時間的ラグ」は小さい。他方、年金・医療・介護といった「社会保障の受益」は60歳以上の老齢期に集中する一方、「社会保障の負担」は20歳から50歳代の現役期に集中しており、その受益と負担の「時間的ラグ」は大きい。

このため、受益と負担の「時間的ラグ」の大きい「社会保障予算」と、「時間的ラグ」が小さい「それ以外の予算」を一緒に「単年度」で管理すると、高齢化の進展で社会保障予算が膨張するから、短期的な財政収支に気を取られ、社会保障における各世代の受益と負担の均衡に目を向ける余裕がなくなってしまう。

この解決策には、社会保障予算とそれ以外の予算を厳格に区分し、改革のコアである社会保障予算については「単年度」での管理をやめ、「中長期」で管理することが求められる。

この財政運営に必要となる政策手段の一つが「世代会計」や「財政の長期推計」の定期的な公表で、もう一つの手段が社会保障予算のハード化である。

このうち「社会保障予算のハード化」という概念は、２００９年９月の総選挙で民主党政権が誕生する前、かつての麻生政権が「社会保障国民会議」（２００８年11月４日、座長＝吉川洋・東京大学教授〈当時〉）の最終報告を受けて、自民党政権末期の２００８年12月頃に検討していた試みである。既に忘れられているが、この試みの一部は、次の「持続可能な社会保障構築とその安定財源確保に向けた『中期プログラム』（２００８年12月24日閣議決定）における傍線部からも読み取れる。

持続可能な社会保障構築とその安定財源確保に向けた「中期プログラム」

（平成20年12月24日閣議決定）

Ⅱ．国民の安心強化のための社会保障安定財源の確保

３．安心と責任のバランスの取れた財源確保

(1)　社会保障安定財源については、給付に見合った負担という視点及び国民が広く受益する社会保障の費用をあらゆる世代が広く公平に分かち合う観点から、消費税を主要な財源として確保する。これは税制抜本改革の一環として実現する。

(2)　この際、国・地方を通じた年金、医療、介護の社会保障給付及び少子化対策に要する公費負担の費用について、その全額を国・地方の安定財源によって賄うことを理想とし、目的とする。

Ⅲ．税制抜本改革の全体像

1．税制抜本改革の道筋

⑵　消費税収が充てられる社会保障の費用は、その他の予算とは厳密に区分経理し、予算・決算において消費税収と社会保障費用の対応関係を明示する。具体的には、消費税の全税収を確立・制度化した年金、医療及び介護の社会保障給付及び少子化対策の費用に充てることにより、消費税収はすべて国民に還元し、官の肥大化には使わない。

この傍線部において、「その他の予算とは厳密に区分経理」という箇所は極めて重要である。というのは、現在、社会保障（年金・医療・介護）の財源は、社会保険料収入のみでなく、公費負担でも賄われている。例えば、基礎年金はその給付額の5割を公費負担（一般会計からの補てん）で賄う仕組みとなっている。医療や介護も同様の仕組みをもつ。このため、高齢化の進展で社会保障給付額が急増していくと、自動的に公費負担も急増するメカニズムをもつ。

この公費負担を含む「社会保障関係費」は毎年1兆円程度（例：２０１８年度予算で約33兆円→２０１９年度予算で約34兆円）のスピードで膨張しており、政治はこの公費負担増を賄う財源をどう捻出するかという深刻な問題に再び直面する。その場合、公債発行（財政赤字の拡大）で財源を捻出する方法もあるが、現在の日本財政の現状では限界がある。また、社会保障以外の予算削減で財源を捻出する方法もあるが、社会保障関係費は10年で10兆円以上も増加するため、限界があることは明らかである。

その際、少子高齢化が進展して社会保障の新たな財源が必要となるたびに、「どれだけ借金をするのか」「何を削って社会保障に回すのか」という議論が巻き起こり、政治的な利害対立を招くことになる。これは、社会保障の負担増を賄う「ベース財源」（例：消費税か社会保険料か）が明確になっていないことが最大の原因である。

この解決には、あらかじめ社会保障のベース財源（公債を除く）を1つに定めておくのが望ましい。その上で、いま賦課方式の側面が強い社会保障（年金・医療・介護）について、事前積立（＝少子高齢化に伴う将来の負担上昇を平準化するための積立勘定）を導入し、積立方式の側面を高めつつ、中長期の給付総額が１００であったら、半ば自動的に、ベース財源の税率が変動して、中長期の負担総額を１００に調整するようにルール化しておけばいいのである。他方、中長期の負担総額の上限が70であれば、速やかに、中長期の給付総額も70に削減する。

では、何をベース財源にすべきなのか。上記の「中期プログラム」（２００８年12月24日閣議決定）ではベース財源として消費税が念頭にあると推察できるが、それは、世代ごとの受益と負担が概ね一致しているならば、消費税でも、社会保険料でもかまわない。第8章の『『保険（リスク分散）』の機能と『税（再分配）』機能を切り分け、公費は本当に困っている人々に集中的に配分する」という哲学に基づけば、社会保険料が妥当であろう。

そうした上で、一般会計と社会保障予算との間のマネー（資金）のやり取りを完全に廃止し、一般会計から、社会保障予算を「ハード化」する。つまり、公費を社会保障に投入することは廃止し、公費は再分配のために利用する。

これには、3つのメリットがある。第1は、社会保障における世代ごとの受益と負担の関係が明確になる。第2は、受益水準が決定すると半ば自動的に負担水準がベース財源（社会保険料）によって調整される。その結果、社会保障システムそのものが安定するはずである。自分たちがいくら払い、いくら受け取れるのかという目処が立つので、現役世代と老齢世代の双方が、安心して生涯の生活設計を組み立てることができる。第3に、社会保障財源を捻出するために、他の予算を半ば強制的に削減対象とすることもなくなる。社会保障のために別の財源を犠牲にすることがなくなるので、将来の成長に必要な予算（例：研究・開発投資）をその必要性に応じて合理的に編成できるようになる。

column

社会保障改革の司令塔

我が国の社会保障制度は戦前からその一部が形成されてきたが、政策的な大きな転換を迎える契機となったのは、戦後（1947年）に施行された日本国憲法25条（生存権）を受けて、内閣総理大臣の諮問機関である社会保障制度審議会（1949年設置）が1950年に公表した「社会保障制度に関する勧告」であった（同審議会の当時会長は元大蔵官僚で法政大学総長であった大内兵衞氏）。その後、「皆年金」「皆保険」という言葉に象徴されるように、日本の社会保障制度は１９６０年代を中心に急速に整備され、現在の枠組みが形づくられた。そして、１９９７年には介護保険法が制定され、２０００年度から同保険制度がスタートし、日本の社会保障は完成したようにも見えたが、人口減少・少子高齢化が進む中、その限界が徐々に明らかになりつつある。１９５０年の「社会保障制度に関する勧告」から約70年が経ったいま、２０２５年以降も見据えつつ、我々は「新しい社会保障の哲学」を検討する時期に入っていると思われる。

しかしながら、社会保障制度審議会は２００１年の省庁再編で廃止されており、現在は存在しない。制度審の役割は、内閣府の「経済財政諮問会議」や厚生労働省の「社会保障審議会」に引き継がれたことになっているが、それは正しい見方ではない。

理由は単純で、社会保障制度審議会は、「諮問への答申」といった権限しかない通常の審議会とは異なり、設置法２条に基づき、内閣総理大臣に直接、勧告などができる権限をもっていたからである。

また、社会保障制度審議会は、与野党の国会議員、関係省庁の幹部、学識経験者などが同数・同格の委員として構成され、必ず3カ月に一回は開催しないといけないルールがあった。社会保障の充実や、その安定財源の確保と財政再建の同時達成のため、「社会保障・税一体改革」の議論を行い、その内容が概ね決まってから、相当な時間が経つものの、それ以降、内閣府の「経済財政諮問会議」や厚生労働省の「社会保障審議会」では、社会保障・税一体改革バージョン２・０に向けた議論は行われていない。

仮に、社会保障制度審議会が存在していたならば、何らかの議論を行っていたはずだが、現在は改革の司令塔がない。中長期的な社会保障の姿（目指すべきビジョンや哲学を含む）を検討するため、以前の社会保障制度審議会のように「勧告権」を有する会議体をもう一度設置してはどうか。その際、会議体の下部組織として、年金、医療、介護等の分野ごとの部会、ビッグデータを利用して分析を行う専門組織を設置し、委員（任期4年）を支援するスタッフを配置し、関係省庁からのデータ収集やヒアリングの権限を付与することを提案したい。エビデンスに基づく議論を行い、例えば、年金の将来分布を予測しながら、生活扶助やマクロ経済スライドとの関係を含め、本当に困っている人々をしっかり守る枠組みなどの議論を深めるためである。社会保障改革を「政争の具」にせず、与党や専門家のみでなく、一般の国民や野党も巻き込みながら、「新しい社会保障の哲学」の構築に向けた検討を早急に始める必要があろう。

【参考】社会保障制度審議会設置法（昭和23年・法律266号）

第一条　社会保障制度審議会（以下審議会という。）は、内閣総理大臣の所轄に属し、社会保障制度につき調査、審議及び勧告を行うものとする。

第二条　審議会は、自ら、社会保険による経済的保障の最も効果的な方法につき、又は社会保険とその関係事項に関する立法及び運営の大綱につき研究し、その結果を、国会に提出するように、内閣総理大臣に勧告し、内閣総理大臣及び関係各大臣に書面をもつて助言する任務及び権限を有する。

2　内閣総理大臣及び関係各大臣は、社会保障に関する企画、立法又は運営の大綱に関しては、あらかじめ、審議会の意見を求めなければならない。

第三条　審議会は、委員四十人をもつて組織する。特別の事項を調査審議するため、内閣総理大臣において必要があると認めるときは、十二人以内の臨時委員を置くことができる。
第四条　審議会に、会長、副会長及び常務委員各一人を置き、委員の互選によつてこれを定める。
2　会長は、会務を総理する。会長に事故があるときは、副会長がその職務を代理する。
3　常務委員は、議事及び提案された意見を記録するものとする。
第五条　委員は、左の各号に掲げる者のうちから、内閣総理大臣が、それぞれ同数を命じ、又は委嘱する。
一　国会議員
二　関係各庁の官吏
三　学識経験のある者
四　使用者、被傭者、医師、歯科医師、薬剤師その他社会保険事業に関係ある者
2　臨時委員は、前項第二号から第四号までに掲げる者のうちから、内閣総理大臣がそれぞれ同数を命じ、又は委嘱する。
第六条　委員の任期は二年とし、一年ごとにその半数を命じ、又は委嘱する。
2　補欠委員の任期は、前任者の残任期間とする。
3　臨時委員の任期は、その任務の達成に必要な期間とする。
第七条　関係各庁は、審議会の要求する資料及び情報を提出しなければならない。
第八条　審議会の会議は、必要に応じて開くものとする。但し、正当な理由がある場合を除く外、少くとも三箇月に一回は開かなければならない。
第九条　審議会は、毎会計年度末から、六十日以内に前会計年度内におけるその活動、調査の結果及びその勧告の摘要についての報告書を、内閣総理大臣から国会に提出するように、内閣総

理大臣に提出しなければならない。
第十条　審議会に幹事三十人以内を置く。
2　幹事は、社会保険に関係のある行政庁の官吏及び学識経験のある者のうちから、内閣総理大臣が、これを命じ、又は委嘱する。
3　幹事は、つねに委員に対し、技術的助言及び事務上の援助をしなければならない。
第十一条　審議会に、書記二十人以内を置く。
2　書記は、関係各庁の官吏のうちから、内閣総理大臣が命ずる。
3　書記は、上司の指揮を受けて、庶務に従事する。
附　則
1　この法律は、公布の日から施行する。
2　社会保険制度調査会官制（昭和二十一年勅令第百六十七号）は廃止する。
3　この法律公布後最初に委員となる者のうち、内閣総理大臣が任命又は委嘱の際に指定する半数の者の任期は、この法律公布の日から一年とし、残りの半数の者の任期は、この法律公布の日から二年とする。

もう一つの課題としての選挙制度改革

なお、我が国の経済システムを改革するためには、国会や地方議会に対する人材供給システムに関する考察も必要であり、政治の根幹を担うのは「民主主義」である。

「民主主義（democracy）」という概念は古代ギリシヤ語の「demokratia」に由来し、これは

「民衆（demos）」と「支配（kratein）」の合成語である「民衆による支配（demokratia）」を意味する。また、19世紀フランスの政治思想家であるトクヴィル（Alexis-Charles-Henri Clérel de Tocqueville）は、その名著『アメリカのデモクラシー（De la démocratie en Amérique）』（岩波文庫）の中で、「地域自治の制度が自由にとってもつ意味は、学問に対する小学校のそれに当たる」（Les institutions communales sont à la liberté ce que les écoles primaires sont à la science）と述べている。

このトクヴィルの言葉は意訳され、「地方自治は民主主義の学校である」という格言として現在は世界的に語り継がれている。だが、この前後の文章を読んだことがある者はどれほどいるだろうか。

「自由な人民の力が住まうのは地域共同体の中なのである。地域自治の制度が自由にとってもつ意味は、学問に対する小学校のそれに当たる。この制度によって自由は人民の手の届くところにおかれる。それによって人民は自由の平穏な行使の味を知り、自由の利用に慣れる。地域自治の制度なしでも国民は自由な政府をもつことはできる。しかし自由の精神はもてない。束の間の情熱、一時の関心、偶然の状況が国民に独立の外形を与えることはある。だが、社会の内部に押し込められた専制は遅かれ早かれ再び表に現れる。」

つまり、国民が自由な精神をもつためにも地域自治の制度が重要であって、自由な人民の力が備わるのは地域共同体の中であるということである。これは第1章の「補完性の原則」(可能な限り小さい単位で決定や自治などを行い、その単位で対応ができないことのみをより大きな単位で補完していくという概念)とも深く関係する哲学であり、それを実現するためには「自由の尊重と責任」や「多様性と寛容性」が求められる。

では現在の日本はどうか。日本国憲法92条にも「地方自治の本旨」という概念が登場するが、それは「地方公共団体の運営は原則として住民自身の責任において自らの手で行うという住民自治の原則と、もう一つは、国から独立した地方公共団体の存在を認め、これに地方の行政を自主的に処理させるという団体自治の原則をともに実現するという、そういう地方自治の原則」(1999年7月7日、参・行財政特別委 大森内閣法制局長官答弁)をいう。

この意味で、本書の第6章で取り上げた「地方庁構想」は、地方交付税の分権化や地方庁の設置などを通じて、最終的に道州制に移行する「架け橋」になるもので、まさに地方自治の強化の一環をなすものである。

現在のところ、日本は単一国家でアメリカやドイツのような連邦制国家ではないが、道州制に移行する決断をした場合、衆議院は国民の代表に位置付ける一方、参議院は地域の代表に位置付けることも考えられる。しかしながら、その場合、日本国憲法上、参議院の強い権限を抑制する必要がある。憲法59条で「衆議院の優越」を定めているが、この規定は参議院に拒否権を与える効果も有する。例えば、衆議院が法律案を可決する一方、参議院がそれを否決した場合、衆議院は3分の2の特別多数で参議院の拒否権を覆せるが、与党が衆議院で3分の2以上の議席を占めているとは限らない。衆参で「ねじれ」が発生し、野党が参議院で過半数以上の議席を占める状況では、参議院は政府提出の重要法案や予算執行に必要な法案（例：特例公債法案）を否決でき、内閣の存立を脅かせる。

また、人口減少が進む中で、参議院を地域の代表に位置付けると、一票の格差を許容することになり、投票価値の平等を毀損する可能性が高まる。このため、参議院を地域代表に位置付ける場合には、参議院が有する強い権限の抑制が不可欠であり、最終的には日本国憲法の改正が必要になると思われる。なお、連邦制国家のドイツでは、上院の連邦参議院（日本の参議院に相当）の議員は各州の政府が選ぶ。国民が直接選挙で選ばないため、下院の連邦議会（日本の衆議院に相当）と比較して権限が制約されている。

ところで、国民が本当の民主主義を手にするためには、多様な国民が国会や地方議会に参入できる人材供給システムが重要となる。その際、重要なキーワードとなるのは、まだ資金力や知名度のない国民でも資質と能力が備わっていれば、既存の候補者と対等な条件で選挙を戦い、政治家として多様な国民が国や地方の政治に参入できる枠組みの整備である。

日本では、当選に三つの「バン」が必要とされてきた。選挙区内の後援組織の「地盤（ジバン）」、知名度の「看板（カンバン）」、そして、選挙資金の「鞄（カバン）」の三バンである。理想的には、政治家は年齢に関係なく、政策の中身や資質、能力で選ばれるべきだが、実際の当落は後援組織の充実度、知名度の有無、選挙資金の多寡や集金力に依存するケースが多く、新規参入には大きなコストが必要となる。特に、このようなコストは収入も少ない多くの国民にとっては不利に働くことになる。

そこで、具体的な対策を考えてみよう。まず、「地盤（ジバン）」だが、英国では、地盤の継承禁止は不文律であり、候補者も公人としてそのような特権的地位を求めることはしないようになっている。政党は新人候補に対して、（たとえ2世議員であっても）勝つ可能性の少ない厳しい選挙区を割り当て、何度かの落選を経て、揉まれた上で初めて国会議員となる。その点で、英国においてルール化されている公募制での公認選定も重要なテーマといえる。日本の自民党なども公募の原則をもつが、政党組織がしっかりしている英国と異なり、地方組織は、議員の個人後援会と重なっている。また、選定基準も不透明かつその実態は形骸化しており、英国のような厳格かつ透明な選定基準に従う公募制の導入も本格的に推進する必要がある。

次に「看板（カンバン）」だが、これは各候補と有権者の情報ギャップを埋め、政策重視の選挙戦となるよう、環境整備を図る必要がある。最近、公職選挙法が改正され、選挙期間中のインターネットによる選挙活動が認められるようになったが、アメリカの大統領選挙のような「公開討論」のルール化も検討すべきかもしれない。アメリカの大統領選挙で、テレビ討論の視聴率が高いのは、視覚と聴覚の両者を通じたその優れた伝達力に大きな理由があるからである。また、より成熟した民主主義を実現し、本当の政治リーダーを選ぶためには国民がその候補の資質を見定めるための時間も重要である。アメリカの大統領選挙の期間は12カ月以上にも及ぶが、第2章のコラム「増税判断と解散権」のような制度改革を日本でも行えば、候補同士の長い討論を通じて、各候補の政策の中身や、政治家としての資質・能力の見定めもできる。

最後に、「鞄（カバン）」である。これは「政治とカネ」の問題としていつも議論がなされているが、その本質は政治家に3つの財布（政党支部、政治団体、資金管理団体）があることだと考えられる。一定の情報公開が進んではいるが、これら資金の流れは互いに入り組み、複雑化し、その動きを把握するのは容易ではない。無所属で活動する議員を除き、3つの財布のすべてを政党ごとに合算する形にし、原則として、政党以外へのすべての献金を完全に禁止するのが理想といえる。その上で政党幹部が必要な政治資金を一定のルールに基づき、各党員に配分し、その詳細をインターネットで情報公開してはどうか。

また選挙の高額な供託金も、政治システムの参入競争を抑制している大きな要因である。高額な供託金は、被選挙権が資産の多寡によって制限を受ける事実上の制限選挙になっており、憲法44条に反しているとの指摘もある。

主要先進国の国会議員選挙で供託金制度があるのは、主に英国系の国のみで、英国、カナダ、オーストラリアには供託金制度があるが、日本の300万円ほど金額は高くなく、数万円程度である。また、ＯＥＣＤ諸国のうち約7割の国々の議会選挙には供託金制度がなく、欧州で供託金制度があるのは英国に加えアイルランド、エストニア、オランダ、チェコなど少数派である。

供託金を削減すると、簡単に立候補できるため、売名候補者の登場という弊害が発生する懸念があるが、その是正には、アメリカやフランスなどのように「住民による署名を一定数集める」などの方法で解決できる。また、①「高額の供託金」、または②「低額の供託金＋一定数の署名」の選択制導入という解決もあるはずである。

最後に、政治家の人材供給ルートの開拓・多様化の重要性についても言及しておきたい。無所属で活動する議員の意見を尊重する必要があることはいうまでもないが、政策の質や政策実行力を基本的に決定するのは、政党に所属するメンバーの政策力である。このため、政策重視の選挙を進めるには、幅広い人材供給を通じて、政策競争を促す仕組みの構築が不可欠であることはいうまでもない。

そこで提案したいのが、会社員や公務員・大学教官等の身分を留保した形での議員兼職を認める「政界出向制度」や兼職のままでの議会活動を認める制度の導入である。ドイツやフランスでは、公務員の議員兼職が認められている。また、日本では地方議員に対して職務専念義務は課されておらず、公務員（地方自治法92条や公職選挙法89条・90条）を除き、兼職が一般に禁止されているわけではない。県議の約5割、市議の約6割、町村議の約8割が兼職をしている。例えば、福島県矢祭町など、地方によっては議会の役割や議員報酬の見直しを行い、議員の多くが兼職という自治体も存在している。もっとも、議員の兼職にあたってはその執務に要する時間短縮等の改革が必要となるだろうが、このような取り組みを参考に議会を土日や夜に開催することができれば、一般のサラリーマンも兼職できるようになる。

被選挙年齢の引き下げも重要なテーマである。日本の被選挙年齢は衆議院議員25歳、参議院議員30歳、地方議員25歳となっている。しかし、史上最年少の18歳の国会議員を生み出したスウェーデンをはじめ、ドイツやオーストラリアなど被選挙権が18歳の国も多く存在する。若い時から政治リーダーとしての経験を積み、能力を高める機会を提供する仕組みの構築が不可欠である。

その際、義務教育の過程で政治に参加する意義等をしっかりと教え込む教育側の努力も不可欠だが、こうして政治家の人材供給ルートの間口を広め、競争原理を促進しつつ、幅広い・多様な世代が政治システムに参加できる仕組みを構築することが重要である。

column

超高齢化社会での民主主義のあり方をどうする

日本の人口減少や少子高齢化のスピードは凄まじく、このような状況での民主主義は人類史上初めての経験であろう。しかも、多くの先進国では、これから、全有権者に占める引退世代の割合は上昇することが確実であるため、各個人が利己的に行動し、かつ、その行動がライフサイクル仮説に従う場合、政治的意思決定の時間視野はさらに短くなる可能性が高い。もし有権者における引退世代の政治的影響力が勤労世代の政治的影響力を上回っていて、政治がその影響力に応じて意思決定を行うならば、政治は引退世代の効用を最大化するように行動する。これを「シルバー民主主義」仮説といい、近年の政府債務残高の膨張や、財政改革・世代間格差の是正が進まない理由の一つを、この仮説に求めるケースもある。

シルバー民主主義仮説の妥当性については慎重な判断が必要だが、2025年には50歳以上の有権者が全有権者に占める割合は6割に達する勢いであり、人口減少や少子高齢化の進展に伴い、政治的意思決定の時間視野はさらに短くなる可能性がある。その是正の一つの鍵を握るのは「選挙制度」である。

図表9-1　有権者の年齢別構成の予測（％）

年	有権者の年齢階層別構成比		
	20－34歳	35－49歳	50歳以上
2015	19.1	25.6	55.3
2025	17.6	21.5	60.9
2030	17.3	19.9	62.8
2040	16.2	19.3	64.6
2050	14.7	19.2	66.1
2060	14.6	17.9	67.5

（出所） 国立社会保障・人口問題研究所「日本の将来推計人口」（平成24年1月推計）から作成

実際、哲学者のホセ・オルテガ・イ・ガセットは名著『大衆の反逆』において、「民主主義は、その形式や発達程度とは無関係に、一つのとるにたりない技術的細目にその健全さを左右される。その細目とは、選挙の手続きである。それ以外のことは二次的である。もし選挙制度が適切で、現実に合致していれば、なにもかもうまくいく。もしそうでなければ、ほかのことが理想的に運んでも、なにもかもだめになる」と主張する。

選挙権の18歳までの引き下げは、2015年の改正公職選挙法案で実現し2016年に施行されたが、現行の選挙制度改革では、その延長で選挙権のさらなる引き下げのほか、被選挙権の引き下げなどが議論されている。また、都市部と地方との間に存在する「一票の格差是正」

なども頻繁に議論されているが、急速に少子高齢化が進展する中でさらに検討が必要なテーマは、「政治的意思決定の時間視野を長くする選挙制度」である。

具体的には、世代間の政治力を均衡させる選挙制度改革として、「世代別選挙区制」（有権者の人口構成比に応じて世代ごとに議員の議席数を配分）や「ドメイン投票制」（子どもに選挙権を付与した上で親が代理で投票）、「余命投票制」（世代別選挙区の拡張で各世代の平均余命に応じて世代ごとに議席数を配分）といった新しい選挙制度が提唱されている。このうち世代別選挙区制などについては、投票価値の平等に反するという批判も多いが、選挙権をさらに引き下げる余地はあろう。例えば、15歳未満のアルバイトは一般的に禁止されているが、新聞配達などは許されており、18歳未満でも所得税や消費税などを負担している場合もある。「代表なくして課税なし」（アメリカ独立戦争時のスローガン）という言葉があるが、にもかかわらず、18歳未満で選挙権がないのは本当に許されるのか。

なお、選挙制度改革とは別に、世代別の利害にとらわれないような意思決定を有権者に働きかける方法もある。それが、本章で説明した財政の長期推計や世代会計の公表などを担う「独立財政機関」の設置（例：オランダの経済政策分析局やイギリスの財政責任局）である。また、シルバー民主主義のもう一つの問題は、投票率が年齢が若いほど低いことも関係する。すなわち、シルバー層の多さに加えて投票率も問題であり、インターネット選挙やスマホでのアプリ投票など、投票率の向上も重要である。いずれにせよ、超高齢化社会が到来するのはこれからであり、財政・社会保障の抜本改革が不可欠であることはいうまでもないが、その意思決定の土台となる民主主義のあり方についても、いまから十分な議論を深めておく必要があろう。

【注】

1　von Hagen, J.(1992) "Budgeting Procedure and Fiscal Performance in the European Communities," EC Economic Papers No.96, 1992.

おわりに

本書の主な目的は、「誰もが安心して暮らせ、競争力が高い国をどう構築するか」というテーマの下、新たな社会保障の哲学を含め、改革案の「たたき台」を示すことにあった。本書で論じたとおり、いま我々は、「人口減少・少子高齢化」「低成長」「貧困化」といった問題に対応するため、日本経済のシステムを再構築する必要性に迫られている。

なぜ、システムの再構築にこだわるのか。それはシステムにも「寿命」があるからである。例えば、江戸末期の幕末から、日本経済は二度のシステム再構築を行っている。一つは１８６８年の明治維新であり、もう一つは１９４５年の終戦である。

このうち明治維新では、国民一丸で西洋列強の侵略に対抗するため、身分制を廃止、廃藩置県で中央集権体制を確立し、「富国強兵」「和魂洋才」「殖産興業」というスローガンの下、新たなシステム構築を目指したが、そのシステムの完成が概ね明らかとなったのは日露戦争に勝利した１９０５年頃であろう。１９０５年は明治維新から約40年後で、領土拡大で富を蓄積する枠組みは、いずれ欧米との衝突に発展する可能性があり、西欧列強に日本の強さを認めさせた時点で、本来はシステムの再構築が求められたが、それができなかった。

その結果、明治維新を担った元老が世を去っていったことや明治憲法上の統帥権問題もあり、全体のシステム制御ができなくなって太平洋戦争に突入し、１９４５年の終戦（太平洋戦争の敗戦）となる。終戦（１９４５年）は日露戦争の勝利（１９０５年）から40年後、明治維新から約80年後になる。これが一つ目のシステムの終わりだ。

１９４５年の終戦後、日本はアメリカの民主主義に倣い、傾斜生産方式などの手段を用いて、日米安全保障の下ですべての資源を経済に投入し、「加工貿易立国」「技術立国」「経済大国」を目指した。その結果、１９６０年代、70年代には高度成長を実現し、社会学者エズラ・ヴォーゲル著『ジャパン・アズ・ナンバーワン』は日本的経営を高く評価したが、日米貿易摩擦を引き起こし、１９８５年のプラザ合意以後の金融緩和でバブルを発生させた。

この１９８５年は終戦から40年後で、本来であれば、高度成長が終わった時点で、加工貿易立国から、構造改革でサービス産業の生産性を高め、内需主導型の経済システムに転換するべきであったが、今回もそれが迅速にできなかった。その結果、日経平均株価は１９８９年末に史上最高値３万８９１５円をつけたが、その後はバブル崩壊となる。

明治維新（１８６８年）から終戦（１９４５年）までの約80年と同様、もし日本のシステムの寿命が約80年であるならば、現在のシステムの崩壊が顕在化し始めるのは、団塊の世代がすべて75歳以上となる２０２５年頃になろう。

医療費・介護費は75歳以上で急増する。このため、政府の試算（2018年5月公表の「2040年を見据えた社会保障の将来見通し（議論の素材）」、ベースラインケース）によると、2018年度に約121兆円であった社会保障給付費は、2040年度に約190兆円に膨らむ見込みである。年金・医療などの社会保障のほか、財政規律の仕組み、教育・労働市場、国と地方の関係など、幅広い様々な領域でシステムの再構築が求められているが、なかなか改革は進捗しない。

まるでシステムが自然に崩壊していくのを待っているかのようでもある。

このような問題のほか、象徴天皇制の存続や、覇権を争うアメリカと中国の対立も危機的な状況だ。例えば、2017年に成立した皇室典範特例法の附帯決議では、「政府は、安定的な皇位継承を確保するための諸課題、女性宮家の創設等について、皇族方のご年齢からしても先延ばしすることはできない重要な課題であることに鑑み、本法施行後速やかに、皇族方のご事情等を踏まえ、全体として整合性が取れるよう検討を行い、その結果を、速やかに国会に報告すること」等の決議を行っている。筆者は「象徴天皇制」維持の立場だが、時代は「平成」から「令和」に変わり、100年・200年といった先を見据えながら、女性天皇・女系天皇の是非を含め、象徴天皇制の展望についても国民的な議論を深める必要があろう。

また、超大国であるアメリカと中国の覇権争いの行方によっては、日本の外交・安全保障の枠組みが大きな修正を迫られる可能性がある。そのときにシステムの再構築を急いでも対応が遅いことは明らかであり、日本の生き残りをかけ、様々なシナリオを念頭に、いまからでも戦略を練る必要があるが、そのような動きは鈍い。

この理由は一言で片づけられるものではないが、日本の秩序を形成する、何か根源的な原動力のようなものも深く関係している気がしてならない。

システムは秩序を形成する一つの要素だが、システムを再構築する意志やパワーといった原動力の源泉は何か。これは一つの仮説だが、欧米と日本では、秩序を形成する原動力が異なり、それは対極的なものではないかと思われる。

人間は様々な欲望をもち、文明が発達すれば、その富を巡り闘争が起こる。ヨーロッパ等の歴史は、戦争の歴史だったといっても過言ではないだろう。例えば、紀元前４９９年から紀元前４４８年のギリシャ・ペルシャ戦争は52年にも及んだ。また、中世の王族や諸侯は互いに婚姻関係を通じてネットワークを構築したが、１３３７年から１４５３年までの英仏百年戦争は１１６年にも及ぶ。その後、イギリス国内での王位継承を巡る１４５５年から１４８５年のバラ戦争があり、１６１８年から１６４８年ではドイツの三十年戦争などが有名だ。すなわち、第一次世界大戦を含め、欧米の原動力は基本的に「闘争」であり、闘争で秩序を構築する。そのための武器は、宗教や思想、科学技術などの実力主義的なパワーであり、秩序を構築するシステムも重要な鍵を握る。

他方、日本でも戦国時代を含めいくつかの闘争があるが、島国の日本は大陸の苛烈な闘争からは隔離されている。このため、「和を以て貴しとなす」という言葉は、聖徳太子が制定した十七条憲法の第一条だが、この言葉が物語るように、日本の原動力は基本的に「和」であり、平和が乱れないように協調で秩序を構築する。

システムの再構築を行う過程では、協調だけでなく、既得権との闘いや政治的対立も避けられないケースが多々存在するが、協調を重視し過ぎると、それは同調圧力を生み出すとともに、「気持ち」や「共感」が社会を動かす原動力になる。山本七平著『「空気」の研究』(初版1977年)は、日本社会を覆う「空気」の正体を正面から考察した名著だが、同書には次の一文がある。

「統計も資料も分析も、またそれに類する科学的手段や論理的論証も、一切は無駄であって、そういうものをいかに精緻に組みたてても、いざという時は、それらが一切消しとんで、全てが『空気』に決定されることになるかも知れぬ」

この書籍が主な分析の対象としているのは、日本が一面焼け野原となった太平洋戦争の要因だが、この「空気」の問題は現在も日本社会を拘束し続けている。

現時点の筆者の能力では、この「空気」を打破する明確な方法は分からないが、日本経済システムの再構築を行うための改革の「たたき台」を世に示し、議論を喚起することはできると思った。それが本書を執筆した動機である。

本書の出版にあたっては、ＮＴＴデータ経営研究所の稲葉由貴子氏をはじめ、多くの方々のご支援、ご尽力を得ている。とりわけ日本経済新聞出版社の野澤靖宏氏には本書の企画段階から出版に到るまで、あらゆる段階で献身的なご助力を賜った。心から感謝申し上げたい。

また、本書の執筆にあたっては、鹿島平和研究所の研究会（社会保障制度の再構築に関する調査研究）や、ＮＴＴデータ経営研究所の研究会（公共の再構築に関する研究会）での議論や意見交換なども参考にしており、そのような機会を与えて頂いた、鹿島平和研究所やＮＴＴデータ経営研究所の皆様にも厚く御礼申し上げたい。

いずれにせよ、日本経済システムの再構築は喫緊の課題である。日本のシステムに約80年という寿命があるとするならば、その期限は２０２５年頃に到来する。残りの時間はそう長くない。インド独立の父マハトマ・ガンジー（１８６９－１９４８）の碑文には、「７つの社会的罪」(Seven Social Sins) として、「理念なき政治 (Politics without Principles)」「労働なき富 (Wealth without Work)」「良心なき快楽 (Pleasure without Conscience)」「人格なき学識 (Knowledge without Character)」「道徳なき商業 (Commerce wihtout Morality)」「人間性なき科学 (Science without Humanity)」「献身なき信仰 (Worship without Sacrifice)」という言葉が刻まれているという。システムの再構築には理念や哲学が必要だ。「令和」という新たな時代が始まった今、日本経済の新たなシステム再構築に向けて議論が活性化することを期待し、本書を終わりたい。

2020年2月

小黒一正

小黒 一正（おぐろ・かずまさ）
法政大学経済学部教授。1974年生まれ。
京都大学理学部卒業、一橋大学大学院経済学研究科博士課程修了（経済学博士）。
1997年 大蔵省（現財務省）入省後、大臣官房文書課法令審査官補、関税局監視課総括補佐、財務省財務総合政策研究所主任研究官、一橋大学経済研究所准教授などを経て、2015年4月から現職。財務省財務総合政策研究所上席客員研究員、経済産業研究所コンサルティングフェロー。内閣官房「革新的事業活動評価委員会」委員。鹿島平和研究所理事、新時代戦略研究所理事、キヤノングローバル戦略研究所主任研究員。専門は公共経済学。主な著書に『財政危機の深層』（単著／NHK出版新書）、『財政学15講』（共著／新世社）、『薬価の経済学』（編著／日本経済新聞出版社）等がある。

日本経済の再構築
二〇二〇年三月二十四日　一版一刷
著者――小黒 一正
©2020 Kazumasa Oguro
発行者――金子 豊
発行所――日本経済新聞出版社
https://www.nikkeibook.com/
東京都千代田区大手町一－三－七
郵便番号　一〇〇－八〇六六
印刷・製本――中央精版印刷
組版――マーリンクレイン
装幀――野網雄太
本書の内容の一部あるいは全部を無断で複写（コピー）・複製することは、特定の場合を除き、著作者・出版社の権利の侵害になります。
ISBN978-4-532-35839-6
Printed in Japan